MODERN ARCHITECTURE
MA

近代建築の歴史
1851-1945

A.D.A. EDITA Tokyo

MODERN ARCHITECTURE
1851-1919
YUKIO FUTAGAWA/KENNETH FRAMPTON

近代建築の黎明　1851-1919
企画・撮影：二川幸夫／文：ケネス・フランプトン／翻訳：香山壽夫

MODERN ARCHITECTURE 1851-1919

Contents
目次

Ⅰ -8 **Chapter 1: Glass, Iron, Steel, and Concrete 1775–1915**
第1章：ガラス，鉄，鋼，そしてコンクリート　1775-1915

Ⅰ -20 **Joseph Paxton: Crystal Palace**, London, England, 1851–54
ジョゼフ・パクストン：クリスタル・パレス（水晶宮）

Ⅰ -22 **I.K. Brunel & M. Digby Wyatt: Paddington Station**, London, England, 1852–54
Ⅰ・K・ブルネル＆M・D・ワイアット：パディントン駅

Ⅰ -24 **V. Baltard & F.E. Callet: Les Halles Centrales**, Paris, France, 1853–86
V・バルタール＆F・E・カレ：パリ中央市場

Ⅰ -26 **Philip Webb & William Morris: "Red House," Bexley Heath**, Kent, England, 1859
フィリップ・ウェッブ＆ウィリアム・モリス：「赤い家」

Ⅰ -28 **Giuseppe Mengoni: Galleria Vittorio Emanuele II**, Milan, Italy, 1865–67
ジュゼッペ・メンゴーニ：ミラノのガレリア

Ⅰ -30 **Henri Labrouste: Bibliothèque Nationale**, Paris, France, 1868–69
アンリ・ラブルースト：パリ国立図書館

Ⅰ -32 **John A. & Washington A. Roebling: Brooklyn Bridge**, New York, U.S.A., 1869–83
J・A・ローブリング＆W・A・ローブリング：ブルックリン橋

Ⅰ -34 **Jules Saulnier: Chocolate Factory**, Noisiel-sur-Marne, France, 1871–72
ジュール・ソルニエ：チョコレート工場

Ⅰ -36 **Gustave Eiffel & L.A. Boileau: Bon Marché Department Store**, Paris, France, 1876
ギュスターヴ・エッフェル＆L・A・ボワロー：ボン・マルシェ百貨店

Ⅰ -38 **Antonio Gaudí: La Sagrada Familia**, Barcelona, Spain, 1884–1926
アントニオ・ガウディ：サグラダ・ファミリア教会

Ⅰ -40 **Burnham & Root: Monadnock & Kearsarge Buildings**, Chicago, Illinois, U.S.A., 1884–90
ダニエル・H・バーナム＆ジョン・W・ルート：モナドノック＆キアサージ・ビル

Ⅰ -42 **Henry Hobson Richardson: J.J. Glessner House**, Chicago, Illinois, U.S.A., 1885–87
ヘンリー・ホブソン・リチャードソン：J・J・グレスナー邸

Ⅰ -44 **Chapter 2: The Chicago School of Architecture: The City and the Suburb 1830–1915**
第2章：シカゴ派の建築—都市と郊外　1830-1915

Ⅰ -54 **John Eisenmann & George H. Smith: Cleveland Arcade, Cleveland**, Ohio, U.S.A., 1888–90
ジョン・アイゼンマン＆ジョージ・H・スミス：クリーヴランド・アーケード

Ⅰ -56 **F. Dutert & V. Contamin: Machinery Hall, Paris International Exhibition**, France, 1889
フェルディナン・デュテール＆ヴィクトル・コンタマン：機械館（パリ国際博覧会）

Ⅰ -58 **Gustave Eiffel: Eiffel Tower**, Paris, France, 1889
ギュスターヴ・エッフェル：エッフェル塔（パリ国際博覧会）

Ⅰ -60 **George Herbert Wyman: Bradbury Building**, Los Angeles, California, U.S.A., 1889–93
ジョージ・ハーバート・ワイマン：ブラッドベリィ・ビル

Ⅰ -62 **Frank Lloyd Wright: Wright House and Studio**, Oak Park, Illinois, U.S.A., 1889–95
フランク・ロイド・ライト：オーク・パークの自邸とスタジオ

Ⅰ -66 **Louis H. Sullivan: Wainwright Building**, St. Louis, Missouri, U.S.A., 1890–91
ルイス・H・サリヴァン：ウェインライト・ビル

Ⅰ-67 **Burnham & Co. and Charles Atwood: Reliance Building**, Chicago, Illinois, U.S.A., 1890–95
D・H・バーナム事務所＋チャールズ・B・アトウッド：リライアンス・ビル

Ⅰ-68 **Louis H. Sullivan: Guaranty Trust Building**, Buffalo, New York, U.S.A., 1894–95
ルイス・H・サリヴァン：ギャランティ・トラスト・ビル

Ⅰ-70 **Frank Lloyd Wright: William H. Winslow House**, River Forest, Illinois, U.S.A., 1893
フランク・ロイド・ライト：ウィリアム・H・ウィンズロウ邸

Ⅰ-72 **Anatole de Baudot & Paul Cottacin: Saint-Jean-de-Montmartre**, Paris, France, 1894–1904
アナトール・ド・ボード＆ポール・コタサン：モンマルトルの聖ヨハネ教会

Ⅰ-74 **Hector Guimard: Castel Béranger**, Auteuil, Paris, France, 1894–98
エクトール・ギマール：カステル・ベランジェ

Ⅰ-76 **Chapter 3: The Structure and Symbolism of the Art Nouveau 1851–1914**
第3章：アール・ヌーヴォーの構造と象徴主義　1851-1914

Ⅰ-91 **Henry van de Velde: Bloemenwerf House**, Uccle, Belgium, 1895–96
アンリ・ヴァン・ド・ヴェルド：ブロウメンヴェルフの家

Ⅰ-92 **Victor Horta: Hôtel Solvay**, Brussels, Belgium, 1895–1900
ヴィクトル・オルタ：ソルヴェー邸

Ⅰ-94 **Victor Horta: Maison du Peuple**, Brussels, Belgium, 1895–98
ヴィクトル・オルタ：メゾン・デュ・ププル（民衆会館）

Ⅰ-96 **K. Gérard, H. van de Velde, P. Behrens: The Folkwang Museum**, Hagen, Germany, 1897–1904
カール・ゲラルド，アンリ・ヴァン・ド・ヴェルド，ペーター・ベーレンス：フォルクヴァング美術館

Ⅰ-98 **Charles Rennie Mackintosh: Glasgow School of Art**, Glasgow, Scotland, 1897–1909
チャールズ・レニー・マッキントッシュ：グラスゴー美術学校

Ⅰ-100 **Charles F.A. Voysey: A.C. Briggs House, "Broadleys,"** Lake Windermere, England, 1898
C・F・A・ヴォイジー：A・C・ブリッグス邸「ブロードリーズ」

Ⅰ-102 **Hendrik Petrus Berlage: Stock Exchange**, Amsterdam, Holland, 1898–1903
ヘンドリック・ペトルス・ベルラーへ：アムステルダムの株式取引所

Ⅰ-104 **Paul Hanker: Ciamberlani House**, Brussels, Belgium, 1898
ポール・アンカール：シャンベルラーニ邸

Ⅰ-105 **Joseph Maria Olbrich: Secession Building**, Vienna, Austria, 1898
ヨーゼフ・マリア・オルブリッヒ：ゼツェッション館

Ⅰ-106 **Antonio Gaudí: Crypt for the Colonia Güell**, Santa Coloma de Cervelló, Spain, 1898–1915
アントニオ・ガウディ：コロニア・グエル教会地下聖堂

Ⅰ-108 **Jules Astruc: Notre-Dame-du-Travail**, Paris, France, 1899–1901
ジュール・アストリュク：ノートルダム・デュ・トラヴァイユ

Ⅰ-109 **Joseph Maria Olbrich: Ernst Ludwig House**, Darmstadt, Germany, 1899–1901
ヨーゼフ・マリア・オルブリッヒ：エルンスト・ルートヴィッヒ館

Ⅰ-110 **Hector Guimard: Métro Entrances**, Paris, France, 1899–1905
エクトール・ギマール：パリの地下鉄入口

Ⅰ-112 **Louis H. Sullivan: Carson, Pirie, Scott & Co. Building**, Chicago, Illinois, U.S.A., 1899–1904
ルイス・H・サリヴァン：カーソン・ピリー・スコット百貨店

Ⅰ-114 **Antonio Gaudí: Park Güell**, Barcelona, Spain, 1900-14
アントニオ・ガウディ：グエル公園

Ⅰ-116 **Victor Horta: A l'Innovation Department Store**, Brussels, Belgium, 1901–03
ヴィクトル・オルタ：イノヴァシオン百貨店

Ⅰ-117 **Raimondo D'Aronco: Central Pavilion.** Turin Exposition of Decorative Arts, Italy, 1902
ライモンド・ダロンコ：中央パヴィリオン（トリノ装飾芸術博覧会）

Ⅰ-118 **Peter Behrens: Behrens House**, Darmstadt, Germany, 1901
ペーター・ベーレンス：ベーレンス自邸

Ⅰ-119 **Charles Rennie Mackintosh: "Hill House,"** Glasgow, Scotland, 1902–03
チャールズ・レニー・マッキントッシュ：「ヒル・ハウス」

I-122　**McKim, Mead & White: Pennsylvania Station**, New York, U.S.A., 1902–11
　　　マッキム，ミード＆ホワイト：ペンシルヴァニア駅

I-124　**Chapter 4: Otto Wagner and the Wagnerschule 1894–1912**
　　　第4章：オットー・ワグナーとワグナー派　1894–1912

I-130　**Auguste Perret: Apartments, 25 bis rue Franklin**, Paris, France, 1903–04
　　　オーギュスト・ペレ：フランクリン街のアパート

I-131　**Georges Chedanne: Le Parisien Office**, Paris, France, 1903–05
　　　ジョルジュ・シュダンヌ：ル・パリジャン・オフィス

I-132　**Frank Lloyd Wright: Larkin Building,** Buffalo, New York, U.S.A., 1903
　　　フランク・ロイド・ライト：ラーキン・ビル

I-134　**Otto Wagner: Imperial and Royal Post Office Savings Bank**,Vienna, Austria, 1903–12
　　　オットー・ワグナー：ウィーンの郵便貯金局

I-136　**Frank Lloyd Wright: Unity Temple**, Oak Park, Illinois, U.S.A., 1904–08
　　　フランク・ロイド・ライト：ユニティ教会

I-138　**Tony Garnier: Cité Industrielle**, 1904
　　　トニー・ガルニエ：「工業都市」

I-139　**Auguste Perret: Garage, rue de Ponthieu**, Paris, France, 1905
　　　オーギュスト・ペレ：ポンテュー街のガレージ

I-140　**Eliel Saarinen: Main Railway Terminus**, Helsinki, Finland, 1904–14
　　　エリエル・サーリネン：ヘルシンキ中央駅

I-142　**Josef Hoffmann: Stoclet Palace**, Brussels, Belgium, 1905–11
　　　ヨーゼフ・ホフマン：ストックレー邸

I-144　**Otto Wagner: Church of St. Leopold, Am Steinhof**, Vienna, Austria, 1905–07
　　　オットー・ワグナー：シュタインホーフの聖レオポルド教会

I-146　**Hector Guimard: Castel Orgeval,** Villemoison, France, 1905
　　　エクトル・ギマール：カステル・オルジュヴァル

I-148　**Antonio Gaudí & J.M. Jujol: Casa Batlló**, Barcelona, Spain, 1905–07
　　　アントニオ・ガウディ＆J・M・フホール：カサ・バトリョ

I-150　**Antonio Gaudí: Casa Milà,** Barcelona, Spain, 1905–10
　　　アントニオ・ガウディ：カサ・ミラ

I-152　**Ragnar Östberg: Town Hall**, Stockholm, Sweden, 1906–23
　　　ラグナール・エストベリ：ストックホルム市庁舎

I-153　**Adolf Loos: American Bar**, Vienna, Austria, 1907
　　　アドルフ・ロース：アメリカン・バー

I-154　**Frank Lloyd Wright: Robie House**, Chicago, Illinois, U.S.A., 1906–09
　　　フランク・ロイド・ライト：ロビー邸

I-156　**Louis H. Sullivan: National Farmers' Bank**, Owatonna, Minnesota, U.S.A., 1907–08
　　　ルイス・H・サリヴァン：ナショナル・ファーマーズ銀行

I-158　**Frank Lloyd Wright: Avery Coonley House**, Riverside, Illinois, U.S.A., 1907–09
　　　フランク・ロイド・ライト：アヴェリー・クーンレイ邸

I-160　**Peter Behrens & Karl Bernhard: AEG Turbine Factory**, Berlin, Germany, 1908–10
　　　ペーター・ベーレンス＆カール・ベルンハルト：AEGタービン工場

I-161　**Antonio Gaudí: Parochial School, La Sagrada Familia**, Barcelona, Spain, 1909
　　　アントニオ・ガウディ：サクラダ・ファミリア附属学校

I-162　**Joseph Maria Olbrich: Hochzeitsturm & Exhibition Buildings**,Darmstadt,Germany,1907
　　　ヨーゼフ・マリア・オルブリッヒ：ルートヴィッヒ大公結婚記念塔および展示館

I-164　**Rudolf Steiner: Goetheanum I & II**, Dornach, near Basel, Switzerland, 1908–28
　　　ルドルフ・シュタイナー：第1および第2ゲーテアヌム

I-166　**Greene & Greene: David B. Gamble House**, Pasadena, California, U.S.A., 1908
　　　グリーン＆グリーン：デイヴィッド・B・ギャンブル邸

I-168 **Bernard Maybeck: First Church of Christ, Scientist**, Berkeley, California, U.S.A., 1910
バーナード・メイベック：クリスチャン・サイエンティスト第1教会

I-170 **Adolf Loos: Steiner House**, Vienna, Austria, 1910
アドルフ・ロース：シュタイナー邸

I-172 **Antoine Pompe: Clinic for Dr. van Neck**, Saint Gilles, Brussels, Belgium, 1910
アントワーヌ・ポンペ：ファン・ネック博士の診療所

I-174 **Chapter 5: Industrial Production and the Crisis of Culture 1851–1910**
第5章：工業生産と文化の危機　1851-1910

I-188 **Auguste Perret: Théâtre des Champs-Elysées**, Paris, France, 1911–12
オーギュスト・ペレ：パリのシャンゼリゼ劇場

I-190 **Hans Poelzig: Water Tower**, Posen (Poznań), Poland, 1911
ハンス・ペルツィッヒ：ポーゼンの給水塔

I-192 **Hans Poelzig: Chemical Factory**, Luban, near Posen (Poznań), Poland, 1911–12
ハンス・ペルツィッヒ：ポーゼン近郊の化学工場

I-194 **Walter Gropius & Adolf Meyer: Fagus-Werk**, Alfeld-an-der-Leine, Germany, 1911
ワルター・グロピウス＆アドルフ・マイヤー：ファグス工場

I-196 **Max Berg: Jahrhunderthalle (Centennial Hall)**, Breslau, Germany, 1913
マックス・ベルク：ブレスラウの百年祭記念ホール

I-197 **Michel de Klerk: Eigen Haard Housing**, Amsterdam, Holland, 1913–19
ミケル・デ・クラーク：アイヘン・ハール集合住宅

I-200 **Frank Lloyd Wright: Midway Gardens**, Chicago, Illinois, U.S.A., 1913–14
フランク・ロイド・ライト：ミッドウェイ・ガーデンズ

I-202 **Bruno Taut: Glass Pavilion, Werkbund Exhibition**, Cologne, Germany, 1914
ブルーノ・タウト：ガラス・パヴィリオン（ドイツ工作連盟展）

I-204 **Walter Gropius & A. Meyer: Model Factory, Werkbund Exhibition**, Cologne, Germany, 1914
ワルター・グロピウス＆アドルフ・マイヤー：モデル工場（ドイツ工作連盟展）

I-206 **Henry van de Velde: Model Theatre, Werkbund Exhibition**, Cologne, Germany, 1914
アンリ・ヴァン・ド・ヴェルド：モデル劇場（ドイツ工作連盟展）

I-207 **Willis Polk: Hallidie Building**, San Francisco, California, U.S.A., 1915–17
ウィルス・ポーク：ハリディー・ビル

I-208 **Antonio Sant'Elia: Casa a Gradinate, Nuove Tendenze** 1914, Milan, Italy, 1914
アントニオ・サンテリア：階段状の住居、「新都市」（新傾向展）

I-210 **Giaccomo Mattè-Trucco: Automobile Factory (FIAT)**, Lingotto, Turin, Italy, 1915–21
ジャコモ・マッテ＝トゥルッコ：フィアット自動車工場

I-212 **Frank Lloyd Wright: The Imperial Hotel**, Tokyo, Japan, 1916–20
フランク・ロイド・ライト：帝国ホテル

I-214 **Staal, Kropholler, and Kramer: Housing Estate**, Park Meerwijk, Holland, 1916–18
J・F・スタール、M・クロフォラー、P・クラメル、他：パーク・ミアウィークの集合住宅

I-216 **C.-E. Jeanneret (Le Corbusier): Villa Schwob**, La Chaux-de-Fonds, Switzerland, 1916
シャルル＝エドゥアール・ジャンヌレ（ル・コルビュジエ）：シュウォップ邸

I-217 **Eugène Freyssinet: Airship Hangars**, Orly, near Paris, France, 1916–24
ユージェーヌ・フレーシネ：オルリーの飛行船格納庫

I-218 **Arnstein Arneberg & Magnus Poulsson: Town Hall**, Oslo, Norway, 1918–47
アルンシュタイン・アルネベルク＆マグネス・プールソン：オスロ市庁舎

I-220 **Hans Poelzig: Grosses Schauspielhaus**, Berlin, Germany, 1919
ハンス・ペルツィヒ：ベルリンの大劇場

I-222 **Acknowledgments**
出典

Title Pages: Eiffel Tower by Gustave Eiffel

第1章
ガラス，鉄，鋼，そしてコンクリート　1775-1915
Glass, Iron, Steel, and Concrete 1775–1915

「穴を穿つことは物体の貴重な特性である。なぜなら，穴を穿つことによって物体は破壊されることなく，拡張されるからである。一言で云えば，穴を穿つことによって何もない空間は我々の眼に見えるものとなり，虚空は明らかなものとなる。それにもかかわらず，それは原始的状態に戻されることはない。人々は，いつも塔を通して空を見る。それを通して"空"は，その実体を封じ込めている鉄格子と入れ代わり，鉄はアラベスクとなって流れ出し，それ自体"空"となる。紛れもなく，塔のこの"空"なる性質には，実際的な理由がある。この塔において素材は極限にまで開放されねばならなかった。そうすることによってのみ，エッフェルがその事業において遭遇した唯一の危険な敵，風，に対しての抵抗を最小にすることができたのである。しかし，ここにすら，人々は虚なるものの精妙な性質を知覚し，それが風によって支配され浄化され，そして本質を与えられている様を見るのである。風は常に制御し得ぬ力の永遠の象徴であり，また，それ故に量感の象徴である。風を征服するということは，この塔のように軽やかさと精妙さの極限に達することであり，夢みる精神とその配り手の偉大な神話を再び結び合わせることなのである。」

ロラン・バルト『エッフェル塔』

回転蒸気機関と鉄構造は，3人の人物の相互に関連する試みによって，ほぼ同時に生み出された。その3人とは，ジェームズ・ワットとアブラハム・ダービィそれにジョン・ウィルキンソンである。これらの人々のうち，ウィルキンソンは，その時代における「鉄の第一人者」であり，彼の1775年のシリンダー切削機の発明は，ワットの1789年の蒸気機関の完成に不可欠のものであった。構造材として鉄をはじめて使用する際にも，ウィルキンソンの鉄工作における経験は，同様に欠くべからざるものであることが，まもなく明らかとなる。というのは，1779年コールブルックデイル近くのセヴァン河に架ける，100フィート・スパンの初めての鋳鉄製の橋の設計と工事に際し，彼は，ダービィと建築家T・F・プリチャードを手伝うことになるからである。コールブルックデイル橋の成功は，大きな関心を引き起こし，イギリス系アメリカ人の革命家であるトム・ペインは，1786年，スクールキル河に架かる鋳鉄橋の形態を，独立戦争のひとつの記念碑として設計した。この橋の部材をペインはイギリスで製作し，その地で1791年に展示した。それは，彼が理由もなく罪を受け，フランスに追放されるちょうど1年前のことであった。1796年には236フィートの鋳鉄製の橋が，トマス・ウィルソンの設計によって，サンダーランドのウェア河に架けられたが，それは，ペインの迫石の組立方法を採用したものであった。同じ頃，トマス・テルフォードはセヴァン河に建設した130フィートのビルドワス橋によって，橋梁建設技師としてデビューした。このデザインは，コールブルックデイル橋が378トンの鉄を使ったのに対し，わずか173トン

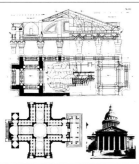
Soufflot, Ste-Geneviève, Paris, 1755
錬鉄による改良石造工法

De Cessart and Dillon, Pont des Arts, Paris, 1801–03

の鉄しか使わない設計であった。

以後30年以上にわたり，テルフォードは，道路および橋梁の建設者として，また衰微しかかっていた水路の時代の最後の偉大な運河建設技師として，並ぶもののない才能を発揮した。彼の先駆者としての業績は，ロンドンのセント・キャサリン・ドックの煉瓦で覆われた鉄構造の倉庫群をもって終る。これらは，建築家フィリップ・ハードウィックの設計により，1829年に建てられたものであり，18世紀の最後の10年間に，イングランド中部地方で発展した耐火性の多層工場の施工方法に基づいたものであった。このセント・キャサリン・ドックの構造の前例の主なものは，1792年，ダービィに建てられたウィリアム・ストラットの6階建てのキャラコ工場であり，また1796年シュルーズベリーに建てられた，チャールズ・ベイジの亜麻紡績工場である。これらの構造はいずれも，鋳鉄製の柱を採用していたが，工場建築の耐火性を完全なものとすることが焦眉の急であったために，4年の間に，ダービィで使用された木材の梁は，T型の鉄製梁に取り替えられた。いずれの場合においても，梁は低い煉瓦のヴォールトを支え，部材全体は，外殻と横方向に構造体を締めつける錬鉄製の引張り材によって固定されていた。このヴォールトの使用は，ルシヨン・ヴォールトまたはカタロニアン・ヴォールトのフランスにおける18世紀の発展に直接由来しているように思われるが，それは1741年コンスタン・ディヴィリィによってヴェルノンに建てられたシャト

ー・ビズィにおいて，はじめて耐火構造として用いられたものである。

13世紀の大聖堂において使用されたものは別として，フランスにおける錬鉄による石造建築の補強は，パリにおいて始まった。つまりペローのルーヴル東正面（1667）とスフロのサント・ジュヌヴィエーヴ教会の柱廊玄関（1772）である。どちらの仕事も鉄筋コンクリートの発展を予想させるものである。1776年にスフロは，ルーヴルのために錬鉄トラスの屋根を提案したが，これはヴィクトル・ルイの先駆的仕事に対して道を用意することとなった。つまり，ルイによる1786年のフランス劇場の錬鉄屋根と，1790年のパレ・ロワイヤル劇場に対してである。この劇場は，鉄の屋根と中空床の耐火床構造とを結びつけたもので，これまたルシヨン・ヴォールトに由来するシステムであった。火事が増大しつつある都市災害であったことはパリの穀物取引所からも知ることができる。その焼けおちた屋根は，1808年に鉄製の肋材を持つ丸天井（クーポラ）に置き換えられたが，これは建築家ベランジェと技師ブリュネによって設計されたものである。付言すれば，これは建築家と建設技師間の仕事の明らかな分割の最初の例のひとつである。一方，橋梁の建設において鉄を使用したフランスの最も早い例は，セーヌ河に架かる優雅なポン・デザールの建造であった。これは，ドゥ・セサールとディロンの設計によって1803年に架けられた。

フランスはナポレオン帝政の強化に必要な技

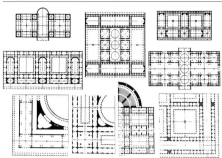

Durand, Précis des leçons données à l'École Polytechnique, 1802–09

術体制の確立に全力を傾けるために，1795年に高等理工科学校(エコール・ポリテクニク)を創設した。応用技術の重視は一方で建築と技術の専門分化を強めたが(この分化は既に1747年ペロネの国立土木学校の創立の際に制度化されていた)，スフロの死後サント・ジュヌヴィエーヴ教会の完成の指揮に当ったJ・B・ロンドレのような建築家達は，スフロ，ルイ，ブリュネ，ドゥ・セサール等の先駆的仕事の記録をはじめる。そしてロンドレが，『建築技術論』(1802)において方法を記録したのに対し，高等理工科学校の建築学講師であるJ・N・L・デュランは，『高等理工科学校における講義要略』(1802-09)の中で，目的を分類した。デュランの書物は，一つの分類法を広めたものであり，それによって古典的形態は，モデュール要素として扱い得るものとなり，市場や図書館やナポレオン帝政のための兵舎といった先例のない各種建築に適応させるために，随意に組み合わせ得るものとなった。最初は，ロンドレにより，次いではデュランによって，技術と設計の方法は集成され，それによって合理化された古典主義は，新たな社会的要求のみならず，新しい技術にも適応し得るものとされたのであった。この包括的なプログラムは，プロシアの新古典主義建築家カール・フリードリッヒ・シンケルに影響を与え，1816年に彼が建築家として活動を始めた時，彼はベルリン市のための合理化された古典的装飾の中に，手の込んだ鉄の要素を混入し始めたのであった。

1801年マンチェスターのソルフォード・ミルで用いられたブルトンとワットの13インチの鋳鉄製の梁以来，鋳鉄のそして錬鉄の梁や横木のスパン架構の能力を増大させるための努力が，絶えず行なわれた。典型的な鉄道レールの断面形は，今世紀の初めの10年間に生み出され，この断面形から標準的な構造用のI型ビームが，自ずと生み出された。1789年のジェソップの鋳鉄レールが，1820年バーケンショウの錬鉄T型レールに道を譲り，これがウェールズで1831年に圧延された初めてのアメリカ型レール，即ち上部よりも下の方が広い"I"型断面の形態を生み出した。この形は最終的な方法として徐々に固まりつつはあったが，一般的に構造として使用されるに至ったのは，1854年になってからのことで，それは，同じ断面形でより大きなスパンを架ける力を持つ，より重い新型の圧延が成功した時のことであった。

鉄の生産工程で大きな改良がなされない限りもっと幅広い断面形の圧延は不可能であることが明らかだったので，技術者達は種々の方法を試みて，当時造船で使用されていた標準の錬鉄製アングルや平板でもって幅広い部材を作り上げて，素材のスパンの架構力を増そうとした。ウィリアム・フェアベアンは，早くも1839年に各種の組み合わせI型ビームを製作し試験したといわれている。これらの鉄部材を補強したり組み合わせたりすることによって，大架構部材を作り出そうとするこうした独創的な試みも，19世紀半ば，7インチの幅広い錬鉄梁の圧延が成功することによって，幾分その輝きを失った。

Saulnier, Menier Chocolate Factory, Noisiel-sur-Marne, France, 1871–72

Loudon, a prototypical hot house, 1817

フェアベアンの著書『鋳鉄及び錬鉄の建築物への応用について』(1854)では,工場建設の改良方法を示したが,これは16インチ幅の圧延鉄梁より成るもので,それが鉄板の低いヴォールトを支え,更にその上はコンクリートで仕上げられるというものである。錬鉄の引張り材は,未だに構造を安定させるために使われていたが,これはコンクリート床に打ち込まれるものであって,従ってこの提案は偶然にもフェアベアンを鉄筋コンクリートの原理に近づけたのであった。

同様に,鋳鉄と錬鉄の骨組をもった注目すべき4階建ての建物がシアーネスの海軍工廠に建てられた。この波形鉄板で覆われた艇庫は,グリーン大佐によって設計され,1860年に建てられた。これはノワジエル・シュル・マルヌにジュール・ソルニエによって建てられた,全て鉄で作られたあの先駆的な骨組構造のムニエ・チョコレート工場に先立つこと12年ばかり前のことである。鉄のI型をあらゆる部分において組織的に使用したことにおいて(柱の場合には鋳鉄,梁の場合は錬鉄が用いられた),シアーネスの艇庫は,近代の鉄骨構造の標準化された断面部材と組立方法の両者を予測させた。

1840年代のアメリカ東海岸における都市の成長と貿易の急激な膨張に支えられて,ジェームズ・ボガーダスやダニエル・バジャーといった人々は,鉄によって多層階の建築正面を作るための鋳鉄工場を,ニューヨークに開くに至った。しかしながら1850年代の後半までは,ボガーダスとバジャーの構造「組立セット」は,内部空間の架構には大きな木材の梁を用いており,鉄は内部の柱や正面のためにのみ使われたのである。ボガーダスの広範な業績のうちで最も秀れたもののひとつは,建築家ジョン・P・ゲイナーの設計によって1859年ニューヨークに建てられたホーウアウト・ビルディングである。これは1基の客用エレベーターを初めて備えた建物であり,エリシャ・グレイヴス・オーティスが1854年にこの装置の歴史的デモンストレーションをしてから,ちょうど5年後のことであった。

総ガラスの建造物については,その環境的属性について,J・C・ルドンが『温室に関しての所見』(1817)で余す所なく論じているが,更に一般的に使用される機会は,少なくともイギリスにおいては1845年にガラスに対する物品税が廃止されるまでは,ほとんどなかった。リチャード・ターナーとデシムス・バートンによるキュー・ガーデンのパーム・ハウスは1845-48年に建てられたが,これは薄板ガラスが突然利用できることになった状況をうまく用いた最初の建造物のひとつであった。それ以後,ガラスを大幅に用いた,大規模な恒久的建物で最初のものは,19世紀の後半に建てられた鉄道の終着駅であって,その展開は,リチャード・ターナーとジョセフ・ロックが1849-50年に建てたリヴァプールのライム・ストリート駅に始まるものである。

鉄道の駅舎はそれまで受け入れられていた建築上の規範に対する特殊な挑戦であった。何故

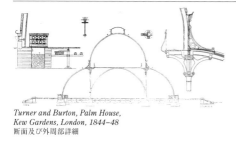

Turner and Burton, Palm House,
Kew Gardens, London, 1844-48
断面及び外周部詳細

なら主屋と覆い屋の間の接合を表現しかつ適当に分節するに役立つような形式はなかったからである。この問題は、1852年のフランソワ・デュケネーによるパリ東駅で最初の建築的解決がみられたものであるが、こうした終着駅が首都への事実上の新しい門となったという点で関心が持たれた問題でもあった。パリの最初の北駅（1847）の設計者である技師のレオンス・ルイノーは、この表現の問題に気付いており、『建築概論』(1850)に次のように書いた。

「芸術には工業の如き急速な進歩や突然の発展はなく、その結果今日の鉄道のための大多数の建物は形態に関してなり、その扱い方に関してなり、なんらかの問題を残している。適切に取り扱われているように見える駅もないわけではないが、それとても公共の建物というよりは工業建築あるいは臨時の建物といった性格しか与えられていない。」

ロンドンのセント・パンクラス駅以上にこの状態を典型的に示すものはないであろう。スパンにして243フィートに及ぶ広大な覆い屋は、W・H・バーロウとR・M・オーディッシュの設計によって1863-65年に建てられたものであるが、ジョージ・ギルバート・スコットの設計によって1874年に完成をみたゴシック・リヴァイヴァル式のホテル付き主屋とは全く別個の建物となっていた。そしてセント・パンクラスで言えたことは、またブルネルの設計によるロンドンのパディントン駅(1852)にもあてはまった。ここでもまた、マシュー・ディグビー・ワイアットによって覆い屋に対して装飾がほどこされているにもかかわらず、フィリップ・ハードウィック設計のホテルと主屋は、覆い屋との満足すべき関係を与えられていない。

駅舎とは対照的に、自立している展示用の建物にはそのような問題はなかった。というのは文化的コンテクストという問題がほとんどおきない場所においては、技師達は最高位に君臨したからである。このことが何ものにもまして明らかなのは、ロンドンのクリスタル・パレスの場合であった。これは、1851年の大博覧会用に建てられたもので、ここでは造園家のジョゼフ・パクストンが長年ルドンの温室の原理の正確な応用を通じて発展させていた温室の組立方法に基づいて、思うままに設計する自由が与えられていた。パクストンは、チャッツワースのデヴォンシャー公のために建てた一連の温室において彼の方法を発展させていた。クリスタル・パレスの設計をきわどいところで委託されたパクストンは、8日間で巨大な矩形の3廊からなる温室の構想をまとめたが、その構成部材は、その前年チャッツワースに彼が建てた巨大なリリィ・ハウスと実質的には全く同じであった。対称的に配置された3つの入り口の部分を除いて、そのガラスの皮膜はとぎれることなく連続させられていた。しかしながら、その設計過程で一群の大木を保存するための修正案がつくられねばならなかった。1851年の大博覧会に

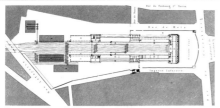
Duquesney, Gare de l'Est, Paris, 1852

Scott, St. Pancras Station, London, 1874

対して消えずにくすぶっていた世論の反対が，この木の保存の問題に向かっていたので，パクストンは，これらのやっかいな問題は，中央の袖廊(トランセプト)を高い曲面の屋根で覆うことによって，容易に解決できるとすばやくみてとった。かくして，二軸対称の最終の形態が生まれたのであった。

クリスタル・パレスは，その基本構想，生産方法，運搬から最終的な建て上げ，そして分解に至る全体的なシステムが明白な建築構法であったが，特に独特な形態を持つといったものではなかった。それが関連をもっている鉄道の建物と同様に，それは高度な自由度を持つ部品のキットであった。その全体形は，基本的には8フィートの外壁モジュールで組み立てられており，それは組み合わされて24フィートから72フィートにわたるさまざまな段階の構造スパンをつくり出していた。この完成には，ほとんど4ヶ月しかかからなかったが，それは単純に大量生産と系統的組み立ての問題でしかなかった。コンラッド・ワックスマンがその著，『建築の曲がり角』で述べたように，「その生産に必要とされたものは，取り扱いが容易なように，どの部品も重さ1トンを越えないこと，また可能な限り大きいサイズのガラスパネルを使うことによって，もっとも大きい経済性が得られることを示すような研究を含んでいた」。

1860年に至ってイギリス鉄道の幹線が，実質的に完成したことによって，イギリスの構造技師達は休閑期に入り，それはこの世紀の終りまで続いた。ロンドンのいくつかの大きな終着駅を別にすれば，2つの目立って華やかな独創的な仕事のみが，世紀半ば以後建てられるものとして残っているだけであった。すなわち，1852年のメナイ海峡にかけられたスティーブンソンとフェアベアンのブリタニア筒状橋と1859年のブルネルのサルタッシュ高架橋である。両者とも，錬鉄板を使用して作られた。つまり，プレートをリヴェット留めしたわけで，それはイートン・ホジキンソンの研究とウィリアム・フェアベアンの実験的仕事によって大きく進められた技術であった。ロバート・スティーブンソンは，1846年にプレート・ガーダーを開発するにあたり，ホジキンソンとフェアベアンの見出したものを既に応用していたが，このシステムはブリタニア橋で大いに駆使されることになった。この構造は2つの独立した単線の板鉄製の箱形トンネルから構成されており，このトンネルが230フィートの2つのスパンと460フィートの一つの主なスパンとなって海峡の上をまたいでいた。スティーブンソンの石造の塔が，補助の吊り部材の固定のために用意されてはいたが，しかしこのプレートの「筒」だけでも，このスパンを支えるのに十分に働いていることは明らかであった。これに匹敵するスパンがサルタッシュ高架橋でつくられたが，ここではそれぞれ455フィートのスパンを持つ2つの弓形のトラスが単線の鉄道を支えてターマー河を渡っている。ここでもまた，リヴェット留め圧延プレートは，各軸が各々，16×12フィートである

Paxton and Fox, Crystal Palace, London, 1851

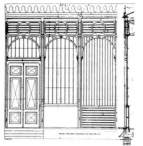
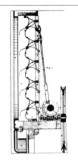

Crystal Palace　標準構成単位のディテール

楕円形の中空の線材をつくるために用いられた。これらの線材は，下にぶら下がる鉄鎖の懸垂線と作用しあって，路盤が最終的に吊られる垂直の縦材を支えていた。その想像力においてブルネルの最後の仕事は，ギュスターヴ・エッフェルが，次の30年にわたってフランスの中部山岳地方に建てることになった偉大な高架鉄道橋に匹敵し，またその中空プレート断面形は1890年に完成したジョン・ファウラーとベンジャミン・ベイカーがそのフォース・ブリッジの700フィートというカンティレヴァーにおいて用いた，あの巨大な中空鋼の骨組構造を予期させるものであった。

1851年の大成功および1862年のもうひとつの展示会の後，イギリスは万国博覧会から一切手を引いたが，これをフランスはただちに利用して，1855年から1900年の間に催した大きな国際博は5回を数えた。工業生産および貿易におけるイギリスの支配に挑戦するための国家的政策として，これらの展示がいかに重視されていたかは，開催の度毎に，機械館の建物と展示品に重点の置かれたことによって，測ることができよう。若きギュスターヴ・エッフェルは，技師J・B・クランツと協力して，クリスタル・パレス以後に建てられた最も注目すべき展示館を造った。すなわち，1867年のパリ万国博である。この協働作業は，エッフェルの表現力に富む感受性を示したのみならず，技術者としての能力もよくあらわした。というのは，114フィートのスパンをもつ機械館の細部をきめる際に，彼

は1807年のトーマス・ヤングの弾性率の正当性を確実なものとしてみせたのだが，それまでは，この弾性率は応力を加えられた素材の弾性を決定するための単なる理論上の式にすぎなかったのであった。全体が楕円をなすこの複合建築において，機械館はその外輪にすぎなかったが，この全体形自体がル・プレーの天才的な概念の証明であり，建物は，機械，衣服，家具，学芸，美術そして労働の歴史を展示する7つの中心を同じくする陳列館として配置されるよう提案されていた。

1867年以後，生産品の絶対的な大きさおよびその多様性と，国際間の競争が要求する独立性によって，多数の建物から成る展示場が望まれるようになったと思われる。1889年の万国博までは，いろいろな努力が払われるところで一つの完結した建物に展示品をおさめてしまうというやり方を出ることはなかった。この世紀で最後から2番目に開かれた博覧会は，フランスの技術によってのみ成し遂げることができたものであって，非凡な2つの建物によって人々を圧倒した。それは，建築家C・L・F・デュテールとの共同設計による350フィート・スパンのコンタマンの巨大な機械館と，技師ヌギエとケフリンそして建築家ソヴェストルとの協力によって設計された984フィート高のエッフェル塔である。コンタマンの建物は，エッフェルが1880年代にヒンジを用いた高架橋で完成させた支持方法に基づいたものであるが，大きな一つのスパンをつくりあげるのに，スリー・ヒンジのア

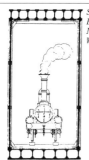

*Stephenson and Fairbairn,
Britannia Tubular Bridge,
Menai Straits, 1852*
断面

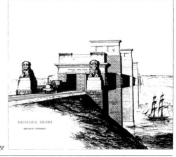

Britannia Tubular Bridge

ーチ形をつかった最初の例のひとつであった。コンタマンのこの建物は，機械を展示するばかりではなかった。それ自体が展示されている機械であり，その中の高架軌道を走る動く展望台は，中央軸の両側に沿って展示空間の上を通り，見物人は自分の足元にある展示空間をすばやく広範囲に眺めわたすことができた。

19世紀の後半において，フランス中部山岳地方は鉱脈が非常に豊かであることが発見され，従ってそのために鉄道敷設に潤沢な費用をかけ得るものとなった。その地においてエッフェルが，1869年および1884年に設計した高架鉄道橋において提示された方法と美学は，エッフェル塔の設計において最高の完成度に達するものであった。エッフェルが，これらの高架橋で発展させた筒状の鉄の柱脚の典型的な放物線の外形は，絶えず，風と水の動的な相互作用を解決しようとしてきた彼の絶えざる試みを形態において示している。

もっと広い川にスパンをかける必要性は，エッフェルとその協働者達をして，高架支柱の独創的な方法に向かわしめた。そのような解決へ向かって拍車をかけたのは，1875年ポルトガルのドオロ河に鉄道高架橋を建設する仕事である。1870年以後，鋼鉄が安価に利用できるようになり，そのことによって，広いスパンをただちに成し遂げるような材料を用いる経済的な余裕が生み出された。それによって峡谷を5つのスパン，即ち両端を柱脚で支えられた2つの短いスパンと，2ピン・アーチで支えられた524

Krantz and Eiffel, Paris World Exhibition, 1867

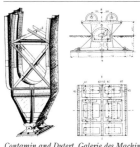
Contamin and Dutert, Galerie des Machines, Paris, 1887–89 ヒンジ支持部詳細

Galerie des Machines 可動観覧デッキ

フィートの中央の長いスパンで渡るという解決が生み出された。この建て方は，数年後にガラビで繰り返されるのであるが，まず柱脚で両側のスパンを建て，次いで両側から連続する構造によって中央部分を建てるというものであった。トラスの継足しは，軌道レベルでカンティレヴァーで突き出され，次いでヒンジ式アーチは，半分に分けて下の水面から同時に構築された。主要なヒンジ部材は，浮かべられてからジャッキで定位置まで持ち上げられ，それから最終的な組み立ての間，隣接する塔の柱頭から下げられたケーブルによって，正しい傾斜に保たれた。1878年に完成したドオロ高架橋の目覚ましい成功は，ただちにフランス中部山岳地帯を流れるトリュイエール河に架かるガラビ高架橋建設の依頼をエッフェルにもたらしたのであった。

ドオロ高架橋がガラビ建設に必要な経験を提供した如く，ガラビの完成はエッフェル塔の設計および構想に不可欠なものであった。クリスタル・パレスのように，しかしもっとゆっくりとした早さではあったが，この塔は大変な圧力のもとで設計され建設された。1885年春に初めて発表され，1887年の夏に着工し，1888年冬には650フィートを超える高さに達した。コンタマンの機械館のように，この建物には見学者を迅速に誘導するシステムが準備されねばならなかった。速度は重要不可欠なものであった。というのは，塔に登るにはエレベーターによる以外なかったし，そのエレベーターは，その双曲線の脚の中の傾斜した軌道に沿って走らせるか，あるいは1階から尖塔まで垂直に立ち上がらせるかのいずれかの方法しかなかったからである。このエレベーター用のガイド・レールは工事期間中は起重機の上昇用のトラックとして利用されたが，これは施工方式の合理化であって，エッフェルがヒンジ式高架橋の際に使用した据えつけの技術を思い出させるものであった。クリスタル・パレスのようにこの塔も鉄道の副産物であって，実際これは300メートルもの高さをもつ高架橋の柱脚ともいうべきものであり，その原型は，風，重力，水そして材料の強度の相互作用から生まれてきたものであった。それはこれまで，想像だにし難い建物であって，空間自体の虚空の中を飛行する以外には経験され得ぬはずのものであった。塔と飛行との間には未来派的な類似性が与えられており，1901年に飛行家サントス・デュモンが彼の飛行船でこの建物の周りを巡ったことは，この類似性に対する祝福とみることが出来よう。従ってこれが建てられてから30年後の1920年に計画されたウラジミール・タトリンの第三インターナショナルの記念碑において，この未来派的な塔のイメージが新しい社会秩序を目指す願望の主要なシンボルとして再解釈されることになったのも当然のことである。

鉄工技術が地下鉱物資源の開発に伴って発展したように，コンクリート技術は，または少なくとも水硬セメントの開発は，海上交通から起こってきたようである。1774年に，ジョン・ス

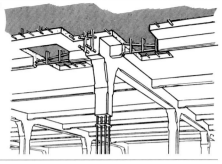
Hennebique, patent reinforced concrete frame construction, 1892

ミートンは彼のエディストーン燈台の基礎を生石灰，粘土，砂と砕鉄スラッグを混ぜ合わせたコンクリートを使用して築いた。そして同様のコンクリート混合は，イギリスにおいて，18世紀の最後の四半世紀を通して橋梁，運河そして港湾建設に用いられた。1824年にジョセフ・アスプダンが行った凝石として使用するためのポートランド・セメントの先駆的開発や，その他鉄筋コンクリート開発当初におけるさまざまなイギリスの提案，例えば1792年に常に発明してやまぬルドンによってなされたものなどがあったのではあるが，コンクリート開発当初におけるイギリスの優位は次第にフランスへと移っていった。

フランスにおいては，1789年革命以後の経済的逼迫，1800年頃のL・J・ヴィカーによる水硬セメントの合成，そしてピゼー（つき固めた土）で建てるという伝統が組み合わされて，鉄筋コンクリートの発明にとって最適の状況をつくり出していた。この新しい材料の最初の重要な使用例はフランソワ・コワニエによるものであって，彼は既にリヨン地方のピゼー建築構法に精通していた。1861年に，彼はコンクリートを金属網で補強する技術を開発し，これを基に彼は鉄筋コンクリート構法を専門とするはじめての有限会社を設立した。コワニエは，パリでオースマンのもとで働き，鉄筋コンクリートの下水道やその他の公共建造物を建てた。その中には，1867年の一連の注目すべき6階建アパートも含まれている。これらの仕事の委託があったにも

かかわらず，コワニエは，彼の特許の確保に失敗し，第二帝政の最後には，彼の会社は解散してしまった。

もう一人のフランス人におけるコンクリート開拓者が，庭園技師ジョセフ・モニエであった。彼は1850年，植木鉢をコンクリートで作ることに成功したのに続いて，建物にこの材料を利用することに着手した。1867年から1878年の間に，モニエは金属補強の適用に関する一連の特許をとったが，この権利の一部を彼はうかつにも，1880年に技師のシュスターとワイスに売ってしまった。その他の権利は，1884年モニエからフライタークの会社が獲得し，その後ただちに，ワイスとフライタークによる大きなドイツの土木事業が生まれることになった。彼等のモニエ・システムの独占は，1887年に発行されたG・A・ワイスのモニエの方法，「モニエバウ」に関する権威ある著作によって，強固なものとなった。ドイツの理論家ノイマンとコーヴァンによる鉄筋コンクリートの微分応力に関する重要な理論的研究の出版は，この種の構法におけるドイツの優位を不動のものとした。

鉄筋コンクリートにおける最も目覚ましい発展は，1870年から1900年の間にドイツ，アメリカ，イギリスそしてフランスで，先駆的な仕事として同時に行なわれた。1873年に鉄筋コンクリートのハドソン河の自邸において，ウィリアム・E・ワーズは，梁の中立軸の下にバーを配し，それによって鋼の引張り強度を十分に利用した初めての建設技師となった。この方法に内

Hennebique, concrete house, Bourg-la-Reine, 1904
断面

在する構造的利点は、ただちにイギリスにおいて、サディウス・ハイアットとトーマス・リケットによって行なわれたコンクリート梁の実験で確認され、その共同作業の結論は1877年に出版された。

　これらの国際的な開発にもかかわらず、現代の鉄筋コンクリート技術のシステマティックな利用は、フランソワ・アンヌビックの発明的才能を待たねばならなかった。アンヌビックは独学のフランス人建設業者で、1879年に初めてコンクリートを使用した。それから彼は、壮大な構想のもとに個人的な研究を遂行し、1892年彼自身の独特で広範囲なシステムの特許をとったのである。アンヌビック以前には、鉄筋コンクリートの大きな問題は、一体の接合部をいかにしてつくるかということであった。1845年にフェアベアンが特許をとったセメントと鋼材の混合システムは、一体接合とは到底言い難いものであり、ハイアットとリケットの仕事にも同じような限界があった。アンヌビックは、この困難さを丸く曲げて互に引掛けることが可能な円棒を使用することによって克服したのであった。彼のシステムのみに取り入れられていたのは、局部的な応力に対応するために補強筋を曲げてつなぐことや、スターラップ・フープで接合部を巻くことがあった。この接合部の完成をもって、一体構造は実現し得たのであり、それはただちに、アンヌビックが1896年トゥルコワンとリール地方に建てた3つの紡績工場において、この方法を初めて大規模に応用する道を開

いた。この結果は、すぐさま成功を呼び、アンヌビックの会社はただちに繁栄を迎えた。彼のパートナーのL・G・ムシェルは、このシステムを1897年イギリスにもたらし、ここで1901年初めてのコンクリート道路橋を建設し、1908年の仏英展覧会においては自立した壮大ならせん形鉄筋コンクリート階段を公開した。

　アンヌビック会社の広範囲の成功は、1898年頃に始まり、彼等は住宅雑誌『鉄筋コンクリート』を定期的に発行し、また、このシステムは1900年のパリ博覧会の折衷主義的建物において広く用いられたのであった。フランソワ・コワニエの息子による鉄筋コンクリート造の給水塔はにせ正面を持つものであったが、1900年のパリ博覧会はコンクリート建設に大変なブームを引き起こし、アンヌビックの会社は設立後10年の1902年には、大きな国際的事業にまで成長したのであった。ヨーロッパ中で無数の建物がコンクリートで建設され、アンヌビックはその主たる施工業者として働いた。1904年に、彼は自分自身の鉄筋コンクリートの別荘をブール・ラ・レーヌに建てたが、これは屋上庭園と尖塔をもつものであった。その壁は、恒久的なプレキャスト・コンクリートの型枠の間に現場打ちされた鉄筋コンクリートによって出来上がっており、そのほとんど完全にガラス張りの正面は、建物の主壁面からドラマティックにつき出されていた。世紀が代わるとアンヌビックの方法の独占支配もおとろえかけたが、彼の特許はまだその後何年も続いた。1902年に、彼の第一の助

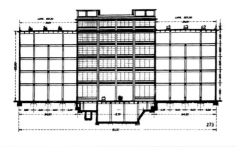 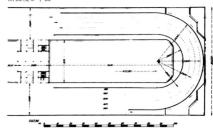

Mattè-Trucco, Fiat Works, Lingotto, Turin, 1915–23
断面及び平面

手であったパウル・クリストフは,『鉄筋コンクリートとその応用』を発刊して,この方法を一般化した。4年後アルマン・コンシデールは,彼は既にそれまでに橋梁港湾局でコンクリートについての研究を行なっていたのであるが,政府委員会の長となり,やがて鉄筋コンクリート工事のためのフランスの法規を制定することになった。

1895年に至るまで,北アメリカにおける鉄筋コンクリート工事は,ヨーロッパからのセメントの輸入に依存していることによって制約されていた。しかし,その後すぐに穀物サイロと陸屋根の工場の建設が始まり,先ず最初はカナダでマックス・トルツの鉄筋コンクリートサイロの建造が始まり,次いでアメリカ合衆国においては,1900年以降,ねじり鉄筋の発明者であるE・L・ランサムの仕事が始まった。1902年のペンシルヴァニアのグリーンズバーグにある300フィートの機械作業場の建物によって,ランサムは米国における一体コンクリート骨組の先駆者となった。ここで彼は初めて,コンシデールの説に従って,らせん状の柱配筋の原理を応用したのであった。フランク・ロイド・ライトが,ほぼ同時期に鉄筋コンクリート構造の設計を始めたということは,彼の技術上の早熟を物語るものである。彼の実現はしなかったヴィレッジ銀行計画は1901年のものであり,またE−Z靴墨工場とユニティ教会は,両方とも1905年にシカゴにおいて着手された。

一方パリでは,ペレ兄弟が彼等の初めての全コンクリート構造の設計と建設をはじめていた。それは,1903年,オーギュスト・ペレの発展の可能性に満ちたフランクリン街のアパートに始まり,そして1913年のシャンゼリゼ劇場へと続く。ほぼ同じ頃,アンリ・ソヴァージュは,ヴァヴァン街のセットバックしたアパートメントにおいて,この新しい単一体の材料の表現性に富む「彫塑的」可能性を試みており,それは1912年に完成した。この年をもって,鉄筋コンクリート構造は,標準技術となり,それ以後の発展は主としてその応用のスケールと表現要素としての洗練の問題となった。巨大な構造のスケールとして使われた最初は,1915年トリノに建てられた,マッテ=トゥルッコの100エーカーに及ぶフィアットのための建築物であり,その表現性豊かな建築的要素の表明は,ル・コルビュジエのドミノ住宅計画とほぼ同時期に現われる。一方が,コンクリートの陸屋根が激しい動荷重による振動を支え得ることを明確に示しているのに対し(フィアット工場は,屋上にテストトラックがある),他方はアンヌビックの方法を「特許のある」根源的な構造として仮定したものであって,ロジエの原初的な小屋の概念のように,それ以後の新しい建築の発展は,すべてこれに関わりを持たざるを得ないものであった。

1851–54
JOSEPH PAXTON
Crystal Palace
London, England

クリスタル・パレス（水晶宮）
この全長1848フィートの鉄とガラスの建物は、ジョゼフ・パクストンおよびフォックス・ヘンダーソン社のチャールズ・フォックスによって設計された。この建物は、プレファブ化された鋳鉄および錬鉄の部材を用い、4フィートのモデュールに基づいて構築されている。その内部空間は、24フィートと48フィートの幅のギャラリーから成るが、これらのギャラリーの屋根は、72フィートに対して22フィートずつ高くなり、中央の72フィート幅の身廊部において最も高くなっている。パクストンが特別に考案した「うねとみぞ」というガラスの取付けシステムでは、49インチの板ガラスが8フィート・スパンの「みぞ」の間に嵌め込まれ、結局24フィートごとに3つの「うね」が作られる。主要な袖廊部（樹木を保存するためのもの）と身廊部に架け渡された高さ6フィートのトラスとを除けば、全ての梁と支持部材は、みな同じ寸法をもっている。中空の

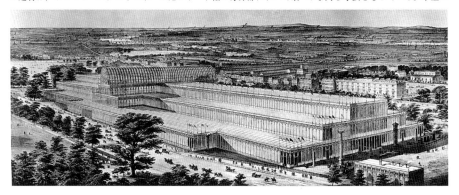

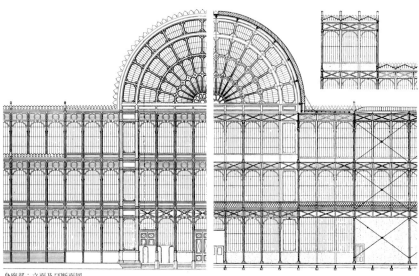

身廊部：立面及び断面図

鋳鉄材の肉厚を変えたり，鋳鉄の代わりに錬鉄を使用し3フィートの標準梁の耐力を増すことなどによって，種々の荷重への対応がなされた。このような構造物を可能たらしめたのは，基本的には当初無関係だったふたつの技術革新であった。そのひとつは，19世紀の初頭にJ・C・ルドンによって完成された温室栽培のシステムである。このシステムは，パクストンが1837年から1840年にかけてデヴォンシャー公のためにチャッツワースに建てた熱帯性植物のための大温室において，大規模に実現されていた。もうひとつの技術革新は，1825年のストックトン=ダーリントン線の開通に始まる鉄道の発達であった。事実，鉄道技師であったチャールズ・フォックスは，クリスタル・パレスをあたかも鉄道網と同じく徹底した工業生産部品であるかのように考えて設計したのである。こうしたフォックスのシステマティックなアプローチの故に，構造物を解体して1852年から54年にかけてシドナムに再建するということが可能であった。そしてこの建物は，1936年に焼失するまでそこに保存されたのである。

上：航空写真，下：内観透視図

1852–54
I. K. BRUNEL &
M. DIGBY WYATT
Paddington Station
London, England

パディントン駅

1852年，当時パイオニア的存在であったエンジニア，イサンバード・キングダム・ブルネルは，死の7年前に彼の生涯で最も優れた作品つまりグレート・ウエスタン鉄道のロンドン終着駅の建設に着手した。この健物は，建築家マシュー・ディグビー・ワイアットとの共同設計によるものである。工事の開始は，ブルネルの最も優れた橋，サルタッシュ高架橋——この橋によってグレート・ウエスタン鉄道の広軌線路は，プリマス西部のティヌー川より先に延長された——とほとんど同じ頃であった。この終着駅をロンドンに建設することを会社が決定するまでには15年を要し，最終的に建設が決定された時には，以前の5倍の線路収容力が必要とされた。1854年に完成したこの終着駅は，3スパンの錬鉄アーチから成り，その中に4つのプラットフォームと10本の線路および8台の転車台が含まれている。この終着駅は最終的には，1854年に別個の建物としてP・C・ハードウィックの設計に従って建てられたグレート・ウエスタン・ホテルの背面に位置することになった。主屋とプラットフォームを完全に分離するというイギリス的なやり方は，1868年から74年にかけて建てられるセント・パンクラス終着駅よりも，このパディントン駅において，より明快である。合計238フィートを覆う3スパンの覆い屋のヴォリュームは，機関車操作に用いる旧式の転車台をおさめた，幅50フィートの2つの袖廊によって切断されている。これらの袖廊および大梁3つごとに柱を置くというやり方は，思いがけない斜め方向の眺めを提供しただけでなく，覆い屋の構造全体の中に，ある種のシンコペーションをももたらした。クリスタル・パレスで有名なフォックス・ヘンダーソン社が，ここでも主要な施

工業者であった。この事実は、パクストンの「うねとみぞ」のシステムが屋根において使用されたということに反映されている。建築家ディグビー・ワイアットが雇われたのは、明らかに建物の装飾——即ち、柱間の横断梁、覆い屋の一端にあるルネット窓のトレサリー、そして駅長室につけられたどことなくアルハンブラ的な出窓等——のためであった。ブルネルとワイアットという重要な人物は別として、パディントン駅は、オーエン・ジョーンズが覆い屋の最初の色彩計画に助言を与えたことに始まって、先にクリスタル・パレスで仕事をしたのと同じスタッフによって細かい設計がなされたのである。

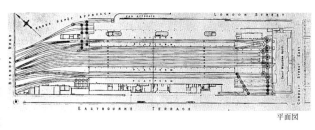

平面図

袖廊を見通す

23

1853–86
V. BALTARD & F. E. CALLET
Les Halles Centrales
Paris, France

パリ中央市場

このバルタールの市場計画は、オースマンによるパリ近代化計画の重要な一環として建設されることになったため、最終的な形で実現されるまでに、様々な変更や工事の中断を経なければならなかった。1845年にバルタールがフェリックス・カレと共に、中央市場地区のための政府の建築家に任命されたのは、1844年に彼が中央市場のための仮想的なスタディを行なったことに因する。1845年は、彼が最初の計画案を作る年でもあり、それを変更した案が1851年に建てられている。一般的な理解とは異なるが、バルタールによる市場計画案はすべて鉄とガラスの屋根をもったパヴィリオンを含んでいた。オースマンおよびバルタールにとって真に問題となったのは、ファサードを表現する様式であった。古典的な石造建築のファサードをもった、1851年計画案の最初のパヴィリオン工事は、1853年にオースマンがセーヌ県知事に任命されると同時に中止された。その後適切な構造形式をめぐる論議は、ナポレオン3世がオースマンの意見に従って、パヴィリオンは鉄のみで建てられるべきであると主張したことで、再燃した。バルタールによる1853年の第3案（鉄のみによる計画）は、全部で10棟のパヴィリオンを含むものであり、最終的にはこれが3段階に分けて建設されたのだが、6棟のパヴィリオンを含む東側の部分は1886年まで未完成であった。1936年には、四分円のパヴィリオン2つが、既存の「穀物市場」に付け加えられた。中央部にある典型的なパヴィリオンは、42×54メートルの空間を覆っている。計画全体の中で最も工夫のみられる点は、市場の床面を地面より70センチもち上げたことであろう。これは、倉庫として用いられる地下室への採光と通風のためであった。しかし、この地下室にパリの東駅から線路を引込むという賞讃すべき考えは、実現を見るには至らなかった。いざ完成してみると、バルタールの鉄の傘は、屋根のある通路と同様に、ある種の都市のミニアチュアを内包していたのである。

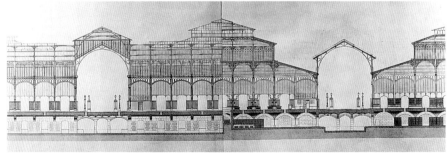

上：全景，下：断面図

上:街路側ファサード,下:内部

1859
PHILIP WEBB
WILLIAM MORRIS
"Red House"
Bexley Heath, Kent, England

「赤い家」
イギリスのフリー・スタイルの建築およびアーツ・アンド・クラフツ運動は、モリスとウェッブによるこの合作が発端であった。この建物は、ウィリアム・バターフィールドによるゴシック・リヴァイヴァルの牧師館の形式をもち、この牧師館の一般的な特徴が、短命ではあったが影響力の大きかったラファエル前派の住宅様式の出発点として用いられている。こうした姿勢はモリスの描いた「美しきイスール」——彼が妻のジェーン・バーデンを、理想的な中世風の室内（これこそ、彼が自らの余生を費して、家具、壁紙、タピストリー、ステンドグラス等を用いつつ再創造しようとした環境であった）の中で描いたもの——に最もよく表われている。しかしながらウェッブにとっては赤い家は、ローカルな材料と職人技術の直截な表現を通じて真の反歴史主義的な様式を産み出そうという努力が行われた一連の住宅作品の中の、最初のものにすぎなかった。ウェッブは、ヴァナキュラーな表現のもっとりとめのない形態を分節化するために、粘土質タイル、持送り煉瓦積、磨き煉瓦のアーチ、円形の開口といったピュージンやバターフィールドのゴシック・リヴァイヴァルに見られた統辞（シンタックス）を用いた。風土的な材料や建設方法は、少なくとも理論上は決して同じものはありえないわけで、ウェッブの折衷的アプローチも当然それぞれの住宅作品によって異なっていた。この永遠に満足することのない建築家は、生気を与えようとすると風化していってしまう数々のヴァナキュラーを再解釈し直そうとして成功することのなかった人物としてみなされうるだろう。ウェッブは、自らの清教徒的な主義にもかかわらず、ピュージンとは異なり、ゴシック・リヴァイヴァルの意識的な発展——すなわち、ここで明白に見られるジョージアンの窓枠のような、後の時代から引き出された要素を、ゴシック・リヴァイヴァルの一般的な統辞の中に組み込むという作業——をめざした。しかし重要なのは、この赤い家が、L字の2つの腕の交差部に、外観にも表現された階段付きのエントランス・ホールを備えた、典型的なゴシック・リヴァイヴァルのL字型平面を最初に定型化した住宅であったということである。

庭園側外観

上，左下：サロン　　食堂

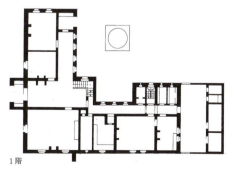

1階　　2階

1865–67
GIUSEPPE MENGONI
Galleria Vittorio Emanuele II
Milan, Italy

ミラノのガレリア

イタリアの統一（特に1859年にロンバルディア地方がオーストリアの支配から解放されたこと）を記念したこの高さ96フィートのアーケードは、1861年に行なわれた競技設計の結果に基づいて建設された。基本的な構造物は、エンジニアのジュゼッペ・メンゴーニの設計により、1865年から1867年にかけて建てられた。十字型平面における640フィートの南北軸は、北は世俗的なスカラ座広場に、そして南は神聖なドゥオモ広場に直結している。1877年には、このオペラ座と教会堂を結ぶ屋根付の連結部を形態的に集結させるため、凱旋門が南端に付け加えられた。

モザイク張りのコンコースのイコノグラフィー、交差部にのせられた高さ164フィートの八角形ドームのペンデンティヴに描かれたイコノグラフィーは、1848年の国粋主義者による革命の大勝利と同時に生まれた、教会と国家の政治的結合を象徴している。その後、中央交差部の一角に自由主義新聞『コッリエーレ・デッラ・セーラ』の事務所が設立されたということが、この特殊な作品の政治的意義を強調する。初期イタリア未来派の多くの人々が、この場所で展示活動を行なったのも偶然ではないのである。

Ｊ・Ｆ・ガイストが『パッサージェン』という研究書の中で述べているように、このアーケードは形式的には、1820年代のパリに最初に出現した迷路状のすき間のような通路を直接的に継承したものである。ガイストによれば、この種の建物の発展

ドゥオモ広場側の入口

において記念碑的局面を確立したのが、このメンゴーニの設計案であるということになる。というのもこれは、1846年にブリュッセルに建てられたＪ・Ｐ・クリュイスナールのガルリー・サンユベールよりもはるかに高いのであるから。空間の巨大な大きさおよび高さの故、ガラス屋根上部のガスランプに点火するための新たな発明の導入が必要とされた。このいわゆる「ラット（ねずみ）」すなわち「イル・ラティン」は、点火の際にギャラリー周囲の軌道を動く車に装備されたガス・ジェットのことである。

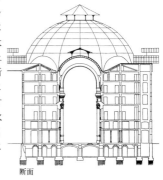

断面

交差部

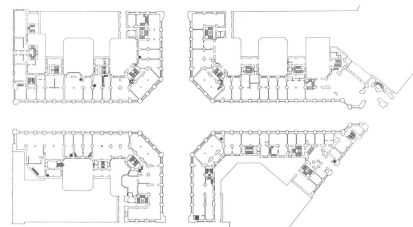
平面

> 1868–69
> HENRI LABROUSTE
> Bibliothèque Nationale
> Paris, France

リットがちょうど船の機械室の通路デッキの如く開けられており，光はこのスリットを通じて，一番低い階にまで降り注ぐのである。

断面及び平面図▷

パリ国立図書館

1789年の革命の後，新しい共和国の国立図書館の設備に注意がはらわれるようになった。しかしアンリ・ラブルーストが，マザラン宮の中庭に国家所蔵品の収容施設を設計する仕事を最終的に委託されたのは，1854年になってからのことである。ラブルーストの基本構想は，直径12インチの16本の鋳鉄柱に支えられ，それぞれヴォールトのかかった9つの正方形平面で構成された，トップライトのある読書室を創り出すことにあった。このトップライトは単眼模様であり，それは半円形の鋳鉄アーチ骨組の上に載った陶製ドームにひとつずつ開けられている。ラブルーストがこの細い構造体を使用したのは，屋外で読書をしているような感じを演出するためであったように思われる。そして，ポンペイ風の壁面模様が，風をはらんだテントや「ヴェラリア」（古代ローマ劇場の天幕）の中にいるような幻覚を助長するのである。既存の宮殿の中庭にこのような構造物を挿入するという手法は，ラブルーストが1843年にサント・ジュヌヴィエーヴ図書館の室内において既に試みた石張りの軽い鉄骨構造を，論理的に発展させたものであった。19世紀における書物の大量生産によって，読書スペースよりもはるかに広い面積の「書庫」そのものが必要になった。この書庫に用いられるトップライトのついた4層の鋳鉄製ギャラリー状空間と読書室は，高いガラス壁面によって完全に仕切られている。書庫の鋳鉄製のギャラリーには，すの子状の細長いス

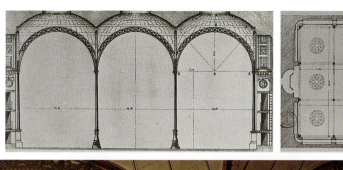
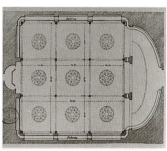

1869–83
JOHN A. ROEBLING
WASHINGTON A. ROEBLING
Brooklyn Bridge
New York, New York, U.S.A.

ブルックリン橋

19世紀の吊橋の歴史は，技術的に複雑であると同時にインターナショナルなものであった。このため，この分野のパイオニアに対する名声は次のような人々の間で分かち合わなければならない。1840年に鎖吊橋の方式の特許を取ったアメリカ人，ジェームズ・フィンレイ，1820年にトゥイード川にかかる不運な全長130メートルの鉄の鎖吊橋をかけた英国人，サミュエル・ブラウン，そして1825年，ローヌ河に76メートルのワイヤーロープの吊橋をかけたフランス人技術者，マルク・セガンといった人たちである。しかし近代の吊橋技術の中で決定的な技術革新のひとつとして数えなければならないものは，1840年にローブリングが特許を取ったワイヤーロープの現場での紡績法である。この特許により1845年，ジョン・ローブリングはアレゲニー川にケーブルで吊った木造の水道橋を数多く手がけた後に，人生の半ばにおけるふたつの重要な仕事を依頼されることになる。すなわち1841-55年の821フィート・スパンのナイアガラ鉄道橋と，1856-67年の1000フィート・スパンのシンシナティ橋である。このふたつが全長1600フィートのブルックリン橋の原型となったのである。その建設はローブリング親子二代にわたり，1869年に始まって，完成を見たのは1883年のことであった。この長大なスパンを支えるための2本の石造支柱には水面下78フィートに基礎を築く必要があった。ローブリングの息子，ワシントン・ローブリングはこの工事の現場監理の結果，潜函病によって終生の不具者となってしまった。完成された橋について，1891年，モンゴメリー・シャイラーは，「ブルックリン橋の設計者は，実用性の高度の洗練から美しい建造物を作り出した。その作品においては，力線そのものが，構造を構成している」と述べている。またコンラッド・ワックスマンは70年後に，より抽象的な言い方の中にその業績を評価して，この橋は「それまでは思いもよらなかった空間を実現したもの」と書いている。

川岸からの眺め

1871–72
JULES SAULNIER
Chocolate Factory
Noisiel-sur-Marne, France

チョコレート工場

シアーネスのボートハウスが発見されるまでは，この建物が世界で最初の多層金属骨組構造であると考えられていた。1825年，薬品の大量生産の先駆者であったムニエは，彼の世界的に有名なチョコレート工場を創る用地として，ノワジエル＝シュル＝マルヌを選んだ。1869年，彼の息子のエミール・ムニエは建築家ジュール・ソルニエに，河の中に設けられた3基のタービン発電機の上に載る新しい工場の設計を依頼した。ソルニエは，4本の石柱から成る水門を土台として，その上に軽量構造を載せることにした。その構造は，建物外観の2面全体を被うラチス梁と，内部において中央廊下の両側に並んだ鋳鉄柱から成る。ラチス梁および柱はともに，石柱の間に架け渡された鉄板をリヴェット接合して作られた筒状の梁で支えられている。こうした構造形式が，初期の大構造物に共通するものなのである。中間の3層の床は，リヴェット接合された錬鉄製の梁上に架構された煉瓦のヴォールト構造によって支えられており，その梁を今度は，外壁に表われるラチスと内部の柱が支えている。外壁のラチス枠組には，薄い中空煉瓦が嵌め込まれており，その煉瓦のまだら模様は，ムニエを表わすMの文字と，カカオを図案化したシルエットとを象徴している。

1876
GUSTAVE EIFFEL
L. A. BOILEAU
Bon Marché Department Store
Paris, France

ボン・マルシェ百貨店
エッフェルの最もすぐれた作品が，1852年アリスティード・ブシコーによって世界で初めて設立された「定価販売」百貨店のためになされたものであったという事実は，極めて時代を象徴しているといえるだろう。ブシコーの販売方式はただちに成功をおさめ，1872年にはバビロン通りにあるM・A・ラブランシュ設計のボン・マルシェ百貨店を拡張できるようになった。この複合施設に対して，1876年，ボワローとエッフェルが増築を行なうことになるのである。このボン・マルシェ百貨店の中でボワローとエッフェルが手がけた部分は，壮大な光の吹抜空間，ブリッジ，そしてバロック階段といった特徴をもっている。この吹抜をおおう鉄とガラスでできた急勾配の屋根の上を走る軽量金属製のブリッジも構造体に組み込まれた。ボワローは，このような軽量で透明な建物には新しい建築的アプローチが必要とされることを知っていた。この事実は，彼が『建築百科全書』誌のために書いた文章からも明らかである。重要なのは，マッス上における光と影の関係ではなく，大空間を満たす光の雰囲気であると彼は考えたのだった。そして彼はこう述べる。「このような光の構成においては，ソリッドでマッシヴな要素は舞台装置の役目をし，内部を満たす陽光をできる限り拡散させることによってその光がまわりの薄暗い部分や影の部分を照らし，全体があたかも直射自然光の下にあるかのように陽気に共鳴し合えるようになるだろう」。

内観

断面

平面

◁長手断面

1884–1926
ANTONIO GAUDÍ
La Sagrada Familia
Barcelona, Spain

サグラダ・ファミリア教会

アントニオ・ガウディ・イ・コルネは，ヴィオレ=ル=デュクからの影響を強く受けたバルセロナの建築家の世代に属していた。カタロニアのアール・ヌーヴォーすなわちモデルニスモ運動の一員として，彼は構造合理主義の教義に従い，この反古典主義的立場から反歴史主義的様式の創造へと向かおうと試みた。そしてそれによって，現代のエトスとカタロニア・ナショナリズムの明示をともに表現しようとしたのであった。こうした中から，ガウディは四面楚歌だったわけではない。たとえば，フランシスコ・ベレンゲール，ピュイ・イ・カダファルク，ドメネク・イ・モンタネールといった建築家達は，組積造の使用にダイナミックな構造的輪郭，およびゴシックやムーア様式から引き出したイコノグラフィックな要素とを結びつけるということにおいて，ガウディと同じようにイマジネーションに富む方法を見出していた。1885年のカサ・ヴィセンスと1889年のパラウ・グエルより後になると，ガウディの作品は，同傾向の他の作家達のものと区別できるようになったが，それは「超現実主義」的な効果にひたること，およびときに汎神論的なものと境を接する精神の独自な感覚とによっていた。1884年に設計を引き受けたサグラダ・ファミリア教会は，ガウディがそうした感覚に充分な表現を与えることを許された最初の機会であった。未完成のままにされるという運命をもちながらも，この教会は1882年に建設が開始されていた。そして

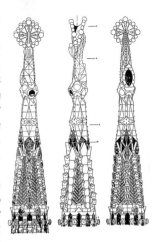

その地下部分は，ゴシック建築家フランシスコ・デ・パウラ・デル・ヴィリャールの設計によって建設されていた。これより以前の1876年に，この建築家がモンセラートの聖母礼拝堂を再建するときにガウディは協働したことがあった。このときに，ガウディは初めてモンセラートの神話的な山並に出会ったのである。そしてその山並の鋭くとがった形態は，1906年に建てられたサグラダ・ファミリアの鐘楼に認められることになる。その年にガウディとともにこの教会を訪れた詩人のホアン・マラガーリョは，次のような言葉を記している。「私たちは進んだ。われわれの声は，時を超えた神霊の声のように，夜空に消え去った。この寺院の巨大な容積は，これから何かが付加されるべき，いまだ崇高な比例をもった裸のままで，月明りを浴びて，われわれの背後にほんやりと浮かび上がった。むき出しの，骨のような，奇怪な構築物……」。マラガーリョがもった不安の感覚は，その後にロレンツォ・マタマーラによる無気味な写実的彫刻が付加されることで大幅に増大しているということは，ただ推測することしかできない。その鶏，サボテン，鍾乳石，天使と子供たち，といった彫刻は，この教会堂の表面を，部分がもつ衝動そのものの力として，渦を巻いて覆うことになった。この原始的な彫刻群による目まいがするような効果は，その上部の260フィートの鐘楼という上部構造を支持している精巧で抽象化された持ち送り部材と強い村比をなしている。

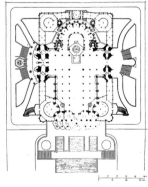

上から尖塔立面，断面，平面

1884–90
DANIEL H. BURNHAM & JOHN W. ROOT
Monadnock & Kearsarge Bldgs.
Chicago, Illinois, U.S.A.

街路側外観▷

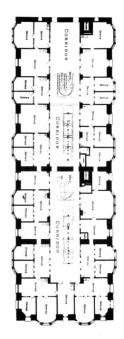

モナドノック＆キアサージ・ビル
1884年には，ジョン・ルートはすでに高さ202フィートのモナドノック・ブロックの初期の計画案にとりかかっていた。そして彼は建物には装飾を付加すべきではないという施主の確固とした要望に対して，当初は12階と決められていた建物の全体の高まりを包み込むために，このように早い時期から，単一なエジプト的外形の構想を進め始めていた。モナドノックが建てられたのはシカゴ構法の移り変わりの時期にあたっていたという事実は，1889年にさらに上部に付加された4階分に反映されている。全体は最初は鉄骨構造物として設計されたが，この提案は，この構造に本来永続性が無いという奇妙な偏見をいだいた施主たちによって拒否されてしまった。いずれにせよ，最終的な作品は妥協案となった。すなわち，それは補強鉄骨の入った煉瓦柱と鉄骨造の中央廊下より周辺部へのびる耐風鉄骨梁を持つ16階建ての耐力煉瓦構造であった。張力帯金はこの内部の骨組から各階ごとに煉瓦表面から5インチの点までのびていき，そこで金属は煉瓦にかすがいで止められた。基部にむかってゆるやかに傾斜するモナドノック・ブロックは高さと幅が3対1の比率をもち，それは，窓部分で煉瓦を丸めたり長手と短手のファサード間で典型的なベイの幅の比例を違えたりするという，ルートの細心のディテールによって明晰な外形を与えられた。最後に，サッカラ出土のエジプトの釣鐘形パピルス柱に似た垂直方向の輪郭線をもって上昇していく傾斜面は，最終的に釣鐘のコーニスで受けとめられる。1895年のモンゴメリー・シャイラーのこの作品に対する熱狂的な評価は，ルートの名作に対する1923年のサリヴァンのおそまきの賞讃の中にくり返されている。彼は書いている。「驚異の煉瓦の断崖だ。それは精妙な線と面をともなって険しくむき出しに立ち上がり，目的の直接的な単一性は見る者にロマン的なスリルを与えた」。

ファサード見上げ

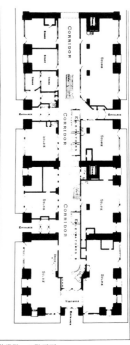

基準階，1階平面

1885–87
HENRY HOBSON RICHARDSON
J. J. Glessner House
Chicago, Illinois, U.S.A.

J・J・グレスナー邸

1874年にニューポート（ロード・アイランド州）に建てられたどことなくノーマン・ショウ的なワーツ・シャーマン邸の10年後に建てられたこの作品は，おそらくリチャードソンの住宅作品中で最も記憶さるべきものであろう。この設計は彼の生涯の最後の時期に行なわれ，1886年の尚早な死のわずか1ヶ月前に完成している。この住宅の最も変わっている点は，そのU字型プランにある。敷地の側面に接する通りの境界に建物の正面が接している一方，敷地の裏手の囲われた中庭に対しては解放されている。ミシガン中央鉄道が住宅のすぐそばを通っていたため，リチャードソンは，出来る限りの静寂とプライヴァシーを確保するために，このような通常でない配置を選んだ。このため道路側の2つの立面は粗い灰色花崗岩の重厚な石積みで仕上げられ，最少限必要ないくつかの小さな窓と入口を除いてほとんど開口がない。主要室は，主に，中庭から採光されている。庭側のファサードは赤煉瓦で仕上げられ，リンテルは石灰岩が用いられた。皮肉なことに，当時はリチャードソンの「花崗岩の小屋」として知られていたが，この住宅は同じ通りに住んでいた，たとえばジョージ・プルマンといった当地の金持達を不愉快がらせた。その明らかに隠とん者的な手法は別としても平面にみられる最も奇妙な点は，主要空間につながる使用人用通路の狭さである。この特色は敷地の形と，用いられたパルティ（基本構想）から来ていると考えられる。

上：玄関側外観，下：中庭側外観

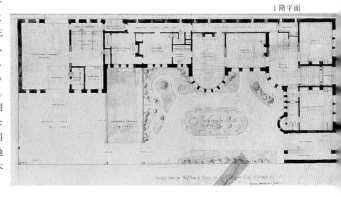

1 階平面

グレスナー邸の重厚で神秘的, 中世的な雰囲気は, 当時のロマン主義的な感覚をたたえている。このことはグレスナー（インターナショナル・ハーヴェスター社の創設者の一人）が晩年に自邸について記した次の手紙からも十分にうかがい知ることができる。「私たちが初めてこの家に泊ったのは, 1887年12月1日のことでそれ以後はもとの家で泊ったことはありません。暖炉の火は家を象徴するものですので, 私たちはワシントンとモーガン街の角のもとの家の暖炉から火だねを持ってきて, ちょっとした儀式を行ないながら, 新しい暖炉の火をともしたのでした……」。

自分が不安定で困難な状況の中で家を建てていたということをグレスナーが知っていたことは, 同じ手紙の別の文章から知ることができる。「私は, われわれすべての中に, 過ぎ去った世代から家族の家を受け継ぎ, それを次の世代へ伝えたいという願いがあるように思うのです。……けれどもそれは急速に変化していくこのような土地ではほとんど成しうることはできないでしょう。家族は, その家を, 代々にわたって同じ地域にさえ, 保つことはしてこなかったし, そうすることもできないのです……」。

グレスナーがリチャードソンの力によって, 住むための「モニュメント」を建設しようと望んだのは明らかにこのような根無し草的な感覚に対抗するためであった。そしてこのモニュメントのもつ形態言語はおそらくは住宅よりも監獄にふさわしいものであったようだ。皮肉なことにひかえ目にいっても, グレスナー邸は1884年のリチャードソンのアレゲニー裁判所および監獄に, ディテールは何ひとつ変えることなしに, 付け足すことが出来るかのように思われるのである。

上：ダイニングルーム，中：居間，下：玄関ホール

第2章
シカゴ派の建築—都市と郊外　1830-1915
The Chicago School of Architecture:
The City and the Suburb 1830–1915

「あのシカゴ・オーディトリアム・タワーの高みにあるアドラー・アンド・サリヴァン事務所で私は7年近く働いた——ジョージ・エルムズリーと机を並べて——しばしばロマンティックなリチャードソン風のロマネスク・アーチを通してミシガン湖を眺めながら、また時には、日が沈んだ後、巨大なベッセマー鋼の熔鉱炉の光が南シカゴに向かって夜空を赤くするのを見下ろしながら。私はこの高いアーチから、巨大な成長しつつあるシカゴの町を見下ろしたものだが、そうした時、イリノイ中央鉄道の列車が煙を吐きながら湖畔を動いていったものだった。」
　　　　　　フランク・ロイド・ライト、『遺言』1957年

　シカゴ派の建築の盛衰を適切に描写するには、まず、シカゴが、1830年のトンプソンによる最初の格子の基盤上に交易所としての基礎が築かれてから、1871年の大火当時までに約30万に近い過剰人口にまでふくれあがった、その速度について指摘しなければならない。このブームは、1833年ざっと200軒ばかりの家からなる集落が、たった1年という期間に、1800人ものフロンティアの町となったときに始まった。それ以後人口は、指数関数的に増加し、ジョージ・プルマンが1851年シカゴにやってきて、シカゴの泥道に対して奮闘を開始した時（道路を舗装し、木造の住居の並ぶ通りを全て地上から持ち上げることによって）、その時、既におよそ3万人の人口をもつ都市であった。この頃には、シカゴの木造の住宅と商業施設は、ほとんど全て1830年代の末にG・W・スノーによって発明されたバルーン・フレームでつくられていた。この木造の軸組構造のシステムは、木の間柱を規則的な間隔で立て、それを直接に2次部材にクギで打ちつけるというものであった。この構法は、大層標準化されたものであって、最初のシカゴ構法をつくりあげたものであり、1871年にシカゴ市の中心部において燃え落ちたのは、他ならぬこのきわめて可燃性の高い構造形式なのであった。

　鉄道事業は、シカゴの内外で1841年に始まり、1869年ユタ州プロミントリー・ポイントでの大陸横断鉄道の接続の頃までには、鉄道はシカゴ市からあらゆる方向に向かって延びるものとなった。この鉄道事業は、広範囲の内陸水路によって補われながら、シカゴに集まり、中西部の牛肉と穀物の余剰でシカゴを潤した。すなわち、余剰生産品は東に出口を見出し、そしてその上で五大湖を経て、広く世界に流れ出た。穀物倉庫の建築および1865年のシカゴ家畜収容場と屠殺場の建造は、この農業生産物の貯蔵と加工にとって不可欠のものであった。この産業において、成長がいかに巨大であったかは、例えば1年間にシカゴで処理される豚の数が1860年に40万頭であったものが、1862年には134万頭となった数字からも知ることができよう。こうしたことが、1870年代中頃にアーマー・アンド・スイフトの巨大な食肉加工業を生み出し、やがては1882年のギュスタヴス・スイフトの冷凍食肉貯蔵法の開発を生み、また食肉や腐りやすい製

Development of Chicago 1871

プルマンによって実行されたシカゴの街区のジャッキアップ

品の冷凍車両による大陸横断輸送へと連なった。この頃になると、ジョージ・プルマンはシカゴの通りを持ち上げることをあきらめ、大陸横断鉄道旅行の状態を改善することに関心を持ち始め、1865年に、その目的のためにかの「パイオニア」寝台車を発表した。やがてプルマンは、彼の全ての競争者に対して勝利をおさめ、彼の寝台車に対する需要に対して、プルマン車両会社を設立し、また理想工業都市プルマンを建設した。これは居住施設とコミュニティ施設から成るもので、1880年にカルメット湖畔につくられた。この初期の線型都市は、寝台車の生産方式に基づいていたもので、フランスのギーズにおいて1856年以降につくられた、J・P・ゴダンの「ファミリステール」集合住宅のアメリカ版と言うことができよう。ゴダンの工業都市が空想的社会主義的な協同組合であったのに対し、プルマンの町は慈善家的で、かつ実利主義的な自己抑制の町であった。以上に加えて、鉄道はシカゴに原料を運び込んできた。鉄鋼、石炭、材木、そしてセメント——これらは、まさに都市・シカゴとその工業を築き上げるための素材であった。シカゴの金属産業の膨張がいかに速かったかは、例えば、1860年にはこの町に僅かひとつしかなかった熔鉱炉が、1871年の大火の時には4つになっていた事実からも知ることができよう。

大火そのものによる損傷は（大火そのものは主として不充分な耐火性能と急激な都市開発によるものであったが）標準的な構法を効果的に変化させ、また焼失した都市中心を再建するために以前にも増して建設事業を刺激した。1871年から世紀の終りまでの間に、シカゴは30万人の都市から200万人近くの巨大都市に成長した。しかもこの人口の三分の二以上が米国外で生まれた者なのであった。このような急速な膨張が、地価を上昇させ、多層階建築の需要をつくり出し、そしてこの需要は鋳鉄骨組（1850）と蒸気エレベーター（1864）、そしてすぐそれに続いて水力エレベーター（1867）によって技術的に解決された。この急速な膨張は、また一方で最初の中産階級のための田園郊外住宅地をつくり出したが、それについては、フレデリック・ロウ・オルムステッドのリヴァーサイド（1863年シカゴ郊外につくられた）は、重要な典型であって、曲りくねる、絵画的な、樹木に溢れる配置がなされ、高速鉄道でシカゴのダウンタウンと結ばれていた。それに続く重要な郊外生活の神話はオルムステッドの計画に基づけば、エリート達は気のむくままに馬にまたがって、巧みに配された乗馬道を通って散策もできるということであった。

大火以前のシカゴにおける商業建築の標準的構法は、木材を併用するもので、鋳鉄の柱で骨組をつくり、1855年設立のダニエル・バジャーのニューヨークの鉄工場から移入した鋳鉄で正面をつくるやり方であった。大火の後の新しい耐火構法に到達する第一歩は、焼け残ったニクソン・ビルディングから始まった。この建物はほとんど完全に残ったのであるが、その理由は、

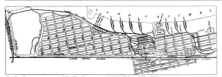

S. S. Beman and N. F. Barrett, the city of Pullman, 1885

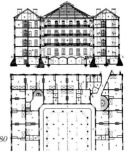

Godin, Familistère,
Guise, France, 1859-80
平面及び断面

その構造部材の上部表面がコンクリートで覆われており、木造床の下側は、全て1インチ厚のパリ漆喰で塗られていたからであった。構造部材を被覆することの明白な必要性は、ただちに全ての人によって理解されたが、特にシカゴに中空タイルの床構法を持ちこんだあのジョージ・H・ジョンソンはそのことを痛感した。ジョンソンは1872年に彼の床構法を改良し、テラコッタ・タイルが鋳鉄柱と錬鉄梁をも被覆し得るものとした。構造的観点からするとシカゴ構法は、ひとつにはフランスで教育を受けた技師ウィリアム・ル・バロン・ジェニーの実用的開発と、もうひとつには技師フレデリック・バウマンの理論的作業によって生み出されたものと言える。バウマンは続く10年間に、重要な可能性をはらんだ2つの著作、すなわち1873年の研究論文である『独立柱脚基礎の理論』と1882年の書物『高層建築の構法の改良について』を発表した。シカゴ派のパイオニアである建築家兼施工業者達のほとんど全て、すなわち、サリヴァン、バーナム、ホラバードとロッシュ達は、ル・バロン・ジェニーの事務所で実務訓練を受けたのである。ジェニーの重要な作品としては、1879年と1890年の第1および第2ロイター・ビルが挙げられよう。1880年代は急速な技術的発展の時代であり、自立する鉄骨骨組を組積材で被覆することに始まり、第2ロイター・ビルの完全に被覆された鋼鉄と錬鉄の骨組構造に到達した。ル・バロン・ジェニーのフェア・ストア（シカゴ、1890-91）に至って、シカゴの耐火鉄骨構造は実質的に完成したのであった。

この時代が、シカゴ構法の技術的変動の時代であったということは、16階建てのモナドノック・ブロック（1889-91）の建設によく表われている。これはバーナム・アンド・ルート事務所のジョン・ルートによって設計されたもので、部分的に組積造の壁構造でできており、1階の壁厚を、最小12インチから、上に1階分増すごとに4インチ増やしてゆくという経験的方法に基づいてつくられていた。基部において72インチにもなる組積壁にもかかわらず、モナドノックは部分的には鉄骨構造の建物で、中央廊下まわりにつくられた入口扉枠の形で錬鉄製の耐風ブレーシングが配されていたことによって、部分的には鉄骨骨組の建物とも言えるものだった。このことからモナドノックは、最初の耐風ブレーシングをもった建物ということになるわけであるが、この作品の秀れた点は、最終的にはその技術的独創にあるのではなくて形態的解決にある。この点について、ジョン・ルートは十分意識しており、次のように書いている。「（現代の多層建築が）あまりにも甚しく装飾を多用していることは、不要であるばかりでなく、悪徳である。……それよりも、建物はその量塊と比例によって、現代文明の偉大で安定し持続する力の概念をなにか巨大で根源的な感覚を通して伝えるべきである」。ルートの最後の仕事である15階建てのリライアンス・ビル（1891-95）は、チャールズ・アトウッドによって細部の設計はなされたものであり、1892年の20階

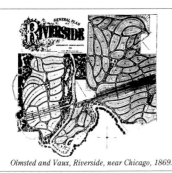

Olmsted and Vaux, Riverside, near Chicago, 1869.

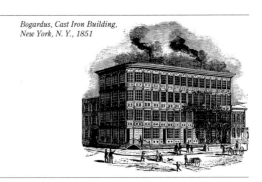

Bogardus, Cast Iron Building, New York, N.Y., 1851

建てのメイソニック・テンプルと同じく，1891年のルートの不慮の死の後，バーナムの事務所によって完成されたものであるが，両者とも形態創造者としてのルートの非凡な能力を示している。高層建築において，これ以上に大胆にして断固たるものは，1894年バッファローに建てられたルイス・サリヴァンのギャランティ・ビルまで現われなかった。

ルイス・サリヴァンは，移り気でむしろ落ち着きのない勉学（最初は1872年MITで，続いてフィラデルフィアのフランク・ファーネス，そして1873年シカゴのル・バロン・ジェニー，そして最終的には1874年パリで，エコール・デ・ボザールに1年）の後，1875年にシカゴに帰ってきた。そこで彼は，彼の友人であり教師でもあるジョンソン・アンド・エードルマン事務所のジョン・エードルマンのところで働き始めた。この事務所におけるサリヴァンの最初の仕事は（この仕事のために彼は2年以上も留まったようであるが）大きな室内装飾の仕事であり，ここではじめて彼は独特の装飾形態を創造し展開する彼の能力を表わした。サリヴァンはダンクマール・アドラーの事務所に1879年に入ったが，それは，限りない建設ブームの時期のことであり，1881年には事務所の対等なパートナーとなった。2人の協働による最初の作品は，徹底して実用的な仕事であったというだけでなく，そのやり方においても平凡なものであった。彼等が建築家として注目すべき存在となったのは，大きな公共的な仕事を獲得したことと，サ

リヴァンがリチャードソンの形態語彙を習得していたことによってであった。その形態語彙の最初のあらわれはシカゴのスタンダード・クラブ（1887-88）であり，次にはシカゴのウォーカー・ウェアハウス（1888-89）の形態においてである。しかしながら，1886年にアドラーによって獲得されたオーディトリアム・ビルの仕事こそ，この事務所の名声を全国的なものとして決定的に確立したのであった。この11階建ての多くの使用目的をもつ建物は，シカゴの市域の最良の場所を占めており，その第1案と第2案は，サリヴァンが，リチャードソンの形態語彙を自分のものにしていく試験的な方法をよく示している。すなわち第1案は，マンサール屋根と奇妙に折衷主義的な正面を持つものであるが，リチャードソンの死後1年の1887年シカゴに竣工した，リチャードソンのマーシャル・フィールド・ホールセール・ストアの正面の扱い方に近いものである。オーディトリアム・ビルはシカゴにおける一連の投機的な劇場開発のうちで最大のものであるということに加えて，オフィスビル，ホテルそしてオペラ劇場が，一つの都市区画にも足りない敷地の中で優雅に複合できることを示したのであった。すなわちオフィスは通りに面し，ホテルは湖に面し，そして劇場は建物の内部に配された。劇場それだけをとっても，それは技術的な傑作であって，アドラーの技術者としての注目すべき手腕の勝利を示している。天井から吊るされた可動パーティションによって，それは座席数を4237から6000

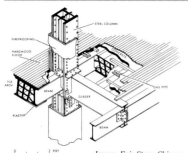

Jenney, Fair Store, Chicago, 1890-91 耐火鉄骨構造詳細

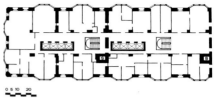

Root, Monadnock Block, Chicago, 1891 基準階平面

に変えることができたし、ステージは精巧な水力回転舞台を備えていて、その各部分を調整することによって、様々な形状の舞台をつくり得るように工夫されていた。この仕掛けは、当時のヨーロッパで比較しうるステージよりもはるかに進んだものであった。室内音響は、ただちに世界的名声を博し、その巨大な内部空間は、夏には大きな氷の塊を通した空気を送ることによって冷房された。このように巨大な建物を、シカゴの軟弱な地盤の上に建てることは、コンクリート浮き基礎の第一人者としてのアドラーの非凡な才を明らかに示した一方、サリヴァンは、彼の役割として、劇場の内装、ホワイエ、そしてホテルの屋上に置かれたレストラン等において、装飾の第一人者としての卓越した腕前を示す十分な機会を得たのであった。

しかしながら、サリヴァンの名声は、オーディトリアム・ビルに関して置かれるよりは、むしろ、高層建築における経済的および技術的現実と対決しようとした、彼の卓越した方法に置かれるべきであろう。サリヴァンは、この建築タイプの真の成因について、驚くべき明晰さで次のように述べている。

「さてこの事態になって、ようやく高層建築を建設しようとするこのシカゴの活動が、東部の圧延工場の地方セールス・マネージャーの関心を惹きつけ、その技師達は仕事に着手した。それ以前においては、これらの工場は長い間、橋梁建設のために用いられた構造部材のみを圧延

していたのである——かくして、すべての荷重を支える鋼鉄の骨組という考えは、試験的にシカゴの建築家達に供せられることになったのであった。

商売の情熱は、アメリカ人の人生にとって強制的な力を持つ。生産は従属的なものであり、偶発的なものである。しかし商売は奉仕の姿勢——すなわち要求の満足——を基礎とせねばならぬ。要求があり、それを満足させる能力があり、ただ結びつきのみが存在していなかった。そこに想像力のひらめきがあって、ひとつのことを理解した。目的は達せられた。そして、すみやかに太陽の下、ある新しき何ものかが現われたのであった。……シカゴの建築家達は鉄骨を歓迎し、そして、それによって事を成就したのであった。東部の建築家達はそれに胆をつぶしてしまい、何らの貢献もなすことはできなかった。」

後の文章でサリヴァンは次のように、摩天楼を文明化する際に犯した自分の誤りについて書いている。

「シカゴにおいて、高層オフィスビルは、自然に生み出されたかに見えるかも知れない。好都合な物的条件に応じて、経済的な圧力はむしろ神聖化され、そして事業家の冒険心と結びつきながら。

建築構法と機械設備はただちに開発され、技術の勝利を生んだ。建築家達は、目覚ましい繁栄をおさめながら、それに対応する外観の処理

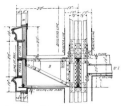

Atwood and Burnham, Reliance Building, Chicago, 1890 / 94-95 ベイ・ウィンドウ断面

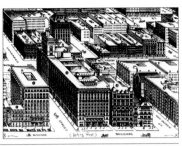

1890年代半ばのシカゴ；後発の摩天楼群に取り囲まれるオーディトリアム・ビル

に力を注いだ。シカゴにおけるデザインという芸術は、際立ったそれ独自の特質を獲得するに至った。未来は輝かしく見え、旗は風に翻った。しかしやがて人間の手の平ほどの小さな白い雲が地平線の上に現われた。この雲の名前は1893であった。この白い雲に続いて暗くおぼろげな雲が、むしろ霧のような雲が続いていた。この第2の雲の名前はベアリング兄弟といった。

　この時期において、工業界においては、合併、提携、企業合同といった活動が盛んに行なわれていた。シカゴにおいて、こうした動きの重要性を感じとったただ一人の建築家はダニエル・バーナムであった。なぜなら、巨大さ、組織、注文そして激烈なコマーシャリズムに向かうその傾向の中に、バーナムは彼自身の精神と相補的なものを感じとっていたのである。」

　サリヴァンの業績のうちで重要な高層建築は、セント・ルイスのウェインライト・ビル（1890-91）、バッファローのギャランティ・ビル（1895）、それに1899年のシュレジンジャー・アンド・メイヤー百貨店（後のカーソン・ピリー・スコット百貨店）である。これらの作品は、それぞれ、連続的な発展の過程における異なった段階を示しているようにみえる。第1の作品は、主として、煉瓦の付け柱を持ち、鉄骨で組み立てられた四角い正面に、プレキャストのテラコッタ装飾を適用する試みであり、第2の作品は、この方式の技術的美的全体に対する見事な解答であり、第3の作品は彼の最後の大きな仕事であるが、軸組みに対するより装飾の少ないアプローチであって、これは現代社会の建築を生み出す能力が、古代のそれに匹敵するものであるか否かという問題について、サリヴァンの中に懐疑の念が広がっていたことを逆説的に示している。

　アメリカ合衆国のために真正な文化を創造しようとする試みにおいて、サリヴァンはロマネスクにとりつかれていた（彼に先立つリチャードソンと同じように）。一方ライトは、彼の先輩の後を追いながら、同じように異国の遠い文化にインスピレーションを探し求めていた。プレ・コロンビアンの建築、あるいは日本の建築がそれであった。サリヴァンの求める異国は、中近東に向かう傾向があり、最終的にはイスラムにたどりついた。この点は、サリヴァンが1890年と1892年に、シカゴとセント・ルイスに設計したゲッティ家とウェインライト家の墓において、あるいはまたギャランティ・ビルの全表面を覆った装飾においてはっきり現われており、これらの装飾の用いられ方は、モスクの全面を覆う抽象的で神聖な文字の反復に大変近いものである。ある時には、サリヴァンは装飾を建物の実在そのものから生まれ出てくる神秘的な力として理解していたように見えるし、またある時には、建物の機能の有機的な表現として理解していた。たとえばギャランティ・ビルのコーニスに付けられた装飾は、設備配管とエレベーターの歯車の有機的な流れと転回を暗示するかのように、アティック窓のまわりを渦巻い

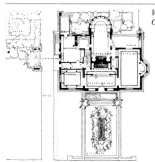

Wright, Winslow House, Oak Park, Chicago, 1893

Wright, Isidor Heller House, Woodlawn Avenue, Chicago, 1897　1階平面

ているのである。

　サリヴァンの星は，1893年に行なわれたダニエル・バーナムとフレデリック・オルムステッドのコロンビア博覧会と共に，その輝きが衰え始めた。コロンビア博覧会は，「ホワイト・シティ」と呼ばれ，ミシガン湖の岸辺の人工の入江の周りに建設されたものである。サリヴァンのシカゴに対する最後の真の貢献は，1891年の交通館の異国的な形態によって成された。これは，この建物以外には完全にボザール風なこの博覧会のために建てられたもので，黄金のドアを持ち，翼を持った天使の装飾とヒンズー様式のキオスクが主入口の両側に配されており，むしろためらいがちに，なにか仮空の理想的文明について語っていた。この博覧会が開かれて2年後，常に執念深くかつ気紛れで，情緒不安定な人物であるサリヴァンは，彼のパートナー，アドラーと別れ，このドンキホーテ的な身振りをもって，彼の人生の英雄的な段階は突然の終末を迎えたのであった。

　ライトは，すでに1893年にサリヴァンの下を離れていたが，1895年に彼のよく知られるオーク・パークのスタジオを実現した頃には，すでに確固たる存在となっていた。その時すでに，彼は2つの重要な仕事を完成していた。サリヴァン風のウィンズロウ邸（1893）と，シカゴの周辺街区集合住宅のパイオニア的実例であるあの1895年のフランシスコ・テラス・アパートである。ライトのプレイリー・スタイルの重要な基本原理，すなわち「タータン・チェック」のグリッド・プランの使用，ストリング・コースや緩勾配の寄棟屋根の軒先の強調，窓をまとめて水平の帯をつくること，付加的な壁の使用といったものは，すでにこれらの作品の内に潜んでおり，1897年および1899年にシカゴに建てられたヘラー邸とハッサー邸において更に洗練された。この頃にはライトは，中産階級の家族のための住宅の一般的な定型を生み出そうとすでに試みており，それを彼は，1900年の『レディーズ・ホーム・ジャーナル』誌に掲載された住宅の計画案において法典編集のようなやり方で効果的にやってのけた。それは「プレイリー・タウンの住宅」および「沢山の部屋を持つ小さな住宅」と名付けられたもので，その両者とも，同じ年イリノイ州カンカキーに建てられたヒッコックス邸およびハーレイ・ブラッドレイ邸によく似ている。続く数年の間に，ライトはこの形態語彙を2つの別々でありながら密接に関係し合う形態として発展させた。一つは，T形あるいは十字形平面のピラミッド形の住居で，家族に対応して風車型の非対称な平面をしており，もう一つは，陸屋根で正面性があり，パイロンを持ち，ほとんど窓がない純粋幾何学形で，対称形の平面を包んでおり，公共機関に対応するものであった。後者は1901年のヴィレッジ・バンク計画と1902年のヤハラ・ボート・クラブの提案において最初に試みられたものである。

　建物の家庭的性質と建築の市民的性質の間で定型を区別するこうした態度は，ライトの初期

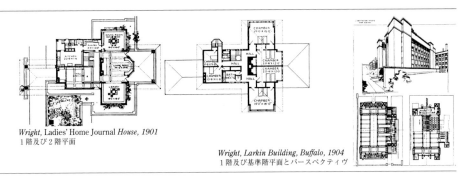

Wright, Ladies' Home Journal *House, 1901*
1階及び2階平面

Wright, Larkin Building, Buffalo, *1904*
1階及び基準階平面とパースペクティヴ

における「奇怪な出来事の年」，1904年に明瞭なものとなった。この年，彼は3つの代表作をつぎつぎに設計した。1904年，共にバッファローに建てられたマーチン・メール・オーダー事業のためのラーキン商会ビルとマーチン邸，そして1906年末イリノイ州オーク・パークに実現したユニティ教会である。これらのうちで，ラーキン・ビルは，オフィスビルを理想化された仕事の場として扱うその構成の故に，明らかに最重要なものである。

全生涯を通じて，ライトは仕事の神聖さについてのほとんど神秘的といっていいような信念を告白した。それは彼の自己を意識した，ホイットマン的な仕事の歌，「私は生きる，仕事をするために，そして自分自身であるために」に良く示されている。ユニタリアン派の家庭に育ったが故に，彼は仕事場を宗教的な秩序のもとに置くべきものと信じていたかに思われる。ラーキン・ビルとユニティ教会の間にみられる平面の類似性を別にしても，トップライトを持つラーキン・ビルの内部空間の配置と限定の仕方は，ユニティ教会にみられる宗教精神と大層似かよっている。そして2つのうちでは，教会の方がより装飾的に仕上げられてはいるが，ラーキンの内部は精神修養の銘文の刻印によって，同じような宗教的雰囲気をつくり上げている。すなわちライトの信奉したモットーは，最上段のギャラリーのスパンドルに刻まれていたのである。たとえば，「求めよ，さらば与えられん。探せよ，さらば見出されん。叩けよ，さらば開かれん」といった文章である。より命令的で道徳的な教訓が建物入口にある彫刻噴水の上部の，彫刻家リチャード・ブロックによる2つの銘板に刻まれていた。それは次のような言葉であった。「正直な労働は主人を必要としない。明白な正義は奴隷を必要としない」。そしてさらに「すべての人に自由を，そして全世界と通商を」。

リチャードソンやサリヴァンと同様に，そしてまたリチャードソンが東部で経験したと同じ初期の成功を伴いながら，ライトと彼の職人とデザイナーのチームは，アメリカ中西部に育ちつつあった平等主義的な商業社会のために全く新しい文化の形式を設定したのであった。彼と同世代のヨーロッパの「ユーゲントシュティール」の建築家達のように，彼が総合的な芸術，すなわち「ゲザムトクンストヴェルク」の創造を求めていたことは，彼が自分の作品を仕上げる時に，実際にほとんどすべての設備や壁体を設計し，細部も考えていることからも明らかである。そのようにして，マーチン邸からラーキン・ビル，そしてユニティ教会へと，抑揚は変化しつつも基本的な文法は変わらず保たれた。しかし，こうしたアプローチの限界は，何処においてもそうだったように，工業化社会の標準化された技術が，真に普遍的な現実を強硬に主張してきた時に明らかになった。工業化社会の現実は，その本質において，反歴史的で隠遁者的な芸術形式の繊細で美的な信念に一致することは，不可能なのである。ラーキン事務所の家

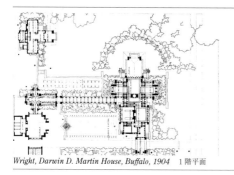
Wright, Darwin D. Martin House, Buffalo, 1904　1階平面

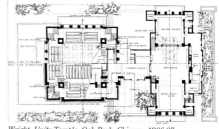
Wright, Unity Temple, Oak Park, Chicago, 1906-07
1階平面

具と備品の設計の際、ライトが電話器を新たにデザインすることをラーキン一族が拒否しそしてライトが立腹したのは、この理由によるのである。

　ライトの英雄的で理想主義的な主張は、「機械の芸術と技術」と題された1901年のフル・ハウス講演の最後で、建築は現代都市に精神を吹き込むことができるだろう（この場合、彼はシカゴをマンモス機械と呼んでいる）という言葉で示されている。しかしこの信念にもかかわらず、ライトの公共的建築は、根無し草のような社会における工業の身をすりへらすような現実と本質的にひ弱な都市の形態によって、「内向的」で窓無しの建築として計画させる方向へと向かわせられたのであった。これらの建物においては、代表的で重要な空間形態は、内部の空間としてつくられたのであり、ルネサンス的正面としてつくられることはなかった。この点において、ライトの公共的作品の展開には、1904年のラーキン・ビルから、1936年、ウィスコンシン州のラシーヌにつくられた、ジョンソン・ワックス管理棟に至る、切れ目のない筋道が存在している。しかしながら、同じことは、彼のもっと変化に富む住宅作品についてはあてはまらない。これについては、むしろその逆が真実だと言えるようである。すなわち、プレイリー住宅は、少なくとも1915年までは、常にその内部空間を中西部郊外の「パラダイス・ガーデン」に向かって開いていたのである。

　1909年、ライトの私生活のスキャンダルが人々に知られて、シカゴを急遽離れたのち、ライトの後継者達がライトから引き継いだのは、この郊外の概念であった。翌年の性急なオーク・パーク・スタジオの閉鎖の後、シカゴ派の状況は2つの建築文化に分離した。一方に、ダニエル・バーナムと都市美化運動の官庁的ボザール的支配的趣味があり、これは最終的に、1909年のバーナムのシカゴ計画の出版によって確定されることとなる。そしてまた他方には、非公的で、カウンター・カルチュア的なプレイリー派があった。これは一部はサリヴァン的であり、一部はライト的であり、両者の弟子達によって、1909年から1915年にかけて行なわれた。1915年は、中産階級の中西部の趣味が、その住宅に関して、ネオ・コロニアルといった歴史的様式を指向するようになった年である。プレイリー派は、サリヴァンの弟子であるジョージ・エルムズリーの初期の独立作品から始まってほとんど15年間（1900-15）続いた。プレイリー派のライト側には、ライトの弟子であり、プレイリー派の共同創始者とも言えるロバート・C・スペンサーやオーク・パークのスタジオにおける時々の助手達、たとえば、ジョン・ヴァン・バーゲン、ジョージ・ディーン、ウィリアム・ドルモンド、マリオン・マホニー（ライトの図面仕上者）そして最後に最も大切なウォルター・バーレイ・グリフィン等が含まれている。プレイリー派のサリヴァン側には、エルムズリーの他に、ウィリアム・パーセル、リチャード・シュミットそしてヒュー・ガーデンが含

Griffin, Plan of Canberra, Australia, 1913

Burnham, Plan for Chicago, 1909-12

まれている。

　複雑で不揃いで，しばしば無器用なグリフィンの作品は，ある時には，特に妻のマリオン・マホニーがアシスタントだった時には，ライトの最良の作品のように洗練されていた。グリフィンは粗雑な点もありはしたが，衰微しつつあるプレイリー派の急進的な文化を，バーナムの都市美化運動の，より規範的な概念と両立させようと試みたのである。このことは，グリフィンのオーストラリアの首都キャンベラの当選案（1912-13）にすでに明らかである。それは，幹線道路のネットワークにおいても，公共記念建築の配置においても，あらゆる点において1909年のバーナムの，シカゴをオースマンのパリのようにしようとする逆説的な提案の如く，軸線的なものであった。どちらの場合にもグリッドは残っていた。キャンベラの場合には，主幹線道路の両側に，ある距離を置いて広がる郊外「肺臓部」の形態において，またバーナムのシカゴ計画の場合は，現存する都市の道路網にみられるが，それは，今やバロックの公園道路を重ね合わせることによって，合理化されようとしている。斜め方向の通過交通にとってみれば，直行する道路グリッドは勿論非能率的であって，バーナムがその計画で提案した「切り通し道路」の多くが，結局高架高速道路として実現したことは，オースマンの原理の健全さを示しているかも知れぬ。ただし，文化的観点からすると，この高架高速道路の出現と，バーナムのバロックの街路に対するノスタルジアとは何ら関係のないものではあるが。

　1870年代後期のリチャードソンのロマネスクをすぐさま受け入れた姿勢と，1893年以降のアメリカ合衆国の公共建築に新古典主義の規範をもちこもうとしたバーナムの努力との間には，かけ離れ相容れないような展開が見られるにしても，ル・バロン・ジェニーのパイオニア的作品から，ルートの明晰な構成へ，サリヴァンの異国的な理想化へ，そしてライトの郊外への提案へという展開の4段階において，シカゴ派はひとつの連続的なものとして理解することができよう。1890年代のシカゴ建築の前衛的活動を要約して，レオナルド・ベネヴォロは次のように書いている。

「しかし，得られた結果は，標準化できるものでも，一般化できるものでもなかった。そこから一般原理を抽象する唯一の首尾一貫した方法は，経済的機能的要求の変化に応じて，個別的な試行から，共通の文化的前提に立ち戻ることだった。しかしながら，この作業の過程で失われたものは，まさにそれらの試行の持つ独創的な要素であって，残されたものはといえば，もちろん，基本的な折衷主義であり，そして必要最小限の共通分母とは，古典主義以外の何物でもなかった。」

> 1888–90
> JOHN EISENMANN
> GEORGE H. SMITH
> Cleveland Arcade
> Cleveland, Ohio, U.S.A.

クリーヴランド・アーケード
　クリーヴランド・アーケードは全長約300フィート，幅60フィート，高さ100フィートの鉄とガラスのトップライトをもつギャラリーで，その両端はスミスによるリチャードソン風のスタイルの9階の石貼りのオフィスビルによって閉じられている。3つのバルコニーと中2階と下のコンコースから3層のオフィスと2層の商店へのアクセスがとられている。オフィスを含めると計画全体は378フィートの長さをもち，オフィスの正面は，両端の2本の通りに面してそれぞれ130フィートと180フィートの幅をもっている。ユークリッド通りと，シュペアリアー通りにそれぞれ面するファサードは，そこに収められているオフィス空間を含めて，仕上げには黒曜石と圧縮煉瓦とペンシルヴァニア砂岩が用いられている。
　1871年，ミシガン大学でエンジニアとしての教育を受けた後，アイゼンマンはミュンヘンおよびシュトゥットガルトの工科大学でさらに高度な工学教育を受け，後者を1878年に卒業した。ガイストによればドイツ滞在はアイゼンマンに最新のアーケードの構築技術に親しむ機会をあたえたようである。技術的にみても形態的にみても，アイゼンマンのアーケードの屋根に対する解決は見事なものである。主要トラスはピン接合の3ヒンジのアーチ・トラスで，それらのトラスの下弦材は身廊部の空間を効果的に創り出している。23フィートの高さをもつ55フィート・スパンの鍛鉄トラスは，内部空間の周辺に立ちならぶ44個の鋳鉄製のグリフィンの頭をもつ雨水落しから立ち上がっているように見える。三角形の頂部の弦材は，幅20フィート高さ10フィートで連続してゆくガラス張りの越屋根を支えている。自然発生的な「政治」集会場としてのアーケードの伝統がアメリカにおいてさえ受け継がれていることは記録すべき興味深い事であって，数多くの機会にクリーヴランド・アーケードは政治的な目的に使用されてきた。特に1895年に共和党の全国党大会

がここで催された時も2000人を超える人々がアーケードに満ちあふれたのであった。

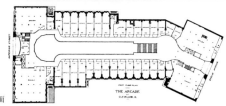

1階平面

1889
FERDINAND DUTERT
VICTOR CONTAMIN
Machinery Hall in Paris
International Exhibition
Paris, France

機械館

この建物とエッフェル塔の両者を，1789年のフランス革命百年祭を記念して建造された大博覧会を象徴する「おびな」と「めびな」のようなものとして見るのは興味深いことである。両者とも，いかなる催しの際にも展示に使用された。コンタマンの「機械館」は，工業文明のすぐれた産物を陳列し，一方エッフェル塔は，息をのむような空から見るパリの景観によって大衆を驚かせたのだった。コンタマンの建物は，展示館としては1855年，67年，78年の博覧会のためパリに継続的に建てられた4世代にもわたる「機械館」の結晶であった。この幅380フィートの3ピンアーチは，構造と空間の概念に関してエクトール・オローによる「中央市場」のための提案（1849年，実現せず）とほとんど同じではあったが，1876年ロンドンに建てられたW・H・バーロウとR・M・オーディッシュによるセント・パンクラス駅の保持していた240フィート・スパンという記録をはるかに超えるものであった。この機械館での重要な発明は，地面との接触部分におけるピン構造である。セント・パンクラス駅やオローの構造物は，基礎に剛接されたアーチという原理に従っていた。このコンタマンの発明は部分的には，エッフェルによる1884年のガラビ高架橋に使用されたヒンジ支持の原理に由来するものである。この発明によって，地表面でのたわみがゼロとなり，各接合部に作用する力はそれぞれ水平および垂直方向の推力に分解される。1年で完成したこの機械館にはガラスが嵌めこまれており，それは800×380フィートの明るい空間をおおう青と白の半透明ガラスでできた巨大なテントのような建物であった。当時は鋼鉄が極端に高価だったため，梁成10フィートもあるラチス・アーチは場所によって錬鉄で作られた。このキャノピーの下を，可動デッキが1日に計10万人程の観客をのせて，足下に並べられた最新の工業機器類の上を往復した。それはいわば，動く展望台の上から人間を中心に眺められた機械のパノラマなのであった。

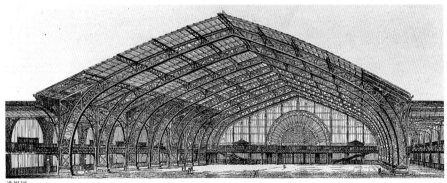

透視図

1889
GUSTAVE EIFFEL
Eiffel Tower
Paris, France

エッフェル塔
この1000フィートの高さをもつ放物線状の高架橋式鉄塔（もちろん高架橋ではない）は、エッフェルの英雄的な業績の中でも頂点に位置するものである。彼の国際的エンジニアとしての名声は、ほとんどヴェルヌに匹敵する程のものであった。彼は、西欧の植民地政策による鉄道建設が行なわれる地ならどこへでも──スペイン、ポルトガル、スイス、ハンガリー、ルーマニア、ロシア、南米、フィリピン諸島、インドシナ、エジプト、そしてパナマにさえ──出向いた。この塔に関する最初の計画案は、1884年に2人の若いスイス人技術者、ヌギエとケフリンによって作られた。彼らは、まさに同年フランス中部山岳地方において完成した550フィートのスパンをもつガラビ高架橋の設計に関して以前からエッフェルに協力していたのであった。

塔の第1回プレゼンテーションの直後に，この塔が1889年の万国博覧会のための主要な呼び物のひとつとして採用されることが決定された。そして塔は驚くべき速さで建設された。基礎工事は1887年6月に行なわれ，1888年3月には高さ200フィートの基部が完成した。それからちょうど1年後に，構造物全体が完成したが，その際にプレファブ化された鉄製部材約15,000個が使用されたのである。塔には充分な量のエレベーターが備え付けられた。まず4基の傾斜型エレベーターが200フィートの高さまで上る。そこから乗り継ぎ用の2基のエレベーターが370フィートの高さにまで昇り，さらに垂直方向に往復運転する一対のシャトルが勇敢な観客を頂上まで運ぶようになっている。この方式によって1時間に2350人もの人間を頂上まで運び上げることが可能となった。このエレベーターのためのガイドレールは，最初建設に使用された上昇クレーンの軌道に用いられたのであり，これはいかにもエッフェルらしい考案と言えよう。

1889–93
GEORGE HERBERT
WYMAN
Bradbury Building
Los Angeles, California, U.S.A.

ブラドベリィ・ビル

この大胆で風変わりなオフィスビルは、これ以外には保守的な作品しか残さなかったワイマンの唯一の独特な作品であり、独学の建築家ワイマンの卓抜な才能によるとともに、彼のパトロンで自力でたたき上げた大鉱業主ルイス・ブラドベリィの卓抜なヴィジョンによるところが大きい。ブラドベリィとワイマンはともに、アメリカにユートピア的な将来を実現するというある意味でフーリエ主義的な期待に夢中になっていた。これは1877年の、エドワード・ベラミーの『回顧』の中で部分的に述べられている。ベラミーのユートピア小説における商業建築に関する記述はまるでブラドベリィ・ビルの説明であるかのように読むことができる。「……光に満たされた広いホールは、光を、あらゆる向きに設けられた窓からだけでなく、先端の高さが100フィートもあるドームから受けていた。壁面には、やわらかな色合いのフレスコ画が描かれ、内部のあふれんばかりの光を吸収することなく和らげていた」。

ブラドベリィ・ビルの光庭は、石張りのコンコースのレベルの上に設けられた4層の鉄骨の事務所階によってつくられているが、これは、1889年にバウマンとヒューバーのデザインによりシカゴに建てられた商工会議所の光庭に似ている。しかしながら、ブラドベリィ・ビルの光庭の方が広く、50×120フィートの広さを持つ。1860年にギーズに建てられたゴダンの「ファミリステール」に似ていることは別にしても、ブラドベリィ・ビルは、その劇的に突き

出た階段とエレベーター・タワーだけでなく、いろいろな事務所階に導くガラス張りの水力エレベーターによっても、独特のものとなっている。このような構造物は、中庭の動きの空間を活性化するのに役立っている。すなわち、その生き生きとした効果は、階段の踊り場を通して射し込んでくる光や、エレベーターの箱の上下運動によってひきおこされる。それとは対照的に、建物の外観は伝統的なもので、砂岩と化粧煉瓦で仕上げられている。

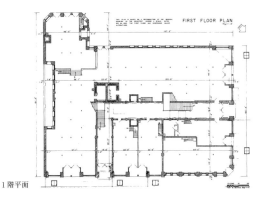

1階平面

北西立面

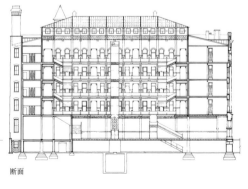

断面

1889–95

FRANK LLOYD WRIGHT
Wright House and Studio
Oak Park, Illinois, U.S.A.

西側外観

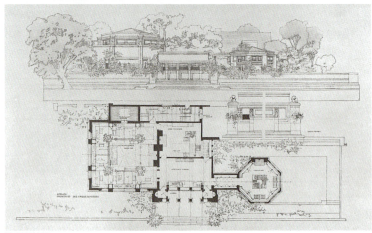

平面及び立面

上:製図室,下:プレイルーム

製図室外観

食堂

ライト自邸,スタジオ

1889年、アドラー・アンド・サリヴァン事務所でドラフトマンとして働いていたライトは、オークパークのフォレスト・アヴェニューとシカゴ・アヴェニューの交わる敷地に自邸を建設した。当初、居間と食堂とキッチンを1階に、2つの寝室とスタジオから成る構成で、シングルと切妻を持つことから様式的に「サバーバン・リチャードソニアン」と呼ばれるが、そのインテリアの伝統的な装飾を廃したシンプルな構成は当時としては全く新しいものであった。そして、その後の作品に見られる、単なる大きさの異なる箱空間の連なりではない流動する一空間としての内部がこの家ですでに具現化されている。

後のウィスコンシンとアリゾナのタリアセンと同様、この住宅において、ライトは作品に用いられる材料、形、空間、家具、装飾部品の「実験」を行い、それに家族構成の変化も手伝い、以後18年間にわたり増改築が繰り返される。1893年、当初小さなキッチンであったところをパントリーに改築、1階にメイド部屋とキッチンを加え、その上にプレイルームが作られた。このバレル・ヴォールトの空間にはアラビアンナイトの一話、「漁師と護り神」が描かれている。このプレイルームは本来子供の体格と感覚に基づいたスケールでデザインされたものである。1895年、事務所として増築されたスタジオはレセプションを挟む製図室と八角形の図書室の二翼と、奥のプライベート・オフィスから成る。　　（編集部）

上:書斎,下:寝室

1890–91
LOUIS H. SULLIVAN
Wainwright Building
St. Louis, Missouri, U.S.A.

ウェインライト・ビル
もしスカイスクレーパーという言葉が単に多層の高層ビルを意味するものならば、その発明の栄誉はサリヴァンにもル・バロン・ジェニーのいずれにも与えられるものではない。これは1884－92年のシカゴにおけるルートのモナドノック・ブロックにおいてすでに実現されていたからである。しかしながら、サリヴァンとアトウッドの功績は、鉄骨構造の高層建築にふさわしい形式と言語をそれぞれ独自に発展させたことにあった。11階建のウェインライト・ビルは真の多層建築の形式におけるサリヴァンの最初の試行を示している。そこにおいては、1888年のシカゴにおけるリチャードソンのマーシャル・フィールド商会から借用された窓枠が押しつぶされて用いられ、建物の全体形に強い垂直方向の方向性を与えている。アトウッドと違って、サリヴァンは組積造の「付け柱」と主要荷重を支える鉄骨柱とを意図的に同一な表面にすることによって、鉄骨フレームを覆う典型的な表情を創り出したのである。古典的な3部構成における2層分の基部は滑らかな赤色砂岩による表面仕上げがなされており、それがミズーリ産の赤色花崗岩の高さ2フィートのストリング・コースの上に載せられている。一方中層部は装飾の付けられたテラコッタのスパンドレルと赤煉瓦の付け柱から成り立っており、頂部は深く張り出したコーニスとして扱われ、それは下部のスパンドレルと付け柱の豊かさと釣合うように装飾テラコッタで仕上げられている。この

エキゾティックで全てが赤い建築の創造は、フランク・ロイド・ライトの1904年のラーキン・ビルディングや1936年のジョンソン・ワックス・ビルディングの出現を予期しているものとみられるだけでなく、ルイス・カーンの「とぎれることなく、白くまた金色に流れるような」建築の理念をさえも予示しているといえる。しかし全体としてのウェインライト・ビルは未熟なものである。ブッシュ＝ブラウンも述べているように、「魅力的になったはずの光庭（U字型プランをしている）でさえも、ファサードの支柱とスパンドレルのモティーフを用いようとしていない……」。

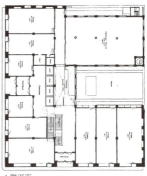

1階平面

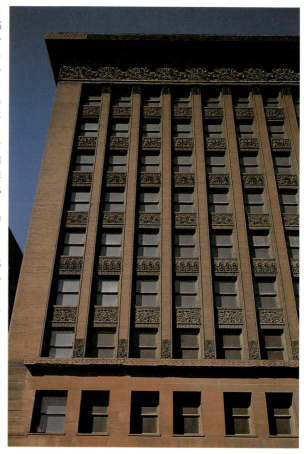

1890–95
DANIEL H. BURNHAM & CO. AND CHARLES B. ATWOOD
Reliance Building
Chicago, Illinois, U.S.A.

リライアンス・ビル

ダニエル・バーナム事務所のチャールズ・B・アトウッド、および構造技術者のE・C・シャンクランドの設計によるリライアンス・ビルは、その14の階のうち下の4層が建設されたのが1890年のことであった。それは現在シカゴ構法として知られているシステムの最初の包括的な成果であったが、このシステムこそ1890年から1893年まで続いたシカゴの建設ブームの中で幾度となく繰り返し用いられたものである。リヴェット打ちされた鉄骨フレームの躯体構造と鉄骨梁の上に置かれた中空タイルの床、耐火用のプラスター、板ガラスを用いた外周のベイ・ウィンドウ、耐風斜材、そしてフーチングの下125フィートにもおよぶこともあったコンクリートの基礎ケーソンといったものからそれは成る。このリライアンス・ビルについてカール・コンディットは次のように記している。「12フィート・スパン・プランで4×7ベイという比較的小さな平面に200フィートにおよぶ高さをもち、全壁面積に対して驚く程大きいガラス面の広がりといったことのために、風に対する支持抵抗に関する周到な準備的考察が必要となった。この条件に答えるため、シャンクランドは2層分の長さの柱やプレートとラチスを用いた梁成24インチのトラス梁を導入し、それらを外周のすべての柱の間に置いてボルト締めしたのである。通常の2倍の長さをもつ柱を使用したことは、記録的な速さで上部10層分の鉄骨を組み上げられたひとつの理由であった。作業に要した時間は1895年の7月16日から8月1日までの15日間であった」。

垂直のシャフトに同調する優雅なベイ・ウィンドウの窓割、白く輝く壁面タイル、それに突出したコーニスをもつこの建物において、アトウッドの驚くべき能力は明らかである。しかしそのコーニスも、このビルの所有者や市当局ら、関係者のすべてが等しく恥ずべきことに、安全性という名のもとに久しく取りはずされたままで以後回復されてはいないのである。

基準階平面

1894–95
LOUIS H. SULLIVAN
Guaranty Trust Building
Buffalo, New York, U.S.A.

ギャランティ・トラスト・ビル
この13階建のギャランティ・ビルでサリヴァンは，それまで彼自身のウェインライト・ビル（1891）をも含む通常の高層オフィスビルにみられたような基部，中間部および頂部から成る古典的な形式に対してひとつの挑戦を挑んだ。ちょうど，チャールズ・アトウッドのリライアンス・ビルと同時期に属するこの作品において，サリヴァンが試みたことは，対比的な2層の構成であった。基部の2階分の「商業的な」フロアーが，求積計のような4つの正方形の基部を構成するのに対し，上部の11階のオフィスは形態的に連続的な「フルーティングの付けられた」マスとして形づくられており，それは凹形をなすアティック部分へと高まっていくが，このアティックもまたしめくくりのコーニスとして扱われている。当時におけるサリヴァンの講演録である，1892年の『建築の装飾』と1896年の『芸術的に考慮された高層オフィスビル』はウェインライトとギャランティ・ビルの双方に用いられた表現方法を，明確に説明している。後者の文章でサリヴァンはギャランティ・ビルのコーニスの彫刻的な形態を生み出した原理を次のように述べている。「……この建物の最上部は建物の生命と必要性に関わる純粋に生理学的な空間即ちアティックが占有している。このアティックに循環系統が完結し，上昇と下降の雄大な折り返しが行われる。その空間は水槽やパイプ，バルブ，滑車，機械的な諸々の設備といったもので満たされていて，地下の機械室に収められた動力設備を補充している」。工業文明の表現に対するこの活力論者的で有機的なアプローチは，1892年に記されたサリヴァンの装飾に対する態度においても讃辞を与えられている。「実際の装飾というものは，彫り込んだり削ったり，あるいはその他のやり方で作られるものだが，しかしいったん完成した時には，何らかの愛情のこめられた働きによってあたかも材料の実体そのものから生まれ出たかのような姿を持たなければならない……」。これは，まさにギャランティ・ビルにおいて装飾が見える有様を正確に物語っている。そこにおいて装飾は，内部と外部を問わず，建物のすべての公共的な表面において，遍在する入墨のように伸びひろがっているのである。

外壁のディテール

12階平面

1階平面

1893
FRANK LLOYD WRIGHT
William H. Winslow House
River Forest, Illinois, U.S.A.

ウィリアム・H・ウィンズロウ邸

ライトに全面的に信頼をおく施主、ウィンズロウ氏——ライトは後日、『ザ・ハウス・ビューティフル』(1896) という観念的で、ほとんど宗教的な雑誌の出版に協力している——のために建てられたこの住宅は、ライトの聖なる家庭の最初の概念化とプレイリー・スタイルへの発展の彼の第一歩を示している。このスタイルのもつ いくつかの特色は、最終的には世紀の変わり目に定式化されたものであるが、既にここでも平坦なローマン・ブリック積み、突出した軒をもつ低い寄棟の屋根、窓を水平な帯としてまとめるために引きのばされた装飾的壁面の使用などに見出すことができる。しかし、この時期、サリヴァンは依然として強い影響力をもっており、このことは装飾スタイルがその扱いにおいて明らかであり、それらは1890年のサリヴァンによるゲッティ家の墓から借用されたものである。サリヴァンの影響は、形態的な見地からみると、その家の精神的な中心として入口ホールに設けられた暖炉をもつアルコーヴにも表われている。その前のアーチの形は1891-92年に建てられたサリヴァンのシラー劇場に直接に由来するものである。この住宅の全体的な構成はやや折衷的で、この時期のライトは明らかにイタリアの古典的な住宅の左右対称の理念と、シングル・スタイルの左右非対称で不規則な形式の両方にとらわれていた。このことは、アーツ・アンド・クラフツやゴシック・リヴァイヴァルの住宅の形態にもつながっていることであった。従って、ウィンズロー邸の道路側の正面はシンメトリーであるが、背面は全く不規則になっている。正面の装飾の大きさや配置は、サリヴァンのイスラムの原型の使用と結びついており、そのことは非西欧的な異国風の文化こそが新世界にふさわしい建築文化を発展させようとするライトと、サリヴァンの努力の基礎であったことの証しのひとつとなっている。

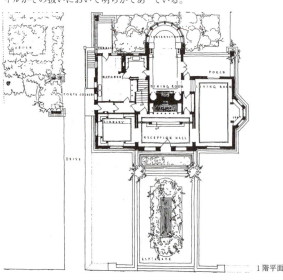

1階平面

△正面ファサード，▽暖炉

1894–1904
ANATOLE DE BAUDOT
PAUL COTTACIN
Saint-Jean-de-Montmartre
Paris, France

モンマルトルの聖ヨハネ教会

アンリ・ラブルーストとヴィオレ=ル=デュク双方の弟子であったアナトール・ド・ボードは構造の論理と構築方法から純粋に引き出された非古典的建築形態の発展に一生関わった人である。こうした構造的に限定された言語という理想を達成するために取られた独自の方法は、技師ポール・コタサンとの協働に由来するものである。コタサンは、1889年に煉瓦とコンクリート両方で鉄筋補強構造システムの特許を「金属骨組をもつセメント工事」という名称で取得していた。コタサンのシステムは、初めボードによって、1894年から1896年にかけてパリに建てられたリセ・ヴィクトル・ユゴーの補強セメント床で試験的に応用された。それは、非常に薄いセメント部材全体に荷重を配分することができる鉄筋の網から成り、このモンマルトルの教会では身廊とそのアプスを区切るスラブは3インチの厚さしかない程である。この教会の委員会は、1894年頃、ゴシックを参照しているが決してその模倣ではない新しい統一された表現様式を実現するため、ド・ボードに対しコタサンのシステムを使う機会を与えたのであった。そしてこの2人は1フィート8インチ角の補強コンクリートの柱26本から成る優雅な骨組を作り出した。この柱は、38フィート幅の身廊の軸に対して対角を成すように置かれロッドとワイヤーなどの補強材によって、それが支えるアーチおよびヴォールト屋根スラブへと連続的に結合されている。この同じ補強材はまた上部構造と、荷重を支える補強煉瓦造の側壁および仕上面、すなわちコタサンのひと続きの煉瓦壁とをつないでいる。こうしたアプローチでは、仕上材や陶磁器装飾は貼り付けられているというよりむしろつなぎ合わされていることになる。骨組が完成された1899年には、建物認可の条件が破られたとする住民によって、現場工事が中断された。住民は、この非常に細長い80フィートもの高さの構造体の安定性に異議を申し立て、結局彼らは訴訟に敗れはしたものの、1902年に工事が再開された時にコタサンは不当にも現場技師からはずされたのであった。両者共この傑作が完成した後には、広汎な実務に勤むことはなかった。コタサンはアンビック・システムの成功によって影が薄くなり、ド・ボードは1900年以降完全に理論的な研究に退き、P・L・ネルヴィより以前に、ワイドスパンの補強コンクリート折板構造の可能性を探ることになった。

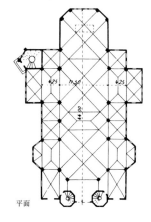

平面

祭壇方向を見る

1894–98
HECTOR GUIMARD
Castel Béranger
Auteuil, Paris, France

その前年にブリュッセルを訪れた後に，ギマールはオルタの作品を主役とした展覧会を組織し，彼が「師とあおぐベルギー人」に宛てて次のように書いている。「私があなたの作品を見せた全ての建築家は（そして，私は彼らに，あなたは私が知っている唯一の建築家であると断言する光栄にあずかりました），あなたの才能に敬意を表しています」。

全体的な構成としては，決して全面的に解決されているものではないが，カステル・ベランジェは，それにもかかわらずギマールの作品歴における重要な過渡的作品である。インテリアの備品と外部の鉄細工の両方にみられる茎や枝のような特徴が，建物の外観をわずらわしいマッスに仕立ててしまい，建築構造体でありながら分節されて離散的な要素群との奇妙で危うい対比をなしている。カステル・ベランジェは，それぞれ異なる36の住戸群から成っており，合理的なプランニングと「反合理的」な意図と表現による奇妙な混合物である。ギマールはこの建物の完成を，「ギマール様式」を広める機会として活用しようと考えた。こうした目的のために彼は1899年に，この建物とその内部の家具等による展覧会を，サロン・デュ・フィガロで計画した。また一方，同時に『近代住宅における芸術，カステル・ベランジェ』というタイトルの下にこの作品についての本を出版した。カステル・ベランジェは世紀の変わり目に作られた彼の華麗な田園住宅作品よりも厳粛であり，ファッショナブルで急速に発展しつつあったオートゥイユ郊外に位置していた。そしてこの作品は，彼の様式がもつ統合的な精妙さを証明するための最良の機会をギマールに与えたのであった。ここにおいて，都会的なものへの参照と田園的なものへの参照とが巧妙に溶け合わされることが可能となったのである。

カステル・ベランジェ
ギマールの名声は，カステル・ベランジェによって世界的に確立されたが，これは「ギマール様式」の多層建築版として建てられた作品であった。彼はすでに1893年のオテル・ジャサードや1895年のエコール・デュ・サクレ＝クールにおいて，この「ギマール様式」の展開を開始していた。ギマールの出発点は，その当初においては，ヴィオレ＝ル＝デュクの作品と思想にあった。しかし1895年を過ぎると，しだいにギマールは，この構造至上主義的アプローチに対するヴィクトル・オルタの解釈に傾倒するようになった。1896年，

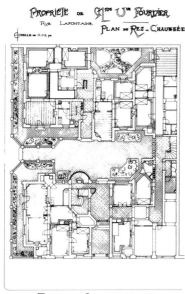

1階平面

ラ・フォンテーヌ通り側立面

ラ・フォンテーヌ通り側外観

エントランス

第3章
アール・ヌーヴォーの構造と象徴主義　1851-1914
The Structure and Symbolism of the Art Nouveau 1851–1914

「一般市民にとって，まず生活空間が仕事の場所と区別されることになった。生活空間は室内として形づくられた。執務空間はそれを補うものであった。執務空間で現実を処理している一般市民は，彼の幻想を維持する場所として室内を必要とした。彼が業務上の急務に社交上の急務を付け加える気などなかったが故に，この必要性は更に一層切実だった。個人的な環境を創造する中で，彼はこの両者を排除した。ここから内部空間の幻想的魔術が生まれ出てきた。これは一般市民にとっての宇宙だった。その中で彼は，はるか遠くのもの，はるか過ぎ去ったものを集めた。彼の書斎は，世界劇場の中の指定席であったのである。

　"アール・ヌーヴォー"について話をしよう。室内は，世紀の変わり目頃に"アール・ヌーヴォー"によって揺り動かされた。しかし，それでいながら"アール・ヌーヴォー"は，そのイデオロギーによれば，室内の完成をもたらすために現われたのである。孤独な魂の変容こそ，その明白なる目的であった。個人主義こそ，その理論であった。ヴァン・ド・ヴェルドによって，住宅は個性の表現となった。そうした住宅にとって，装飾は，絵画にとっての署名のようなものであった。しかし"アール・ヌーヴォー"の真の意義は，こうしたイデオロギーには表わされない。それは，技術の進攻によって象牙の塔に閉じ込められた芸術の側の，最後の攻撃の試みを示している。それは，内部性が，これまでにたくわえてきた全ての力を動員した。それらの力は線という霊媒的な言語に，その表現を見出した。たとえば，花には，技術で武装した環境に対抗する，裸の植物的自然のシンボルを見出したのである。鉄を用いた新しい構造要素——ガーダーフォーム——に，"アール・ヌーヴォー"は取りつかれていた。装飾を用いることによって，それは芸術のために，こうした形態を取り戻そうと頑張ったのである。コンクリートは，建築において，彫塑的な形態を創造する，新しい可能性を提供した。ちょうどこの頃，存在の場の真の重心は，執務空間に移されていた。重心としての現実性を失った生活の場は個人の住宅の中にその住み家をつくり出した。イプセンの『棟梁』は，"アール・ヌーヴォー"を要約している。すなわち，内部空間を基にして，技術の進歩と競おうとする個人の試みは，敗北へとつながっていくのである。」

　　　　　　　　　　ヴァルター・ベンヤミン
　　　　　　　　『パリ，19世紀の首都』1935年

アール・ヌーヴォーは，その名の示す如く，もともとは建築の運動では全くなく，イギリスにおいて始まったものである。この運動の最初のきっかけは，ダンテ・ガブリエル・ロセッティによるウィリアム・ブレイクの挿絵の再発見にあった。すなわち，イギリスにおけるブレイクの復活は，1847年ロセッティがブレイクの『ノート・ブック』を購入した時に始まった。これに続いたのが，ジェイムス・マクニール・ホイッスラーによる，イギリスへの日本趣味の導入

Dresser, "Force and Energy," 1870
A stained glass window, 1873

だった。これは，1863年の彼の絵「陶器の国の姫君」によって始まった。これに先立ち，ホイッスラーは，1850年中頃，パリで絵を勉強していたが，それはちょうど版画家フェリックス・ブラクモンが日本の木版画を発見していたのと同じ頃のことである。この発見は，やがてアール・ヌーヴォーの文化にとって，インスピレーションの主要な源泉となることになる。建築およびデザインに関する限り，ブレイクとホイッスラーより発せられた刺激は，1875年に至るまで，比較的眠ったままであったが，この年にホイッスラーと建築家E・W・ゴッドウィンは，イギリス趣味の室内装飾の創作を始めた。すなわち，1877年，チェルシーのタイト通りに建てられたホイッスラーの自邸が，白い無装飾のファサードに対する「反対概念」として実現されたのが，その最初であり，その後に行なわれたのが，最初はホイッスラーのための，続いては同じ通りにあるオスカー・ワイルドのための室内装飾である。どちらの場合においても，室内は，「たたみ」の床，灰白色の壁，金箔で縁取られたパネル，白ラッカー仕上げの家具，そして表面のところどころは，黄緑色や薄紅色に仕上げられていた。この妨げられることのない裸の背景は，陶器，生け花，照明家具，版画，座布団といったもので彩られていた。この定式は，やがてC・R・マッキントッシュとグラスゴー派による1890年代後期のグラフィック・アートや工芸デザインにおいて，再導入されることとなるものであった。同様に，ホイッスラーのためにゴッドウィンが設計した日本風の家具は，すべてその後に続くアール・ヌーヴォー家具の原型となった。ホイッスラーは，日本の芸術を，妥協せぬ断固たる表現形式として受けとり，これによって，失われた古典世界の表現美に対する，消えることのない，ブルジョワの郷愁に再び力を与えることができるかも知れぬと考えていたようである。1879年の彼の「白の交響楽，第四，三人の少女」は，ビーダーマイヤー風の衣装をつけた3人の少女が，竹の日傘をさしている様を画いたもので，日本風の室内をギリシア的美女のイメージにとっての理想的な舞台装置として表わしている。この不思議な文化の組み合わせは，1885年の彼の十時講義で，はっきり表明されているもので，そこで彼は次のように述べている。「美しきものの物語は，すでに完成されている——パルテノンの大理石に刻まれ——そして富士山の足下，北斎の扇子の上に，鳥の模様の縫取りがされているのだ」。

イギリスにおけるアール・ヌーヴォーの第3の，もっと実際的な源泉は，ウィリアム・モリスの活動およびアーツ・アンド・クラフツ運動と密接に結びついている。この運動は，イギリス・デザインの改革運動の持つ政策的意味から，すでにその登場の予期されるものであって，1848年における大幅に増大した生産能力と，製品の世界市場の突然の拡大という二重の挑戦に対して，決定的に対応しようとして始まったものであった。この教育的な運動は，1851年の大博覧会において政策として最初に現われたもの

Liberty & Co., Ltd., London. Publicity 1900

Le Corbusier, Villa Fallet,
La Chaux-de-Fonds,
Switzerland, 1903

で——すなわち，パクストンのクリスタル・パレスを舞台として行なわれた，応用芸術品の最初の国際展覧会において——続いて，そこで展示された製品の明らかな劣悪さに対する反動として実用技術省にいろいろの形でかかわっていた芸術家や官僚のグループの側から示された。そうした人々として，ヘンリー・コール，リチャード・レッドグレイヴ，オーエン・ジョーンズ，M・D・ワイアット，ルイス・デイ，ジョン・ベル，ウィリアム・ダイス，そしてドイツから移って来た建築家ゴットフリート・ゼンパーといった名を挙げることができる。ゼンパーの大博覧会に対する批評は，『科学，工業そして芸術』という表題の下に，ドイツにおいて出版された。1852年ブラウンシュヴァイクにおいてのことである。改良主義者的な意図と大博覧会の地固めは，1851年以前にはこのグループによって，1847年以降にはフェリックス・サマリーのアート・マニファクチャーズ（これは，ヘンリー・コールの芸術工房の匿名である）においてつくり出されていた芸術作品を通じて，あるいはまた，1849年以来，レッドグレイヴが編集していた『デザインと生産の雑誌』において指導されていた考えによって，確立されていた。1851年，ヘンリー・コールと彼のサークルは，デザインの質を改良するという緊急の目的のための，サウス・ケンジントン博物館を設立したが，1857年，この組織に公立のデザイン学校が付設された。この新しい教育機関が，後の王立美術学校になるのである。しかし，このサークルの中で，最も重要な人物は，コールでもレッドグレイヴでもなく，建築家オーエン・ジョーンズである。彼の影響力の大きかった『装飾の文法』は，1856年に出版され，1910年までに9版を重ねた。それと，デザイナーのクリストファー・ドレッサーであり，彼は1859年以降デザイン学校で教え，その年，彼の有名な論文『多様における統一』を出版したが，その中で初めて彼は，すべての植物の形態の内に存在している基本的な活力に満ちた構造秩序として，「生命の線」に言及している。この時代における，第3の重要な人物は，アーサー・レインズビィ・リバティであって，1862年以来日本美術品の商人であり，モリスの勧めに従って，彼の有名な家具店であり，またデザイン事務所であるリバティ社を，1875年に創設した。

アール・ヌーヴォーの建築上の装飾の展開におけるダイス，ドレッサーそしてジョーンズの重要性は，決して強調されすぎるということはない。特にジョーンズの著作，『装飾の文法』は，主として西欧以外に起源をもつ装飾，すなわちペルシャ，エジプト，支那，ムーア，そしてケルト等のものを扱っていた。それはまた，いかにして植物の形態の様式化から装飾を導き出すことができるかを，ドレッサーの沢山の図版を用いて示していた。ドレッサーが明らかにギュスターヴ・セリュリエ＝ボヴィやアンリ・ヴァン・ド・ヴェルドに影響を与えた存在であったのに対し，オーエン・ジョーンズは，世紀の変り目に最も強い刺激を与えた存在であっ

Mackmurdo, title page for "Wren's City Churches," 1883

Mackmurdo, Century Guild Stand, Liverpool International Exhibition, 1886

て，特に盛期および後期アール・ヌーヴォーの作品に力を与えた。そうした作品のうちで最初のものは，1900年のライトの初期プレイリー・スタイルであり，続いてやや後では，ル・コルビュジエがラ・ショー＝ド＝フォンに設計した初期の住宅，特に彼の最初の住宅，1903年のファレ邸があり，その装飾は，ジュラ地方の植物や動物に基づいている。

　ウィリアム・ブレイクの影響は，すなわちロセッティやバーン＝ジョーンズの絵画といったラファエル前派的な感覚の域を超えていた。それは，建築家アーサー・ハイゲイト・マクマードゥのパイオニア的なデザインによるもので，彼は，ブレイク的な曲線に満ちた，線的なモチーフを，1881年から1883年にかけて彼の家具やグラフィック・デザインに導入し，また同時に1886年頃，全く関連のない反歴史的な建築様式を展開し始めた。先ずその年，リヴァプール国際博覧会のために建てた，彼のセンチュリー・ギルドとコープ・ブラザーズの展示場，および続いて1887年エンフィールドのプライヴェイト通りに建てられた，あの注目すべき住宅，「ブルックリン」においてであった。ブルックリンはその徹底的に単調な，白い荒漆喰の壁とリズミカルな柱によって，マクマードゥの初期住宅にみられるようなノーマン・ショウ的装飾を不要のものとしただけでなく，更にその上に1877年のゴッドウィンによるホイッスラーのための住宅において，イギリスの住宅建築において，初めて示された，抽象的な浅い表面の扱いをも採用しているのである。

　グラフィック・デザインと建築デザインという異なった領域における，マクマードゥの大胆な試みは，彼の年季契約の徒弟であったチャールズ・フランシス・アンスレイ・ヴォイジーと，それに続いては，ヴォイジーの第一の後継者であったスコットランドの建築家チャールズ・レニー・マッキントッシュによって実を結ぶことになった。この注目すべき2人の芸術家の作品が，初期近代運動の発展に対するイギリス建築の，最も実り豊かな貢献であることに疑問の余地はないだろう。デザインのほとんど全ての領域において同じように有能だったこの2人は，全ての様式を統合し，最高級の「総合芸術作品」（ゲザムトクンストヴェルク）を生み出すことになった。彼等の主要な活動，すなわち1897年マッキントッシュのグラスゴー美術学校と，1899年から1903年にかけてデザインされた彼の3つの重要な住宅，さらにそれに続く，ヴォイジーの1900年にウィンダーミア湖を見下ろして建てられた見事な住宅，ブロードリーズののち，「焔のような観念の衝撃」とスウィンバーンが述べたアール・ヌーヴォーのエネルギーは，ヨーロッパ大陸に移った。1890年中期以降，この衝撃はヨーゼフ・マリア・オルブリッヒとヨーゼフ・ホフマンのウィーン・ゼツェッション，オットー・エックマン，ペーター・ベーレンスそれにアンリ・ヴァン・ド・ヴェルドの「ユーゲントシュティール」に現われはじめた。厳密に言うならば，アール・ヌーヴォーは，同時に，

Voysey, "Cereus" wallpaper, 1886

ヴィクトル・オルタやエクトル・ギマールの作品に現われたし,そして最後には,アントニオ・ガウディ,フランシスコ・ベレンゲール,ルイス・ドメネクやピュイ・イ・カダファルクのカタロニア「モデルニスタ」に現われたのである。

　ヴォイジーとマッキントッシュの2人ほど,こんなに正反対でありながら,互いに影響を及ぼしあった2人の人物を他に見ることはできないであろう。1人は,本質的にその行なったほとんど全てのことにおいて,ピューリタン的かつ宗教的であった。他方は基本形態に関する限りでは,同様に純粋であったが,その装飾および象徴的内容において,官能的であり「異教徒的」であった。ヴォイジーは急進的社会主義者ではなかったものの,基本的にモラリスト的で,島国的なモリスの態度に繋がれていた。一方マッキントッシュは,環境およびその本性によって,大陸のよりコスモポリタン的で象徴主義的な立場に傾いていた。大陸において,グラスゴー4人組の仕事――すなわち,彼自身とハーバート・マクネア,フランシスとマーガレット・マクドナルドの仕事――は熱狂的に迎えられていた。1897年リエージュにおける彼等の登場は1898年と1900年のミュンヘンにおける展覧会および1898年のウィーンにおける第8回ゼツェッション展への参加につながった。1902年のトリノ応用芸術博覧会のスコットランド部門の仕事の依頼を受けたことによって,彼等はイギリスにおいて,ある種の公的な承認を与えられた。

　1892年のヤン・トゥーロップの大層グラフィック的な「三人の花嫁」,これは,1893年の『ザ・ステューディオ』の第1号に載せられたが,またグラフィック作家のオーブレイ・ビアズリーが彼の最初の象徴主義雑誌,1894年の『ザ・イエロー・ブック』と1896年の『ザ・サヴォイ』上でつくり上げた芸術と編集方針は,いわゆるグラスゴー・スプーク(幽霊)派の直線的で,打出し細工的で,グラフィック的な芸術を生み出す素地をつくりあげた。建築的には,わずかに灰色がかった白の壁,白ラッカー塗りの引き伸ばされたヴォイジー風の家具,くもの巣のような針金の照明器具と銀や紫ガラスで飾られたピューター細工といった手法に翻案されたこの様式は,1901年のマッキントッシュの「ハウス・アイネス・クンストフロインデス(芸術愛好家の家)」で最高点に達した。この計画案は,1902-03年のヘレンズバラにあるマッキントッシュのヒル・ハウスの原型であった。それと同時に1905年のホフマンのストックレー邸の出発点となった。ヒル・ハウスのホールは,ロバート・デレヴォイによるならば,「軽く,色彩に満ちた透かし細工の間仕切り壁,籠のような照明器具や軽快な家具が空間-運動的な構成の中で組み合わされた傑作で,ロシア構成主義やオランダのデ・スティルを予期させるものである」。同じような予言的な主張は,彼がスコットランドに建てた最後の重要な仕事,グラスゴー美術学校図書室(1907-09)とクランストン・ティー・ルーム(1907-11)においても,み

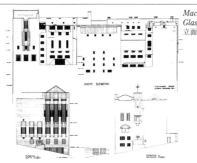
Mackintosh, Glasgow School of Art, Glasgow, 1897–1909
立面

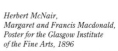
Herbert McNair, Margaret and Francis Macdonald, Poster for the Glasgow Institute of the Fine Arts, 1896

ることができよう。

　アール・ヌーヴォーは代償的なナルシズムの幻想世界であり、もっぱら室内の領域のためのものだったという、ベンヤミンの主張は、アール・ヌーヴォーの建築がその最も流麗な表現を、建物内部において達成した事実からも確認できる。建物外部がただ直線的装飾を刻んだ裸の彫刻的量塊にすぎない場合も、しばしば建物内部は、豊かな表現に達していたのである。イギリスのゴシック・リヴァイヴァルがヴォイジーとマッキントッシュの作品に見られるような建築的言語であるとしたら、フランスのゴシック・リヴァイヴァルは、同じ名前であっても、より知的な「構造合理主義」であって、それは1863-72年のヴィオレ=ル=デュクの『建築講話』によって主張され、ヘンドリック・ペトルス・ベルラーヘ、ヴィクトル・オルタ、ギマールそしてガウディによって支持された。オルタは1893年ブリュッセルに完成したタッセル邸によって最初のアール・ヌーヴォーの建築家として知られているものの、この点において構造合理主義の思想の達成に最も近づいていた。彼の創造は、ヴィオレ=ル=デュクの構造方式を露出するという原理のみならず、少なくとも建物外部に関する限りは、ルイ・セーズに始まるバロックの石造の伝統に依存しているのである。とは言え、タッセル邸の石のファサードの表面的な対称の裏側で、内部空間は、構造的な鉄骨骨組の侵入によって完全に占拠されており、鉄骨はここにおいて初めて、個人住宅において建築内部の空間閉鎖を解放するために、あるいは（疑いなくベンヤミンが述べるであろうように）破壊するために用いられたのである。この鉄骨骨組は、住宅中央のトップライトを持った八角形の空間を支持しているが、この「温室」の建築において見出される主要な植物形態は、先進的な技術による鉄の巻きひげであり、これはある種の新しい自然とも言えよう。階段はこの内部ホールからあらゆる側の分断された床レベルに達しており、従って床階毎に平面計画をするという概念は打ち破られていた。このスプリット・レベルによる内部空間は7年後のラウムプランというアドルフ・ロースの発明を予期させるものであった。

　『講話』において示された鉄の新しい構文法から出発して、オルタは、建築の個人用の語法と公共用の語法を展開した。その個人用の主題は、主として錬鉄による言語であった。すなわち「むちひも」の形態で、その屈折する触手は、階段ホールの手摺や格子細工から伸び拡がり、床、壁、天井そしてシャンデリアと、すべての内部空間を謎のようなアラベスクで満たしたのである。一方その公共的な用法は、タッセル邸の立面を分節するのに用いられたもので、そこでは鉄のベイ・ウィンドウの構造体が、古典的な石造の正面のアーキトレーヴを打ち破って噴出していた。オルタの代表作にふさわしいこのタッセル邸とは別に民衆会館（1897年にベルギー社会主義労働者同盟のために建てられた）は、新しい構造言語を好むあまり、内部空間の暗黙

Mackintosh, project for the Haus eines Kunstfreundes, 1901

Illustration from Viollet-le-Duc's Treizième Entretien, Paris, 1872

のエロティシズムの可能性を抑制しているもので，そこにおいては石のコーニスは，鉄を受けとめるために彫り刻まれ，鉄は石を支えるために覆われていた。それは全体的な建築の構文法であり，そこでは鉄の広いスパンドレルは，広い面積のガラスを収めるために用意されていた。それでいながらオルタは，レオナルド・ベネヴォロが言うように，「彼の設計した家に住む人達に対し，あまりにも不便だったり，あまりにも押しつけがましい造作を与えることを望んではいなかった」のであり，「ひとつの首尾一貫していて技術的にも非の打ちどころのない構文法」，その時代の建築事業および都市環境と両立し得るであろう構成法を求めていたのである。ベネヴォロは書いている。「彼は，"アール・ヌーヴォー"の建築家のうちでも最も際立った存在であった。しかし同時にある意味では，最も旧式で，過去の建築家達に最も近い存在でもあったのである」。

　伝統主義と技術革新との独特の組み合わせが，オルタの作品を，そのパリにおける後継者エクトル・ギマールの作品と区別している。ギマールは，オルタと同じようにヴィオレ＝ル＝デュクの考えに傾倒してはいたが，どちらかというと，鉄の構造的および装飾的使用法については，熟達の度は劣っていた。ギマールは同時に，オルタに比べ伝統主義的ではないのであり，彼に対する最初の評価は，フランス・ロココ家具の幻想的な再解釈によってつくられたものであった。マクマードゥのように，ギマールの初期の仕事は，2つに分かれていた。ひとつは建築であり，それは1897年に始まる，アナトール・ド・ボードの構造合理主義的なモンマルトルの聖ヨハネ教会の原理に則っていた。もうひとつは家具と室内装飾であり，それはオルタのネオ・ロココよりも，もっと変形されたもので，この点においては明らかにグラスゴー4人組の彫刻的で直線的なアラベスクの影響を受けたものである。ここでもまた，力に溢れ，あたかも生きているような形態のエロティックな表現は，内部空間にのみ用いられているが，ギマールの初期の建築作品，すなわち共に1895年パリに建てられたエコール・デュ・サクレ＝クール（これは『建築講話』の説明図の実現である）と，カステル・ベランジェとは力学の法則に基づいた，より明晰な形態言語を示していた。カステル・ベランジェが，構法の論理を明晰化することによって前例のない建築手法を生み出し得るという，ヴィオレ＝ル＝デュクの理論の具体化であったのに対し，ギマールのその後の仕事は，彼の家具の自由形態を，建築のスケールに置き換える試みであった。これは，まず最初に，セーヴルに建てられた変幻極まりない「ナショナル・ロマン主義的」なカステル・アンリエット（1899-1900）において行なわれ，続いて短命だったパリのアンベール・ド・ロマンス・オーディトリアム（1897-1901），そして最後には，1900年にリールに建てられたクォワリオ陶器店において行なわれた。この建物においては，モニュメンタルな木造切妻を模して，石造の躯体

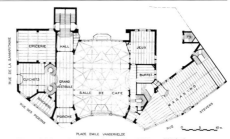
Horta, Maison du Peuple, Brussels, 1897　1階平面

に彫り刻まれているが，その形態は結局は木材に適したものであった。この与えられた素材とその形態の間の闘争とでも言うべきこの衝突を——すなわち，それはアロイス・リーグルの理論における「形態への意志」(1893-1901) と技術生産における現実の急務間に内在する闘いであったが——ギマールは，1900年以降にパリの地下鉄網のために建てられた鋳鉄造のプレファブ・モデュラー化された駅舎において解決したのである。

　隠れた民族文化を再現しようとする衝動は，ウェッブ以降のイギリスのアーツ・アンド・クラフツに常に存在していたし，アール・ヌーヴォーのヨーロッパ大陸における代表的人物においても明らかであるが（時には，エコール・ド・ナンシーにおいて見られるような，人為的な地域主義にまで達しているものもあるが）文化運動として，バルセロナ派以上に活発なものはなかった。それは，ヴィオレ=ル=デュクの原理に従いながら，基本的にカタロニア的な表現を再発見しようとする試みであった。ピュイ・イ・カダファルク，ドメネク・イ・モンタネール，ベレンゲール，そしてとりわけガウディといった建築家達はバルセロナの支配的な文化の持つ対立性を表現するであろう「モデルニスタ」を生み出そうと努力したのであった。そのようにして「モデルニスタ」は近代的かつ伝統的，工業的かつ地縁的，スペイン的かつカタロニア的，孤立的かつ国際的，社会主義的かつ貴族的，ゴシック的かつムーア的，キリスト教的かつ異教的，そして更に海洋的かつ山岳的である建築を創り上げようと試みたのである。ここで問題の海とは，古代古典の容器である地中海であり，ここで問題とする山とは，すぐ近くに連なるモンセラートの山並みであり，それは火山の露頭（のこぎり状のギザギザの山）で，その麓にモンセラートの修道院を抱いている。ガウディが建築家として修業をしたこの中世の建造物は，ある時は聖杯の伝説の地（ワーグナーのオペラ，『パルシファル』に名を残す）であり，カタロニアの守野人である黒処女の土地でもあった。この神秘的でかつガウディにとっては心を離れぬ結びつきは，ガウディの最初の住宅において，初めて表現された。これは彼の「ムデーハル」すなわちネオ・ムーリッシュの作品であり，1878年から1883年にかけてバルセロナの郊外にヴィセンスのタイル製造業者のために建てられた，持ち送りのついたタイル貼りの住宅である。この作品の完成直前にガウディの汎神論的でなお宗教的な展開は，バルセロナのサグラダ・ファミリア教会を完成する責任を1884年に引き受けたことによって始まる。1898年から1918年の間におけるサグラダ・ファミリア教会の構造が通過した3つの段階ほどに，ゴシック・リヴァイヴァルがアール・ヌーヴォーの「構造主義」(マッキントッシュのグラスゴー美術学校参照) に翻訳された方法として，模範的な例は他にないであろう。この注目すべき展開は，デイヴィッド・マッケイが最近明らかにしたように，ガウディの生涯の友であり，建築の

Guimard, Castel Béranger, Auteuil, Paris, 1894-98 立面

助手であったベレンゲールの果した重要な役割に負うところ大なのであり，1914年のベレンゲールの死以後，ガウディは重要な仕事は何も成し遂げていないのである。

　構造的論理に基づく建築を創り出すベレンゲールの才能は，ガウディのパトロンであるエウセピオ・グエル・バチガルピのために彼が独立して行なった仕事，特に1888年ガラフに建てたグエル・ワイン酒倉と教会において，最も顕著に示されている。同様に構造的形態についての明瞭かつ必然的思考は，サグラダ・ファミリア教会の東面の内部の複雑な石の持ち送り（これはベレンゲールの行なったディテールである）や，1911年サンタ・コロマ・デ・セルヴェロに建てたベレンゲールの協同組合の建物において明らかである。サグラダ・ファミリア教会の身廊の変遷の3つの段階は，垂直の柱と放物線アーチを持つ，ほとんどネオ・ゴシック的な構造から出発して，1915年に至っては1898年から1914年にかけて建設中であった，ガウディのコロニア・グエルに用いられたものと共通な，らせん形の柱を持つほとんど完全なヴォールト構造に至った様子を示している。この大教会堂のための1918年の案は，更に樹枝状の概念を示しており，傾斜したらせん状の柱からヴォールトが立ち上がっている。懸垂線を用いた模型によって到達したこのヴォールト構造の最終形態と，1870年のヴィオレ=ル=デュクの『ロシア芸術』に現われた新しい大聖堂の形態の説明図との間に，神秘的な類似がみられる。

大いに，真正のカタロニア建築を実現しようとするガウディの試みは，主として，伝統的なカタラン・ヴォールトの広範な使用に基づくものであり，それは1878年のカサ・ヴィセンスの作品に最初に現われた。そこで用いられたものは，6×12インチ・タイルの2層積みによってつくられる，「ボベダ・タビカーダ」という単純なヴォールトであった。「ヴスワール」アーチを用いるよりは，むしろガウディは，このような単純なヴォールトを迫り持ちのついた煉瓦のアーチ受け台と一緒に使用して懸構する方法を一般的に用いた。控え壁を排除し，横方向の反力をバランスさせるシステムを考察したことによって，ガウディは，しばしば構造的合理主義者と呼ばれてきたが，彼の作品が建築施工の視点からみて，合理的と考えてよいかどうかは疑問である。

　「モデルニスタ」建築家のうちで，この点においてこれ程強くガウディと対比的な者は，ルイス・ドメネク・イ・モンタネールの他にない。彼が，モンタネール・イ・シモンのために設計した出版社の事務所は，1885年にバルセロナに完成した。連続ガラス窓を持つ上階と，アーチを用いた正面の規則的なリズムは，「モデルニスタ」派の中で最も合理的な建築家としてのドメネクの地位を確立した。この名声を彼は，同じくバルセロナに建てられたサン・パウ病院（1902-12）とカタロニア音楽堂（1905-08）によって，強固なものとすることになる。しかしながら，オリオル・ボヒガスが述べた如く，ド

 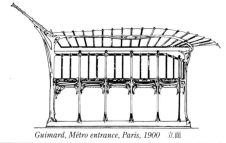

Guimard, Métro entrance, Paris, 1900 立面

メネクは，合理主義からその論理的結論を引き出すことはなかったのであって，それは彼が手工芸の復興に（モリスの如く，そしてまさにガウディの如く）力を注いでいたことによるのである。彼の病院は，棟を分離して，合理的に組み立てられていたが（1902年のガデの『建築の要素と理論』を見よ），建築としては時代錯誤的であり，考古学的なものであった。にもかかわらず，ドメネクは，他のいかなる「モデルニスタ」建築家よりもオットー・ワグナーに近い役割を果たしたのであり，そのことは，単にカタロニア独立の実現に力を注いだという点（オットー・ワグナーのオーストリア・ハンガリー帝国に対するかかわりと比較される）にみられるだけでなく，たとえ，その求めた伝統が，ワグナーの場合はネオ・クラシックであり，ドメネクの場合は，中世というように全く異なったものであったにせよ，伝統的な建築要素を進んだ工学技術と結びつけようとする信念においてもみられるのである。

　カタロニアの石造の伝統を再興し，それが15世紀につくり上げた「偉大な空間」に匹敵するものにしようとするドメネクの信念は，その究極的な表現を，「カタロニア音楽堂」において見出した。この建物は，ガウディの作品のほとんど全てに滲み込んでいる，あの神秘的な抒情には及ばないにしても，それにもかかわらず，ルイス・ブルによる壁画や，ミグエル・ブレによる彫刻の生き生きとした図像を通じて，1913年にマンコミュニタート布告によって，カタロニアが部分的な独立を獲得するその5年前に，カタロニア・ナショナリズムの勝利を，はるかに明瞭に表現したのである。カタロニアが獲得した，従属し，かつ自立するという矛盾に満ちた地位は，オーディトリアムの内部において具象化されているように思われるもので，プロセニアムの両側に配された彫像群は，それぞれこの建物が捧げられた音楽の伝統に対応している。一方の側には，カタロニア民族音楽の再興を示す樹木が，アンセルム・クラーヴの胸像の脇で上に向かって生い繁っており，一方他の側には，ヨーロッパの古典主義的伝統が，ドリス式のポルチコに象徴され，ベートーヴェンの胸像を抱き，そのエンタブラチュアの上に，リヒャルト・ワーグナーのワルキューレの雲の湧き上がる形態を支えているのである。薄板の鋲打ちされた大梁に支えられた細いヴォールト状の鉄の肋骨を持つ天井，オーディトリアムの3面を囲む連続的なガラスのカーテンウォール，そして空間の中央から吊り下げられたティファニー的な逆さのガラス円蓋といったものによって，この時代の最も大胆な技術的作品のひとつは作り上げられているのである。

　ペーター・ベーレンスと同じく，ベルギーの建築家にして理論家アンリ・ヴァン・ド・ヴェルドは，まず画家として出発したのであり，それは1881年彼が最初にアントワープの美術学校に入学した時のことであった。芸術家を目指すこの出発に従って，続く2年をフランスで過した（1884-86）。ここで彼は，印象派の画家達

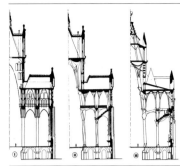
Gaudí, Sagrada Familia Church, Barcelona
1898年から1914年の形態の展開を示す断面

と象徴主義の詩人達の仲間との接触をもった。1886年にアントワープに帰って、ヴァン・ド・ヴェルドは文化サークル「アルス・イク・カン」の設立に参加し、1年後には新印象主義の若い画家達の協会に加入したが、この中にはテオドール・ヴァン・レイセルベルへが含まれている。1889年以降、彼はオクターヴ・マウスのサークル「20人会」に参加し、それによって彼は、新印象主義から離れ、応用芸術やポール・ゴーギャンの流れるような表現的なグラフィックな線に向かった。ヴァン・ド・ヴェルドの有名な壁掛けタピストリーである、1891年の『天使の見守り』は、「20人会」の工芸部門に出品されたものだが、すでにゴーギャン的なものであった。「20人会」とウィリアム・モリスのもとにいるウォルター・クレインとの接触は、ヴァン・ド・ヴェルドにモリスの社会運動への強い関心を引き起こす結果になった。やがて1890年彼は雑誌『ファン・ヌ・エン・ストラクス』に参加するようになり、この雑誌のために全く新しいタイポグラフィを考案し、そしてその3年後には完全に絵画を断念し、挿絵に専心することになった。

ヴァン・ド・ヴェルドは応用芸術家としての本質的な出発点を、リエージュの芸術家セリュリエ=ボヴィの1890年代初期の幾分ゴッドウィン風の家具、特に、1894年の「20人会」によって組織された展覧会にセリュリエ=ボヴィが展示した、イギリス趣味に基づくと思われる文机を見た時に掴んだようである。セリュリエ=ボヴィは、以前イギリスにおいて、E・W・ゴッドウィンやクリストファー・ドレッサーのサークルで働いていたことがあり、イギリスの審美運動の東洋的かつ有機的（生物学的-植物学的）信念を、ベルギーに持ち帰ったのである。ロベルト・シュムツラーが指摘しているように、ドレッサーの線的デザイン、たとえば1870年の「力とエネルギー」が、ヴァン・ド・ヴェルドの「形態-力」美学の独自の展開に影響を与えたであろうことは、大いにあり得ることである。いずれにせよ、ヴァン・ド・ヴェルドに対するセリュリエ=ボヴィの影響は、同時的なものであり、ヴァン・ド・ヴェルドの家具デザイン——それは1895年、ユクルにスタジオ工房を構えた時に始まるものであるが——明らかにセリュリエ=ボヴィの影響を受けている。その仕事のやり方をモリスにならって、ヴァン・ド・ヴェルドは総合デザインの分野に踏み込んでいた。1895年彼は広告を出しユクルにある彼の「アトリエ」は、家具から壁紙、カーペット、宝石細工、照明器具から刃物まで事実何ものでもデザインし、製作し得ると宣言した。1895年から1905年の10年間に及ぶ、事物のデザイナーとしての豊かな経歴のなかで（1905年に至って、「総合芸術作品」の妥当性について疑問を持つようになるのではあるが）ヴァン・ド・ヴェルドは実際、デザインの多くの異なった分野における、彼の卓越した方法によって、モリスの業績を超えている。工芸デザインについてみるなら、彼は確かにオルブリッヒに匹敵しているし、彼の作品は、数多くの点において、ベーレンス

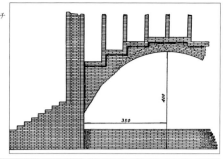

Gaudí, Casa Vicens, Barcelona
庭に通じる「タビカーダ」アーチ

によってデザインされたものよりも、しばしば、より適切である。マリア・セスとの結婚と、1895-96年のユクルにおける彼の最初の自邸の建設という、彼の人生における英雄的な時期に、ヴァン・ド・ヴェルドは、広範な評価と共に、失望を矢継ぎ早に連続して経験した。1896年、彼はサミュエル・ビングの「アール・ヌーヴォー館」の開店展示会に一組の家具を出品した。これは、有力な美術批評家ユーリウス・マイヤー=グレーフェの全面的な支持によって行なわれたもので、マイヤー=グレーフェはビングの相談役であり、1896年以降、ヴァン・ド・ヴェルドの唯一の忠実なパトロンでもあった。しかし、この展示会は、ヴァン・ド・ヴェルドにとっては、成功ではなかった。彼の展示室は、新聞紙上ではかなり不評であり、とりわけゴンクール兄弟は、皮肉をこめて、彼の家具は「ヨット遊び様式」の主張と決めつけた。同じ家具に対しての、1897年、ドレスデンにおける好意的な反応が、フランスやベルギーにおいてではなく、ドイツにおいてこの仕事を続けようとした彼の決心の決定的な要因となった。彼がベルギーを離れる前に、マイヤー=グレーフェは、パリにおける競争相手の店である「ラ・メゾン・モデルヌ」の装飾をデザインする仕事を彼に与えた。そして彼をベルリンの「パン」グループのオットー・エックマンに紹介した。この繋がりが、彼に沢山のドイツにおける仕事をもたらした。その中には、ホーエンツォーレルン手工芸店(1899)、ハビィ理髪店(1901)、ハバナ煙草会社(1900)、ケムニッツのエッシェ邸(1902)、ハーゲンのフォルクヴァング美術館(1901-02)そして1906年のドレスデン応用美術展の休憩室が含まれるが、この作品はヴァン・ド・ヴェルドの経歴における盛期ユーゲントシュティール期を効果的に締め括るものであった。1897年、ヴァン・ド・ヴェルドの「総合芸術作品」に対する熱中は彼の妻のキモノ風衣装のデザインまでも含むに至り、従ってその衣装の帯や装飾は、その住宅の「形態-力」美学と調和するものであろうとされたのである。彼の経歴におけるこの時点では、ヴァン・ド・ヴェルドは環境のデザインは、社会の道徳心と福祉に直接の影響力を持つと見なしていた。1890年代中頃に論争的な文章を発表した後(1894年の『芸術の開鑿』、1895年の『未来芸術』、1895年の『芸術の総合に関する注目すべき概念』)、ヴァン・ド・ヴェルドは、彼のユクルの家を、金物から家具、照明器具、カーペット、カーテン、陶器、ガラス器そして銀器までを含む有機的な全体として計画した。この住宅のすべてにおいてヴァン・ド・ヴェルドは施工と製造の過程の率直な表明を基礎とした構造合理主義的「総合芸術作品」を意図した。しかしながら、その結果はやや違っていたようで、1962年彼はそれを認めて、次のように述べている。「ドイツの芸術家の作品であり、あるいはオーストリアのものであれ、オランダのものであれ、われわれはみな、われわれが思っていた以上に、一種のロマンティシズムにとりつかれており、それがわれわれに『装飾

のない』形態を考えることを許さなかった。われわれは、あまりにも画家であり、あまりにも文学に浸りきっており、装飾や文様を捨て去る必要をちらっとでも考えてみることすらできなかったのである。……ロマンティシズムの誘惑と無意識の暗示が、われわれに構造躯体を曲げ、あるいはひねり、それを構成要素として働いている装飾として、あるいは線的装飾のリズムを生来持っている構造として、それらを表現するよう働きかけていたのである」。この同じ文章において、ヴァン・ド・ヴェルドは彼の「構造的に動的な装飾」とオルタのむちひも形態との間に、正確な区別をつけている。

1903年頃にヴァン・ド・ヴェルドが示した、建築への最終的な挑戦はニーチェの思想と1893年に示されたテオドール・リップスの「感情移入」のネオ・ロマンティシズム的な美学理論の両者から同程度に影響を受けたもののようにみえる。1880年代より、ヴァン・ド・ヴェルドは、ニーチェの影響に身を委ねている一方で、アポロ－ディオニソスの対立概念が視覚文化に対して果したであろう特別な意味を、1893－97年のリップスの感情移入の理論と建築に対するこの理論の特別な適用である1908年の、ヴィルヘルム・ヴォリンガーの『抽象と感情移入』によって、ようやく明らかなものとして理解するようになった。ヴォリンガーの行なった古典－アポロ的抽象とゴシック－ディオニソス的感情移入形態との区別は、究極的に、1908年以降のヴァン・ド・ヴェルドの建築に古典的な影響を与え

たようである。ヴァン・ド・ヴェルドの「原古典主義」に対する感情は、エリザベス・フォスター＝ニーチェとの出会いの後、1910－14年のワイマールにおけるニーチェ記念碑の提案において前面に現われた。この設計課題に対する彼の最終案は、神殿とマイヨールの彫像を英雄的な景観の中に配したスポーツ・スタディアムより成るものであった。ギュンター・スタムは次のように書いている。「配置された個々の部分、建築立面の形式主義的な特徴、そしてマイヨールの彫像はニーチェの『超人』の概念を充分に表現するものと信じられた。……このデザインの何ものかを喚び起こすような特質は、見る人の側に非合理な経験を生み出した」。この頃には、ヴァン・ド・ヴェルドがモリスの社会主義思想の比較的単純な道徳的改良主義からすでに離れていたことは明らかである。

1902年、ヴァン・ド・ヴェルドは、ザクス・ワイマール大公より招かれて、その地方の手工芸製品を改良するという緊急の目的のために、ワイマールに学校を設立した。この動きは明らかに6年前に、エルンスト・ルートヴィッヒの後援のもとに行なわれた、ダルムシュタットの芸術家村の設立と歩みを同じくするものである。ヴァン・ド・ヴェルドの指導の下に、地方の手工芸産業からの職人の美的および技術的訓練のための一連の小さなアトリエが設立された。ヴァン・ド・ヴェルドはこの課程の一部として、彼の「構造的に動的な装飾」の基本を教えた。1904年、プロシアの通商省の積極的介入

により，この課程は完全な美術工芸学校に発展させることが決定され，1906年，ヴァン・ド・ヴェルドはこの「工芸学校」のための新しい校舎を設計し，それは1908年，彼の指導のもとに，公式に開校された。この後継者であるワイマールのバウハウスと同じく，ヴァン・ド・ヴェルドの5年の教育カリキュラムは，第1年目の基礎課目，第2年目の単体デザインを経て，その後，より建築的スケールの勉強をするように組まれていた。1909年，ヴァン・ド・ヴェルドは，彼の学校がベーレンスの指導の下に，あのAEGが到達している標準製品を生産することの不可能なことを認めざるを得なくなり，この時より彼は，国家が採用すべき適切な方針についての論争に巻き込まれることとなった。すなわち，ヘルマン・ムテジウスの主張する標準化に従い，機械生産に適合した規範的あるいは標準的デザインを推進すべきであろうか？ あるいは，依然として，ウィリアム・モリスの改良主義的原理にしがみつき，その全ての努力を地方文化の再興に注ぐべきであろうか？ 結局，ヴァン・ド・ヴェルドは，フィリップ・ウェッブのように，地方の手工芸と芸術の保護を続けることに，全面的支持を与えた。工業によって提示される競争の水準が，最終的には工芸を排除する効果しか持たないであろうことを彼は理解していた。この論争の底にあるイデオロギー的な対立は，1914年の有名な工作連盟展における論争において頂点に達した。ここでムテジウスは，きわめて率直に「輸出芸術」と名付けた，

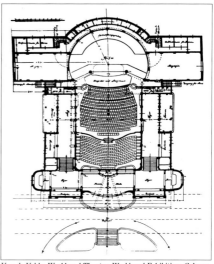

Van de Velde, Werkbund Theatre, Werkbund Exhibition, Cologne, 1914　1階平面

生産を能率化するためにあらゆる種類の芸術品の標準形すなわち「テュピジールンゲン」を確立するための11点のプログラムを提案したが，ヴァン・ド・ヴェルドはそれに対する反対の先頭に立った。このほとんど新古典主義的な形態学の未熟な主張に対して，ヴァン・ド・ヴェルドは次のように論じている。「……良いもの素晴しいもののうちで，単に輸出のための配慮から生み出されたものは何もない。品質は輸出の精神からつくり出されることはないであろう。品質は常にまず第一に極めて限られた蒐集家と仕事を依頼する人のサークルの中でのみ生み出されるものである。こうした人々が徐々に自分達の芸術家に信頼を持つ。ゆっくりと，最初は

狭い範囲で，次に国内の支持者が生み出され，そしてそれから初めて外国が，そして世界がゆっくりとこの品質に注目するようになる。このようなタイプが充分検討されて国家の共有財産となる前に，世界市場のために標準タイプを"始めから"作っていたら，世界市場における成功の機会が増すであろうと工業資本家達に信じさせようとするのは，状況の完全な誤解である。われわれに輸出されている素晴しい製品は，どれも決して輸出のために作り出されたものではない。ティファニー・ガラス，コペンハーゲン陶器，イェンセンの宝石装身具，ゴブデン＝サンダーソンの本等々を考えてみるがいい」。

　ムテジウスの標準化のプログラムに反対して第1次世界大戦前夜に発せられた，この挑戦的な言葉は状況の困難さを示唆しており，工作連盟の提案はその確信に満ちた調子にもかかわらず，手工芸品の全体的な品質向上と機械の文化的統合というかつてヴァン・ド・ヴェルドも抱いていた原則に対する自信の欠除を示している。フリッツ・シューマッハーが書いているように，ヴァン・ド・ヴェルドは理論において社会主義者であったが，実践においては個人主義者であった。このことは，1914年のケルン工作連盟展のために建てられた，彼の特異な工作連盟劇場によく示されているように思われる。すなわち，その古墳のような形態は，美的経験は物体の形態による精神の確認に基づくというリップスの理論にもとづいて決定されているのである。

1895–96
HENRY VAN DE VELDE
Bloemenwerf House
Uccle, Belgium

1階平面

2階平面

ブロウメンヴェルフの家

ヴァン・ド・ヴェルドも、モリスのように名のある後期印象派の画家であったが、1895年にブリュッセル近傍ユクルにある自邸の建物によって、絵画を捨て去って応用美術へと向かった。この建物は、彼の不可解な様式の主たる教義を即時に確立したものであった。このアーツ・アンド・クラフツ住宅の大陸化した作品ほどに、アロイス・リーグルの「形態への意志」概念を直接的に説明するものは、初期近代運動の中にはないだろう。ほとんど同時期にダルムシュタットに建てられたベーレンスの住宅のように、これはヴァン・ド・ヴェルドの最初の建築作品であり、インテリアのややぎこちない様相は、これがアマチュアによる作品であるという事実を証明している。この住宅のほとんど左右対称になったプラン——コーナーを切り取られた矩形——は、主入口に向かって右方向にわずかにゆがめられている。ウェッブの赤い家にみられるゴシック・リヴァイヴァルの形態とは違って、この設計では、左から右へと登る非対称な階段をもつ中央の2層分の高さをもつ入口ホールのまわりに空間が組織されている。このゆがめられながらも左右対称形をなす六角形プランは、さらに内部のヴォリュームを右の方へと押し出している階段が示すダイナミックな形へと移し換えられている。そしてヴァン・ド・ヴェルドは、この動きを食堂の出窓と庭園内へと拡がる突出階段とに意識的に反映させた。1階は、書斎、寝室、浴室、大スタジオ、食堂、台所から構成されており、その食堂と台所はメインホールへと直接に開かれている。2階と屋階とは、寝室、浴室等にあてられており、入口を見下ろす中央踊り場のまわりに配置されている。この住宅の外観は、イギリスのアーツ・アンド・クラフツの伝統とフランダース地方の農民的なヴァナキュラーの両方を参照している。従って、ヴォイジー風の白い壁がよろい戸によってアクセントをつけられているのに対し、破風上の幅の狭い垂直の板は黒く塗られて、建物の頂部がイギリス的なヨーマン（自由農民）風のハーフ・ティンバーの特徴的な効果をもつようにされている（1869年にサセックスに建てられたリチャード・ノーマン・ショウのレイス・ウッドと比較せよ）。ヴァン・ド・ヴェルドがこの建物の家具デザインとともに設立した工芸スタジオは、様々な点で、自分自身の総合芸術作品を作るための基礎を提供することになった。ヴァン・ド・ヴェルドは、住宅が装備する全てのものを完全にデザインしたが、その中には食卓用金物類や彼の妻マリア・セスが身につけている衣類さえもが含まれていた。彼女のキモノ風ドレス（自由な動きがとれるようにと採用された形態）は、しなやかな曲線モチーフで装飾されていたが、これは、肉体とヴァン・ド・ヴェルドのインテリアにおける「形態－力」美学の両方に調和するようにデザインされたものであった。ヴァン・ド・ヴェルドは、あらゆる部分で同じように厳格な表現を持ち続けていたのだが、この作品においては、家庭用品や家具に採用された統辞法と建物の形態的なオーダーとの間には亀裂が認められる。ここにおいては、前者は、有機的でグラフィックで流れるような線で軽いものへと向かっているが、後者は、非有機的で分節的で角張ったものへと向かっているのである。

1895–1900
VICTOR HORTA
Hôtel Solvay
Brussels, Belgium

ソルヴェー邸

このタウン・ハウスは，ファッショナブルなルイーズ大通りにアルマン・ソルヴェーのために建てられたものである。彼は，工業化学者で，社会改革家であり，ソルヴェー産業王国の創設者であるアルン・ソルヴェーの甥にあたる人であった。このソルヴェー邸は，オルタの前作タッセル邸よりもずっと形式ばった作品であった。ソルヴェー邸は幾分かはそのプランの形式性のために，すなわち建物に組み込まれている「馬車用通路」から切り込まれたホールや対になった階段をもっていることによって，ある点ではオルタのルイ15世様式の手法への回帰であった。プログラムは次のように配置された。台所は付属のサーヴィス部分とともに1階に配され，馬車用通路は庭にある馬小屋へと続いており，仕事上の接客用続き部屋も1階にあった。そして2階のサロンは50フィート幅の間口全体を占めて大通りを見渡していた。この空間は庭園に面した大食堂によって完全なものとなっていた。また一方，それより上の階は寝室等によって占められていた。疑いもなくこの建物のインテリアにおける最も注目すべき特徴は，対になった階段の踊り場にあるテオドール・ヴァン・レイセルベルヘへの巨大な壁画であった。そのすみれ色，赤，青，あずき色による色彩構成は，階段の緑色大理石や，サロンと階段ホールとを分かつガラスがはいったパーティションの光沢あるマホガニーとともに豊かな組み合わせを生み出している。この建物が建設中だった1895年にここを訪れたエクトル・ギマールは，自分が大層尊敬しているこの「ベルギー人の大家」が，そのインテリアをイギリスのアーツ・アンド・クラフツから引き出した壁紙や家具によって飾り付けようと意図しているのを知って失望したことだろう。それは，おそらくギマールにとって，この建物の洗練された都会性を傷つけるものであったろうから。

通り側ファサード

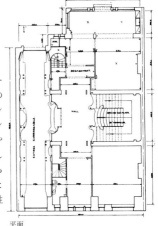

平面

1895–98
VICTOR HORTA
Maison du Peuple
Brussels, Belgium

メゾン・デュ・ププル（民衆会館）
この建物は，エミール・ヴァン・ド・ヴェルドから依頼され，ベルギー社会主義労働者党のために建設された。これはオルタがヴィオレ＝ル＝デュクの教えを真に公共的な規模で実現することを試みた唯一の作品であった。世紀の転換の時期における彼のデパート建築もまた公共建築とみなせるかも知れない。しかし，それらは現実には別種の建物群を全体として綜合的に使用すること，すなわち各々が異なった規模をもつ多様な空間群を収容するという能力がなかった。メゾン・デュ・ププルの1階は，消費組合の店舗，切符売場，遊戯室，そして構成の中心である大喫茶室に当てられていた。この最後にあげた喫茶室は，65フィートの奥行と55フィートの幅と25フィートの高さをもっていた。この上部は，2階に事務室があり，3階にはオーディトリアムが配置されていた。この建物においてオルタは，当地の煉瓦や石材を活用して（この建物は労働奉仕組合の助力を得て建てられた），むき出しの構造体による建築を創り出した。こうして，煉瓦部分は一貫して石材を受けるように造形され，さらに石材部分が鉄とガラスとを受けるように注意深く成形された。喫茶室の網状をなす天井は，上階の荷重を，この空間の両側に配された4組ある対の柱へと分配するようにデザインされていた。この構造的に分節された公共のヴォリュームは，ほぼ同じ頃にオルタが設計したブルジョワのためのタウン・ハウスにおけるホワイエを，大スケール化したものであった。制限の強い敷地に建てられたこのメゾン・デュ・ププルが，実際その名声と同じぐらいに成功した作品であるかどうかという異議申し立てが，ずっと後に，この建物が1964年に破壊される直前になって，老社会主義者カミーユ・ユイスマンからなされた。ユイスマンは初期の建設委員会のメンバーだったのだが，オーディトリアムを3階に配置したことが根本的な誤まりであると主張した。この公共的ヴォリュームにおける垂直交通には，エレベーターの設備がないために，当然オーディトリアムへの公共のアクセスが，やや困難であった。さらにユイスマンは，この空間それ自体の音響効果が不充分なものであったと主張した。

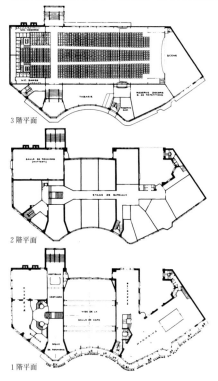

3階平面

4階平面

2階平面

1階平面

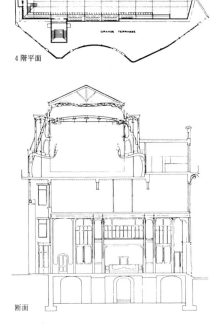

断面

劇場内部

> 1897–1904
> KARL GÉRARD
> HENRY VAN DE VELDE
> PETER BEHRENS
> The Folkwang Museum
> Hagen, Westphalia, Germany

フォルクヴァング美術館

1896年，22歳のカール・エルンスト・オストハウスは，個人資産を相続したが，それによって啓蒙的な美術館を設立したいとする抱負を実現することができた。この美術館は，芸術と自然科学とが，進歩的な工業デザインの実例とともに隣合って展示されるものであった。彼はフォルクヴァング美術館を設立したときに，ひとりの仲間に次のように書き送っている。「……文化は芸術と生活とが統合されたときにのみ発展する……。工業による，喜びの少ない生産品においても，なぜそのことが真理たり得ないのだろうか」。

オストハウスは，生活と芸術との統合を，彼の美術館における文化的な環境の中の生活によって実証しようとした。そして1897年に，彼はベルリンの建築家カール・ゲラルドに３階建ての建物の設計を依頼したが，そこでは１階には食堂と台所とその付属空間が，２階には宿泊施設，そしてその上階にはトップライトをもつ展示ギャラリーと音楽室が配されていた。ゲラルドのネオ・ルネサンス様式によるデザインは，ファサードにおいては折衷主義的であったが，一方インテリアにおいては，よりダイナミックで開放的な構造を誇示していた。それらは煉瓦製のアーチを支えている鋳鉄製の支持体のシステムから成り立つものであった。

1900年に，ゲラルドは解任され，この仕事とは何の関係もなくなった。そしてオストハウスはベルギー人の建築家ヴァン・ド・ヴェルドに，インテリアのデザインを引き継ぐように依頼した。ヴァン・ド・ヴェルドが最初に行なったことは，内部の鉄製の補強材や煉瓦の表面をプラスターでおおい，彼の「形態＝力」美学の原理に従って輪郭が描かれ外形がはっきりされるようにすることであった。この表現によって，ゲラルドの最初のデザインによる上下階のホールにはヴァン・ド・ヴェルド自身の彫刻的でカリグラフィックな特徴を与えることが可能になった。そしてこれらのプラスターによる有機的な輪郭は，ヴァン・ド・ヴェルドが主階段と上階のギャラリーのパラストレード手摺に採用したより弱々しいけれども同様に彫刻的な表現と調和している。この幾分彫刻的で，また幾分かは構築的なものとかかわっている表現は，この空間の中央にある円筒状の水盤の外周部に放射状に配置されている，ゲオルク・ミンネによる５人の膝を曲げた人物の彫像に，その焦点を見出すことができる。主な部屋には全てヴァン・ド・ヴェルドによってデザインされた展示ケースや椅子やテーブルが配されたが，一方，彼が一番力をそそいだのは音楽室である。ここでは本棚，椅子，コーナー・テーブル，ソファが，２つの全く同じものとして，しかし中央の扉に対して鏡に映された半分ずつとして，左右対称をなして配されている。これらの家具がもつかなり異なった形態は，そのドア自体のトランザム無目から生ずるダイナミックな輪郭をもつ波打つ木のパネルによって統合されており，シンメトリーに集合された全体は，昆虫の羽根の主輪郭のように見える。

1904年にオストハウスは，この美術館の１階に講義空間を創るようペーター・ベーレンスに依頼した。ベーレンスが1905年にオルデンブルクに建てたパヴィリオンと同時期であるため，この空間はほとんど礼拝堂に近い形をとっている。すなわち２つの立方体のヴォリュームが，半球をかぶせられた半円筒形によって終結されているものである。高度に形式化された線的様式によって実現されたこの冷淡で弱々しい新15世紀式ネオ・クワットロチェントインテリアは，ヴァン・ド・ヴェルドの活気あふれる態度からほど遠い。こうした様式は，次の10年間を通じてベーレンスの作品を特徴づけるものであった。

上階ホール

1897–1909
CHARLES RENNIE MACKINTOSH
Glasgow School of Art
Glasgow, Scotland

グラスゴー美術学校

チャールズ・レニー・マッキントッシュは，いわゆるグラスゴー4人組によって創り出された，インテリアと装飾芸術作品に──すなわち，マッキントッシュ自身とハーバート・マクネアおよびマクドナルド姉妹によって創造された装飾様式に──大いに専心した後に，グラスゴー美術学校のコンペ当選案によって世界的建築家として登場した。この当選案は，G・E・ストリートの後期ゴシック・リヴァイヴァル様式に非常に近い手法で計画されていた。マッキントッシュは，学校の主要部である4層に積み重ねられたスタジオ空間の容積を，イギリスのゴシック・リヴァイヴァルの教義に従って，ゆるく囲む外皮として明確に表現した。このマッスは，街路側では実際に2層にみえるのだが，E型プランの短い腕の部分に美術館と図書室が配されていて，背後に向かって断片化し複雑化している。御影石で仕上げられた街路側のファサードは，背が高く錬鉄製の線材が付されたスタジオ窓群によって非対称的に構成されている。これに対して両端のファサードは，正面ファサードに敬意を表すがごとく小さな窓がとられ，建物の背後に向かって階段状に降りている。これらのうちで最初に建てられた部分，すなわちこの建物の東側ファサードは，フィニアル，ゲーブル，タレット，細かく割られた窓によって完結する伝統的なゴシック・リヴァイヴァルの手法で取り扱われている。もしもマッキントッシュが，1906年の第2期工事において徹底的な再設計をしなかったならば，上記と同じことが西側立面にも繰り返されたことであろう。従って，この美術学校は，1897年から1907年にかけてのマッキントッシュのスタイルの展開の記録である。第1期に作られたヴォイジー風の入口ホールと，第2期に作られた図書館の2層分の出窓（明らかに1876年のノーマン・ショウによるニュージーランド・チェンバースに影響されたモチーフ）との間の相違は，この時までのマッキントッシュの展開の全容を映し出している。これは，装飾の方法としては，細長い曲線による表現から，よりずっと幾何学的で透明な手法への移行として捉えられるだろう。すなわち，彼が後にバセット・ロウクのためにデザインすることになるアール・デコ様式の住宅を予期する手法へと移行したのである。

2階平面

1階平面

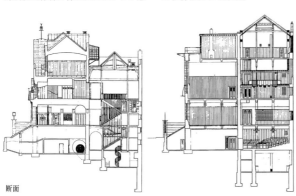

断面

メイン・エントランス

2階ギャラリー

図書室

1898
CHARLES F.A. VOYSEY
A.C. Briggs House,
"Broadleys"
Lake Windermere, England

A・C・ブリッグス邸「ブロードリーズ」ほぼ四半世紀にもわたる創作活動（1895−1919）を通じて、ヴォイジーの住宅における統辞（シンタックス）は、本質的にはまったく変化しなかった。薄く繊細な曲線状の錬鉄製ブラケットに支えられた大きなひさしをもつ勾配のついたスレート屋根、石のウィンドウ・トリムや水平なストリング・コースのついた荒仕上げの白い壁、傾斜するバットレスや煙突による垂直線の強調で分断されつつも水平な帯状に整理された窓割——こうした特徴すべてが、ウィンダーミア湖を見渡す高台の上に建つ、この「郷土」のための典型的な住宅に見い出されるのである。この住宅は、多くの点で、ヴォイジーの住宅様式の凝縮であると見なせよう。ここでは、内側に、露出した階段室をもつ典型的なゴシック・リヴァイヴァルのL型平面が、最も単純な形に還元されているのである（バターフィールドによる1840年代の牧師館、フィリップ・ウェッブによる1859年の赤い家を参照せよ）。ここで重要なのは、ヴォイジーの一風変った傾斜するバットレスが、L型の端部一ヶ所だけに置かれ、それはあたかも、彼が特殊な敷地のためにある種のレトリカルな特徴を残すという、ラショナリスト的な戦術を採用しているかのように見えることである。さらに、湖に面するテラスにつけられた半円形の見晴し台や3つの半円形のベイ・ウィンドウは、30年代のエリッヒ・メンデルゾーンのような建築家の「表現主義」を予期するもののようにも思える。住宅作家としての長くかつ成功に満ちたキャリアを通じて、ヴォイジーは、アーツ・アンド・クラフツ運動の「手工芸」からも、またアール・ヌーヴォーの「芸術性」からも距離を保ち続けた。このように彼は伝統的でもなくまた「アヴァン・ギャルド」でもない。それなのに彼がいわゆるインターナショナル・スタイルの形成に何らかの見えざる影響を及ぼしたということは、不思議ではあるが、しかし疑う余地のないことである。ラッチェンスやショウのような華やかさを欠いていたにもかかわらず、彼が同時代人達に及ぼした影響は、彼らと同じ程に強力なものであった。もしヴォイジーやタウンゼントの鋭い感受性がなかったならば、オルブリッヒやマッキントッシュの作品は明らかに異なったものになっていただろう。さらに、若きフランク・ロイド・ライトがヴォイジーの業績から何らかの影響を受けたということも充分考えられるのである。アレン・ブルックスが指摘するように、もしロバート・C・スペンサーによって1900年に出版された本『農家』が、ライトが同年に作った初の『レディーズ・ホーム・ジャーナル』の住宅を導いたのならば、プレイリー・スタイルはヴォイジーに何がしかを負っているということになる。というのも、スペンサーの当時の作品は明らかにヴォイジー的だったのだから。ヴォイジーの空間プランニングはおよそ華やかではないが、内部は、明るい陶磁器タイル貼りの暖炉まわりや漂白したオークの羽目板によって統合されている。とりわけ、内部空間には自然光が予期し難い面白い手法で取り入れられている。室内におけるこうした手法は「豊かな」素素さと相まって、アルヴァ・アアルトの住宅作品の手本になっているようにも見える。例えば、アアルトのヴィラ・マイレア（1939）における竹のスクリーンのついた階段は、ヴォイジーの自邸つまり1900年にハートフォードシャーのチョーレイ・ウッドに建てられたザ・オーチャードの小割板の階段以外の何に負っているというのだろうか。

前庭より見る

ベイ・ウィンドウ

室内から見たベイ・ウィンドウ

```
1898–1903
HENDRIK PETRUS
BERLAGE
Stock Exchange
Amsterdam, Holland
```

アムステルダムの株式取引所

18年の期間に渡ってベルラーへの株式取引所のデザイン（1898年に完了）は徐々に変化していった。1885年の不成功に終ったコンペ案では無器用な折衷主義的ナショナル・ロマン主義のデザインであったものが，簡素な煉瓦積みによる高度に分節された予見的表現となった。世紀の変わり目において，ヴィオレ＝ル＝デュクの原理をこのように必然的で論理的な表現形態へと導いた作品はおそらくなかったであろう（オルタ，ガウディ，ギマール等のようなアール・ヌーヴォー建築家の偉業はあるのだが）。3つの主たる取引ホールは，あたかも内なる「アゴラ」であるかのように取り扱われ，上部から採光されている。その両脇には，ギャラリーを隔てて補助的小空間（ブローカーや公証人等のための小部屋）が並べられている。この大ホール両脇の煉瓦壁や，穀物取引場と株券取引場とを仕切っている一枚の平坦な煉瓦壁は，煉瓦の大柱によって強化され分節されている。これらの柱が，ガラス屋根を支えているスティールと錬鉄によるトラスを支持している。これらのトラスが石の束や持ち送りによって荷重を地面に伝えてゆく手順と方法，そして今度はそれらが煉瓦のゆるやかなアーチやその根元の石柱に結びつけられているやり方，これらはゴシックの大聖堂がもつ構造と同じぐらいに豊かで変化に豊んだ構造上の語法へと達しているのである。ミース・ファン・デル・ローエが後に述べたように，ベルラーへは中世化された世界に対する感傷的ノスタルジーにふけることを全くせずに（ピュージンと比較せよ），建築術上の理論とその正確さにおいて中世の規準にまで到達していたのである。その上，ほとんどの都市的作品におけるように，ベルラーへの建物は都市の構成における強力な貢献を行なっていた。すなわち，既存の街路空間の厳密な輪郭と正確に同じプロポーションをもったマッスを示しているのである。中世の街におけるように，これは建物のマッスを，都市における外部の部屋がその明白さと意義とを獲得するための手段になるように用いることであった。

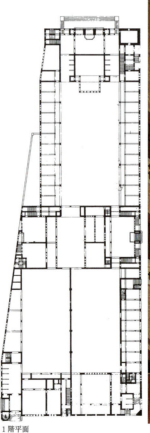

1階平面

商品取引ホール

1898
PAUL HANKAR
Ciamberlani House
Brussels, Belgium

1階平面

シャンベルラーニ邸

この建物のファサードにみられる構成的な二重性は、ポール・アンカールによって設計され1890年から世紀の変り目までの間にブリュッセルに建設された一連の芸術家のスタジオの中で、おそらくは最もすぐれたものである。アンリ・ベイヤーの下で修業し、E・W・ゴッドウィンやクリストファー・ドレッサーのイギリスにおける東洋的、審美的な方法に強く影響されたため、アンカールはかなり独特なアール・ヌーヴォー住宅を生み出した。そこにおける強い幾何学的な構成は、有名な鞭の先端の形態の結晶化と来たるべきその死を指し示していた。この作品はその馬蹄形のアーチ、精巧な格子細工、そして全体にバルカン化された「シノワズリ（中国風）」の雰囲気をもっており、ブリュッセルにおけるこの時期の作品としては異常なものといえる。この都市はかつてまさにアール・ヌーヴォーの首都として知られていたのである。アンカールの作品をその大方の同時代人達から区別するものは、強い土色に対する彼の好み、および彩色されたセラミックタイルや精巧な壁面装飾を彼が好んだということであろう。こうした壁面装飾は、常に彼の友人であった画家アドルフ・クレスパンによってなされた。同時に、建物の構造的要素を分節する統制法は、彼がいかに強くヴィオレ＝ル＝デュクから影響を受けたかを示している。しかしながら、オルタと比較するとき、アンカールの貢献はより教主的でも、より華々しくもないように見える。たとえば彼のファサードの単純な豪放さやインテリアの率直で経済的な配置ほどオルタから遠いものはない。同世代の他の作家達と同様に、アンカールは建築を造形美術の統合体として考えていた。そしてこの目的のために、彼は自分で建てた個人住宅の家具デザインに熱中したのである。

1898
JOSEPH MARIA OLBRICH
Secession Building
Vienna, Austria

ゼツェッション館

1897年，師であるオットー・ワグナーの無言の支持をうけつつ，画家のグスタフ・クリムトの指揮のもとに，建築家ヨーゼフ・マリア・オルブリッヒとヨーゼフ・ホフマンは，同期の画家・デザイナーであるコロマン・モーザーと協力してウィーン・ゼツェッションを創立した。次の年，ゼツェッションの展示館が，オルブリッヒの設計でリングシュトラッセ通りに建てられた。その頂部に載せられた球形のエレメントはクリムトのスケッチをもとにしたもので，「われわれの時代の芸術を，われわれの自由の芸術を」というスローガンが献詞されていた。この建物はスカイライトで覆われたコートヤード的構成からなり，中央の展示ホールを取り巻く全4辺にギャラリーが配されている。

球形エレメントの全体的な形は，クリムトのスケッチからとられているが，ここにはその傾斜したパイロンと金色の月桂樹のモチーフとが含まれていた。このモチーフはオルブリッヒによって，4本のパイロンの間に浮かんだ透かし細工の金属ドームとして表現され，明快な輪郭をもつ平坦なマス構成──このマスの持つ厳格さはイギリスの建築家 C・F・A・ヴォイジーやC・H・タウンゼントの作品を思い起こさせる──の上に据えられた。同様なしかし正反対の形をもつ生命力の象徴はゼツェッションの機関誌『フェル・ザクルム』の第1号の表紙に現われている。ここでは装飾的なかん木の図が描かれており，その力強い根は鉢を押し破り，その下の地面へと伸びているように描かれていた。同じような対比は，明らかに建物のイコノグラフィーによっても意図されていた。そこではアポロの月桂冠は，入口の上部にメドゥーサのフリーズの形をとって示された潜在意識の創造的な力によって明白に対抗されることになる。また，建物側面にはモーザーがデザインしたミネルヴァの梟が配され，これがアポロとメドゥーサの仲にあって芸術品の運命の見守役となった。

1898–1915
ANTONIO GAUDÍ
Crypt for the Colonia Güell
Santa Coloma de Cervelló, Spain

ケーブル模型

コロニア・グエル教会地下聖堂

エウセビオ・グエルは1898年にバルセロナ郊外のサンタ・コロマのコロニーに繊維工場の労働者のための教会建設をガウディに依頼した。建設の開始がその十年後に予定されていたために，十年間，ガウディは針金，糸，錘を用いたケーブル模型によって荷重の合理的な流れを研究，三次元的に構造設計の試行を繰り返した。ガウディはゴシック様式の教会建築の構造を分析，研究していたが，そこから独自の構造をを引きだそうとしていた。また，ケーブル模型の写真は上下を転倒することで内部空間のスタディにスケッチを描き込むことで使われていた。

地下聖堂部分の建設には6年余りの歳月を要し，その後，上部に教会堂が建設される予定であったが，グエルの経済的没落と死が重なったことで未完となった。現存する2枚の全体図から，教会は5つの塔とピラミッド形のシンボルが出来る予定であったと推測される。

地下聖堂はほぼ楕円の平面形で，中央部に象徴的な4本の荒彫りの玄武岩の柱が傾いて立ち，その柱頭から煉瓦造のリブが放射状に延び，天井を構成する。堂内のベンチなどの家具は，ガウディのデザインによる。

地下聖堂内部は半地下であるため，様々な形のヴァリエーションを持つステンドグラスから十分な自然光が入る。

外壁には主に煉瓦を用いているが，小石などが偶発的に混在することで豊かな表情を作り出している。

（編集部）

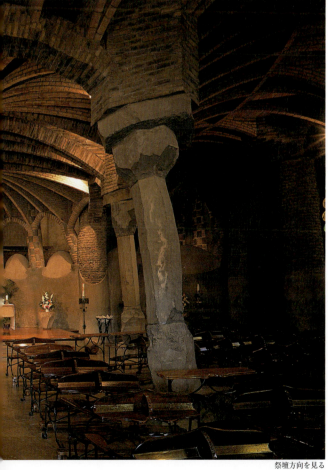

祭壇方向を見る

平面

1899–1901
JULES ASTRUC
Notre-Dame-du-Travail
Paris, France

ノートルダム・デュ・トラヴァイユ この伝統的プランをもつバジリカ式教会は，本質的には石造シェルであるが，それは主要な支持点が19フィート間隔で並んだリヴェット打ちおよび板金加工された錬鉄と鋼鉄の構造体を包んで建てられている。身廊の屋根を支える鋼鉄製のトラスはスパンが32フィートあり，側廊のトラスは，側部礼拝堂と石造境界壁を超え，実際には16フィートのスパンを持つ。コストを最小限に押える必要性がこのような構造の採用の決定に影響をおよぼしたのは明らかではあるが，イデオロギー的要因も見落すことはできない。なぜなら，この施設は鉄道線路の維持や修理を行なうことで生計を立てている労働者階級のコミュニティのためのものであるから（なお，この建物はモンマルトル駅の近くに位置している）。それは，建物のイコノグラフィカルなプログラムによって証明されよう。即ち，片側全長に沿った礼拝堂は，冶金師，大工，指物師，芸術家，工人等の保護神たる聖人達を連続的に描いた壁画によって装飾されている。おそらく，こうした全般的な工芸志向を見ると，中2階のバルコニーの手摺に木が使われているという不調和が説明付けられるだろう。この軽い金属骨組のエレガントな使用を除いては，アストリュクの経歴は目立ったものではない。パリ，レオミュール街の有名な鋼鉄骨組をもつオフィスビルの作者であるジョルジュ・シュダンヌとは異なり，アストリュクはリヴェット構造に適するであろう建築言語を発展させる必要性に気付いていなかったように思われる。技師と建築家の途方もない分離を，このユニークというよりむしろ奇妙な作品ほど劇的に表現したものは他にない。

祭壇方向を見る

1899–1901
JOSEPH MARIA OLBRICH
Ernst Ludwig House
Darmustadt, Germany

配置

エルンスト・ルートヴィッヒ館

エルンスト・ルートヴィッヒ館は，1901年ダルムシュタット芸術家村の第一回展覧会のために完成され，そのパトロンであるヘッセン州およびダルムシュタットの大公にちなんで名付けられた。これは9年間のダルムシュタット滞在中にオルブリッヒがデザインしたもののうちで，疑いもなく最も「進歩的な」建物であった。すなわちこの建物のむき出しの壁が近代建築の合理主義的伝統に先鞭をつけたという意味で進歩的なのである。これは8つのスタジオ・リヴィング・スペースから成り，そのうちの4つは共通のミーティング・ホールの各側面に配置されていた。この建物はダルムシュタット村の主要な公共建築であった。そしてこのまわりには，幾つかの独特な芸術家の住居が建てられた。これらの住宅群は，ベーレンスの自邸を除いては全てオルブリッヒによって設計された。ルートヴィッヒ館のファサードは，丈高で飾りがなく，そして水平方向に窓割されており，その背後には北側採光窓が隠されていた。また，装飾が施され半円形に引込められた入口の両脇には彫刻家ルートヴィッヒ・ハービッヒによって制作された巨大な彫像が配された。この建物は，前年にオルブリッヒがウィーンのゼツェッション館において方向づけたテーマの究極的な記念碑であった。ここで再び，ヴォイジーとワグナーの相互に結びついた影響が，ファサードの輪郭づけや構成において明らかとなっている。

オルブリッヒは1899年にダルムシュタットの「宮廷建築家」としてこの地の住居を手掛けるためにやってきた。まもなく彼は他の6人の建築家たちと結び，彼らは「7人組」として知られる創設グループをまとめ上げた。やがて彼らは「ドイツ芸術の資料」という題の下に実現された1901年の展覧会を行なうことを委託された。この展覧会の開会に際して，エルンスト・ルートヴィッヒ館の階段において神秘主義的な儀式が行なわれた。それはひとりの予言者がスタジオの入口から，＜クリスタル＞の贈り物を受けとるために階段を降りることであった。このクリスタルは，炭素がダイアモンドへと変化するのと同様に，ふつうの素材が芸術へと変化しうる方法を象徴化したものであった。

1899–1905
HECTOR GUIMARD
Métro Entrances
Paris, France

パリの地下鉄入口
ギマールは1898年の地下鉄業協会のコンペには参加しなかったので、自分の作品歴におけるこの唯一の公共建築の依頼を、彼は主として友人でパリ市議会議長だったアドリアン・ベルナールを通じて獲得した。どこの公共事業機関がこの開発の権利を得るかということであつれきがあったために、パリは地下鉄網の設置が遅れてしまった。ロンドンがその地下交通を早くも1863年には整備し、一方ニューヨークとウィーンがそれぞれ1877年と1898年に電気動力の出現をとりいれるようになったことに注目するのは興味深いことである。クリスタル・パレスのように交換可能なプレファブ化された鋳鉄とガラスの部品を用いて建設することによって、ギマールはその地下鉄を、支配的な趣味であったフランスの古典的文化に対抗するものとして創造した。早くも1886年にはすでにオペラ座の建築家シャルル・ガルニエが、このような目的のためには組積造以外のものは考えられないことを言明していた。そして、地下鉄という公共物の形態についての闘争が8年の後まで続き、その年、オペラ座前広場の地下鉄入口においてギマールの計画案は却下され、ガルニエに敬意を払うがごとく、カッシエ・ベルナールの人畜無害な新古典主義のデザインが受け入れられた。しかし、このブルジョワジーの都市では一歩オペラ座を離れると、ギマールのデザインがあたかもある種の有機的な力の現われのように、にわかに開花した。その緑色のしなやかな鋳鉄の触手は、地下の迷路から噴出し、様々な手摺、パーゴラ、案内図、フード付の照明器具、ガラス張りのキャノピーを支えている（ドーフィン広場やアベス広場の、いまだ完全な形で残されているエキゾティックな入口を見よ）。このシュールリアリズム的な——当時の批評を引用すれば——「とんぼの羽根」は、狂信的愛国主義からとはいわないまでも、雑多な批評を受けたのであった。緑青色の鉄の支柱が、フランス的というよりはむしろドイツ的であるとしてみなされたのである。オルフェウス神話を現代的に表現しようとするこの想像力に豊んだ試みは、後に、建築家ジャン・カミーユ・フォルミージェと技術者ルイ・ビエットのデザインに従って建てられた地下鉄の高架部分にみられる、厳格に技術的な形態によって補われ完成される運命にあったのである。そうした技術的な構築物は、オットー・ワグナーがすでにウィーンのシュタットバーン（地下鉄網）のためにデザインしていた高架橋と、その形と精神において近いものであった。

1899–1904
LOUIS H. SULLIVAN
Carson, Pirie, Scott & Co. Building
Chicago, Illinois, U.S.A.

カーソン・ピリー・スコット百貨店本来はシュレジンジャー・アンド・メイヤーという由諸ある会社のために建てられたもので、3ベイからなる9階建てのこの百貨店の第1期工事は1899年に完成し、マディソン通りとステート通りの交差点における12階の第2期増築工事は1903年から1904年に行なわれた。一番南のステート通りに沿った5ベイ分は1906年にD・H・バーナムによって付け加えられたものである。敷地はシカゴの中心部の重要な商業地区にあり、この店は完成するとすぐにカーソン・ピリー・アンド・スコットといういう繁盛している会社によって買収され、今日に至っている。サリヴァンの建物は最終的には7ベイに8ベイという巨大なヴォリュームとなり、ひとつの構造ベイは約22×20フィートの大きさとなっている。サリヴァンの他の大規模な商業建築と同様、建物の内部は建築的関心の外におかれている。それは単なる商業用のフロアーで、ぶ厚いサーヴィス壁と内壁にそって並べられたエレベーター・バンクがあるだけである。この建物の真の重要性は、その装飾とテラコッタで覆われた骨組にある。その骨組のプロポーションは後のミース・ファン・デル・ローエによるシカゴ派を不思議にも予言している。しかしながら通りのレベルでは、連続的に装飾のほどこされた2層分の鋳鉄のファサードが、ショー・ウィンドウの面とコーナーの円柱形の入口に公共的な仕上げを与えている。入口の上の渦巻くような装飾レリーフは、サリヴァンが1924年に出版した『人間の力の原理と調和する建築装飾の体系』の中の有機的装飾と同じものである。この作品はサリヴァンのシカゴにおける最後から2番目の作品であった。彼がこの都市に残した最後の貢献はあまり重要なものとはいえないクラウン・ミュージック・ストアーであったが、これは死の2年前1922年に完成したものである。リライアンス・ビルディングと同様にこの建物の頂部には本来薄いコーニスのスラブが付けられていた。1903年のステート通りの増築においてサリヴァンは上部の3層の階高をわずかに減らすことによって、さもなければ極めて抽象的になりがちなファサードに建物が上部へ行くに従って消えゆくような効果を与えようとした（サリヴァンのオーディトリアム・ビルディング参照）。この形式は1906年にバーナムがステート通り沿いの最後の増築を行なった際にも忠実に守られた。しかしながら彼が上部の階をひっこめるという洗練されたデザインを引きつがなかったことは興味あることである。

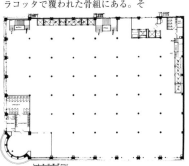

基準階平面

1900–14
ANTONIO GAUDÍ
Park Güell
Barcelona, Spain

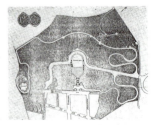

グエル公園

当時のバルセロナにおいて，芸術家や文学者のパトロンであったエウセビオ・グエルによって事業化され，ガウディが計画した分譲住宅地計画。"パーク"・グエルの名が示すようにイギリス式庭園を持つ田園都市をめざしたが，建設途中，第一次世界大戦が勃発したことやカタルーニャの経済恐慌により，事業は失敗し，たった2戸の住宅が建設されただけで中断された。グエルの死後バルセロナに寄付され，名称通りの「公園」として生まれ変わったものである。

バルセロナ市街を見渡すことの出来る約15ヘクタールの南東に向いた傾斜地に，各々が三角形に区画された60戸の分譲地が計画された。そのコミュニティのための施設として，中央入口両側に配された門番小屋と運営事務所，大階段によって導かれる市場とその上の広場兼野外劇場，それらの建設で出た石を使った傾斜柱の連なるアーケードに支えられる自動車のための陸橋によって構成される。教会堂は計画されたが実現しなかった。

「ギリシャ劇場」と名付けられた野外劇場は人工地盤で，スラブはその下の市場のドーリス式列柱の上にプレキャスト製のおわん形のヴォールトを並べたもので，門番小屋と運営事務所とともにスペインで初めて建設された鉄筋コンクリート造である。野外劇場に降る雨水は濾過されて，中空の円柱を通り地下の貯水槽に集められる。そして，水は大階段に設けられたトカゲの装飾から吐き出され，下方の泉へ延びていく。

大階段の壁や門番小屋と運営事務所，市場の天井，野外劇場の周辺を囲むベンチは曲面で構成され，セラミック・タイルや陶器の破片によるモザイクで覆われている。タイルは不良品や古材が利用され，独特のテクスチャーと大胆な色彩を生み出している。

(編集部)

1901–03
VICTOR HORTA
A l'Innovation Department Store
Brussels, Belgium

イノヴァシオン百貨店

ヌーヴ街の目抜きの商店街に面した大きな3階建のショッピング・ホールとして考えて、オルタはこのデパートの正面を建物断面の複製のように扱った。すなわち、その断面とは建物の基本的空間をつくりあげている中央空間の3層の「身廊」を、ギャラリーのついた側廊と一緒に切断した面である。オルタはファサードの窓割において、錬鉄とスティールのアーチや隣接したスパンを直接に形態化した。そして、構造体とガラス皮膜の前面にその同じシルエットを突出させることで、この輪郭をやわらげ深みのあるものにした。1898年のファン・エートフェルデ邸におけるように、この工夫は、そうでなければ平板になってしまうファサードに、ある程度の深みと彫刻的な実質とを添えた。この場合の奥に引き込められた面は、カーテンウォールであり、これはその規模においては、1906年にパリのレンヌ通りに完成されたアンリ・ギュトンのグラン・バザールに匹敵するものであった。これらの2店舗とフランツ・ジュールダンの「ラ・サマリテーヌ」（店舗No.2, 1905-1910）という例外もあったが、19世紀後半の百貨店建築の至る所に姿を見せている金属製の構造のフレームが、その外観に表現されることはほとんどなかった。そして確かにオルタのイノヴァシオン百貨店を特徴づけている単純さと大胆さをもって扱われたことも決してなかったのである。しかしながら、この注目すべきコンセプトの純粋さは、1922年には妥協させられてしまった。この年に内部の構造体は鉄筋コンクリート・フレームに取り替えられた。そうした防火性の改良は、1967年に起きた火災による予想されていた破壊において実際にはほとんど役立たなかったのである。

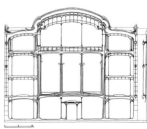

断面

1902
RAIMONDO D'ARONCO
Central Pavilion
International Exposition of
Decorative Arts
Turin, Italy

中央パヴィリオン（トリノ装飾芸術博覧会）

ダロンコは遅れてきたイタリア・アール・ヌーヴォーの指導的メンバーであったが，幸運にも1902年のトリノ博覧会の中央パヴィリオンと音楽パヴィリオンの両方を依頼された。しかしながら，いわゆる「フロレアーレ」運動（訳注：イタリアにおけるアール・ヌーヴォーの名称のひとつ）の他の多くのメンバーは，ボザール風の方法で訓練を受けており，ダロンコも彼らと同様に，アール・ヌーヴォーの鞭のような非対称の形態に対して，心からうちとけた気分を味わうことはできなかった。そして日々の実務においては，彼は古典的構成のソンマルーガ的なパロディーへと立戻りがちであった。トリノのパヴィリオンは，彼のいくぶん無器用な「フロレアーレ」様式の作品歴の中では，より確信に満ちたダイナミックなものであったろう。この中央パヴィリオンは，高窓で採光されたドーム空間の両側に一層の展示ホールが連結されたもので，マッキントッシュによる1901年のグラスゴー博覧会のための実現されなかったオーディトリアム計画案をもとにしていたようである。というのは，ここにおける「意図」は，明らかに，放射状のバットレスをもつドームが架けられたホールという同じ基本テーマをもとにしたものだったからである。こうした類似より以上に，最も重要な影響は明らかにウィーンの「ワグナー派」，とりわけワグナーとオルブリッヒの作品から受けている。ダロンコは，オルブリッヒによる1898年の「ゼツェッション」の建物や，ワグナーによって同じ年に作られた造型芸術アカデミーの計画を明らかに知っていた。ドームの周囲には，月桂冠を支えながら空に向かって手を差し延べたワグナーを想い出させる天使像が見出されるし，中央の円筒の周囲に円環状になって並べられた抽象的な月桂樹の花輪から垂直に降りているワグナー的線状装飾も見出される。またダロンコの作品のバットレスの終結部もまた，エジプトのパイロンへと変形されているが，これは，その形と装飾において，オルブリッヒの「ゼツェッション館」の頂部の球形のエレメントを思い出させるものである。

1901
PETER BEHRENS
Behrens House
Darmstadt, Germany

せる。このことは，音楽室の装飾の明快なイメージにおいて明らかであり，さらに正面ドアに彫られた金属の紋章により力強く現われている。

1階平面　　　　　　　　2階平面

ベーレンス自邸

この住宅はいかなる規準からしても例外的な秀作であり，さらにこれが建築家へと転身を遂げたひとりの画家の処女作なのだからなおさら驚異的である。ベーレンスは1899年にダルムシュタットに来るまでに，画家として少なくとも10年の経験を積んでおり，その間1893年の「ミュンヘン・ゼツェッション」の創立にも携わった。彼は，1899年から1903年まで芸術家村の一員としてダルムシュタットに住み，「7人組」の中で唯ひとり自邸およびその内部の家具，照明器具，陶磁器，食卓用小物，壁や天井の装飾をデザインした建築家であった。今となってみると，この作品の多くの部分は他から引用されたものであるように思える。特に食堂の家具は，アンリ・ヴァン・ド・ヴェルドのスタイルに大変類似している。この住宅は，基壇状になった1階に食堂と音楽室，地下に台所と付属的なサーヴィス，そして上階に寝室とスタジオという構成をとっている。こうした構成そのものは，当時の中産階級の小住宅に典型的なものである。しかし，その内外における表現は目新しいものであった。それは，特にイギリスのアーツ・アンド・クラフツ運動から引用された特徴（例えば，リチャード・ノーマン・ショウからの引用）とドイツのヴァナキュラーな建築から引用された急傾斜の屋根のような要素とを結びつけるという手法に由来していた。ベーレンスが自己を，ニーチェの超人ツァラトゥストラと同一視していたという事実が，細部において見い出

1902–03
CHARLES RENNIE MACKINTOSH
"Hill House"
Glasgow, Scotland

「ヒル・ハウス」
ヒル・ハウスは部分的にはスコットランドにおける積年の貴族風な伝統から、また一部には1890年代のC・F・A・ヴォイジーによるスレート屋根がかけられた白い住宅から、そしてジェームス・マクラーレンによるスコットランド・ヴァナキュラーに関するエッセイから（彼による田園風の建築が1891年、パースシャーのフォーティンギャルに建てられている）引き出された作品である。これはヘレンズバラのクライド湾を見渡す敷地に、出版業者ウィリアム・ブラッキーのために建てられたもので、マッキントッシュの2棟目の独立住宅作品であった。最初のものは、1901年にキルマコルムのウィンディーヒルに完成されたウィリアム・ダヴィッドソン邸であった。これらの住宅はともに、同様なL型のゴシック・リヴァイヴァルのプランがその「意図」に含まれており（フィリップ・ウェップによる1859年の赤い家と比較せよ）、主要ブロックとサーヴィス・ウィングとは直角をなして構成されている。これらの住宅と、1901年のアレキサンダー・コッホによる同名のコンペでマッキントッシュがデザインし、大変に影響力の強かった「ハウス・アイネス・クンストフロインデス」（芸術愛好家の家）計画案は、同様な基本的統辞を採用した一連の作品群の一部である。そのシンタックスを構成するのは、灰色の荒塗り壁、軒の浅いスレート葺きの急傾斜屋根、突出した半円形の階段塔、正方形グリッドで割られた単純に身に開けられた窓開口、ヴォイジーの作品を想わせる才気ばしった装飾の部分や傾斜した形の煙突、である。ヴォイジーとは違って、ハーリング（荒い壁仕上げ）は常に窓の周囲へと限定されている。従って、硬直した幾何学的効果が実現されている。ヴォイジーの作品においては、そうしたおさまりは石の枠やシルによってはっきりとやわらげられていた。こうした開口部の配置は、ウィンディーヒルのときよりもヒル・ハウスにおける方が、ずっと几帳面に決定されている。従って、このブラッキー氏のための住宅、マッキントッシュ自身による家具（それらの中には、この住宅のために特にデザインされたものもあった）が隅々まで飾られ、取り付けられているこの住宅は、全体として、世紀の変り目における彼の住宅のスタイルの最も見事な例といえる。

居間の暖炉

屋階平面

2階平面

1階平面

寝室　　　　　　　　　　　　　　　　　　　　　　　　　　　　　　　　　玄関ホールの階段▷

1902–11
MCKIM, MEAD & WHITE
Pennsylvania Station
New York, New York, U.S.A.

ペンシルヴァニア駅

1902年に最初の構想がねられたペンシルヴァニア駅は、チャールズ・フォロン・マッキムにとってニューヨークにおける最後の巨大なモニュメントとなった。工事そのものは巨大建造物にとって大変適切な時に始まったのだが、このような複雑な立体交差を建造するに際しての技術的さらに建設手順上の問題が多く、そのためこの駅はマッキムの死後1年経った1911年まで完成に到らなかった。

郊外の主要幹線の列車を地下でマンハッタンへと引き込むことを可能にした電気機関車の完成後に、この設計依頼はなされた。ペンシルヴァニア鉄道は、西へ向かう交通をめぐってニューヨーク中央鉄道と争い、最終的にハドソン川の下にトンネルを作り、さらに引き続きニューヨーク市地下鉄網およびロングアイランド鉄道網と自らの体系を結びつける重要な駅の建設を決定した。

これらすべての体系を統合する際の並大抵ではない工夫について、レランド・ロスは次のように要領よく記述している。

「ペンシルヴァニア鉄道の線路は一番低いレベルに置かれ、同じレベルの地下構内の南端に、ロングアイランド鉄道の線路が配置された。これらの線路は、駅の東と西に計画された地下鉄の管のさらに下に敷設されたのである。駅の両側の地下鉄駅は、ペンシルヴァニア鉄道およびロングアイランド鉄道へと通じる階段へ直接つながった長いコンコースによって結ばれた。この地下鉄のコンコースの上に主なる待合室の階があるが、この階ですら街路から1層分低いのである。」

こうした多層コンコースに対してマッキムの用いた建築的解法は、マンハッタンの2ブロックを「厚い壁の列柱式建築」で囲み込み、周囲にはトスカナ式のピラスターとコラムを付けるというものであった。壁が単に交通用の斜路や事務室の外殻になっているところには、2層分の高さのピラスターが付けられ、一方、歩行者のためのモニュメンタルな入口となる箇所では、壁は独立柱のコロネードになっている。当然のことながら、このコロネードは7番街に面する立面で最も広大である。というのも、そこにおいて駅は都市の中心に面しているのであるから。しかし中心軸の南北に位置する中央のブロックや駅の西端にも同様のポルティコが見られる。

この建物は、中央部に低いレベルの待合室をもつ巨大な十字形の「ゲートウェイ」であるが、それはカラカラ大浴場を模しており、3つの巨大な格間ヴォールトを携えている。その3つの切妻型屋根の外観は、遠くから眺めた時、終着駅の象徴的な「サイン」なのであった。

電車で到着してから都市の中心部に到るまでの経路はこうである。まず階段によって地下のコンコースへと上がる――そこにはラチス状の鉄骨アーチとヴォールトの屋根がかけられている。そして次に中央の待合室に入り、さらに巨大な階段を登ってアーケードのレベルに達する。そこからは、簡易食堂、食堂、店舗などが始まり、7番街のポルティコへと続いている。傾斜路で車道を下まで降ろすという画期的な方法によって、乗客は中央待合室のレベルで車を降りることができた。そこから中央コンコースへは直接つながり、その下の地下プラットフォームへと階段が通じている。60年代中頃におけるこの駅の取り壊しは、ニューヨークの建築的遺産の重大な損失としか言いようがあるまい。

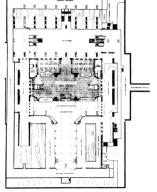

待合室レベル平面

コンコース

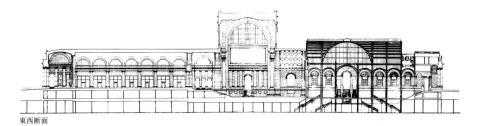

東西断面

第4章
オットー・ワグナーとワグナー派　1894-1912
Otto Wagner and the Wagnerschule 1894–1912

「伝統，情緒，ピクチャレスクな外観等を，現代人のための住居の基礎として述べることは，今日の趣味において現実性を全く失ってしまった。大都市の住民で，群集の中にひとつの"番号"となって隠れてしまうのを好む人々の数は，"おはよう"とか"よく眠れましたか"という言葉を，その自宅のまわりの偽善的な隣人たちから毎日聞きたいと思っている人々の数よりもはるかに多いのである。」

オットー・ワグナー，『大都市』1911年

建築家としておよび教師としてのオットー・ワグナーの影響は，1894年に彼がウィーンの美術アカデミー建築学科の教授として，カール・フォン・ハーゼナウアーを引き継いだ時に始まる。1895年，54歳の時に彼は最初の理論的著作である『近代建築』を出版した。続いて1898年には，『ワグナー派から』という題名で彼の生徒達の作品が初めて出版された。カール・フリードリッヒ・シンケルの最良の弟子のひとりから幾分の教育を受けていたために，当時におけるワグナーの建築的な好みは，「シンケル派」の合理主義と，ゴットフリート・ゼンパーやハーゼナウアーのよりレトリカルな手法との間のどこかにあったように思われる。後者の2人はリングシュトラッセにおける最後の偉大な建築家であり，彼らの国立美術館，王立劇場，あるいは新王宮は，その世紀の最後の25年間を通じてリングシュトラッセの内側で建設中であった。1892年にワグナーは，2つの主要な設計依頼を受けるが，これらが彼の生涯を変え，公共建築家としての彼の名声を確立することになった。それらはシュタットバーンとして知られるウィーンの地下鉄網の建設（1894-1902）と，ダニューブ運河の調整に関連する堤防，水門，コントロール・タワーの建設であった。

ワグナーの技術者的な教養が，彼に自分の時代の工学的および社会的な現実を鋭敏に認識させた。同時に彼のロマンティックな想像力は，彼の才能ある生徒達による急進的な活動へ引き寄せられた。すなわち，彼の助手ヨーゼフ・マリア・オルブリッヒと，彼の最も才能ある生徒ヨーゼフ・ホフマンとが共同で創立した反アカデミズム芸術運動である。ホフマンは，1895年にローマ賞を受けて卒業した生徒であった。これらの人々は，単に当時『ステューディオ』誌に挿絵が載っていたグラスゴー4人組——名を挙げるならチャールズ・レニー・マッキントッシュ，J・ハーバート・マクネア，そしてマクドナルド姉妹（フランシスとマーガレット）——の作品に影響されただけでなく，グスタフ・クリムトとコロマン・モーザーというウィーンの2人の若い画家のもつエキゾティックなヴィジョンにもまた敬服していた。クリムトのリーダーシップの下に，建築家のオルブリッヒとホフマンおよび画家のモーザーとが，アカデミーに対抗して団結した。そして1897年にはワグナーの賛同を得て，彼らはウィーン・ゼツェッションを創設した。その次の年，ワグナーは，その擬イタリア風なマジョリカ・ハウスのファサード

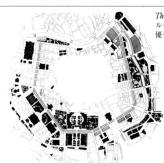

The Vienna Ring, 1859–72
ルートヴィッヒ・フェルスターの
優秀案に基づく

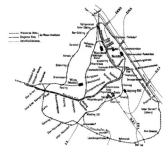

The Stadtbahn, *Vienna, 1894–1902*

を，花模様が配されたあざやかな色彩のファイアンス焼きタイルで覆うことによって，ゼツェッションへの共鳴を宣言した。1年後の1899年にワグナーはゼツェッションの正式メンバーとなって上流階級の人々をあきれさせた。

1898年にオルブリッヒはゼツェッション館を建てたが，これは明らかにクリムトのスケッチに従ったものだった。クリムトはこの反乱の主導者であり続けることになる。その傾斜した壁，軸性，そして特にアポロへの奉献を伴った月桂樹のモチーフは，クリムトから出たものである。この月桂樹のモチーフは，オルブリッヒによって透かし細工の金属ドームとして表現され，4本の短いパイロンの間に浮かび，平坦なマス構成の上に据えられたが，これらのマスが持つ厳格な造形は，チャールズ・フランシス・アンスレイ・ヴォイジーや，チャールズ・ハリソン・タウンゼントのようなイギリスの建築家による作品を思い起こさせるものであった。同様な有機的生命力の象徴は，『フェル・ザクルム』の第1号の表紙にも現われている。それは装飾的なかん木を現わしているが，力強い根が鉢を押し破り，その下の地面へと伸びている様を示していた。そういったものがオルブリッヒの出発点を象徴していた。すなわち，無意識のもつ豊かさへの意識的な回帰。この地点から，常にヴォイジーやマッキントッシュからの影響とクリムトの汎エロティシズムの主張に従いつつ，彼は自分自身のスタイルの展開を開始したのである。

この展開は，主にダルムシュタットにおいてなされた。オルブリッヒは，大公エルンスト・ルートヴィッヒによって1899年にそこに招かれたのである。その年の後半に，彼は他の6人の芸術家達の仲間になった。すなわち彫刻家のルートヴィッヒ・ハービッヒとルドルフ・ボッセルト，画家のペーター・ベーレンス，パウル・ビュルクとハンス・クリスチャンセン，そして建築家のパトリッツ・フーバーである。2年後にこの芸術家村は，「ドイツ芸術の資料」というタイトルの下に，総合芸術として，その生活様式と「住居形態」を展示した。この展覧会は1901年5月に，「ダス・ツァイヒェン」(記号)と呼ばれた神秘的な儀式によって開会された。この儀式はオルブリッヒによるエルンスト・ルートヴィッヒ館の階段で行なわれた。これは，ひとりの「無名の」予言者が，金で装飾されたこの建物の表玄関から階段を降り，ちょうど炭素がダイアモンドの輝きへと変化してゆくのと同じように，芸術へと変化してゆく基礎素材の象徴として＜クリスタル＞を受けとるというものであった。

エルンスト・ルートヴィッヒ館は1901年に建設されたもので，オルブリッヒがその9年間のダルムシュタット滞在中にデザインしたうちで，疑いもなく最も進歩的な作品であった。8つのスタジオ・リヴィング・スペースから成り立っており，そのうちの4つは共通のミーティング・ホールの各側面に配置されていた。この建物は，事実上芸術家村の最初の焦点であった。

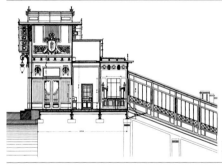

Wagner, Karlsplatz Station, Vienna, 1898-99 断面

最終的には,このまわりに,幾つかの独特な芸術家の住居が建設された。丈高で飾りがなく,水平方向に窓割されたファサードをもち,その背後には北側採光窓が隠されていた。そして装飾が施され半円形に引込められた入口の両脇にはハービッジによって制作された巨大な彫像が配されていた。この建物は,オルブリッヒがゼツェッション館において方向づけたテーマの究極的な記念碑化であった。

この初期の傑作と,1908年——彼の早すぎた死の年——の彼のスタイルの最終的な「古典主義化」との間で,オルブリッヒは,独特の表現法を求め続けていた。その人生の最後の10年間を通じて,彼は稀にみるオリジナリティをもった作品を創造した。それは彼の神秘的で思案げなホホツァイトゥス・トゥルム,すなわち結婚記念塔において頂点に達した。この建物は,隣接するパヴィリオンとともに,ダルムシュタットのマチルデの丘の上に,1908年の「ヘッセン州地方博覧会」のために完成させられた。ピラミッド状の構成をもった,このマチルデの丘の複合建築は,貯水池の堤防の頂上に建設された。これは事実上の,「都市の冠」であり,その形態は,1919年のブルーノ・タウトによる「都市の冠」の象徴的な中心を予期していた。階段のついたコンクリートの一連のパーゴラによって囲まれ,この建物はオルブリッヒによって,密集した群葉からなる巨大な迷路として描かれた。この葉の色は,季節によって,緑から朽葉の茶色へと変化する予定だった。高台の地面から神秘的な山のように立ち上がって,この建物は,それが面している形式ばったすずかけの庭園あるいはプラタナスの森の,エデンの園のようなうららかさに意識的に対立していた。

オルブリッヒの生涯全体にわたって,ペーター・ベーレンスの挑戦的な姿が立っている。ベーレンスは初めは図案家であり画家であったが,1898年にミュンヘン・ゼツェッションからダルムシュタットへとやって来た。彼は,1901年にダルムシュタットに建てた自邸の建物と家具によって,建築家として,またデザイナーとして姿を現わした。ヘッセン州ダルムシュタットの住宅の「総合芸術家」としてのこの2人の競争において,よりすぐれたデザイナーであったのはベーレンスよりもオルブリッヒであった。が,一方ダルムシュタット以外での建築家としての業績においてより強力な形態創造者となったのはベーレンスの方であった。とくに,彼らがある種の潜在的クラシシズムへとともに回帰することを予見していたのはベーレンスの方であった。このようなクラシシズムはいずれも1908年にデュッセルドルフで完成したティエッツ百貨店と,葉巻製造業者フィンハルスのために建てられた邸宅といった,オルブリッヒの晩年の作品を特徴づけるものである。

1899年にヨーゼフ・ホフマンは,ウィーンのオーストリア美術・工業博物館付属の応用芸術学校で教鞭をとり始めた(この学校は,約35年前に,ゴットフリート・ゼンパーの教育プログラムに従って創立されたものであった)。1年

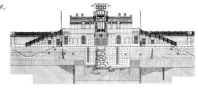
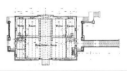

Wagner, Kaiserbad Sluicegate House, Danube Canal, Vienna, 1906–07
運河を切断する断面及び平面

後、彼は、オルブリッヒの後任としてウィーン郊外の高級住宅地ホーエ・ヴァルテのデザイナーとなった。そして1901年から1905年の期間に、そこで4棟の別荘を建てた。彼はゼツェッションの指導的建築家としてオルブリッヒを引き継いだ。この地における彼の最初の作品は、イギリスの「自由な建築」(フリー・アーキテクチュア)の手法によって、コロマン・モーザーのためにデザインされたものだった。しかしながら、1902年までにホフマンは、既により平明で古典的な表現法へと移り始めていたが、それは主にオットー・ワグナーの1898年以降の作品を基礎にしたものだった。すなわち、それは中世的、自由農民的形態(ヨーマン)というイギリス的固定観念から遠く離れて、マッスや表面の取り扱いへと向かっていたものである。

マッキントッシュの作品が初めてオーストリアで展示された1900年のウィーン・ゼツェッションの展覧会の時には、ホフマンはすでに洗練された直線的形態の家具様式に到達していた。これは、その前年の、ウィーンにある彼の店舗アポロにおける強迫的な曲線からの初めての離脱であった。1901年までに、彼はグラフィック的で抽象的な＜図と地＞のデザイン形態に没頭していた。「私は特に矩形それ自体に興味を持っていた」と彼は書いている。「そして主たる色彩として黒と白を使用することに特別な興味を持っていた。なぜならば、こうした明快な要素は、以前の様式には決して現われていなかったからである」。モーザーや他のゼツェッション作家達とともに、彼は装飾や応用芸術品の手工業生産に興味をもつようになったが、それはC・R・アシュビーの手工芸組合の方針に沿ったものだった。1902年に、彼はクリンガーのベートーヴェン像の台座をつくりゼツェッション館に展示したが、これによって彼は彼独自の抽象的なスタイルに到達していた。それは、ある輪郭またはプロポーションが、突出した玉縁や小矩形の群の使用によって強調されているものである。1年後の1903年に、フリッツ・ヴェルンデルファーの後援を得て、ホフマンとモーザーのウィーン工房が、上質な生活器具のデザイン、生産、販売を目指して開設された。

『フェル・ザクルム』の最終号は1903年に出版された。そしてその廃刊によって、ゼツェッションの最盛期は終った。1904年に、ホフマンとヨーゼフ・オーギュスト・ルックスは、『ホーエ・ヴァルテ』と題された新しい定期刊行物の発行を開始した。この題名はウィーン郊外にある田園地域にちなんで名づけられたものである。この本はその発端から、「自然に帰れ」という田園都市の価値を宣伝することに捧げられていた。そして、後になってだんだん不自由な時代になると、それはオーストリア国民社会主義者運動による田園都市の演壇となった。ホフマンとは違ってルックスは、民間伝承的価値を国粋主義的に強調することに対して反撥することも早かった。そして早くも1908年には、その「国粋様式」的な方針に反抗して編集者の地位から退いている。

1903年までに、ホフマンはその師であるワグ

Olbrich, Ernst Ludwig House, Mathildenhöhe Colony, 1899–1901
代表的なスタジオの透視断面

Olbrich, sketch for the Secession Building, Karlsplatz, Vienna, 1898

ナーのスタイルに接近していたが，それは古典的で簡素なピュルケルスドルフ・サナトリウムのデザインに著しく見られる。この建物はル・コルビュジエの戦後の発展にかなりの影響を与えることになる。1905年にホフマンは，彼の傑作ストックレー邸の仕事を開始した。これは1905年から1910年の間にブリュッセルに建設された。1912年のオーギュスト・ペレのシャンゼリゼ劇場と同様に，その抑制された古典的装飾は，ベル・エポックの象徴主義美学に対して隠された敬意を払っていた。しかしペレの劇場とは違って，ストックレー邸は（エドゥアール・セクラーが見抜いたように）本質的に非構築的である。その金属の継ぎ目をもった薄い白大理石の仕上げは，大スケールで示されたウィーン工房の作品として型にはまった手工芸的優雅さを持っている。その持つ構造とマッスの意図的な否定についてセクラーは，次のように述べている。

「これらの明晰な金属帯によって強い線的な要素が導入されている。しかし，それは，オルタの建築で線的な要素が果している役割，「力線」とは何の関係もない。ストックレー邸においては，水平方向の縁と垂直方向の縁に等しく現われている線がある――それらは構築的な意味において中性的である。隅部において，……そこにおいて2本あるいはそれ以上のこうした相等しい繰形が一緒になるわけであるが，その効果は建物のヴォリュームがもつ重量感を否定する

方向へ向かっている。その感じはあたかもこの壁体が重い構造材で建設されたのではなく，大きな薄い板状の材料でできており，縁を保護するために角を金属の帯でとめられたかのようである。」

これらの帯は，階段塔の頂上から発しているが，そこでは4体の男子像が月桂樹によるゼツェッショニストのドームを支持している。これらの帯は，ワグナーの様式化された縄形繰形を漠然と感じさせるものであり，またそれらは建物の隅部を流れ下ることで，この建築全体を継ぎ目の連続性によって統一するのに役立っている。

ワグナーの成熟したスタイルは，彼の60歳の年に始まる。すなわち1901年，ヨーゼフ・オルブリッヒとともに設計したウィーン・シュタットバーン（地下鉄）網が完成したときである。1902年のディ・ツァイト電報局や1906年のカイザーバート・ダムにおいては1886年のワグナーの第1ヴィラでのイタリア風スタイルは全く残っていない。このいずれの作品も，その工学的優美さと几帳面な仕上げによって，ホフマンの非構築的なスタイルと関連しているように思われる。しかし，ストックレー邸の非物質的扱い方は，ワグナーの代表作，帝国郵便貯金局に予見されているように見える。この貯金局は，美による人間の救済をめざしてどこか遠くにある象徴主義者のユートピアのためよりは，現在の現実のために建てられた作品である。同じように，近隣地のヒエラルキーをもった1910年の

Wagner, Die Großstadt, 1910 未来都市の中心地区

彼による「大都市」計画も，合理的に設計された実現可能な未来として提案された。全ての公共的作品においても同様な現実性をもってワグナーはひとつの官僚的国家に対して大いなる工学的正確さをもって建設を行なったのである。この官僚国家を，彼は永遠に存続するであろうものと考えたのであった。従ってその頂点に名誉あるパーゴラをもち，月桂樹の花環を吊り下げ，腕を空に向けて上げている翼をもった勝利の神をその両脇に配して，郵便貯金局は，権力の絶頂にあったオーストリア＝ハンガリー帝国の共和主義の博愛を表現していた。

ストックレー邸と同様，郵便貯金局は巨大な金属製の箱に似ている。この効果は少なからず，アルミニウムのリヴェットによってファサードに留められた白いステルツィング大理石の薄いみがき板に負っている。ガラスをはめられたキャノピーの枠，入口のドア，そしてバラストレードとパラペットの手摺もまたアルミニウムである。出納ホールにある金属製家具もまたそうである。タイルで仕上げられ，上方から照らされ，自らは吊り下げられたコンクリートの床の上に置かれ，そして地階の照明のためのガラス・レンズを配したこのホールは，最近までもとの形のままで存在していた。その無装飾のリヴェット留めされた鉄細工は，工業的な照明規格や周縁部に立つアルミの温風吹出口と形態的に結びついている。スタンフォード・アンダーソンは次のように述べている。

「技術者的な建物のディテールは，19世紀の展示場や鉄道車庫での即物的な手法によってわれわれの前に示されているのではない。技術者的な建物の概念は，そうではなくて，むき出しの工業素材や構造材や設備による建物自体の現代的象徴を通してわれわれに示されている。」

1911年までに，ゼツェッションの「古典主義化」は完成した。そして，ホフマンは，適切な「国民様式」の展開に興味を持ち続けていたにもかかわらず，彼がその年にオーストリアを代表してローマ国際美術展にデザインしたパヴィリオンは，ムッソリーニの新しいローマのレトリカルなモニュメンタリティを予期させる非構築的なクラシシズムであった。同じぐらい予言的だったのは，サンクト・ペテルブルグにプロシアを代表してベーレンスが建てた大使館で，その荘重さは，第三帝国の公認のレトリックの方を指していたようだ。このような風潮の中で，ワグナーはゼツェッションを，それが始まったときと同じように閉鎖することになる。1912年にヒュッテルドルフに建てられた非常に簡素であるにもかかわらず優雅なプロポーションをもったワグナーの第2ヴィラの活力をもって。モーザーによって叙情的に装飾され，「ワグナー派」の生徒たちおよび新しく出版されたライトの作品集に同じ程度に影響された，この明快なプランの家の中で，ワグナーはその生涯の最後の6年間をすごしたのであった。

1903–04
AUGUSTE PERRET
Apartments, 25 bis rue Franklin
Paris, France

フランクリン街のアパート

ペレがその名声を確立したこのアパートは、20世紀の建築にとって規範となった作品のひとつとみなされている。というのも、それは単に鉄筋コンクリート骨組（「アンヌビック・システム」）を明快かつ華々しく使用しただけではなく、ル・コルビュジエの自由な平面を予見するような、各戸における内部の組織化の手法をも兼ね備えていたのであった。ペレは間仕切り壁が全体にわたって非構造的エレメントとなるよう考慮し、それらを部分的に除去すると独立柱の列のみでできたオープン・スペースが得られるようにした。各階は、主階段および裏に通ずるサーヴィス階段（これらにはそれぞれエレベーターがつけられている）、側面に向けられた台所、そして正面を向く主要な諸室で構成されている。主要諸室は左から右に向かって、喫煙室、食堂、居間、寝室、そして婦人室の順に分割されている。中産階級住宅の男と女の領域、つまり「喫煙室」と「婦人室」がファサードから突出したベイの中におさめられているというのは興味深いことだ。骨組は陶磁器タイルで被覆されてはいるが、明快に表現されている。ペレはこの作品において、木を扱うようなやり方で鉄筋コンクリートを扱ったのであった。まぐさ式構造そして木造的要素を石造的形態に翻案することに対する彼の意識的な古典主義的主張、すなわちコンクリートのより可塑的な性質の拒否が、この作品に幾分「時代遅れ」の外観を与えてはいるものの技術的な観点からすれば、この建物は後部の階段塔におけるガラス・ブロックの使用をも含めて、時代を先取りするものであった。さらに彼の家族が請負会社を経営していたということもあって、ペレは常に技術的に完璧な水準に達することができたのである。それは同じ材料で仕事をした同時代人達には叶わぬことであった。

2 階平面

1903–05
GEORGES CHEDANNE
Le Parisien Office
Paris, France

ル・パリジャン・オフィス

1895年にノートルダム・デ・ヴィクトワールとサン・ドニとを結ぶ「通路」として開かれて以来，レオミュール街は1897年から1905年の間に，布を扱う商業街として急速に発展した。1898年，市当局はこの新しい街路に対して典型となるようなファサードのデザインのコンペを行ない，その結果多くの著名な建築家が賞を得た。その中には，ギマール，ラヴィロット，エルマン，モンタルナル，ル・ヴォワヴネルが含まれているが，最後に挙げた3人はこの街路に彼らのデザインの翻案を建てることになる。われわれが知る限りでは，シュダンヌはこのコンペに参加していないが，それにもかかわらず，1903年に建物建設の認可を申し込んでいる。その建物は以来長く「ル・パリジャン」として知られるようになるのだが，それは長年この建物を占める新聞社にちなんで名付けられたものである。この周囲と全く異なる建物に認可がおりたということは，シュダンヌがこの建物の唯一の作者ではないことを物語るものである。というのも，彼はその時既に，1904年から1906年にかけて建てられるギャルリー・ラファイエット・デパートのデザインに従事していたからである。ル・パリジャンは，同年のジュールダンの「サマリテーヌ」よりも分節され，1901年のオルタの「イノヴァシオン」よりも複雑であって，スティールのプレートをリヴェット留めしたファサードを通りに向けている。そのファサードには，荷重を受ける部材と波形鋼板のスパンドレルのついた荷重を受けない窓との対話ばかりでなく，垂直支持の主－副のシステムの対話もまた生み出されている。主システムはA：B：A：B：A：B：Aという明らかにパラディオ的なオーダーに従ってスパンドレルを支えているが，副システムは，最上階のベイウィンドウの隅部を支え，その荷重を地上の2本柱へと導いている。最近の解説者達が言う様に，この構造システムのプラスティックな性質は，いくつかの点において，最近アメリカでミース・ファン・デル・ローエの派から現われた巨大なメガストラクチャー的諸作品の先駆をなすものである。

1903
FRANK LLOYD WRIGHT
Larkin Building
Buffalo, New York, U.S.A.

ラーキン・ビル

ラーキン商会（マーチン・メール・オーダー社）のために設計されたこの建物は、仕事場をひとつの神聖な空間として創ろうとするライトの最初の試みであった。その序列性のない、開放的な平面の事務室は地上3階に渡って積み重ねられ、建物の全長に渡って走るトップライトをもつ中央の「身廊」を両側から囲んでいる。この部分における視覚的な相互浸透性こそ、これ以降の夥しい建物で繰り返されるもので、中央の空間に面したバルコニーの垂直腰壁に刻まれた銘文によって概念的にも造型的にも豊かなものとされている。いわく「汝が他人に欲するところのものこそ、汝が他人になすべきことのすべて也」云々。この2年後シカゴのオーク・パークに建てられることになるユニティ教会と同様、この建物はプレイリー・スタイルの公共建築版であり、照明器具や家具を含み最終的な納まりに至るまでライト自身の手になるものである。このような「総合芸術」的なアプローチは、ライトが電話器までも真にデザインし直すところまでいったのだが、それはマーチン社の拒否に会う。ライトの公共建築がいずれも（そして同じく個人住宅の多くも）内向的だったように、この建物において最も明快なファサードは内部に現われている。その意味で建物の型という点からみるとアーケードにもデパートにも関係付けられるだろう。この鉄筋コンクリートの骨組みと煉瓦の表面をもつ建物では、作り付けの書類棚に対応するため外側に背の高い腰壁がたちあがる。それはミース・ファン・デル・ローエが初めてひとつの型として定式化しようとした近代的事務所建築の先駆けになっていたのである。即ち、ミースの1922年の事務所建築の先駆けである。また、ラーキン・ビルはサーヴィス機能の面でも等しく先駆的であった。ライトはこのような閉じられた空間では空調が必要になることを早くも悟っていたのである、そのために彼は空気を清浄にし暖めるためのダクトのシステムをあらかじめ設けた（それは1909年以降、夏の間の冷房にも使われたのである）。汚れた空気は最終的に階段に組み込まれたダクトを通して排出される。以上のようなサーヴィス関係の諸要素は建物の本体から排除されている。このような方法は「奉仕される」要素から「奉仕する」要素を常に分離する、20世紀半ばのルイス・カーンの原理を予言していたのである。

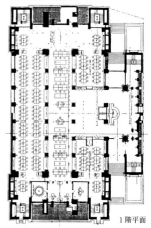

1階平面

事務室内部

1903–12
OTTO WAGNER
Imperial and Royal Post Office Savings Bank
Vienna, Austria

ウィーンの郵便貯金局

郵便貯金局がワグナーの後期の活動における傑作であることはほとんど疑う余地がない。これは1903年に行なわれ37案が応募した指名コンペで入賞したデザインであり，第1期1904-06年，第2期1910-12年という2段階をもって建設された。この建物の注目すべき特質は，主にその外壁仕上げがもつまばゆい網目状の光沢に由来する。それらは主に，アルミニウムのボルトで取りつけられた白いステルツィング大理石の薄い面状の部材から成り立っている。ルスティカ仕上げの基部を被覆している御影石も同様のやり方でしっかりと留められている。しかしながらこの基部の場合には，ボルトは石の表面より奥へ，さら穴に埋められている。この几帳面な工学的アプローチは，内部外部を問わずこの建物の全体に行き渡っており，中央の上部から採光された出納ホールでその極致に達している。ここでは，半透明ガラスで光を分散させる採光屋根，リヴェット留めされたスティールによる天井構造体，ブラケット状の照明器具，円筒状の温風レジスター，そして一面に広がるガラス・ブロックの床，以上のものがオーケストラを奏で，輝かしい「メカニックな」全体となっている。そして，こうした全体は，ワグナーの新古典主義的なデザインで作られた規格品の木製椅子やベンチによってきわ立たされているのである。この「規格化された」インテリアにおいては，総合芸術作品（ゲザムトクンストヴェルク）の理想が，工学的形態を基礎とした普遍的な文化の言葉へと変化するその発端にあることが感じられる。一方，この建物における独特のレトリカルな魅力は，主としてそのもつ伝統的材料と人工の材料との融合に負っている。すなわちワグナーは，マジョリカ・タイルと白大理石と黒いガラスの薄板とを混合して用いたのである。これがワグナーの有名な材料のレベルにおける古いものと新しいものとの妥協，すなわち折衷である。同様の感覚はアルミニウムのアクロテリアに現われている。ここでこの建築家は，コーニスと屋階との被覆としてそれを使用している。この屋上の高台には，オトマール・シムコヴィッツによる有翼天使像が，アルミニウムの花輪彫刻とともに飾られている。これらの像はその腕を祝福のために上げているが，これはロベルト・ムージルの「カカニア」がもつ神話的な博愛を反映したものである。振り返ってみると，これらの天使像は19世紀自由主義の最後の身ぶりとして見えるだろう。というのは，この建物の完成から6年たってワグナーはこの世を去り，オーストリア＝ハンガリー帝国は分解してしまったからである。

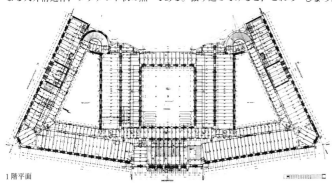

1階平面

正面ファサード

中央出納ホール

1904–08
FRANK LLOYD WRIGHT
Unity Temple
Oak Park, Illinois, U.S.A.

ユニティ教会

この「4つの正しき福音のための4つの正方形の建物」は、1897年、ライトが牧師である叔父から受注し、そのあげく流産した仕事に部分的に由来している。その時の建物がオーク・パークの他のユニティ派の会派（コミュニティ）のために結局建てられたわけである。しかしこの建物の場合もなかなか工事ははかどらなかった。というのはライトがこの建物全体を鉄筋コンクリートを用いて建てる決心をし、この材料を開拓しようとするライトの努力が多大な遅れと困難を招いたためである。この建物は1906年3月入札に付されてから、最終的に使われだしたのはようやく1908年になってからである。この建物の中心は教会堂そのものである。それはひとつの正方形に内接するギリシア十字と考えられるが、この十字の中央にはスカイライトが載っている。内部空間そのものは3層分の高さをもち、中2階と四角形の平面の3辺を巡るギャラリーがある。グラント・カーペンター・マンソンは次のように述べる。「このようなレベルの扱いによって生ずる空間的効果は驚くべき程身近で親密な効果をもたらしている。会衆の誰一人として自分が説教する人より低く感じたり、高く感じたりすることがない。かかる親密な関係は室内の極めて単純な装飾や驚くべき明るさも手伝って、ユニタリアン主義の意味がもつ崇高な感覚と虚飾や儀式ばったところが全くないその性格をよく伝えるものとなっている」。

確かに上のようなマンソンの指摘は真実であろうが、この建物の内部には厳格な感覚——ライトの虚構めいたプレイリー文化の精髄にして神聖な場とみなされている感覚——がほとんど感じられないのである。ウィスコンシン州ラシーンにあるハーディ邸 (1905) におけるように、ライトはこの建物でむき出しのままの単純な面からなるマッスに生命を吹き込むことができた。それは小割り板を簡潔に用いて達成されたもので、そこに生まれるリズミックな鼓動は空中に吊された十字形の照明器具の中にも繰り返し現われている。全体の構成がもつ高度に抽象的な性格は、すべて相互浸透する幾つもの

面から成り立っており，20年あまりも前にオランダの新造形主義運動を予言していたのである。一方実際の全体構成は多かれ少なかれ伝統的なヒエラルキーに従って秩序付けられている。即ち，背の高い何の飾りもない会堂部のマッスは高窓の開口部に対して緊張感みなぎる引き立て役であると同時に，より日常的で開放的な秩序をもつ低い付属の集会棟によって補われている。入口はそれぞれライトのこの期の多くの作品がそうであるように，外から眺めても隠されていて目に入らない。このユニティ教会もまた，その数ヶ月前に設計されていたラーキン・ビルと同様に，サーヴィス機能の総合という面において未来を先取りしており，内どいや空気暖房，つまり「空気調和」システム——それは十字形構造の屋根を支える4本の中空の柱に収められている——など，様々な特徴を合わせもっていたのである。

教会内部

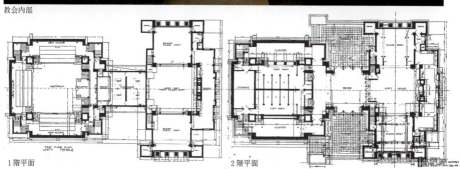

1階平面　　　　　　　　　　2階平面

1904
TONY GARNIER
Cité Industrielle

「工業都市」

この意欲的なユートピア計画は、世紀の変わり目にエコール・デ・ボザールから現われたふたりのスターのうちのひとり、トニー・ガルニエによる若き日の傑作である。他のひとりはオーギュスト・ペレであった。両者共に、1902年に『建築の要素と理論』を著わしたジュリアン・ガデの下で教育を受け、構成に対するアカデミックな要素的アプローチに強い影響を受けた。ガルニエは1899年にローマ賞に輝き、それによって4年間フランスを離れローマで学んだ。その結実が、この架空の工業都市である。この35,000人のための工業都市は、リヨンを流れる渓谷に面して想定されており、単に地域の中心として機能するように意図されただけではなく、理想的な社会主義社会を提示するものでもあった。すなわちそこには、教会も兵舎も警察署も裁判所も刑務所も存在しない。彼は、都市における格子状の公園景観の中に様々なタイプの集合住宅を配置した。それらは、密度、採光、通風等を規定する仮想の建築法規に適合するよう考慮されている。この都市の主要施設は、行政の中心として計画された中央集会場であり、これは共同の集会室群と幾つかのオーディトリアムから成っていた。ガルニエの集会場は「アゴラ」の現代版のようなものとして考えられており、その絵にはビーダーマイヤー風の素朴で古典的な衣服に身をまとった影のような人々が描かれている。彼らの等しく簡素な住宅は鉄筋コンクリートで作られ、コーニスやモールディングのような装飾は取り去られている。これらの工業用建造物——とりわけコンタマンによる1889年の「機械館」から借用されたような形態をもつ、屋根付き造船所の計画——を実現するために必要とされるであろう工学技術は、技術的な観点から見て簡明かつ革新的なものであった。

1905
AUGUSTE PERRET
Garage, rue de Ponthieu
Paris, France

ポンテュー街のガレージ

1905年に建設されたこの4階建の建物は、打ち放しの鉄筋コンクリート骨組に対するペレの最初の試みであり、また、(世界で)「最初の鉄筋コンクリート美学の実験」であった。それはちょうど彼の父親が死に、その一族の請負会社がペレ・フレール(兄弟)という名の下に事業を開始した年である。このポンテュー街のはずれにある袋小路の建物は、まさにこれと同じ頃ニューヨークに建てられていた建物と構成が極めて類似しており、機械収納式ガレージとして最も初期の例のひとつに数えられる。皮肉なことに、このようなガレージという実用的な企画が、中央の門型のベイを身廊の代用とし両側の駐車ギャラリーを側廊に擬したような、まるで教会の礼拝に則った如き扱いをされねばならなかったのであった。このような潜在的な教会堂的感覚——それは、1922年、彼のノートルダム・デュ・ランシー教会で完成することになる——は、身廊への主玄関の上に掛け渡された巨大な装飾窓によって更に強調されている。このようなゴシックの参照はさておき、この作品で重要なのは、これがコンクリートの骨組を古典的な形態の規範に従わせようと努力した先駆的な作品であるということだ。レイナー・バンハムはこう述べている。「ファサードは擬似ピラスターによって3:5:3に分割されたリズミックな梁間から構成されている。そのリズムは、シカゴの建物では"アティック・フリーズ"と呼ばれた場所にある窓によって刻まれている」

と。これらは、ポール・クリストフの1902年の著作『鉄筋コンクリートとその応用』によってかなり普及していた、アンヌビックの鉄筋コンクリート・システムという規範的な技術をさらに教化しようとする努力と見なすこともできよう。こうしたことは、ファサードの造形——例えば「ピラスター」の突出やスパンドレルの後退、コーニスの代用品としてのゆるいプロフィールなど——を見れば明らかになろう。このような統辞(シンタックス)は、ポール・ガデ(ジュリアン・ガデの息子)が1910年、パリのブルヴァール・ミュラに建てた自邸において、更に洗練されたものになっていくのである。

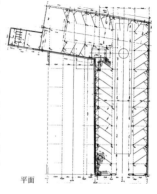

平面

1904–14
ELIEL SAARINEN
Main Railway Terminus
Helsinki, Finland

ヘルシンキ中央駅

この建物のデザインは1904年の公開競技設計から1910年の建設開始までの間に大きな修正を受けた。サーリネンが原案に加えた変更にその当時の「支配的な趣味」の根本的な変化が映し出されている。サーリネンによる競技設計受賞案は、フィンランドのナショナル・ロマン主義の作法を彼が独自に翻案し直した表現をもち、ピナクルを戴く塔を中心に構成されていた。このデザインは多くの点で彼のそれ以前の言語——1902年、ヘルシンキに建ったサーリネンによる国立博物館、および同じく1902年にゲセリウスとリンドグレンとの共同で設計されたヴィットレスク・コンプレックスの中の一部分として建てられたサーリネン自邸で用いられた言語——の再生に他ならない。このような中世風の作法はジグルト・フロステルス——彼もまたこの中央駅の競技設計に、師であるアンリ・ヴァン・ド・ヴェルドの影響を示す設計によって入賞していた——によって激しく非難された。フロステルスはこう信じていたのである。即ち、新しい鉄道駅舎というものは鉄道技術や国際旅行と合理的に関係付けられたものであるべきで、サーリネンの原案に極めて明白な感傷的、国粋主義的な参照は避けるべきである、と。この論争でフロステルスは批評家のグスタフ・ストレンゲルによって強く支持され、サーリネンによる1906年の最終案には、この批評がほとんど直接的に反映されることになる。このような事態はサーリネンにとっては単なる一時的な妥協以上のものであったということが、それに続く彼の作品から理解されよう。1905年、ドイツのマルク・ブランデンブルグに建てられたサーリネンによるモルコウ邸や、1908年のフィンランド国会議事堂に対する彼の競技設計案など、彼のその後の作品はヴァン・ド・ヴェルドのスタイルに決定的なまでに従っている。組織上の類型に関する限りでは、このヘルシンキ駅はドイツの巨大な終着駅——フランス・プロシア戦争後、将来の鉄道による軍隊の大量輸送に備えて建てられた——を手本と仰いだようである（1888年に完成したエッゲルトとファウストによるフランクフルト・アム・マイン駅を参照せよ）。

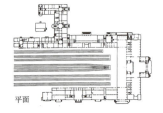

平面

カフェ

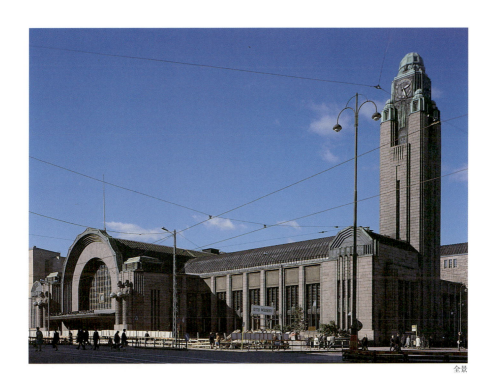

全景

コンコース

1905–11
JOSEF HOFFMANN
Stoclet Palace
Brussels, Belgium

ストックレー邸

この住宅は，全体構成においては C・R・マッキントッシュの「芸術愛好家の家」競技設計応募案（1901）に由来しており，ユーゲントシュティールの最終的な結晶である。すなわち，この様式がもっていた自由に流れる汎エロティックな性質が，硬直して枠取られた平面となった薄い大理石化粧板によって包み込まれている点においてである。エドゥアール・セクラーが指摘したように，これらの平面を境界づけるブロンズの帯は，縄形繰形の形をとっており，塔の頂部にある4体のアトラス像の足許から流れ出ているかのようである。この連続した縫い目は，マスの効果を犠牲にして，ヴォリュームの平坦な性格を強調する効果をもっている。また，そうすることによって，建物全体にある程度の無重量感を添えている。あたかもこの建物が実際にもカードボードによって組み立てられたかのようである。しかし現実には，これは補強組積造で建設され，ノルウェー産の大理石薄板で表面仕上げされた建物である。この非構築的表現は，1905年にオルデンブルク・パヴィリオンでベーレンスが用いたものと実質的には同じである。そして，その類似性はストックレー邸の2層分の高さをもつ入口ホールの中に見られるが，そこでは，ギャラリーのスパンドレルは，それを支持しているピラスターと，明瞭な構造的関係を全く持っていない。この住宅は，明らかに「ゼツェッション」の記号(サイン)の下に建設されている。すなわち，この運動のミューズであったアテナが守護者として入口上部に立ち，オルブリッヒの「ゼツェッション館」から採った小さな月桂樹のドームが全体構成の頂部を飾っている。これを「ゼツェッション」の最後のモニュメントとしてその特殊な感性の輝かしい結晶化を賞賛すべきか，あるいはそうではなく，この住宅の食堂を飾りまた明らかに支配的なものとなっているクリムト作のモザイク壁画，「接吻」に対する終局的なゼツェッショニストの背景作りとしての価値を与えるかは，断定し難いことである。ライトのウィンスロー邸の正面と背面との間に生じている対立に明らかな，シンメトリーとアシンメトリーとの間の闘争は，ここでは逆転されている。同時に，この形式性対反形式性という分裂が，全体の構成中で統合されている。食堂と喫煙室とを分け，ホールを庭園にある「ドーリス式」の泉へ

とつなげている軸は，この庭園側ではサーヴィス翼のアシンメトリーな配置によって相殺されている。さらに，厳格な形式性が，この住宅全体に充満しているが，それは玄関ホールのチェス盤状の正方形タイルから，ホフマン自身がデザインしたウィーン工房製の食卓用器具や刃物類にまでおよんでいる。

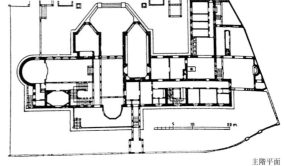

主階平面

1905–07
OTTO WAGNER
Church of St. Leopold
Am Steinhof, Vienna, Austria

シュタインホーフの聖レオポルド教会

ワグナーの聖レオポルド教会堂は，彼の郵便貯金局とほぼ同じ時期に丘の頂に建設された。そしてこの建物によって，後の1909年にこの下の斜面に実現されたルプス・サナトリウムの主軸が終結されている。シュタインホーフの教会堂はワグナーがそれまで建てたうちで最も高貴な作品であるため，彼の「新古典主義的」手法の頂点として知られているようである。そしてその手法は，1895年に出版された彼の著書『近代建築』の中で述べられている。教会建築は新しいプログラムとして考えることがほとんどできなかったが，ワグナーはその形態に対しては全く新しい方法でアプローチした。すなわち，そのマッシヴな組積造を，あたかもそれが軽量な金属の構造体の外側のおおいであるかのように表現することである。貯金局におけるように，ここでも外壁が金属のリヴェットによって留められたステルツィング大理石の薄板で仕上げられているのに出会う。そしてここでも再び，オトマール・シムコヴィッツによる金属製の天使像，花輪彫刻，アクロテリアが装飾に用いられ，この建築形態の主要部を強調している。しかしながら，この作品では金属細工はアルミニウムではなく銅あるいは銅めっきした鉄である。従って放射状のリブ，クーポラそして十字架は，全て緑青を吹き，ドームの緑青を背景にした金色となって引き立つのである。こうして，レオナルド・ベネヴォロが書いているように「……伝統的なレパートリーは形態的な価値を次のように置き替えることによって新しい生命を与えられたのである。すなわち，可塑的なものから彩色的なものへ，3次元的なものから平坦なものへ（リーグルなら次のように述べるだろう，触覚的な価値から視覚的な価値へと）」。この作品には郵便貯金局出納ホールがもつ予言的色合いはない。しかしシュタインホーフ教会堂のインテリアは，明らかに，ワグナーの業績の中で最も注目すべき建物である。この作品の平滑にされたゾーン的な「見せかけの」ヴォールトは，交差部にまたがって上方へと立ち上がる鉄骨フレーム木製被覆の高いドームと，驚くべき対比をなしている。ここにおいては，あるものは内部空間での黒，白，あるいは金色の仕上材を強調するために役に立ち，またあるものはその空間の輪郭を横切って伝統的なシルエットを示しているのである。

立面

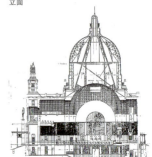

断面

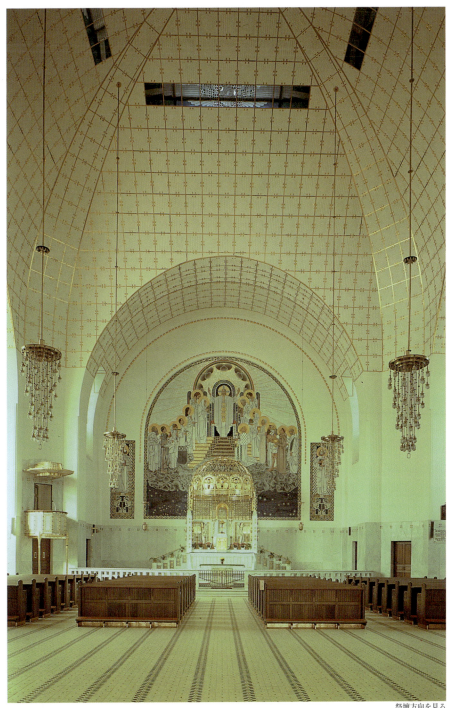

祭壇方向を見る

1905
HECTOR GUIMARD
Castel Orgeval
Villemoison, France

勝手口

カステル・オルジュヴァル
1894年の訪英によって刺激されたエキゾティックで田園風な手法によるギマールの最初の試みは，まことに奔放なカステル・アンリエットで開始された。これは1900年にセーヴルに完成され，69年後に取壊された作品である。ジリアン・ネイラーが「部分的には要塞であり，部分的にはフォリーであり，そして部分的には聖堂である」と特徴づけたこの住宅は，ヴェルサイユでマリー・アントワネットが夢みた「田舎の小部落」のアイロニーとはいわぬまでも幻想の極とみることができよう。従ってカステル・アンリエットは自ずからパロディとなっている。ギマールの田園住宅は，気取った感じの屋根，異国風のブラケットで支えられ幅広くオーヴァー・ハングした軒，不規則な荒石積み，精密な煉瓦積み，といった手法によっていたが，それらはカステル・オルジュヴァルにおいてずっと抑制された形で再使用されている。この作品は，1905年にヴィルモワゾンに建てられたもので，今なお残存している。また，このカステル・オルジュヴァルはカステル・アンリエットほどの華麗さはなく，ほとんど同時期にオートゥイユのラネラ通りに建てられたほぼ左右対称形をなすオテル・ノザルよりも素朴である。このため，ギマールが自らの表現，あるいは彼の言うこの仕事における「感情」を，施主の人格に従ってどのように調整しようとしたかということが示されている。彼はまた，作品がもつ社会的な地位や「土地霊」による一般的印象をも，おそらくは考慮に入れたことであろう。フィリップ・ウェッブやヴィオレ＝ル＝デュクに似て，しかしより大きな自意識と異なった表現上の結論とをもって，ギマールは全ての真正の文化的表現は，与えられた地域，風景，気候，時代，社会，文化，技能の特質を反映した必然でなければならないという見解を持っていた。

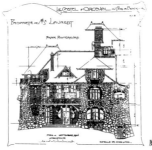

庭側立面

上:全景,下:庭から見る

1905–07
ANTONIO GAUDÍ & J. M. JUJOL
Casa Batlló
Barcelona, Spain

カサ・バトリョ

事実上アントニオ・ガウディと、彼の若い助手で画家であり建築家のホセ・マリア・フホールとの共同作品であるカサ・バトリョは、既存建物の入念な改修である。ピュイ・イ・カダファルクが設計した、優雅だが比較的オーソドックスなカサ・アマトラの隣に建てられ、このカサ・バトリョは、ガウディによる大幅にモザイク仕上げされた表面をもつ最初の建物のひとつである。ファサードは、彩色セラミックの廃棄用破片から割り出されており、高度な光沢を見せ、光の中で波動する。それは、一連の水中におけるような色合いを反射し、その範囲は、ライト・ブルーから黄色、黄土色、そして白色にまでおよぶ。この建物を支配している奇妙な橙色と緑色の、猫背で天を刺す屋根の輪郭は、ある意味ではモンセラート山の暗示であり、またある意味では聖ジョルジュと竜の伝説にまつわるものである。この伝説は、カタロニア・ナショナリズムの神話学の中で主要な役割を演じていたもののようである。屋根の形態を突き通している小塔は、頂部に十字架をもち、聖家族の金のイニシャルで飾られている。そしてまたこの塔も、同様に多義的な象徴主義に満ちている。すなわち、小塔は至高の教会の勝利の槍に相当し、屋根の輪郭は竜の背への対応を示している。同様の半ば形象的な解釈は、このカサ・バトリョのアパート部分であり、パセオ・デ・グラシア大通りを見下ろす「ピアノ・ノビリ」を枠取るコンクリートの骨のような形態に対しても、疑いもなく当てはまりうるのである。内部に関しては、この建物は、バルセロナの伝統的な光庭を中心としたプランニングがなされたようにみえる。しかしながら、ここではその光庭は7層分よりわずかに高い、階段とリフトのための縦穴であり、互いに関連する2種類の部分に分割され、頂部から底部までタイルで満たされている。それらの色彩は、底部の白から、頂部のスカイ・ブルーへとグラデーションを示している。手の込んだ有機的な輪郭をもつ階段が、街路側の中2階から主たるアパートメントであるバトリョ家の住居へと導かれている。この主たるアパートメントのインテリアは、同様に流れるような有機的な手法で取り扱われている。庭園側のファサードでは、ほとんど標準的なオーダーが復権されている。そこでは多色のモザイクと反復されたバルコニーの手摺（グリル）とが、屋根のレベルにおいて明るく彩色された壁飾りとなって最高潮に達している。

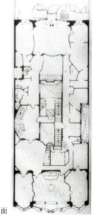

主階平面

上：居間，下：メイン・フロアの暖炉

1905–10
ANTONIO GAUDÍ
Casa Milà
Barcelona, Spain

カサ・ミラ

この土地では「ラ・ペドレーラ」(石切場)という名で知られているカサ・ミラは、くすんだ石による山塊のような波打つファサードを持っている。そしてこれらは、基本的には全面的に隠蔽された鉄骨フレームに取りつけられたものである。ここではカサ・バトリョにおけるように、あるいはグエル公園にある彼の作品のように、ヴィオレ=ル=デュクの原理は完全に放棄されている。カサ・ヴィセンスにおいては、この原理が明らかに彼の出発点となっていたのである。目的とされたのは本質的に彫塑的で幻想的なものである。ガウディはここで、他の場合と同様に不可思議に絡み合う2つのヴィジョンにとりつかれた人間として自らを現わしている。すなわちそれらは、神秘主義的なもの。神話的なモンセラートの地と結びついたほとんど原始キリスト教的なもの(ここでは、建物の本体や屋根の輪郭に暗示されている)と、もうひとつ、地中海文明を基礎とした海洋的なものに深くかかわった、汎神論的でほとんどギリシア的なヴィジョンである。後者はおそらくこの作品において最も明瞭に見られるものである。すなわち、錬鉄のバルコニーに採用されたねじ曲げられた海草のような形態に、あるいは壁や天井仕上げで、塗装、モザイク、セラミックがほどこされた、海底を思わせる部分。それらは、大きな光庭への入口で生じ、「ピアノ・ノビリ」へと向かうアクセス用の開放階段とともに上昇する。カサ・バトリョにおけると同様、再びここにおいても、海底から光へと向かって上昇するという含蓄がある。この作品は間違いなくガウディの作品歴における非宗教建築の傑作である。カサ・バトリョのファサードに明瞭に示された骨のような形態というテーマは、ここでは一連の水平的な激しい波動として、建物全体の形へと吸収されてしまった。詩人フランセスク・プホルが述べたように、「風、太陽、そして嘆願と祈りに答えて天から落ちてくる雨は、時の指令に従って石を風化させる。これらのみが、ガウディの指令に従って石を削る石工達と比肩し得るのである」。より現実的なレベルにおいて見れば、カサ・ミラは、独創的な、8階建ての建売住宅群である。この建物は、バルセロナに対するセルダの1859年の都市計画によって生み出された対角線状に隅切りされた典型的な街角のひとつを占めている。グエル邸におけると同様に、入念に作られた斜路が、入口コートから、地階の馬小屋と倉庫の空間へと降りている。高級なパセオ・デ・グラシア大通りに位置しているとは言え、ガウディの住宅作品がもつ経済的な側面は、今だに理解するのが困難である。部屋のプランニングは有機的であり、全体にわたってひとつの直角に交わる壁もない形状を示している。その上、各々の住居単位のすべてが完全に独創的であるこの住居複合体を支持し得るのは、いったいどのような種類の需要であったであろうかという好奇心をもつのである。

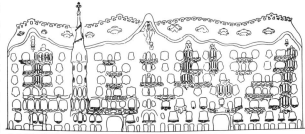

街路側立面展開

天井のディテール

**1906–23
RAGNAR ÖSTBERG
Town Hall
Stockholm, Sweden**

ストックホルム市庁舎

1923年の真夏の夜、公式にオープンしたストックホルム市庁舎は、スカンディナヴィアにおけるナショナル・ロマン主義運動の最後の英雄的記念碑である。この運動はスウェーデンでは、1902年に建てられたフェルディナルド・ボベリのゲヴレ消防署によって引き起こされたものであった。エストベリによるこの市庁舎は、最初スウェーデン建築文化の理想的存在と見なされ、その後、機能主義全盛の30年代には、歴史主義者による異常な作品と見なされた。しかし今日では、これはスカンディナヴィア建築の胚芽的な作品として正当な評価を得つつある。これなくしては、アスプルンドやアアルトの偉業もまた違ったものになっていたことであろう。この作品の平面型式は一部17世紀の典型的なスウェーデン城郭建築に由来し、そしてやはりエストベリによってデザインされたボニエル・ヴィラ（1902）で用いられた非対称な平面というフィルターを通過している。この建物が、アスプルンドによるゴーテンブルグ法廷増築（1934-37）にインスピレーションを与えたのは確かであり、1950年に建ったアアルトの控えめなセイナッツァロの市庁舎の形態にさえ、その影響を認めることができよう。

会議室と通常の事務室を除けば、この建物は3つの主要な空間から構成されている。それらは、空に開いた「大きな中庭」、公式の大会合のためのいわゆる「黄金の間」、そして「青の間」（いつからか屋根がかけられてしまったが、当初は外部の庭として考えられていた節がある）の3つである。これらの空間にはそれぞれ独特な固有の雰囲気がある。その多くは、その仕上材と空間が受ける光の質に由来している。「大きな中庭」は、古代的な、粗くしかも落ち着いた質をもっており、そのやや凹状の壁面は下にくだって列柱廊を通り水辺へと向かっている。一方、150フィートの奥行をもち、750人の宴が可能な「黄金の間」は、薄暗く、東洋的である。大理石の床、低い家具、そして金のモザイクに覆われた壁等の調子からして、それは言うまでもなくビザンチン的である。「青の間」は、偽りの「天蓋(バルダッキーノ)」屋根、煉瓦の装飾、コルマード大理石の床そして中2階をもち、また他と異なった雰囲気を醸し出している。それは奇妙なことに、時の移ろいの中で忘れられてしまった、屋根のある広場の感覚を呼び起こす。この建物に込められた豊かなイコノグラフィーは、「三冠の塔」へのヴォールトのついた入口の上部に据え付けられた鋳物と模型のコレクションにおいて最もよく示されている。イスラムの三日月紋から聖ジョージと竜の像に至るまでのイメージの多様さは、この建物が長期間にわたって創り出されてきたという感慨を呼び起こすだろう。そしてこの印象は、建物に用いられている凝った材料——手造りの赤煉瓦、灰色そして黒の御影石、そして緑青におおわれた鋼板葺きの屋根——によって更に強められるのである。

1907
ADOLF LOOS
American Bar
Vienna, Austria

アメリカン・バー

アドルフ・ロースは、「ユーゲントシティール」に対し、またゼツェッションが芸術作品に関して抱いていた理念に対して反感をもっていたが、それはイギリスの高級な仕立への熱狂的態度やアメリカの鉛管工業の唱道を通じて公にされていった。世紀の変わり目以来、彼がウィーンでデザインしたインテリアの中でも、このケルントナー通りにあるアメリカン・バーは彼のイギリスびいきを遺憾なく示している。これは、ボトルの列を映す伝統的なカウンター・ミラーをもった細長いアメリカン・バーである。またトーネットの曲げ木の椅子や黒い「クラブ・ルーム皮」貼りの晩餐用椅子も同じイギリスびいきの嗜好によるものであった。こうしたアングロ・サクソン文化の再創造の中に見られる唯一の破壊は、巧みに格間張りされた天井であろう。その視覚的な奥行は、室内上部にある鏡張りの面での反射によって増幅される。この狭い部屋のヴォリュームは、向かい合った鏡の使用によって限りなく拡大されるのである。また入口に面した3番目の鏡の壁は、通りからの入口の上部につけられたマッキントッシュ的にグリッド割りされたガラスの拡がりを映し出している。そしてさらに、格間天井は、ロースの作品ほとんどすべてに潜む新古典主義的精神の証しともなっている。というのも、彼はイギリス的な快適さや良識を唱道する一方で、プロシアの建築家カール・フリードリッヒ・シンケルの貴族主義的な規範を一時たりとも忘れたことがなかったのだから。

鏡による拡がりを見せる内部

1906–09
FRANK LLOYD WRIGHT
Robie House
Chicago, Illinois, U.S.A.

ロビー邸

ロビー邸はある自転車製造業者のための住宅で、当時は未だ新興であった地域、ハイドパークのさほど広くない一区画に建てられたものだが、それは多くの点でライトのプレイリー・スタイルを凝縮するものであった。即ち、それは低く水平に伸びる外形を持っており、それは一連の細長い面による構成、街路側の正面から後退してゆく断面形などによってつくられているのである。これらの重厚な諸要素——窓の帯によって相互に分離されている——はローマン煉瓦で表面が仕上げられているのだが、その煉瓦のひっかき目地のために、水平線が強調された全体の構成が更に強調され、その全体は両端部分がカンティレヴァーでおよそ12フィートも支持柱から突出した低い寄棟屋根を頂くのである。この住宅の平面の基本形は、幅の異なる2つの矩形へ分割されているが、それらは側面を接して平行に並べられ、狭い敷地の間口の中で相互にずらして置かれている。この細長い2つの矩形のうち大きい方は居室に、小さい方は厨房、車庫、女中部屋、ボイラー室などといったサーヴィス関係の諸室に当てられている。この形式は多かれ少なかれ、ライトのハッサー、ヘラー両邸（1896と1899）におけるパルティ（基本概念）でもあったのであるが、ここに至って、ようやくより洗練された形態として実現されるに至ったものと言うことができよう。

　2階にある主要な居間空間は両端が舳先状の形で終っていて、まるで船のようである。この空間は寄棟屋根の形そのままの天井で覆われているが、中央の階段と暖炉を仕込んだコアによって一方に居間、もう一方に食堂と2つの部分へ分割されている。この主空間の階下には、同様なやり方でビリヤード室と子供達の遊戯室に分割された補助的な居間のスペースがあり、通りに沿って続く狭いサンクンガーデンに開いている。3階にある寝室部分へのアクセスは、サーヴィス棟にある階段を巧みに使って確保している。1910年と11年のヴァスムート版の作品集に先立つ数あるライトのプレイリー・スタイルの住宅の中にあって、この住宅は最も高度に家具什器の全体的な総合を達成したものである。実用的な細部の中の最もささいなところに至るまで家全体は細やかに統合されている。その中に含まれているものからとりわけ言えば、壁に埋め込まれた放熱器や、軒庇（それは住空間の換気にも使われる）、あるいは格子状のルーバーをもつ埋め込み式の天井照明、作り付けの虫除け網付きの窓——これは最後になったが決してつまらないものではない——といったものが挙げられよう。

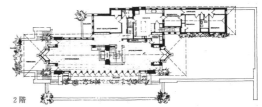

2階

1階

全景

居間

1907–08
LOUIS H. SULLIVAN
National Farmers' Bank
Owatonna, Minnesota,
U.S.A.

ナショナル・ファーマーズ銀行

この建物はサリヴァンの晩年の小春日和とでも呼ぶべき時期の最初の作品であり、1904年にシカゴにステート通りのカーソン・ピリー・スコット百貨店が完成してからちょうど3年後に出来たものである。そして1907年から1919年にかけてミネソタ、アイオワ、オハイオおよびウィスコンシンの諸州で建てられた一連の5つの小銀行の最初のものであった。赤い切り石の基壇の上にのるむらのある赤煉瓦で仕上げられたこの建物は5つの作品の中で最もモニュメンタルなものであり、建築的な視点から見ると、1891年のゲッティの墓ですでに使い始めていた、イスラム的とは言えないまでも、ある種の東洋的なモチーフを発展させようとした試みと見ることもできよう。しかし基部が単一な砂岩でできているにもかかわらず、構成的に見るとそれほど単純ではない。全体はむしろ落ち着かない2つの部分に明確に分割されている。すなわち交差点の角に位置する立方体の銀行ホールそのものと、商店、オフィスおよび小さな倉庫を含む付属ブロックである。合衆国に適した新しい全く先例のない文化（ライトのユーソニアンの概念参照）を自分一人で、充分に創り出すことができるというサリヴァンの信念（あるいはむしろ妄想と呼ぶべきか）が、この作品においてほど誇大に現われたことはない。そこでは、ギャランティ・ビルディングのように、内部と外部を問わず、ほとんど「錯乱状態」とも言えるテラコッタの装飾で広くおおわれてい

る。家具の精巧さや装飾の造型的完璧さにもかかわらず、建物全体、特に内部においては何か驚くほどエキゾティックなものが残存している。その雰囲気はオフィスや出納係の区画を囲い込む装飾の無い煉瓦などがあっても、ほとんど消えることがない。この背の高いヴォリュームがひき起こす形態的な連想は、銀行のホールというよりはむしろ鉄道の終着駅に近いものであって、何か秘密の宗教の、長い間忘れられていた儀式のためにこの空間はいつか昔に用いられていたのではないかといった感を禁じ得ない。1920年代後期のアメリカにおけるアール・デコの表現を生み出すエル・ドラド（黄金郷）の神話の影響がここにも明確に認められる。しかしブッシュ＝ブラウンが論じたように、これは「……サリヴァンの最も成功をおさめた内部空間である。何故ならその幾何学性と構成要素および光のあつかいのすべてが、マッスのつくりだした主張を首尾一貫して強めているからである。さらに、内装にしばらく注目してみるならば、絵画、家具そして特に時計と出納係の窓口は、実用的な物を単なる無関係な道具以上のものとするサリヴァンの主張を示している。彼は機械を露出させたわけでも隠したのでもなく、それに装飾をほどこし、彫刻的にした。これは裸のままの機械が人間の世界の中に、その厳格な線を侵入させてくることを許すならば、満足のいく結果は決して得られないという円熟した理解を示している」。同時代の批評家の承認のうちに回想されるこの幾分ロマンティックな姿勢は、確かに建築の果すべき役割に対するサリヴァンの生涯にわたる信念であった。たとえこのことが、彼が生みの親であると考えられている粋純な機能主義に反していようとも。

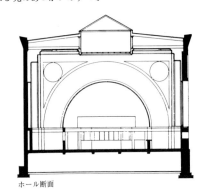

ホール断面

主階平面

上階平面

上:全景,下:ホール

1907–09
FRANK LLOYD WRIGHT
Avery Coonley House
Riverside, Illinois, U.S.A.

アヴェリー・クーンレイ邸

低く突出した軒先，水平に伸びる窓の帯，低い外壁と持ち上げられた基礎など，アヴェリー・クーンレイ邸は神格化されたいわゆるライトのプレイリー・スタイルを，少なくとも住宅という作法(モード)の中で要約してみせてくれる。とはいうものの，グラント・カーペンター・マンソンを引けば「プレイリー・ハウスの宮殿」というべきこの建物の平面には，ライトのマーチン邸──1904年，バッファローに建設──の平面に強制されたタータン・グリッドの示す厳しさはその片鱗すら窺えない。多くの点でクーンレイ邸はプレイリー・ハウスの中にあって最も「女性的」であり，ライトが1920年代に再び回帰することになる，より装飾的なテーマを多く伴なう建物である。模様のついたコンクリート・ブロックを広範に使用したり（これは1914年のミッドウェイ・ガーデン計画にも現われている），居間で低い寄棟屋根の垂木を内側に露出したりすること（この居間はゴシック・リヴァイヴァルの住宅におけるホールの痕跡として解釈できるかもしれない）などがそうである。ユニティ教会と同様，その周囲の壁は内省的でモニュメンタルな性格をもち，天窓で採光された内部空間──そこでは内部にいると同時に外部にいる印象を与えられる──によって引き立てられ驚くべき効果をあげている。このような相互貫入の感覚をマンソン程うまく捉えることができた者はいない。「空間と形態のこのようなすべての幾何学の中で，自然は常にむこうの開け放たれた窓の列を通して目に入り，鉢植のうめもどきやその他の植物を通して室内に導き入れられている。巨大な暖炉の煉瓦のひっかき細工によって中断されるだけの長く続く北側の壁を横切ってカバノキの林の薄暗い小壁が描かれている。クーンレイ邸ではこのような空間が結合し，ついに人が『高貴なる部屋』と呼びたくなるようなものが生み出されるのである。何故ならここには長く通るヴィスタと金持だけに許された気安い雰囲気を伴なった一種否定し難い壮麗さがあるからである」。

プール側外観

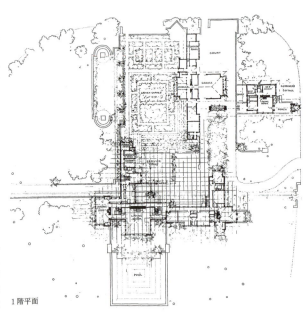

1階平面

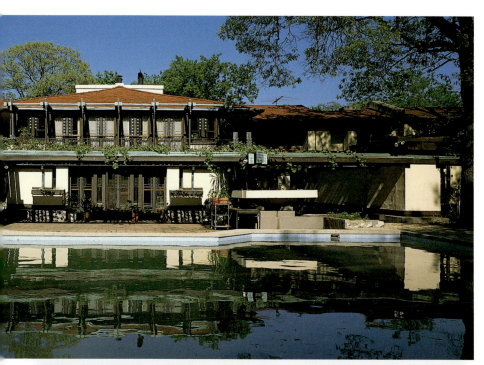

居間

1908–10
PETER BEHRENS
KARL BERNHARD
*AEG Turbine Factory
Huttenstrasse, Berlin,
Germany*

AEGタービン工場

1908年の初めに委託され，技師カール・ベルンハルトとの緊密な共同作業において設計されたこの巨大な建物は，アルゲマイネ・エレクトリシターツ・ゲゼルシャフト（総合電気会社）のためのベーレンスによる一連の工場建築の最初のものであった。「クレーンの荷重に耐える鉄の骨組，そして気候に左右されない労働環境を作る壁と屋根によって囲まれた巨大構造物以外の何物でもない」と，ベルンハルトはこの作品の性格を簡潔に述べた。しかしそれとは裏腹に，タービン工場は表現に関する限りでは，これ以上複雑ではありえないほどのものである。その豊かな経歴の中でも決定的な意味をもつこの作品において，ベーレンスは，1903年以降の彼の作品を多かれ少なかれ決定づけていた幾何学的手法による「非構築的」な上品さと，ついに縁を切ったのであった。その代わり，リーグルの「形態への意志」という概念に身を任せて，彼固有の創造意欲を工業建築に向けていったように思われる。ベーレンスに関する限りそうした企ては，単に「形態は機能に従う」といった言葉ではとても言い表わせるものではなかった。彼にとってはむしろ，産業社会の決定的な力が文明化と進歩のための崇高なる手段として，つまりいまだ先例のない記念碑的表現にふさわしい主題として，具体化されていくということが重要なのであった。スタンフォード・アンダーソンが指摘したように，ベーレンスはこの目標に向かって，工場を大使館のようなものにしようと努めたのである——よく間違われるように，大使館を工場にしてしまうのではなく。こうした矛盾を含む意図は，タービン工場の奇妙な形態——長大なカーテンウォールのファサードという工業的要素と，ヴァナキュラーおよび古典に源をおくような形態との並置——をよく説明する。そしてこうした視点から見ると，多角形の屋根部分は伝統的な納屋のプロフィールに関係し，一方わずかに傾斜したコンクリートの隅切部は古典的先例に由来しているように思われてくるのである。

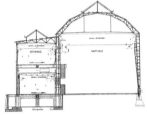

1909
ANTONIO GAUDÍ
Parochial School,
La Sagrada Familia
Barcelona, Spain

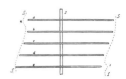

サグラダ・ファミリア付属学校

ガウディの作品歴は，もちろんカタラン・ヴォールトの非常に創造力に富んだ使用とは切り離せないものである。これは，何よりも非常に古い構造形式であり，ムーア人のスペイン侵入か，あるいはそれ以前にまでさかのぼるものである。おそらく彼の作品の中でこの構造原理を，サグラダ・ファミリアの敷地内に建てられたこの小規模建築ほど明快端的に示した建物はないであろう。少ない予算で委託されたガウディは，フラットなタイプの「ソレラ・ヴォールト」を選んだ。これは，3層の薄く幅広い（ガスタヴィーノ）タイルから成り立っており，それらは互いに緊結されてひとつの円錐曲線状の面を形作るように配されている。そしてその屋根を支持している垂木の先端はサイン・カーヴを描いている。これらの構造部材は，それらの中央にあり学校の主空間をつらぬいている鉄製のI型梁の上に載せられながら架け渡されている。壁体も全く同じ材料によって作られているが，これ自体うねることによって，屋根のヴォールトがもつカーヴを補っている。

平面　　　　　　　　　　ヴォールト詳細

1907
JOSEPH MARIA OLBRICH
Hochzeitsturm
& Exhibition Bldgs.
Darmstadt, Germany

ルートヴィッヒ大公結婚記念塔および展示館

この塔は、隣接したパヴィリオンと共に、ダルムシュタット芸術家村を見渡す、廃止貯水池にめぐらせた堤防の土塁の上に建設された。この作品自体は、それまでの10年の間に渡って彼の作品を非常に忠実に後援してくれた都市に対する、彼の最終的な訣別として解釈できるものだろう。この複合建築は、1908年の彼の不時の死のわずか1年前に完成されたもので、彼のスタイルの過渡的な様相を具体的に示すものである。すなわち、デュッセルドルフで1908年に作られた予期せぬ程に伝統的な調子の手法による作品である彼のネオ・ゴシック的なティエッツ百貨店や新古典主義的なフィンハルス邸へと移る直前だったのである。これらの「歴史主義者」の作品の自信に満ちた雰囲気に対して、この結婚記念塔は奇妙にためらいがちである。塔それ自体は（エルンスト・ルートヴィッヒの結婚を祝福して建設された）、そのバルト諸国的なおよびハンザ同盟的な引用によって明らかに中世的であり、パヴィリオンの方は同時代のベーレンスあるいはホフマンによるいかなる建物とも同じように「非構築的」で潜在的クラシシズムを示している（ともに1905年に作られたベーレンスのオルデンブルク・パヴィリオンとホフマンのストックレー邸を参照）。同じ人の手になり、同時に建てられたものでこの塔とパヴィリオンほどに異なっているものはない。一方は赤煉瓦と光沢ある銅板の屋根をもち、非対称な窓配置がなされ、青と金のモザイクによる日時計が配されている。他方は静的なピラミッド状の構成であり、外観は非対称な潜在的クラシシズムのマッスとなるように表現され、かなり不調和な急傾斜のドイツ風屋根が頂部を覆っていた。この全く共通性のない要素の集合体は、一連の鉄筋コンクリートの階段の付いたパーゴラで枠づけられることによってある程度の統一を与えられていた。オルブリッヒは明らかにこの階段付きの形態を（ついでながら、これは決してうまく植栽されてはいないようである）、多分そこから芸術家村の未来のエネルギーが流れ出すように運命づけられている神話的な山・迷路の転換点として考えていたのである。

配置

展示館の入口パビリオン

結婚記念塔

1908–28

RUDOLF STEINER
with Carl Schmid-Curtius,
Ernst Aisenpries and others
*Goetheanum I & II
Dornach, near Basel,
Switzerland*

第1および第2ゲーテアヌム
これらの建築物は、バーゼル郊外の丘の上の敷地に引き続いて建設されたもので、程度の差こそあれその基礎となっているのは、碩学シュタイナーが若き神智学者E・A・カール・シュトックマイヤーに与えた指図であった。シュトックマイヤーは、その後1908年に、カールスルーエ近郊のマルシュで小型の原型模型を作った。この模型は3部構成のドーム空間であり、3個の重合する楕円から合成される予定であった。実現された建物では、これらの楕円体は、その交点において14本の木製支柱で支えられていた。これらの柱の彫り出された輪郭は(ヴァン・ド・ヴェルドによるフォルクヴァンフ美術館の柱を漠然としのばせるものであるが)表面上は、ゲーテの形態学的研究を基礎にしたものであった。この奇妙で幾分未成熟だった試みの後で、シュタイナーは彼の神智学礼讃建築の模範を、よりずっと単純な形態へと修正した。構造的には2つの大きさが異なる球面体が交差する形を基本にしており、これが第1ゲーテアヌムの形態となるものであった。第1ゲーテアヌムは、シュタイナーとカール・シュミット・クルティウスのデザインに従ってドルナッハの丘の上に、コンクリートと木によって建設された(1913-20)。この神智学の教会の展開における決定的な一段階をなす建築は、実用的なものと図像学的なものの両方に対する考察を基礎としていたようである。まず第1に、神智学の儀式は、その時すでにシュタイナーの良きリズムによる神秘劇を基礎としていたので、オーディトリアムとステージが必要であった。第2に彼は、大きい方の球体と小さい方の球体とをそれぞれ「物理的な」オーディトリアムと、「精神的, 感覚的な」ステージを表わすものとして考えた。両者の交差部の精密さの程度は、この2つの世界を関連づけるようなものであり、一方それにもかかわらず、両者の各々の独自性は維持されていた。第1ゲーテアヌムの細部の構成は、最も手の込んだ形式による数の神秘主義(五角形など)を基本としている。神智学のコロニー(寺院によって完全になる「神聖な」アクロポリスの周囲に配されていた)としての、その後のこの敷地の発展(1913-25)は、ダルムシュタットやミアウィーク公園に近付くというよりも、「ユーゲントシュティール」や表現主義者の究極的な夢の実現の方へより接近したものといえよう。彼らの夢とは、中心にある儀式的建物すなわち「都市の冠」のまわりに、ユートピア的な新開地庭園を建設することであった。

第1ゲーテアヌムの焼失は、1922年の大晦日の晩であった。続いて、第2のはるかに大きなオーディトリアムが全面的に鉄筋コンクリートによって作られた。それは、エルンス

上:第1ゲーテアヌム, 下:工事中の第1ゲーテアヌム

ト・アイゼンプリエス他の細部デザインによって，シュタイナーの死後3年目の1928年に完成された。この建物は，そのヴォリュームの構成においては，決して第1ゲーテアヌムほど厳格に神秘的ではなかった。しかしそれにもかかわらず，前作の低層部の輪郭にみられた彫塑性を20世紀における最も印象的なコンクリートの彫刻的建物へと発展させたのである。そしてこれは，約30年の後にこの近くのジュラに建てられたル・コルビュジエのロンシャンの教会堂をある程度予見するものであった。

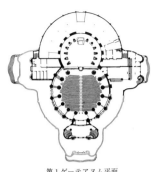

第1ゲーテアヌム平面

第2ゲーテアヌム

1908
CHARLES SUMNER GREENE & HENRY MATHER GREENE
*David B. Gamble House
Pasadena, California, U.S.A.*

ギャンブル邸

ギャンブル邸はチャールズ・サムナー・グリーンおよびヘンリー・メイザー・グリーン兄弟の設計に従って建設されたもので、グリーン・アンド・グリーン設計事務所の設計による一連の住宅——スケールは控えめであるものの豪華な住宅の中の傑作として認められてよい。それらの住宅は1902年のテオドール・アーウィン邸（これは実際にはグリーン兄弟が1900年に設計した住宅の増築である）から1909年にヘンリー・グリーンが設計したクロウ邸に至るまで、わずか7年間にそのほとんどがパサディナに建てられたものであった。不思議なことにこの最後の日付以降、彼らの共同設計（1893年から1923年まで続く）には次第に目立つところがなくなってしまう。その理由のひとつを1911年以降に起った文化的、経済的異変に求められることは疑いない。パサディナという南カリフォルニアのオアシスは、もともと中西部や東部のエリート達のための陽光に恵まれた保養地として成立したのだが（ギャンブル家は石鹸業で財を成した）、ロス・アンジェルスという膨張し続ける大都市に急速に吸収されるところとなった。1910年までには木材は既に法外な程高価なものとなっており、1915年のサンディエゴ博覧会以後、世間の好みも大勢はグリーン兄弟による日本風の素朴な木造から、スパニッシュ・コロニアルのより大衆的で模倣的な石造スタイルに移っていった。しかしその最盛時にはグリーン兄弟のカリフォルニア風バンガローの作法にみられる正確な「寄せ木細工」が、ライトがかつて木材を用いて達成し得たどんなものより優れていた事は明らかである。あるいはライトが機械製作の小角材を用いて経済的な解決を計ったようなところでも、グリーン兄弟は西欧の家具細工を短かい期間ではあったが、日本の伝統的宮大工の仕事に匹敵するような水準にまでひき上げたのである。C・R・アシュビーは彼の回想録の中で次のように記している。「C・サムナー・グリーンの作品は見事なものだ。この国における最上の作品のひとつがそこにあると私は思う。ロイド・ライトと同様に、日本という呪文が彼の上に存在する。彼は美しいものを感じ、そして水平線をつかって魔術を行なった。しかし彼の作品

入口側全景

にはライトの作品以上に優しく上品で控え目なところがある。……われわれが連れて行かれた幾つかの作業場では例外なく、私がこれまでこの国で見たどんな家具よりもすばらしく且つ特色溢れる家具を製作していた。そこにはウォルナットやグァヤック材の美しい飾り棚や腰掛があった。それらは絶妙なだぼや木クギで作られ、すべて材料に対する最高の感覚を持っており、われわれイギリスのクラフトマン・シップのうちでも最上のものに充分匹敵するものであった」。

グリーン兄弟が創造したのは全体性のある芸術作品であった。そこではいかなるディテールといえど職人の裁量に任せられることはない。カンティレヴァー、ブラケット、継手、革帯(ストラップ)、雨樋、スイッチ、換気口といったものすべてに渡って彼らがデザインしたのである。この住宅の内部構造、つまり基本的な骨組や間仕切り、階段（普通はマホガニー製）などすべてにおいて細部が設計され、それらは息をのむ程の正確さで収められたほぞやだぼをもつ手彫り板の彫刻がつくれる程、精巧な仕上がりを示している。派手に突出する軒や露出された垂木、広い午睡用ポーチなどにこのウエスト・コースト・スタイルの外観上のイメージが表われているとはいえ、日本の影響を示すインテリアにこそグリーン兄弟を突き動かした主たる原動力が存在する。家具からカーペット、ステンドグラスから銀食器、照明器具から花壇に至るまであらゆるものを彼らはその室内に合わせてデザインしたのである。おそらくこのような「総合芸術」は、ギャンブル邸の玄関ホールにある3枚続きのステンドグラスの扉においてその理想に到達したのであろう。ポーチと玄関の扉の縦板張りのスクリーンと対比的に、そこにはティファニー・ガラスの小片が繊細に組み合わされて「生命の樹」の有機的なシルエットを描いているのである。

2階平面

1階平面

ダイニングルーム

> *1910*
> *BERNARD MAYBECK*
> *First Church of Christ,*
> *Scientist*
> *Berkeley, California, U.S.A.*

クリスチャン・サイエンティスト第1教会

メイベック（1862-1957）は，ほとんど偶然ではあるが，パリのエコール・デ・ボザールで教育を受けた（H・H・リチャードソンを部分的には育てたスタジオで）にもかかわらず，彼はひとつの様式を首尾一貫して実践していこうという希望を抱いたことがないように思われる。むしろ彼は，様々な建築課題に接する際に，あたかもそうした建築課題はそれらに先立つものとは何ら関係をもっていないかのように振舞うことを好んだ。それは，彼自身の作品の展開についても言えることである。おそらく彼は，プロフェッショナルでありながらもアマチュア（この言葉の本来の意味において）であり続けた今世紀唯一の人物であったのだ。すなわち，彼は日常的な活動としてのアドホックな創造ということに取りつかれた男であった。そして彼の業績には，彼を例えばブルース・ガフのようなエクセントリックな人物に比肩せしめる何かがある。彼は，自分は建築家などではなくて，単に「他のものよりは一本の線」を好む男である，という茶目気あふれる主張に従って行動したように思える。彼の広範囲にわたる，しかしむらのある作品は，3つの別々の建物において豪放で確信に満ちた見事な水準に達しており，住宅作品における彼の一貫性のない大衆性を乗り越えている。最初の2つの傑作は，フィービ・アパソン・ハーストのために建てられた。すなわち，1899年にカリフォルニア大学のためにバークレイに建てられたハースト・ホール（メイベックの一連のベイ地域における作品の最初のもの）と，1902年にハースト夫人の仕事のために建てられたシングル・スタイルによる石積みの巨大な建造物，ウィントーンである。前者が，シングル葺きで，木構造のレセプション・ホールで，大きさは60×140フィートで，ネオ・ゴシック風の屋根，高さ54フィートの積層材アーチをもつのに対し，後者は，エリエル・サーリネンのナショナル・ロマン主義の作品の中でも最良のもの（例えば，1902年にヘルシンキ郊外に建てられたヴィットレスク）に匹敵するような精妙な構成をもつものである。このクリスチャン・サイエンス教会は，メイベックの風変りな経歴の最後の黄金期に作られたもので，ここでは，彼の活力に満ち，時には鋭敏な発明の力が，安い工業材料——例えば，ここではアスベスト・セメント板や工場用のガラス窓といった——の当を得た使用に対する病的な喜びとの均衡を保とうとしている。ここでは，彼は，その偽日本的な仏教寺院様式の見事さによって，彼の隠れた傾向，すなわち，彼が生涯持ち続けた中世への志向が，彼を芸術家気取りの堕落した職人的ゴシックへと向かわせようとする傾向に打ち勝ったのである。

南側ファサード

祭壇方向を見る

1910
ADOLF LOOS
Steiner House
Vienna, Austria

シュタイナー邸

シュタイナー邸は，近代建築の形態から幻想的かつ歴史主義者的な参照を意識的に排除した表現方式を獲得しようというロースの意図を，明確にかつ大胆に示した最初の作品である。ロースは，当時においても近代建築のインスピレーション源であった19世紀の建築遺産——すなわちアーツ・アンド・クラフツ運動や「ユーゲントシュティール」の伝統を通じて再解釈されてきたヴァナキュラー，そしてフォン・クレンツェ，ランガンスおよびシンケルらのロマン主義的クラシック派やいわゆるシンケル派の建築家達（この中では，ウィーンのオットー・ワグナーの影響が大きい）の作品の中に現われた古典的形態——を拒否した。彼は1910年に書いたエッセイ『建築』の中で，芸術と建築と建物とを区別しつつ，近代の建物のプログラムは建築の創造にとって不適切である，と論じた。そして，都市化されたウィーンの大衆には田園的ヴァナキュラーを再生することができないということ，さらに，「ユーゲントシュティール」のヴァナキュラーもどきは，まさに「根無し草」でありかつ都市化されてしまっていてあてにならないものであるということを明確に理解していた。そしてまた古典主義は時代遅れの貴族的様式であり，「新たな富者」の地位を表現するには不適当な方法であると彼は考えたのだった。1910年に彼はこう述べている。「住宅は，あらゆる人に訴えかけるものでなければならない。それは，誰にも訴えかけることのない芸術作品と

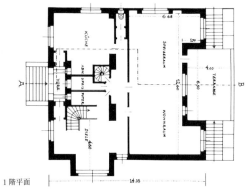

1階平面

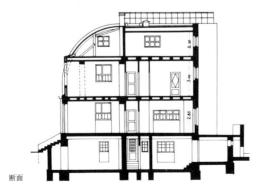
断面

は異なる……芸術作品は，人間の心地よい満足感を破壊しようとする。住宅は，人を心地よくさせるものでなくてはならない。芸術作品は革命的で，住宅は保守的である。芸術作品は，人間を新しい方向へ向かわせ，未来を考える。住宅は現在を考える。人は，自分を心地よくしてくれるものは何でも愛する。安全な地位から切り離そうとするもの，重荷となるものは何でも嫌う。だから人は住宅を愛し，芸術を憎むのだ」。さらに後の方でロースは述べる。「建築のごく一部のみが芸術に属する——それは墓とモニュメントである。何らかの目的に奉仕するその他のものは，芸術の領域からは除かれねばならない」と。ロースは，徹底した還元という方針と，「異なった反復」という戦術とを結合することによって，この文化的な難局を乗り超えようとした。そこでは，伝統的な要素は，矛盾を含んだようなやり方で再現されることになる。例えばシュタイナー邸の庭園側の外観は，古典的構成とまではいかないにせよ明確なシンメトリーで作られているが，それは，裸の壁にあけられた窓という本質へと還元されている。同様に，食事室のインテリアは，保守的で快適な環境を呼び起こすロースの才能を集約したものになっていると同時に，無気味なよそよそしい雰囲気をも兼ね備えている。食事室の天井につけられた「にせ」の梁は，それらが視覚上支えている表面から遊離してしまうかのようにも見える。また，木の腰羽目板が明り窓の台窓の下をくぐっているが，これは究極的に矛盾する「記号」——すなわち，一方ではアングロ・サクソンの郷土の伝統の記号表示であり，他方では伝統的な日本の障子にも似たようなやり方で小さな長方形枠へと分割された窓である，という矛盾をもつ記号——を意図的に結合しようとしているのである。

1910
ANTOINE POMPE
Clinic for Dr. van Neck
Saint Gilles, Brussels,
Belgium

ファン・ネック博士の診療所

この整形外科診療所は，1910年にサン・ジルにおいてファン・ネック博士のために建てられたものである。1926年にユクルのサビニエール通りに建てられ，「ラ・サピニエール」と名付けられたヴィラとともに，この作品はアントワーヌ・ポンペの作品歴における残存する2つの傑作である。ポンペは1873年に生れ，1904年から1947年にかけて建築家・職人として実務についた。彼と同世代の他の主要な建築家としては，アンリ・ヴァン・ド・ヴェルドやペーター・ベーレンス，そしてより後の世代の人として（またより比較の対象となりうる作家として）ピエール・シャローがいたが，彼等と同様にポンペも，芸術家・職人としての訓練にみがきをかけてから建築の分野に至った。13歳のときに，ブリュッセルのアカデミー・ロワイヤル・デ・ボザールに入学し，モンテルマンの下で金属彫刻術を学び，17歳のときには，ミュンヘンにある工芸学校の上級ドローイング・コースに入学した。1893年から1904年までの期間，彼はデザイナー・ドラフトマンとして，錬鉄細工の請負業からジョルジュ・ホーベのような家具製作に至る様々な企業で働いた。1904年に，彼は建築家ルーヌとともにブリュッセル・グランド・ホテルの仕事を始めた。そして1908年頃彼は奇跡的にもファン・ネック診療所の依頼を受けた。

一見したところではこの建物は十分に単純である。すなわち，正面が3階建で背後に単一の2層分の張出しをもつ建物である。1階は全面的に診療所に使われ，2階はガラス・ブロックがはめられた3つの大開口で採光された体操室であり，3階は3個のベイ・ウィンドウからわかるように住居になっている。この建物はライト・グレーのドゥナン煉瓦で仕上げられており，美しく飾られた石の台座の上に据えられている。入口ドアのための錬鉄細工，窓の格子，中央のバルコニー，両側のガードレール，これらは全てポンペによってデザインされたものであり，彼の直接の指揮の下に製作された可能性が非常に強い。ベイ・ウィンドウの間に露出されているシル・ビームやブラケットを含めて，全ての金属細工物は初めは青く塗装されていたし，木製部分は白く塗られていた。錬鉄でできたファサードの付属物は巧妙にデザインされていた。中央バルコニーは，体操室に大きなものを搬入するために取りはずすことができたし，また側面にある幅の狭い棚状の部分のガード・レールが，ガラス・ブロックの清掃を可能にしている。

どのような基準によっても，技術的にも美学的にも，この建物はその建てられた時期からして驚くべき作品である。技術的には，とりわけ，大面積における菱形のガラス・ブロックの使用があげられるが，このことに関しては（少なくとも住宅作品においては）オーギュスト・ペレが1904年にパリに建てたフランクリン街25番地のアパートの背後の階段に用いられたのが，唯一の先行する例であることは確かであろう。美学的にはこの作品は，ポンペ自身の作品歴における突然の出発点を示すものである。なぜなら，わずか6年前には彼は後期アングロ・サクソン的なアーツ・アンド・クラフツの手法で住宅を計画していたからであり，これは，わずかに早い時期におけるレサビーやラッチェンスのやり方から容易にひき出しうるものであった。しかし，ファン・ネック診療所は明らかに時代に先行するものであった。なぜなら──とくに上階部分における──ソーン風で，マクマードゥにも似たファサードの造型（モデリング）をのぞけば，この作品は1920年代後半のアール・デコの時期からひき出されたようなものにも容易になりうるのである。使い尽くされたベルギーのアール・ヌーヴォーや，ともに1910年までには潜在的クラシシズムへと転向してしまうオルブリッヒやベーレンスから，というよりも，むしろベルラーへからある種の手がかりを得て，ほとんど突然に，ポンペはその成熟したスタイルに到達することになった。そして，この作品は，「ラ・サピニエール」やポンペによる20年代中期の他の住宅がもつ確信をもってはいないが，それにもかかわらず，彼の全作品歴における最も際立った構成派の先駆をなす作品となるものであった。

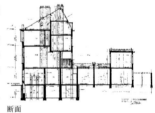
断面

1階平面   2階平面

外観（改修後）

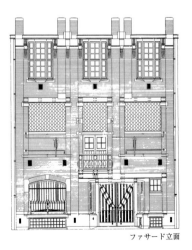

ファサード立面

第5章
工業生産と文化の危機　1851-1910
Industrial Production and the Crisis of Culture 1851–1910

「科学は絶え間なく発展し，新しく発見された便利な材料，奇跡を行なう自然の力，新しい方法と技術，新しい道具と機械等によって自らと人間生活を豊かにする。発明はもはや初期の頃のように，欠乏を防ぎ，消費を助けるようなものではないことは既に明らかである。逆に，欠乏と消費が発明品を売買するための手段となっている。物事の秩序は逆転されてしまったのだ。

　必然的な結論は何だろうか。現代という時代はわれわれを強制し，教師のような存在になった利便に対し適合してゆく時間がなくなっている，ということである。それはナイフとフォークを使って食べることを強制された中国人のようなものだ。そのわけは次の通りである。思索というものは手段を兼ね備えるもので，われわれに好みに合った恩恵を与えてくれる。何もない所であれば，思索は数多くの便利なものを創造する。大きいものも，小さいものも。それがもう何も新しい物を発明できなくなると，長い間忘れられていた面倒な仕事が始まる。最も堅い斑岩や花崗岩がチョークのように切断され，ろうのように磨かれ，象牙は軟らかくされ，自由な形にプレスされ，ゴムや樹脂は硬化させられ木目の模造品を産み出し，金属や石では，本来の自然的性質を模造品が大きく上まわる。金属はもはや鋳造されたり，打ち出されたりすることなく，電気的に今まで知られていなかったような自然の力を与えられる。機械は，縫い，編み，刺繍し，刻み，着色し，人間的な芸術の領域にまで侵入し，あらゆる人間の技能を侮辱している。手段の豊富さが，芸術が苦闘せねばならない第一の重大な危機である。この言葉は，実は逆説的な意味をもつが（手段が豊富に存在するのではなく，むしろそれを修得する能力がないのである），われわれの矛盾した状況を正確に言い表わしている限りにおいては正しい。実際に，われわれは，道具の実体，特に精神的という言葉で表わされるような側面を理解しようとして失敗する。科学は実際にいくらでも利用できるような道具を与えてくれるが，様式は何百年とそれが一般に利用されている間にも発展することはなかった。ガスランプは何と驚くべき発明だろう。何とそれはわれわれのお祭り騒ぎを豊かにしてくれたことか（生活上の必要性という限りない重要性は別としても）。それにもかかわらず，客間では，それがキャンドルやオイルランプのように見えるようにガスの炎を隠したがっているのである。

　様式とは，基本的な考えやすべての外的，内的な条件の内容が，芸術的な意味にまで高められたもののことである。こうした内容は，芸術に結びつくことによって，積極的に表われてくる。様式の欠如とは，この定義に従えば，作品に不足しているものの代名詞であり，それは，基本的な考えの無視や，それを実現する可能な手段の美的な利用の不器用さによって生ずる。考えの最も単純な表現である基本形態は特に，形態を改良するのに用いられた材料によって規定される。使われた道具がそれを規定するのと同じように。さらにその上に，作品自体の外側

に沢山の影響が存在していて、それがそのデザインに寄与する重要な要素となっている。例えば場所、気候、時間、習慣、特別な性質、等級、その作品がわたされる人の地位などである。

　機械による材料の扱い、材料の代用品、数多くの新しい発明などからひきおこされた材料の価値の下落は、いったいどういう結果を生むのだろうか。同じ理由から生まれた手仕事、絵画、芸術、家具造作の価値の下落についてはどうであろうか。もちろん、私は金銭的な価値の下落について言っているのではなく、その意義や概念における価値の下落を言っているのである。どのようにして、時と科学が今までのこの完全に混乱した事態に、法と秩序を与えてくれるのだろうか、どのようにして全般的な価値の下落が真の昔のままの姿の手作業で行なわれている仕事の分野まで進行するのを防ぎ、そこに、気取り、懐古趣味、うわべだけのみせかけ、強情といった以上のものを見出すことができるようにしてくれるのだろうか。」

ゴットフリート・ゼンパー
『科学，工業と芸術』1852年

　形態の世界に与えられた機械の影響、特に、装飾と日常の生活での実用にかかわる形態に与えた機械の影響についてのゼンパーの明確な記述は、19世紀半ばの文化の危機を鮮かに示している。この危機は機械そのものではなく、工場生産システムに起源をもつように思われる。すなわち、このシステムは、ロビン・エバンスが示したように、初期の織物工場ではなく、17世紀の矯正施設や刑務所でのやり方に由来する。それは隔離された生産の場所であって、18世紀末の＜行動主義的＞完成を、1797年のジェレミー・ベンサムとサミュエル・ベンサムによる監視塔付刑務所とにおいて達成したものである。

　奇異な歴史的事実であるが、簡約されておりながらも適切な、近代建築の前史に関する記述が、2つの対立する社会制度をもとにして組み立てられるように思われる。しかし、その2つとも規定された通りには実現されてはいないのではあるが。ひとつは、円形「刑務所」として計画された監視塔付刑務所で、その周囲は一連のくさび型の独房が、刑務所長の家や、監視塔を中心に放射状に配置されているものであり、もうひとつは、1820年代初期に、シャルル・フーリエが提唱した博愛的な共同体である「労働の殿堂」としての「ファランステール」である。前者は刑罰としての厳格なもの（労働の倫理そのものの具体化）であり、後者は生産的で高度に心理学的かつ寛大なものである。フーリエの「ファランステール」は、細分化された仕事、すなわち「流れ作業」といったノルマ的な原則に対する根源的な反論となるよう運命づけられていた。改めて言うまでもないことだが、合理的な生産方法から生じた疎外は、消費主義の持つ明らかな恩恵によってもいまだに克服されてはいないし、労働の細分化によってひきおこされた社会文化的問題が以前と同じように顕在している。フーリエの、エロティックでばかげた

Pugin, Contrasts, *2nd ed., 1841*
1440年当時のカトリックの町(左)と，同じ町の1840年(p.177)との対比

満足のためのバロック的な殿堂が決して建造されることがなかったこと，そしてそれに最も近かったJ・P・ゴダンによってフランスのギーズに実現されたファミリステール(1859-80)ですら，生産の場所は教育や家族生活のための場所と切り離されたままであったことは，注目されねばならない。

　ピュージンが，彼の1836-43年の著書『対比』の中で，刑務所を衰退したユマニスムの産物と考えていたということは，ゴシック主義者A・W・N・ピュージンの計り知れない知性と洞察力を十分に証明している。すなわち彼はそれを，レオナルド・ダ・ヴィンチから，17世紀のコルベール治下のフランスにおけるデカルトや中央集権国家の出現などを一直線に導いたと同じ世俗的合理性をもつ発案としてみていたのである。ピュージンにとって刑務所は，古典主義の反キリスト教精神を具体化したものだった。このことは，『対比』の第2版の中の，多くの議論をひきおこしそうな2枚の絵から明らかであって，それは特徴的なイギリスの都市を比較しているもので，おそらく1440年と1840年というふたつの時代について描かれたものである。一方は，はっきりと田園から切り離された壁に囲われたキリスト教世界としての都市で，無数の教会の尖塔が均一のテクスチュアの町に抑揚をつけているものである。他方は，その無秩序さが田園にまでのびているもので，そこにおける垂直の要素は尖塔のかわりに工場の煙突であり，川岸では，倉庫が，市壁の「聖なる」境界にとって代わっている。1833年に設立されて以来ニューマン枢機卿のオックスフォード運動の頑強な支持者であったピュージンにとっては，刑務所は工業化や労働の細分化に対するプロテスタントの隷属を擬人化したものだった。彼にとっては，明らかに彼の足跡を追ったジョン・ラスキンや，ウィリアム・モリスと同様に，多かれ少なかれ工業的手段によって生み出された工芸作品の質の明白な低下は，労働の細分化による手仕事の排除に直接に起因するものだった。ラスキンが，『この後の者にも』という題の政治経済に関する著作の中で次のように言っているように，「細分化されたのは労働であって人間のほうではない，という言い方は正しくない。……かくして，人間に残された知性の小さな断片をすべて集めても，針やクギを作るのにも十分でないばかりか，針の穴や，クギの頭を作るうちにそれは尽きてしまう」。

　プロテスタントに属していたラスキンは，その苦悩をカトリック改革の立場に立つことで弱めることができなかったが，それにもかかわらず生涯を通じて完全に宗教的な態度をとりつづけたのであり，もしキリスト教的美徳に鼓舞されなければ彼の社会主義はあり得なかった。ピュージンのように，彼はゴシックをキリスト教世界の担い手と価値づけた。その理由はゴシックが，ルネサンスの学問的で定式化された異教徒的なイコノグラフィーとは違って，個人のキリスト教的精神を，それぞれの技能による自発的な貢献を通じて表現する余地を残していたと

いう根本的な事実による。フーリエの快楽主義的な哲学の方がラスキンの哲学よりも人々の心をひきつけたが、文化や生命の源泉という点になるとこの2人の見解は驚くほど似ていた。そこで、ラスキンが1849年の『建築の七灯』の中で次のように書いているのが見出せる。「……装飾に関して問うべき問題は単純にこうである。果してそれは喜びをもって行なわれたものであるのか？」

ラスキンにとっての喜びとは、神の全創造物の自然な表現と人々による自発的な祝福、すなわち、人間を頂点とした全ての神の栄光に満たされた自然の祝福を意味していた。この目的のために彼は、ヘンリー・コールの一派によって主唱されていた様式化された装飾に反対した。パクストンのクリスタル・パレスや、鉄とガラスの建築一般に対する彼の反対が、透明な量塊のない建築技術が物理的見地からみて、現実的で理解しやすいイコノグラフィーを維持できないという事実に基づいていたことをみてみると、彼の態度は最初の社会主義リアリストとさえ見えるかも知れない。ラスキンは19世紀の機械生産に要求されるマイクロメーター的な正確さが、すでにその時代の職人たちをだめにしていると考え、その信念によって、機械の利用や工業生産を、最も面倒な仕事だけに制限しようとした。彼は、1891年の空想的社会主義小説『無可有郷便り』の中でモリスが書いているように、国家が衰え（モリスは彼の小説の中でマルクスの予言を認めている）都市と田園の区別のなくなった将来のイギリスを描いた。それは、都市がもはやスラムに悩まされ、人口過剰の工業生産の中心としては存在していない社会で、田園は、風と水が再び動力一般の源となり、水路と道が唯一の交通手段となっていた。経済は、家族、ギルド（あるいは「工作連盟」）といった自由な団体によって組織され、それはちょうど1871年にラスキン自身が設立を試みた不運なセント・ジョージのギルドのようなものだった。既に15年程前にラスキンは、1855年から59年にかけてアイルランドの建築家ディーンとウッドワードのデザインによって建設されつつあったオックスフォードの大学付属博物館を援助することを通じて、彼の反機械文化の主張を試みていた。それはおそらく12世紀を想定した形態をもった建物で、ゴシック・リヴァイヴァルの組積造の外装と、鋳鉄と鍛鉄構造からつくられていてトップライトのある、ゴシック風の展示空間だった。ラスキンのこの仕事への基本的な貢献は、装飾の指導にあり、そこで彼は、今は有名なオシャー兄弟に、入口のアーチと中央の「身廊」を構成する柱のキャピタルを、特別にオックスフォード植物園から写した花の要素で装飾するよう促したのであった。ラスキンは、装飾が教訓的である（すなわち、まことに自然主義的である）と同時に自由であることを認めた。それはある意味で創造的だったのであり、たとえばオシャー兄弟は、彼ら自身の発想のおもむくままの造形によって、オウムやフクロウといったものを自由に導入することもできたの

Nesfield and Shaw,
Leys Wood, Sussex, 1868
パースペクティヴ

であった。

　ラスキンの、イギリスのアーツ・アンド・クラフツ運動への影響は1851年ごろ始まった。それは、好戦的カトリック教徒フリードリッヒ・オーバーバックによってローマに設立された絵画のナザレ派をうけて、画家、ダンテ・ガブリエル・ロセッティによって3年前に設立された絵画のラファエル前派との結びつきから始まったのである。しかし、ラファエル前派の協会は、ナザレ派のような統制がなく、その組織と、その刊行物である『胚芽』は1853年に消滅した。ラファエル前派の第二の活動は、工芸を指向した段階で、それは、1853年にオックスフォード大学の学生であったウィリアム・モリスとエドワード・バーン=ジョーンズの出会いに始まる。オックスフォードで、彼らはラスキンの講義を受け、その結果ピュージンの影響を受けることとなった。1856年の卒業後、2人はオックスフォードのユニオン・ソサイエティーの壁画でロセッティに協力した。それは、ローマでのナザレ派のフレスコ画に影響を受けて製作が開始されたと思われる。バーン=ジョーンズは、既にこの時までに画家になることを決心していたが、それはロセッティがオックスフォードのゴシック・リヴァイヴァリストの建築家G・E・ストリートの事務所での年期契約の地位からモリスを引き離してロンドンに誘い出すつい数ヶ月前のことだった。

　モリスのその後の業跡の変化に富んだ軌跡は次の通りである。彼は1856年画家になるため、建築家をあきらめ、さらに画家から工芸デザインへと転じている。それは彼のゴシック・リヴァイヴァリストとしての理想を実現した、1859年にケントのバックスレー・ハートに「赤い家」を建てた後で、その作品により彼は、1860年代のイギリスの急進的デザインの最先端へ躍り出た。赤い家において（煉瓦をそのまま用いているのでそう呼ばれている）モリスの建築家であり、生涯を通じての協力者でもあるフィリップ・ウェッブは、かわら板張りの「ヴァナキュラー」な形式を発展させ、それは、じきに、モリスと同時代のより通俗的なリチャード・ノーマン・ショウや、ショウのパートナーのエデン・ネスフィールドに採用された（1868年にサセックスに建てられた住宅「レイス・ウッド」に初めて現われたような将来の発展を秘めた住宅様式を参照せよ）。赤い家で、ウェッブは彼の建築活動における2つの基本的原則を確立した。第1はピュージンによって規定された不規則な（L型の）農家風の平面形への執着で、必ず、2層の高さの入口ホール、ミンストレル・ギャラリー、階段室をもつものである。2番目としては、建物を風土へ統合させようという執着で、それは単に、敷地への統合だけでなく、その地方の建築のもつ文化的規定にも従うということを意味した。ウェッブは「ヴァナキュラー」な建築家として永久に満足することはなかった。すなわち、住宅建築の様式を追求してゆく中で、彼は、一時的に潜在化しているが、いつの日かは、人々の文化の中から浮かび上がっ

てくるであろう地方独自の工芸を回復する試みを永久に続けたのであった。

アーツ・アンド・クラフツ運動、いわゆるイギリス建築のフリー・スクール（訳注：19世紀末のフリー・クラシック様式をさす）、クイーン・アン・リヴァイヴァル、ガーデン・シティなどは、このモリスとウェッブの最初の協働と、モリスによって、ラファエル前派的な応用工芸品を生産するための「商会」が設立されたことに共通の起源をもつ。1864年にモリスがロンドンへ移った後のこのラファエル前派的な家具、ステンドグラス、刺繍、金属細工といったものの生産には、ウェッブ、ロセッティ、バーン＝ジョーンズといった人々が携わっていた。モリスは、その間、次第に文学と二次元のデザインに熱中するようになりはじめていた。その文学は、分類してみるなら、明らかに反古典的で（モリスはアイスランドの伝説や、多くの詩歌を広く翻訳した）、デザインはほとんど壁紙のためのもので、その様式化した模様は、1856年オーエン・ジョーンズによって書かれた『装飾の文法』の図版によって啓発されたものだった。モリスのこれ以後の業績は、次第に世に知れ渡るようになった。特に彼がそれまでのラファエル前派の芸術家のゆるい結束を、工芸品のデザインと製作のための統合された組織に変えてからは、そう言える。彼は1877年、ロンドンにモリス商会のショー・ルームを開くとともに、その組織の商業基盤を確立した。生産の規模を変えたことのひとつの結果は、その商会が生産することを見込んだ工芸品の数が増加したことにあらわれ、そのためモリスは自ら染色とじゅうたん織りを習うことになった。しかし、その同じ年に、彼は最初の政治的な小冊子を執筆し、歴史的建物の保存のための団体を設立したため、以後彼の生活は、政治とデザインに二分されていった。1883年に彼はエンゲルスの社会民主連盟に加盟し、さらに1886年には自ら社会主義者同盟を結成した。同盟結成前の10年間に、モリスは、様々な織物のために約600のデザインをしたが、晩年は次第に著作に専念するようになり、それは死の5年前の1891年に出版された有名な『無可有郷便り』に結実するのである。

アーツ・アンド・クラフツ運動の建築家達は、モリスの社会主義的な見解には、賛同していたが、その反古典的な態度にはついてゆけなかった。ウェッブのようなピューリタンでさえ、その1880年代の折衷的な住宅作品は（1879年から1886年の間にイースト・ノイルに建てられた住宅、「クラウズ」のように）エリザベス朝やジョージ朝に起源をもつ古典的要素をもっていた。1880年代後半の進歩的な建築家達、たとえば、C・R・アシュビー、W・R・レサビー、A・H・マクマードゥ、E・S・プライアー、C・F・A・ヴォイジーなどは、モリスの反ヒューマニズム的姿勢に縛られることを望んでいなかったが、とりわけ、世俗的なリチャード・ノーマン・ショウなどは、すでに1870年代までに、ショウとネスフィールドがイギリスとオランダの煉瓦造の伝統をもとに造り上げたクイーン・アン・ス

タイルを「古典主義化」していた。1890年代初めにネオ・パラディアニズムに転じた時にすでにショウは，都市のための，マニエリスト的ではあるかも知れぬが，古典様式を適用する方法を定式化していた。たとえば，1876年にチェルシーに建てられたオールド・スワン・ハウスがそうである。また田園のためのピクチャレスクでヴァナキュラーなものの定式化としてなら1868年にサセックスに建てられた住宅，「レイス・ウッド」がある。1877年にショウは，博愛主義者ジョナサン・T・カーのために最初の田園郊外住宅地をデザインした。それは，ロンドン郊外のターンハム・グリーンでの開発である。1880年代を通じて建設されたこの中産階級の田園郊外住宅地の，煉瓦造，瓦板張り，ハーフ・ティンバーのチューダー・スタイルは後に，カーが作ったと言われているが定かではないベッドフォード・パークの歌で賞讃されている。

ここでは木々は緑にして，煉瓦は赤く，
人々の顔を洗い清める。
私達はここに田園を築こう，と彼は言った，
あの良きクイーン・アン・スタイルで。

この折衷的な煉瓦のスタイルは，村の教会までおよび，それは尖塔のないあいまいなゴシック・リヴァイヴァルの手法で表現され，大胆にもクリストファー・レンのようなランタンが屋根についていた。ショウは，続く15年間ベッドフォード・パークで，多くの異なった建築家達を自分の指導の下に働かせたが，その中には，1891年に真白に仕上げられた最初の近代住宅をJ・W・フォスターのために建てたヴォイジーも含まれていた。ベッドフォード・パークの仕事をE・W・ゴッドウィンから引き取った1年後，ショウは1878年に『別荘その他の建築のためのスケッチ』という本を出版している。この多くの影響を与えた本は，大小様々の労働者住宅を色々とショウ風にデザインして絵入りで示していた。それはまた，小さな自己充足的な村落共同体の公共建築の類型も含んでおり，それには学校，公民館，救貧院，小病院といった建物が示されていた。こうして2年の間に，ショウは土地開発の新しいパターンを示しただけでなく，それから理想的郊外住宅地が建造できるパターン・ブックも提示したのである。その考えはすぐさま採用され，10年以内に，最初の模範的田園都市が実現しはじめた。それは，1887年にリヴァプールに石鹸製造業者W・H・レヴァーによって造られたポート・サンライトと，1895年に菓子製造業のジョージ・キャドベリーによって設立され，ラルフ・ヒートンによってデザインされたボーンヴィルだった。エビニーザー・ハワードは1898年の著書『明日：真の改革への平和な道のり』という本の中で，グリーンベルトに囲まれ，制限された大きさを持ち（人口30,000人）経済的に独立した衛星都市を提案した。その最初の試みが1903年にレッチワースで始まった。この試みが，経済的独立というハワードの理想に実際には到達できなかったと

Voysey, house in Bedford Park, near London, 1888-91 立面

いう事実は、重要なことである。

建築家、C・R・アシュビーは、世紀の変わり目頃に、アメリカでフランク・ロイド・ライトと会った後で、近代産業によって起こったジレンマの解決は、機械の正しい使用法にかかっているという彼の信念を確認した。アシュビーは、モリスとは考えが違って土地の国有化に反対していたが、ハワードやライトと同じように、現存の都市集中を分散させるよう訴えた。アシュビーは過激な社会主義より、自由主義的な改革を望んでいたが、社会的な現実性をしっかりとは把握しておらず、彼のアーツ・アンド・クラフツ的な田園を基盤とするギルド集落の開発は、1906年に完成したのち2年もたたないうちに失敗に終った。アシュビーの資本の増額の要求に対して、株主は次のように答えた。「バーミンガムのキャドベリーの村落は、住宅と仕事の時間以外のすべての生活に関する限りすばらしいものだ。しかし、労働の時間においては安価な生産と機械の最大限の利用という近代の条件が絶対の条件である。それらは余暇を人間的なものにしたが、あなたは仕事までも同様に人間的なものにしようとしている」。

直接の社会的な関与は、ヴォイジーの関心ではなく、彼は、1885年にスタイルの簡素化を達成した。しかしそれは同時代のほとんどの人に相手にされなかった。ヴォイジーはそのスタイルをむしろ伝統的方法や、地方独自の材料を尊重するというウェッブの方法から導き出したのであり、ショウの形態上の技巧から導き出したのではない。ヴォイジーは1885年の実現されなかった自邸計画で（ショウ風のハーフ・ティンバーの形式であったにもかかわらず）、彼のスタイルの本質的な構成要素を完成した。すなわち、オーヴァー・ハングした軒をもち、寄棟のスレート屋根、錬鉄製の樋金物、水平の窓が開けられ所々に小さな斜めの控壁や、煙突が抑揚をつけている荒打ちの漆喰で仕上げられた石造の壁などである。これらは彼の以後30年の作品の特徴となった。この単純さにもかかわらず、マクムードゥの下における最初の修業が、流れるように、非常に手の込んだ細部の源泉であるように思われ、それは1890年にデザインされた壁紙や金属細工の中に明らかに示されている。これらの簡素なアラベスク模様は、さもなければ非常に単調な彼のインテリアに不可欠のアクセントを与えた。ヴォイジーはモリスとは違い、抑制という観念にとらわれていたが、それはほとんど誤謬に近いものだった。彼は織物か壁紙のどちらかに模様がなければいけないが、決して両方一緒ではいけないと考えていた。1899年チョーレイ・ウッドに建てられた彼の自邸、「ザ・オーチャード」は、彼のインテリア・スタイルの特徴を良く示している。それは光に満たされた格子状の手摺、低い額なげし、タイル張りの暖炉の周囲、素地のオーク材の家具、厚いカーペットなどである。年をとるにつれ、彼の二次元的デザインはより具象的でなくなり、初期の家具が有機的なものを指向していたのに対し、晩年のものは、古典的なテーマに基づくよ

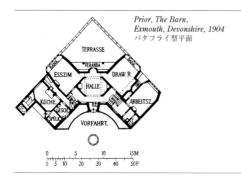

Prior, The Barn, Exmouth, Devonshire, 1904
バタフライ型平面

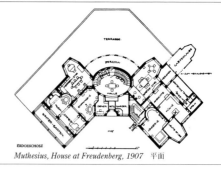

Muthesius, House at Freudenberg, 1907 平面

うになった。1889年から1910年の間にヴォイジーは約40ほどの住宅をデザインしたが、その中のいくつかは、白い抽象的な表現という点で、彼の農家を参照したスタイルを凌いでいた。

　ウィリアム・リチャード・レサビーは、長く連なるイギリスのアーツ・アンド・クラフツの建築家・社会主義者の系譜の上の最後の人物と考えてよい。彼は、リチャード・ノーマン・ショウの下で12年間弟子として働いたのち、ほんの僅かの期間だけ建築家として自分で仕事をしたが、すぐに実務をあきらめ、教師や公僕になった。すなわち、まずアーツ・アンド・クラフツのセントラル・スクールの学長を務め、その後ウエストミンスター寺院の建造工事の監督となったのである。フリー・アーキテクチュア運動における役割は、彼の理論家としての力を強化した。そのことは、彼の最初の本で、大きな影響力を持った1892年の著作『建築、その神秘主義と神話』を見ても明らかである。その中で彼は、建築家がいかに宇宙的あるいは宗教的規範に常時影響されてきたかということを示した。レサビーは、そうしたシンボリズムを自分の作品の中に組み入れようとしたが、一方その論文は彼の身近な同僚たちにすぐに影響を与えた。例えば、エドワード・プライアーに関して言えば、1904年にエクスマウスに建てられた彼の住宅「ザ・バーン」は、平面形式と躯体の両方において象徴的な「ブルータリズム」を示すものとなった。この住宅が、ヘルマン・ムテジウスの初期の「英国風」住宅のひとつで、1907年にフロイデンベルクに建てられたものに強く影響を与えていることはほとんど間違いないだろう。レサビーは教職につくと同時に、詩的な内容から、近代的な形式への革命のための正しい方法を発展させるという問題へ興味が移っていった。レサビーにとって、彼が教え込まれた工芸の伝統は突然に御用済みになってしまった。世紀の変わり目には彼は機能主義を主張しており、1915年には、工業デザイン協会の組織化を手伝っている際に仲間の建築家達に将来のためにドイツ国内やドイツ工作連盟を視察に行くよう勧めたのであった。

　1907年にドイツ工作連盟が設立されるとともに、工芸生産は国家的政策の問題となり、このような状況から見れば、その設立者のひとりであるキリスト教的社会主義者であり政治家であるフリードリッヒ・ナウマンが、かつてマックス・ウェーバーの弟子だったことは、ほとんど驚くに値しない。マックス・ウェーバーの「権力国家」という概念は、近代ドイツの形成に非常に大きな影響を与えたのである。他の工作連盟の最初のメンバーとしては、1893年日本から帰国すると同時に「プロシア貿易協会」の吏員になった建築家ヘルマン・ムテジウスと、1898年に地方の工業生産を向上させようという急務のためヘレラウに「手工芸のためのドイツ工作工房」を設立したカール・シュミットなどである。ムテジウスは、1896年から1903年までのロンドンのドイツ大使館勤務を、イギリスのアーツ・アンド・クラフツ運動についての最も

Behrens,
cover for the AEG brochure,
1908

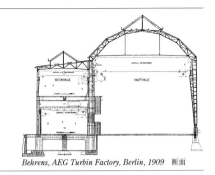

Behrens, AEG Turbin Factory, Berlin, 1909　断面

一貫した書物を準備する機会として利用した。『イギリス住宅』と題する3部よりなるこの研究は、ベルリンへ帰ると同時に1904年に出版されることとなる。シュミットとナウマンは（アシュビーとライトのように）工業生産は、機械をよりうまく利用してゆくことによってのみ改善されると確信していたのに対し、ムテジウスは、アルフレート・リヒトヴァルクの美術学校改革運動を公に支持してゆくことによって、社会のデザイン能力を直接に向上させることを試みた。このことを、彼は、主要な芸術家達が、主な応用美術の学校の指導者とする人事を固めることによって、効果的に行なったのであった。これによってハンス・ペルツィッヒはブレスラウ・アカデミーへ、ペーター・ベーレンスはデュッセルドルフへ、ブルーノ・パウルはベルリンの応用芸術学校へそれぞれ赴くことになった。工作連盟が設立された年の1907年に、ムテジウスはベルリン商科大学の応用芸術の最初の教授に任命された。彼の就任演説は正しい規準に基づいた工業生産の改善と標準化の必要を説いたものであったが、それは、「工芸の商業的利益に関する専門委員会」を広めるために役立ったにすぎなかった。この職人たちの全国貿易団体は、その強い反中央集権的な背景もあって、その最初の10年間を通じて、応用芸術の国家中心的な文化を発展させようとした工作連盟の努力に対して、激しく反対した。この論争は、17世紀フランスのコルベールのように、国家の芸術的文化の標準化をつくろうとした、工作連盟の資本主義的な起源を、何らかの形で反映している。その一方で、工作連盟の有力な支持者たちは、政府自体から離れてしまった。彼らは、活版業、印刷業といった小さな中流階級の工業家達であって、1912年から1914年の間、有力だった工作連盟の年報を出版したオイゲン・ディーデリヒスも、そうした印刷業者であった。工作連盟は、12人の芸術家と12の製造会社の、どちらかというと自発的な団体として出発したものであったため、大きな企業を加えることはできなかった。唯一の例外は「総合電気会社」（AEG）で、ペーター・ベーレンスを1907年に会社の建物の建築家として任命したことによって、間接的に工作連盟を支持した。工作連盟が1912年にベルリンに移った後「北ドイツ・ロイド」と「ハンブルク＝アメリカ」という2つの汽船会社が協力してスポンサーになる一方、工作連盟の最大の成功が工芸を基盤とする工業製品においておさめられた。すなわち、印刷物、陶器製品、金属製品といったものであるが、その中には1907年から1910年にかけてベーレンスがAEGのために再デザインした一連の見事な電気器具も含まれている。この会社に対するベーレンスの仕事はグラフィック・デザインから建築にまで及んでいるのである。工作連盟の基本的関心が、建築というより工業デザインにあったといっても、1908年にベーレンスがAEGのために同じくデザインした工業施設は、そのイデオロギーを建築的に総合したものと考えられた。広大なAEGフンボルトハイン施設におい

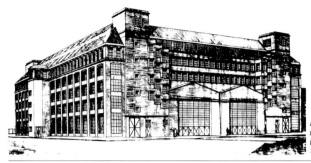

Behrens,
*the high-tension production factory in
the AEG Humboldthain, Berlin, 1908*
初期のドローイング

てベーレンスは，都市的な工業生産単位を，まるで中世の農業集落のように表現しようとした。彼はそれを，農場や田園の村落として思い描いたのである。それらは不思議な変形を通して，電気器具製造のために捧げられた一連の巨大な小屋となり，線路や貨車や機械が集まってくる「農作業庭」を取り囲む一群のガラス屋根の「納屋」となったかのようであった。ベーレンスにとって，モニュメンタルな芸術（すなわち建築）の文化的使命は，今や，1912年に彼がサンクト・ペテルブルグに建てたドイツ大使館のような代表的な伝統的建物を超越し，その範疇に工業生産そのものをとりこむに至ったのであった。

この，物事の本質的な状態を芸術的に曲げて表現しようという傾向（すなわち工業施設を，ベーレンスがやったようにモニュメンタルな農場として表現したりすること）こそが，1908年にウィーンの建築家で批評家でもあるアドルフ・ロースを工作連盟の公然たる攻撃に向かわせたものであった。即ちそれは彼の論文『装飾と罪悪』(1908)の中で既に主張された日常品を美的に再デザインすることへの反対に引き続く攻撃だった。その同じ年の『文化的堕落』と題した論文の中で彼は次のように書いている。

「ドイツ工作連盟の目的は，ムテジウスによって主張されたように，2つのことに要約できる。すなわち，職人の技量のすばらしさと，時代に即した様式の創造である。これらの目的は，つまりは一つのことを言っているのだ。なぜなら今日の様式で仕事をする人は，誰でもうまく仕事ができ，今日の様式で仕事をしない人は，誰でも不注意でへたな仕事をするからである。そしてそれこそがあるべき姿なのである。なぜなら，悪い形態は――この言葉で私は，今日の様式に従わないすべての形態を意味しているのだが――もし人がそれはすぐに排除されるだろうと感じていさえすればそれで許されるのであるから。しかし，もし役に立たぬものが後世のために作られたのなら，その影響は二重に反美的なものである。今日の様式ではないものを後世の人達のために作ろうというのが工作連盟の目的である。それはいけないことだ。しかしムテジウスは，ドイツ工作連盟の力を合わせた仕事によって今日の様式が発見されるだろうとも言っている。それは無駄な努力である。われわれは既にわれわれの時代の様式を持っている。デザイナーが関与していないところ，つまりこの運動のメンバーがまだ邪魔をしていないところにならどこにでも既にそれを持っているのだ。

誰が皮製品がわれわれの時代の様式であることを否定できるだろうか。金属器やガラス器が。バスタブや，アメリカ製の洗面台が。それに，われわれの道具や機械が。そして，すべての物が。くどいようだが，芸術家の手に落ちていないすべての物が！」

ロースの複雑，巧妙で時には矛盾したようにみえる姿勢は，彼が1893年から1896年の3年間の

アメリカ滞在で獲得したと思われる2つの主要な見解に基づいていた。簡単に述べれば，それらの見解は次のように要約されるだろう。第1に彼は，われわれの科学技術文明の真の偉大さは，すでに確立された事実であり，工業からの分け前（輸送機関），電気，給排水施設の明白な恩恵は，それ自身が文明の力であって，それが実在の形として表われているものは，そのままの状態で認められ，受け入れられなくてはならないと説いている。第2に彼は，現代の都市化のプロセスが（とりわけ彼が1893年にシカゴで見たように）土地に結びついていた人々を大々的に根無しにしてしまったと感じていた。そしてこの根無し化が効果的に「野心家」あるいは故郷の文化と永遠に切り離された労働者階級をつくりだしていた。同時に，洋服製造，家具製造，鞍の製造，建具の製造といった多くの分野で，伝統的な工芸文化がまだ存続しており，これらの工芸的製品が，工業製品の粗野な「アノミー」と任意に対置されると，それは間違いなく，われわれの時代の矛盾をはらみ，逆説的な様式を構成すると考えていた。1896年以後になって初めて現われたロースの批評の全ての矛先は，ゼツェッション，特にオルブリッヒに対して向けられた。彼の日常品の美化を，ロースは呪詛と見なしていた。『装飾と罪悪』に彼は次のように書いている。「現代の装飾は何の先祖も子孫も，また過去も未来も持っていない。それは，非文化的な人々に歓迎されているが，彼らは現代の真に偉大なものは閉じられた本だと考えているのであり，だから，やがて装飾は拒否されてしまうのだ」。

ピュージン，ラスキン，そしてアーツ・アンド・クラフツ運動とは異なり，つまりそれらに対してラファエル前派の改革主義的-歴史主義的な反動が起こったわけだが，ロースは「総合芸術」という戦略を全面的に拒否した。すなわち彼は，工業生産によってもたらされた混乱した非文化的結末を，「錬金術のような」文化世界を提案することによって乗り越えようとするいかなる方法をも拒否したのである。たとえピュージンの場合のような歴史主義的方法であれ，あるいはオルブリッヒやヴァン・ド・ヴェルデの場合のような強制的な芸術的方法であれ。彼は装飾に反対だったというわけではない。なぜなら一度ならずと，彼はルネサンス風のプラスターによるフリーズを装飾的要素として用いたからである。しかし，彼は装飾の「発明」には反対だった。ロースは，「総合芸術」を，見せかけで，専制主義のようなものだと考え，1900年には「悲しき金持の話」という文章の中で，「成金」達の生活を押しつぶしているユーゲントシュティールの美学を皮肉っているのである。このたとえばなしの結論として，施主のスリッパまでもデザインした建築家が，不幸にも，間違った部屋の中で，美しいかたちではあるが派手な色をした履物をはいているその人を見てとがめる話がでてくる。すなわち，その履物は，部屋の色に合っていないというわけである。こうした総合化の傾向に対するロースの反

論は，次のような話にまとめられている。それは，建物の壁面と，造り付けの造作は，建築家にまかせ，取り付け以外の必要なすべての調度品や家具は，（デザイナーではなく）職人の職分としてとっておけというものである。

ロースの建築そのものに対する姿勢は，1910年の論文『建築』に最も徹底して表われており，その年にウィーンに建てられた2つの大きな作品の中で実現された。それは，シュタイナー邸とゴールドマン＆サラチ・ストアである。『建築』の基本的な前提はおよそ次のように要約できるだろう。第1に，ロースは論ずる。機関車や船といった工学的な形態と農耕文化とは，形態が明らかに違うものなので両立できるが，それに対して近代建築は，その質の高い低いにかかわらず，ヴァナキュラーなものやその田園的環境の両方の神聖にして無意識な権威を冒涜している。なぜなら，それは，「あたかも長い間にわたって発展してきたかのように意識的にデザインされている」からだと言うのである。ロースは次のように巧みに問う。「なぜ建築家は，善い建築家だろうと悪い建築家だろうと，湖水の水を波立てるようなことをするのか」。そして即座に答える。「ほとんどの都市居住者と同じように，建築家は文化を持っていない。文化というものを生まれつき備えている農民のような裏づけがないのである。都市居住者は成り上がり者だ」。第2に，ロースは，文化的疎外とかかわりなく「建物」と「建築」は区別せねばならない，記念的であるとか代表的である建物だけが，後者の範疇に入ると説いている。彼は，住宅を建物の範疇でとらえ，さらに住生活の性質と芸術の強圧的な目的とを区別した。彼は次のように書いている。

「……芸術作品は人間の心地よい満足感を破壊しようとする。住宅は，人を心地よくさせるものでなくてはならない。芸術作品は革命的で，住宅は保守的である。芸術作品は人間を新しい方向へ向かわせ，未来を考える。住宅は現在を考える。人は，自分を心地よくしてくれるものは何でも愛する。安全な地位から切り離そうとするもの，重荷となるものは何でも嫌う。だから人は住宅を愛し，芸術を憎むのだ。」

ロースが，当時のブルジョア階級の住宅のデザインに内在する対立する2つの価値を関係づけはするが調停しないという前ダダイスト的な態度をとったことは，シュタイナー邸の逆説的な性質によって実証されているようにみえる。この住宅をロースは慎重に，厳格な白い立体に還元し，その無装飾な壁面を与えられているものはといえば，裸のうがたれた窓だけであった。この「零度の建築」は，それにもかかわらず，その中に，イギリスのアーツ・アンド・クラフツ運動のインテリアのもつ明らかに心地よい雰囲気を示しているのである。

ロースの見解の巧妙で破壊的な性質，すなわち，その慎重な反美学的な姿勢は，シュタイナー邸のダイニング・ルームにおいて明らかであ

 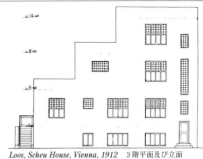

Loos, Scheu House, Vienna, 1912　3階平面及び立面

る。そこでは，一見安心を与える木の羽目板や，垂木によるヴァナキュラーな心地良さがあり，同時にそれはプロポーションや，ディテールの処理の「苦悩に満ちた」分裂的な性質によって巧妙に破壊されている。天井の梁がその不釣合な大きさと明らかな重量がその安定性をおびやかし日本風の「障子窓」が，羽目板張りの上部を不愉快にも侵入しており，更に主たる窓は部屋の隅に醜く配されていることが指摘できよう。第1次世界大戦の大破壊に憤りを感じ，不協和音のようでかつドラマティックなコラージュである『人間性の最後の日』を劇的な形態と様式の混沌とした多様性を用いて描いたカール・クラウスのように，ロースは古典的でありながら同時にヴァナキュラーであり，心地よくて同時に不調和であり，対称的でかつ不規則であったりするような，いわば勘当された「反－建築」を創造するためにこうした分裂を利用したのである。彼のいわゆる「ラウムプラン」と呼ばれている空間計画は，1912年にウィーンに建てられたショウ邸に示されたように，丸裸の対称な立方体の中に典型的なアングロ・サクソンのアーツ・アンド・クラフツ運動の住宅のもつ不規則な平面配置やランダムな断面配置を挿入して行く戦略だった。

同じような破壊的な戦略は，次にゴールドマン＆サラチ・ストアで追求された。それは，エンタブラチュアやトスカナ式のコラムによって完成された古典的な統辞（シンタックス）が，洋服店の1階と中2階に用いられており（それはノーマン・ショウのボキャブラリーから借用したベイ・ウィンドウと逆説的に織り混ぜられている），一方，上部の住居階はシュタイナー邸のように，無装飾でその上にグロテスクなプロポーションのバロック風の屋根がのせられていた。

ロースは，クラウスと同様に彼の時代に対して反前衛的な前衛主義で臨んだ。彼は，進歩的な技術や，近代経済によって自然に生み出された野性的な沈黙（たとえば，無装飾のファサードなど）に身をゆだねた。同時に，彼は，コミュニケーションのための必要性に応じて，世に認められた建築の統辞法を参照しながら，いつもそのきまりを巧妙に置き換えて用いた。すなわち，形態はいつも十分読解できるくらい明確で，同時に，それをかき乱すのに十分なくらいゆがめられた。彼の皮肉めいていながら，著しく批評的で，今日でさえ価値ある建築は，おそらく彼の生涯の友人でありよき助言者だったカール・クラウスによって最もうまく要約されている。彼は次のように書いている。

「アドルフ・ロースと私がやったことのすべては，彼はそれを文字通り行ない，私は象徴的に行なってきたのだが，寝室用の便器と壺には違いがあり，その違いの中にこそ文化の介入する小さな余白があることを示すことにあった。しかしながら他の人々，すなわち"肯定的な人々"は，寝室用便器を壺に使おうとする人と，壺を寝室用便器に使おうとする人との間に区別をつけようとするのである。」

1911–12
AUGUSTE PERRET
Théâtre des Champs-Elysées
Paris, France

パリのシャンゼリゼ劇場

このユニークな作品においてペレは合理主義的古典主義の原理を確立し、それがその後の彼の経歴を決定づけることになる。ここでは内部の構造の秩序および表面の秩序は、鉄筋コンクリート骨組そのものによって与えられた。隙間を煉瓦で満たされたその骨組は、建物の側面と背面において直接表現され、一方主ファサードと突出した端部では石によって被覆されている。この転機とも言える設計に際して、ペレは伝統的な操形すなわち「モデナチュール」を再び使用した。それは彼が「エレメンタリスト」の建築家ジュリアン・ガデの生徒として1891年から1894年にかけて在籍したパリのエコール・デ・ボザールで習得した技法であった。ペレにとってのこの重要な変化が、ベルギーの建築家アンリ・ヴァン・ド・ヴェルドを犠牲としてなされたのは残念なことだ。ヴァン・ド・ヴェルドはこの時初めて狂信的な排外主義に出会ったのだった。それは後に彼の初期の経歴における汚点となるのである。ヴァン・ド・ヴェルドは、劇場支配人ガブリエル・アストリュクからこの建物の設計を委託された最初の建築家だった。この時ペレ兄弟は工事請負人として委託されたにすぎない。だがヴァン・ド・ヴェルドのデザインは猛烈な反対に遭遇した——もちろん「A&Gペレ建設」による反対に、である。彼らはヴァン・ド・ヴェルドの案は経済的でなくまた構造的にも不健全であると主張した。ペレ達の案が構造的にいかに優れていたにせよ、彼らの批判が勝利を納めたという事実は、こうした結果がもたらされる当時のフランスの排外主義的状況を示すものである。こうしたいきさつがあったにもかかわらず、ペレはヴァン・ド・ヴェルド案の基本的意図を一部利用した。そしてペレは1925年のパリの装飾美術展覧会においても、ヴァン・ド・ヴェルドがシャンゼリゼ劇場案のために初めて考案した理想的な3部構成の舞台を翻案し実現したのであった。ペレがこの装飾美術展に至るまでヴァン・ド・ヴェルドによる劇場形態のアイデアに負っていたという訴えが、最初ヴァン・ド・ヴェルド自身によって、そして後にヴァン・ド・ヴェルドを擁護するベルギーの建築批評家モーリス・キュロによってなされた。

ヴァン・ド・ヴェルドが出くわしたこの外人嫌いという文化的風潮に、ボザールのイデオロギーの影響があったことは明らかである。構造の明快さと新古典主義的表現をもったペレの合理的古典主義(ルイ・セーズは、ヴィオレ=ル=デュクの用語でこれを再解釈した)は、ボザールの用語法——それは1900年の万国博覧会以後、多かれ少なかれ揺れ動いていた(ルーヴェ、ドグラーヌ、トマそしてC・L・ジロー設計のグラン・パレおよびプティ・パレを見よ)——の「公式主義的」な色合をもつ、抑圧された実践に他ならなかった。1900年の博覧会における石と鉄による楽しげなレトリックと比較して(劇場はこの博覧会場に近い)。アドルフ・ゴセといった批評家達はペレの劇場を冷たく陰うつで、ゲルマン的だと評した。しかし重い「まゆ毛」窓と格子状の窓割を伴ったヴァン・ド・ヴェルドのビザンチン風の神秘的手法が彼らにとってより受け入れ難いものに思われたであろうことは疑う余地がない。

ロベルト・シュムツラーが言うように、ペレによるフランクリン街のアパートの骨組の間に嵌め込まれた伝統的なヒマワリ模様のパネルがアール・ヌーヴォーの結晶化と見なされるとしたら、このシャンゼリゼ劇場は古典文化と象徴文化とが融合して、優雅でかつ幾何学的な表現——これはアール・デコを見越すものである——を創り出した瞬間を示しているのである。しかしM・ドニの絵画およびA・ブールデルの彫刻がなかったならば、ペレはこの統合を達成できなかったであろうし、事実彼は、このような十分に練られた抒情的表現を再度達成することはなかった。この作品は、古典的形態と構造的論理の繊細にしてかつ確固たる統合(永遠のギリシア=ゴシックの理想に対するペレ独自の解釈)に基礎を置く彼の合理的建築を究極的に誇示するものではないにせよ、彼が古典的規範の下に表現した鉄筋コンクリート骨組の最初のものであった。ホワイエにおいて骨組で作られたパラディオ流のA:B:A:B:Aのグリッド、主オーディトリアム上部における大胆な片持ち梁によるバルコニーと弓状アーチなどの優れた構造的特徴の全ては、古典的用語を用いつつ技術の美学を作り出すという、ペレの新たな才能の証となるものであった。

街路側外観

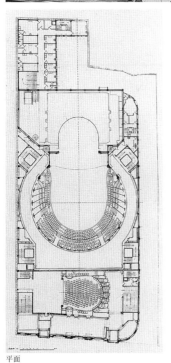

平面

主オーディトリアムの内部

1911
HANS POELZIG
Water Tower
Posen (Poznań), Poland

ポーゼンの給水塔

1903年から1914年にかけての、ブレスラウでの戦前の作品歴全体を通じて、ペルツィッヒは前例のない建築プログラムは特別な建築形態をとるものだとする「語る建築」を創造しようと努力していた。このようにしてペルツィッヒは、特別な「形態（ゲシュタルト）」の連続的な繰り返し使用によって、設計された目的を伝達し得るような建築型の目録を作り上げようと望んでいた。新しいタイポロジーの有効性によったアロイス・リーグルの「形態への意志」としてこれを思い起す人もいるだろう。この目標に対して、鉄骨で組み立てられたこの給水塔では、構造的骨組の要請する形とは決して対応していない風変わりで作為的な立面が与えられた。ペルツィッヒは常に、自分の作品において、基部が頂部よりも幅広い立面の輪郭を創り出そうとした。そして、この16辺形の形態では、上部は傾斜屋根によって拡大されていた。この屋根は、地面にまで達している構造体としてのマスから張り出した形をとるものである。外壁は、軽量鉄骨の骨組による秩序の中に配された、模様のある煉瓦による優雅な皮膜をまとっていた（鉄骨の骨組は、すでに建設形式としてはドイツの工業的ヴァナキュラーとなっていた）。内部空間は、明らかに飛行船の内側に酷似したものであった。すなわち、溶接あるいはリヴェット留めされたプレートによって組み上げられた螺旋階段を中心に、そのまわりに配された格子細工でつくられた空間であった。大変奇妙なことに、このテーマに向けて示された意気込みにもかかわらず、この作品がペルツィッヒの鉄骨を露出した構造による最初で最後の実例となった。

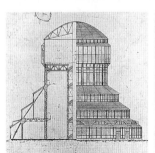
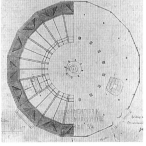

立・断面及び平面

1911–12
HANS POELZIG
Chemical Factory
Luban, near Posen (Poznań), Poland

ポーゼン近郊の化学工場

この複合建築は，疑いもなく，ペルツィッヒの作品歴における傑作である。ここにおける実用的建築形態（この場合は19世紀の倉庫建築から抽き出している）の使用は，同じ期間を通じてベーレンスがAEG企業体のために作り出したいかなるものよりも，ずっと和らげられた必然性のあるものだった。驚くべきことは，このルーバンの複合建築で採用された煉瓦と金属による統辞法の本質が，すでにほぼ5年前の1906年にブレスラウのヴェルダー・ミルのためのプロジェクトにおいて優雅に示されていたということである。この当時のペルツィッヒの姿勢に対して，ヴォルフガング・ペントほど際立った特徴づけを行なった者はいなかった。その時彼は次のように書いている。「ペルツィッヒは，芸術的要請と機能的要請との間の根本的な矛盾には目を向けなかった。彼の眼には，建築家は──さしあたって，少なくとも──技術者よりも上位に映っていた。なぜなら，建築家は建設について，および経済についての要求の特別な一組（セット）を受け取り，そこから新しい形態上の関係性と力強いリズムとを発展させるからである。たとえばルーバンの敷地では，そのロマンティックな新奇さのある雰囲気は，一部にはその構法上の根拠によって正当化される開口部の多様な取り扱いに負うたものであった。すなわち，荷重を受ける壁には頭部が丸い窓，煉瓦積みの層の中に組み込まれた垂直あるいは水平の金属帯の部分には矩形の窓が開けられた。そしてもちろん，機能的根拠が全くない中世趣味の段状切妻壁のようなモチーフも存在していた」。ペントが指摘するように，ペルツィッヒは，ベーレンスやグロピウスのように，工業用の構築物を，あらゆる文化的な先入観から最も圧迫を受け難いものとして，従って，新しい発展に対して最も開かれたひとつの形態として把握していた。

1911
WALTER GROPIUS
ADOLF MEYER
Fagus-Werk
Alfeld-an-der-Leine, Germany

ファグス工場

この巨大な工業建築群は，ワルター・グロピウスとアドルフ・マイヤーの協働による最初の作品である。この靴工場の様式には，グロピウスが1910年に事務所を開設する以前にベーレンスの許で過ごした3年間が直接的に反映されている。なかでも事務棟に見られる多くの特徴は，ベーレンスによるAEGのための初期の仕事を思わせる——特に，吊られたガラス壁は，明らかに1908年のAEGタービン工場の妻側のガラス壁に由来するものである。ベーレンスおよびグロピウスの工場建築は，一見した限りでは共に純粋に機械的に見えるが，その形態の扱いにおいては実に両者とも古典的工夫を採用している。例えば「エンタシス」の原理が，ベーレンスのタービン工場における傾斜した隅部に，そしてグロピウスのファグス工場における，上にいくほど細くなる柱に同様に現われているのである。煉瓦に被覆された柱が構造体頂部に向かって漸進的に後退していることで，構造体である煉瓦の面に落ちる垂直なカーテン・ウォールの影の深さが頂部にいくほど増すという効果が生じている。AEGタービン工場のシンケル流の傾斜した隅部（鉄筋コンクリート造）は，ファグス工場主屋の隅部の階段室においてはガラスという素材で再解釈された。工業的要素の美学的な使用におけるこの輝かしい試みは，グロピウスとマイヤーが1914年のケルン工作連盟展のために建てることになるモデル工場の原型なのであった。

階段室

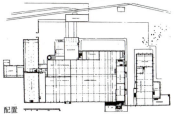
配置

> 1913
>
> MAX BERG
> *Jahrhunderthalle*
> *(Centennial Hall)*
> *Breslau(Wroclaw), Germany*
> *(now Poland)*

ブレスラウの百年祭記念ホール
この驚くべき大ホール——それまで世界最大のドームであったローマのパンテオンをスパンにして80フィートしのぐ——は、ライプツィヒでのナポレオン戦争におけるドイツ側の勝利（1813）から百年を記念してブレスラウに建てられた。これは、ドイツ国家の独自性の成立を祝って当時盛んに建てられた「国民の記念建造物」の中でも最も意欲的かつ壮大なものであった。この百年祭の抗し難い魅惑はエリッヒ・メンデルゾーンの言葉によく示されている。彼は、この百年祭記念ホールのオープニング——1813年戦争の栄誉を祝うゲルハルト・ハウプトマンの開会演説で始まった祝典——に関する印象をこう記している。「われわれはいつの日か、神聖な目的を満たすために技術的な思考を拡張せねばならなくなるだろう」と。この作品は、タウトが1919年に出版する著作『都市の冠』の中で初めて充分に定式化されることになる都市の冠という概念の、ひとつの原型であった。一方これは、生気ある文明の究極的証拠としての偉大な空間というド・ボードやヴィオレ＝ル＝デュクの妄想の実践とも見なすことができよう。たとえこの鉄筋コンクリートの構造が、大胆でありながら保守的であったにせよ。すなわち前人未踏の225フィートというスパンにおいては大胆であり、この異例の構造が外観において段状の明り窓によってほとんど覆われてしまっているという点では保守的であった。ベルクが技術者トラウアの協力を得て、4つの大アーチへとドームの重量を移動させる役割をもつ、円形ビームにのった革新的なリヴ付のドームを発案したことは、広大な網状の空間というド・ボードの抱いたヴィジョンを実現していくひとつのステップであったと考えることができる。最終的に、この構造用語法は、1957年にローマに建てられるピエール・ルイジ・ネルヴィのパラツェット・デッロ・スポルトによってより完成した形を与えられることになる。そこでは、折板コンクリート・シェルの網状の形態は、周辺の力を伝達する何ら形態上の制約のない一連のY型バットレスという形をとっているのである。

ドーム内部

1913–19
MICHEL DE KLERK
Eigen Haard Housing
Amsterdam, Holland

アイヘン・ハール集合住宅

表現主義のアムステルダム派——ウェイドフェルトが編集する雑誌『ウェンデンヘン(転換点)』を中心としたポレミックな集まり——の焦点には、ミケル・デ・クラークの姿がある。彼は、1913年から1919年にかけてアムステルダムで建設されたアイヘン・ハール(「自分の家庭」を意味)集合住宅のデザインをまかされていた。アムステルダム派は、建築とアーバニズムの両方において新しい都市の発展に対する慣用手法(すなわち、連続的な街路を形作る煉瓦仕上げされた、水平に広がる住居建築群)を、H・P・ベルラーヘから得ている。彼の有名な、アムステルダム南部地区開発計画は1915年に公表されていた。都市の街区に関するベルラーヘ的なコンセプトを信奉することとは別に、デ・クラークはベルラーヘが行なったヴィオレ=ル=デュクの構造合理主義の煉瓦造化ということを、彼自身の表現主義的な目的のためにねじまげることになったのである。したがってデ・クラークの作品は、当時のペルツィッヒの建築のほとんどに見られる工業的ヴァナキュラーの伝統的要素の変形——彼の、半円アーチやバットレス等の巧妙な取り扱い——とは違って、伝統的な建設要素とプログラムの必要性の両方に対して自由であったと言える。このことは、彼の窓開口のディテールに最も明瞭であり——とりわけ、1917年に作られたアイヘン・ハール集合住宅内の郵便局の窓割が良い例だが——そこでは、アパートの住人が外を見ることを困難にするほどに、ガラスをはめる水平バーを密集させている。デ・クラークによるアイヘン・ハールでの、多くの表現上の偏向は、機能上のあるいは慣例としての何らの正当性も持っていない。従って、ヘムブルッフストラー側の湾曲した立面の中心軸上にあるオベリスクもしかりで、このコミュニティの基本的性質のサインとしてのみ役立っている。この塔は、現実にそのブロックの中にある小集会室を示しているとは言え、ノスタルジックなシンボルであり、一般的解釈としては、公共性を暗示する形態としての教会の尖塔に対する集団的記憶に依存したシンボルなのである。

ヘムブルッフ通り側外観

南側コーナー

壁面のディテール

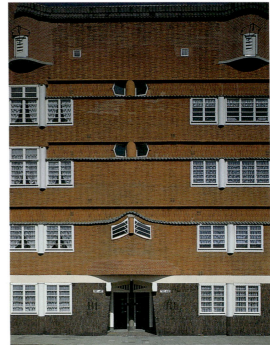

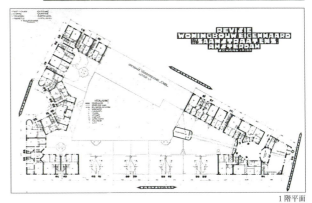

1階平面

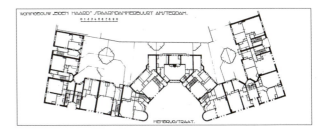

1913–14
FRANK LLOYD WRIGHT
Midway Gardens
Chicago, Illinois, U.S.A.

ミッドウェイ・ガーデンズ
疑いもなくミッドウェイ・ガーデンズこそライトのアメリカにおけるプレイリー・スタイルのひとつの頂点をなす。それは矩形要素からなるボザール流の平面をもつにもかかわらず、建築の型という面からみると大陸的な「温泉保養所」ないしはカジノ、あるいはライト独自の構想による幾分東洋風の楽園といったものの間に架け渡されたひとつの混成品をつくりあげている。これはちょうど1895年、ライトが初めてこのようなテーマをもち出したウルフ湖保養所計画――幾分バーナム風ではあったが――におけると同様である。このミッドウェイ・ガーデンズは実際には重要な水への眺望が与えられておらず、それ故関連すべきものを何も持ってはいない。ライトの他の大部分の公共建築と同じく、この建物は極めて内向的であり、煉瓦やコンクリート・ブロックの正面は重々しいテクスチュアを持ち（しかしほとんど何の飾りもない）、すぐれた比例（プロポーション）を与えられているにもかかわらず、その形態の饒舌さは、主としてこの建物そのものに向けられたものなのである。すなわちカンティレヴァー屋根や突出した外部バルコニー、あるいは装飾的な尖頭と彫刻、照明される望楼など、この建物で最も劇的な光景を一番よくのぞめる場所は中庭のテラスなのであり、そこはカフェのテーブルでほとんど埋め尽くされている。一方の端に屋外でダンスをするための楽団席とダンス・フロアが設けられており、もう一方の端には幾層ものレベルに渡る屋内レストランがある（ユニティ教会参照）。ヘンリー・ラッセル・ヒッチコックが示唆したように、ミッドウェイ・ガーデンズのもつ様々な可能性を堪能するためにはある種の洗練された素養を必要としたのかもしれない。「いずれにせよ」と、ヒッチコックは続ける。「その料理も、音楽も、そしてその他の演芸も――パヴロヴァもここで踊った――はじめにあてにしていた顧客達をひきつけられなかった。そしてまず郊外のビヤガーデンにおちぶれた後、ついには禁酒法によって閉鎖され、20年代の初めには壊されてしまった（1923）」。

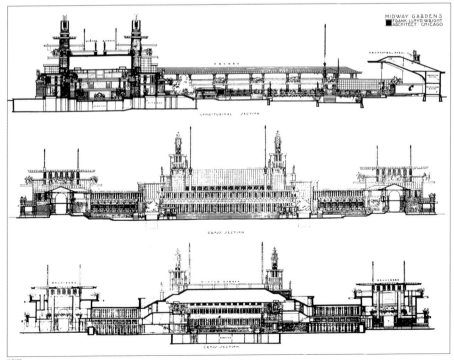

断面

街路側ファサード

中庭より見る

1914
BRUNO TAUT
Glass Pavilion
Werkbund Exhibition
Cologne, Germany

ガラス・パヴィリオン（ドイツ工作連盟展，ケルン）

この小さなパヴィリオンは，ある程度まではタウトがその前年にライプツィヒに建てた鉄の記念館によって予測されたものであり，彼の建築家としての業績における「ファンタスティックな」時代の最初の作品といえる。そして，そうした傾向の時期は，1914年から，タウトの表現主義の雑誌『フリューリヒト』（曙光）の，廃刊になった1922年の最終号まで続いた。この総ガラスのパヴィリオンは，詩人パウル・シェールバルトのアナーキズム的な社会主義の著作に対して，公然と献呈されたものであった。1914年に書かれたシェールバルトのユートピア小説『ガラス建築』が，この作品の形態にインスピレーションを与えたのである。実際このガラス・パヴィリオンは，タウトが後にシェールバルトにならって想い描くことになるような種類の祝祭建築の典型であった。そして彼が想い描いたのは，クロポトキニアン庭園都市の中心や，あるいはアルプスの中央に位置する，それにふさわしい壮観さのある人里離れた敷地に建てられるような建築であった（タウトによる1919年の『アルプス建築』を見よ）。どちらの場合においても，このような建築は，その歴史との断絶のために，色ガラスを全面的に使用したようだった。そしてそれは，タウトのガラス・パヴィリオンの水平なエンタブラチュア上に刻まれたシェールバルトのアフォリズムに従ったものだった。すなわち，「ガラスは新しい時代をもたらす。

煉瓦の文化は害になるだけだ」。様々な種類のガラスを展示するという実用的な面は別として（この作品のスポンサーはガラス会社であった），タウトのパヴィリオンは，シェールバルトの本から直接にとり出したエレメントを，形態として具体的に表現したものである。人目につきにくい出入り用階段（ガラス・ブロックのスクリーン状の壁の背後に隠されている）が，上部の多面体になったクーポラの内にあるきわめて神聖な場所へと導いている。またこれらの階段の内側には，さらに一対の階段があり，それが，長い「儀式の通路」へと降りてゆくための出発点となっている。この通路は建物の本体の中に隠されており，内側は床から天井までが，彩色されたガラス・モザイクによって飾られていた。そして両側が7段の滝状になった狭い道を経，終りから2番目の体験となる小さな映写室へと導かれていた。そこから訪問者は，急に現実の世界へと突き出されるのであった。初期のドローイングでは，このパヴィリオンはゴシックのカテドラルの精神でデザインされたものとして描かれている。このことは，幾分かはタウトが後になって社会主義者団体の地位を向上させるときに果した役割を説明しており，ワルター・グロピウスは1919年のバウハウス宣言の中でこうした内容をとり上げていた。この宣言書の表紙は，ライオネル・ファイニンガーによる，（社会主義のカテドラルとしての）未来のカテドラルの木版画が示されていたのである。ゴシックのカテドラルと同等のものであるこうした構築物は，タウトによって，都市の冠すなわち「シュタットクローネン」として想定されていたものである。彼によれば，都市はこれなくしてはその独自性を獲得できないのであった。

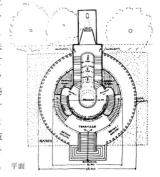

平面

水の流れる内部空間

1914
WALTER GROPIUS
ADOLF MEYER
Model Factory
Werkbund Exhibition
Cologne, Germany

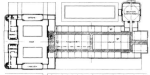
平面

モデル工場（ドイツ工作連盟展）
フランク・ロイド・ライトの1909年以前の業績は，1910年および1911年にベルリンで出版されたヴァスムート版によってヨーロッパでも初めて広く知られるようになった。グロピウスによる1911年のファグス工場と1914年のケルンの工作連盟展のために建てられたモデル工場の比較ほど当時のこの出版物の衝撃的影響を反映している例は，他に見当らない。前者の表現がベーレンスによる1908年のタービン工場に直接的に由来するのに対し，後者は明らかにライトの影響を強く受けていた。その影響は，帯状のコーニスのような線が刻まれ浮遊した薄いコンクリート・スラブの屋根の載せられた両端のふたつの四角い煉瓦のパヴィリオンにおいてのみならず，メイン・ファサードの細部の扱いにも現われている。即ちこのファサードの正面にある堂々とした煉瓦の壁の上部に，ライト的な突出したコーニスが見られるのである。しかしこの作品では，ライトはまだ参考にされる程度のものでしかなかった。というのも，プロシアのシンケル的な伝統が，依然この作品の基本的な構成の中に浸透していたのであるから。それは特に，ファグス工場の場合と同様に，石ではなくガラスで作られた端部の階段室の強調という点に見られる。ここに付けられたスティール製サッシは，水平な層状になっており，その形は明らかに石積みの形状を意識してデザインされたものである。このガラスの皮膜は，建物の背面においてはファサード全体を覆う連続した

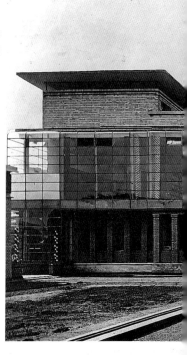

カーテンウォールの形をとり，それは19世紀の古典的な鉄道駅舎のヒエラルキカルなデザインに基づくものであった（1852年パリに建てられたフランソワ・デュケネーによるパリ東駅を参照せよ）。この典型的な工場は，シンメトリーの軸に沿ってふたつの基本的要素へと分解された。そのふたつとは，伝統的な管理棟つまり「本館」（言うなれば，建築）と，実用的な鉄骨製の工場施設部分（言うなれば，建物）である。そしてこの場合，スティールでできた3ヒンジの構造体のふたつの独立した展示空間が設けられた。ベーレンスやペルツィッヒとは異なり，グロピウスとマイヤーは工場そのものに表現を与えようとはしなかった。彼らはこの時期にはすでに工場の形態は純粋でそれにふさわしい工学的構築物として扱われるのが最善であると判断し，この場合，コンタマンの機械館（1889）を手本としたのである。ベーレンスがAEGフンボルトハイン施設でみせたような，工業の力のもつ精神性を形象化しようといった壮重な主張は，ここにおいては名ばかりの理想化に陥ってしまっている。このことは，主軸の一方の側に建てられたドイツ自動車会社のための小さな古典的展示館を見れば明らかであろう。

上:管理棟の背面,下:全景

1914
HENRY VAN DE VELDE
Model Theatre
Werkbund Exhibition
Cologne, Germany

モデル劇場（ドイツ工作連盟展）
ヴァン・ド・ヴェルドは生涯に渡って劇場に夢中になっていたが、そのことはまず第一にゴードン・クレーグやマックス・ラインハルトと親密な交友関係を作りだしていたということに明らかである。こうした劇場建築に対する彼の熱中は、1911年にガブリエル・アストリュクが彼にパリのシャンゼリゼ劇場の第1案の設計を依頼したときに、表面に現われてきた。しかしながら、彼はすぐにこの仕事を失い、ギュスターヴ・ペレとオーギュスト・ペレがこれを得ることになった——すなわち、ペレ兄弟の鉄筋コンクリート請負会社の仕事となったのである。彼らは（狂信的愛国主義の発露とは別として）自分たちが優れた技術的能力を持っていることを主張できたのである。3年後の工作連盟の建物において、ヴァン・ド・ヴェルドは、以前パリの計画案に組み込んでいた多くの理念を実現することが可能になった。それらの中には、階段状の観覧席をもったオーディトリアム、取りはずし可能なプロセニアムをもった開放的な3分割型のステージ、円形パノラマ効果を可能にする環状のホリゾント、が含まれていた。工作連盟展のために特別に建てられたこの鉄筋コンクリートの劇場において、ヴァン・ド・ヴェルドは、実に多様な演劇的なものの上演に適応しうる劇場空間の創造に成功した。それらの範囲は、質素な野外劇のような上演から、プロセニアム・ステージによりふさわしい象徴主義的な、またリアリズムの演劇までおよんでいた。そのマッシヴな壁体と鉄筋コンクリートの骨組による構造法とは、均質で彫塑的な表現を作り出すために利用し尽くされているのだが、またエーリヒ・メンデルゾーンの戦後の作品の出発点として役立つことになる。とりわけ、メンデルゾーンが1920年にポツダムにアインシュタインのために建てた小さな天文台に対してである。工作連盟劇場の静かにおおいかぶさる大地のようなマッスは、多くの点でルドルフ・シュタイナーの神智学的な形態を想わせるものであり、ヴァン・ド・ヴェルドの作品歴における変化点を明らかにしているものである。すなわち、初期の家具におけるより生気あふれる「形態－力」の美学が、重苦しいとはいわないまでも、よりずっと頑丈な表現へと変化する地点である。この荘重で陰気な、潜在的クラシシズム的オーディトリアムは、少なくともそのインテリアにおいては、スイスの芸術家フェルディナンド・ホドラーの象徴主義的絵画によって補足されていたのである。

1915–17
WILLIS POLK
Hallidie Building
San Francisco, California, U.S.A.

ハリディー・ビル

アメリカにおいて,純粋なカーテン・ウォールが初めて使用されたのは,側面にガラス壁をもつ,ペーター・ベーレンスのベルリンのタービン工場の完成から6年後のことであった。ヨーロッパにおけるもうひとつの先例は,1911年から13年の間に,アルフェルト=アン=デラ=ライネに完成されたグロピウスとマイヤーによるファグスの複合建築の中で,中央管理棟にとりつけられたカーテン・ウォールの皮膜である。ポークは,ファグス工場の完成直後に,ヨーロッパを訪れたが,彼がこれらの先例に精通していたとは考えられない。ハリディー・ビルディングにとって,ひとつの根拠となったものは,リチャードソン的な重々しい手法,かつてポークが,「砂岩によるタイタンの酩酊」と述べたネオ・ロマネスク・スタイルをあきらめるという,ポークの決断であったと言えるであろう。いずれにせよ,1893年以後,ポークは,その年に行なわれ,大変な成功をおさめたバーナムのボザール流のコロンビアン博覧会の影響下にあったことは確かである。それでも,これが本質的に,このように精密で軽い建物を説明することにはならない。このような作品は,1915年以前の非常に折衷主義的な作品を創っていたポークからは,予想もできなかった。ジョン・ルートの業績におけるモナドノック・ブロックのように,この7階建の建造物は,ポークの業績の中でもユニークな勝利を示すものである。

自然光,予算的制約,そして建設を容易にするという要求などが,ポークにこのような全面ガラスのファサードを作ることを決断させたのであった。そして彼は,鉄筋コンクリートのカンティレヴァーの可能性を最大限に開拓することによって,これを成し遂げたのであった。マリオンの規則的なグリッドは,ガラスの皮膜を,各階毎に垂直方向に3分割して支えた。各階の最上部の窓ガラスは,換気の目的で外に回転して開く。この透明な壁は,支持柱の前面3フィート3インチの所に吊り下げられており,支持柱は直径2フィート6インチの六角形の鉄筋コンクリート柱で,20フィート間隔で建てられていた。ガラス皮膜の重量は逆梁からカンティレヴァーで突き出された3インチのコンクリートの窓台で支えられていた。この窓台は,同時に,ひとつの階から他の階の間の,水平方向の「防火区画」として働いていた。立ち上るスパンドレルは,床レベルの上から1フィート6インチ突き出していて,中空リブのついたコンクリート・スラブは,1フィート6インチの厚みがあった。カリフォルニア大学によって建てられたにふさわしく,この建物には,著名な理事であったA・S・ハリディー——彼は,サンフランシスコのケーブルカーを発明した人である——の名が付けられた。洗練された生気ある建物を実現しようという1893年以来のポークの望みは,このユニークな水晶のようなファサードにおいて確かに成し遂げられているのであり,その純粋な「機能主義」は,中2階と屋階レベルにつけられた銃眼模様の青と金の鋳鉄のコーニスによってのみ調停されているのである。

1914
ANTONIO SANT'ELIA
Casa a Gradinate
Città Nuova(Nuove Tendenze 1914)
Milan, Italy

階段状の住居「新都市」,(新傾向展)
トニー・ガルニエの『工業都市』(1904)は別として,サンテリアの「新都市」や「ミラノ紀元2000年」のイメージほど,20世紀の想像力に強い影響を及ぼした空想的なプロジェクトはあるまい。それらは,1912年から14年にかけて作製され,1914年5月にミラノにおいて,「ヌオーヴェ・テンデンツェ(新傾向)」グループ展に展示された。このグループ展には,もう一人の重要な未来派の建築家マリオ・キアットーネの作品も含まれていた。サンテリアの短いがしかし輝かしい活動(彼は,1916年すなわち第1次世界大戦中にモンファルコーネで死亡している)を特徴づける激しい展開は,同時にまた複雑でもあった。サンテリアは1880年にコモに生まれ,ミラノとボローニャで学び「フロレアーレ」運動の他の建築家と同様にワグナー派に影響を受けた。彼がイメージと図面表現の技術においてワグナー派に依存していたことは,「新都市」のドローイングにおいても明瞭である。こうしたワグナー派の影響は,「フロレアーレ」運動の古いメンバーすなわちライモンド・ダロンコ,エルネスト・バジレ,ジュゼッペ・ソンマルーガ,ウンベルト・フォンダそしてウリッセ・スタッキーニ(彼のピラネージ的なミラノ終着駅は今日も残っている)といった巨匠達の作品を通じて,もちろんイタリアにおいて広まっていたし,サンテリアの作品の初期にもその影響が認められる。しかし,こうした背景そのものは,本来サンテリアに「新都市」を創造させるといったたぐいのものではなかった(ワグナーには,1911年に書かれた『大都市』という論文があったのではあるが)。このことは,サンテリアが1912年にイタロ・パテルノストロと共にデザインしたソンマルーガ的なモンツァ墓地のためのプロジェクトにおいて暗示される。レイナー・バンハムは,サンテリアの作品における1912年以後の突然の変化の背後にあったインスピレーションは,パリのギュスターヴ・カーンのサークルとその空想的社会主義者の熱狂——未来派の論客マリネッティが数年前に接触していた——に由来するものであろうと指摘している。しかし,サンテリアの「階段状の住居」に,より直接的に結びついた試験的な原型は1912年にパリのヴァヴァン通りに建てられたアンリ・ソヴァージュのセットバックしたアパートメント・ブロックであった。このパリのユニークな作品およびソンマルーガによる1907年のサルニコのファカノーニ墓地の段状の形態(サンテリアの「新都市」のための発電所を見よ)は,「ワグナー派」に由来する遺産でもあり,またサンテリアのミラノ紀元2000年のヴィジョンのための建築的先駆でもあった。「新都市」(これには,何ら平面図というものが存在しない)の

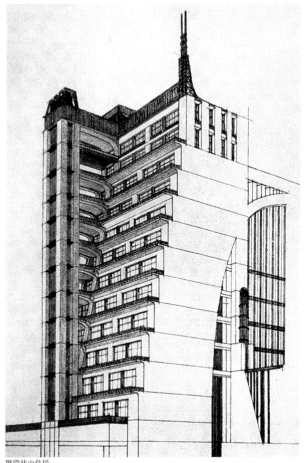

階段状の住居

多様な交通路に，より潜在的な影響を及ぼしたのは，1910年のロンドンにおける都市計画会議で初めて公開されたユージーン・ヘナードの，多層に構成された未来の街路であろう。新都市のために描かれた多くの透視図の中では，「階段状の住居」が最も典型的なものである。というのも，未来派の都市が1914年に展示のためのカタログに載せられた時，この透視図がサンテリア自身の未来派の都市に関する記述のさし絵として用いられたのであるから。彼が，ウーゴ・ネッピアの助けを借りて書いた，この『メッサッジョ』の中で最も重要な部分はこうである，「われわれは広大で活気に満ちて，活発で，活動的で，ダイナミックな造船所のような近代都市と，そして巨大な機械のような近代建築を，発明し再建しなければならない。エレベーターは，もはや階段室の中に孤独な虫のように隠されてはならない。階段はもはや用のないものであり，廃止されねばならず，それに代ってエレベーターがガラスと鉄のへびのようにファサードをよじ登らねばならない。セメントと鉄とガラスでできた住宅は，彫刻や絵画の装飾を何ももたず，その線と造形に固有の美によってのみ富み，その機械的な単純さをもって極端に獣的である。そしてこれらの住居は，単にゾーニングの規則が許すだけの大きさではなく，必要が命ずるに従った大きさをもち，そして無限に深い崖のふちから立ち上がっていなければならない。街路は，もはや入口の高さに敷かれたドアマットのように横たわるのではなく，地階深く埋め込まれる。そしてそれは，必要な輸送に応じて，メトロポリスの交通を，金属製のキャット・ウォークと高速のベルト・コンベアーへとまとめあげるだろう」。

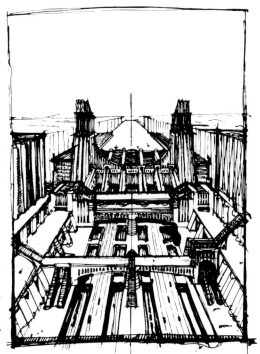

上：空港駅，下：発電所

1915–21
GIACCOMO
MATTÈ- TRUCCO
Automobile Factory(FIAT)
Lingotto, Turin, Italy

フィアット自動車工場
V・G・アニエッリは1912年（デトロイトのフォード自動車工場を訪れた後に)、イタリアにおける自動車のテイラー型生産方式を促進し始めた。こうした努力に際して、第1次世界大戦の極めて軍国的な情勢が助けとなった。というのは、こうした情勢によって、国家的な緊急の名のもとに、「流れ作業」の承認を得ることが出来たのであるから。最初は、労働者たちもこういった動きに抵抗はしなかったが、この単調作業の工場が完成してから1年もたたぬうちに、アニエッリの暴君的な合理主義に対する組合の激しい反抗と憎悪が引き起こされた。それにもかかわらず、この通常とは異なる建物の設計を支えた連続的で秩序だった生産という原理は今日でも依然として有効であり、このことは、まぎれもなくこの巨大な5階建の鉄筋コンクリートの工場が今だに使用されている理由を説明するものでもある。5つのフロアーは次の諸目的のために連続的に配列されている。（1）メンテナンスとモーターの試験、（2）エンジンおよびボディー組立、（3）ギヤ・ボックスおよび電気系統、（4）スプレー、車内装備、サスペンションおよびハンドル差動機構、（5）トラックの生産、（6）テスト走行、この最後の項目は屋上で行われる。そこには、1680×260フィートの領域の中に堤状の鉄筋コンクリートのトラックが作られている。このトラックの堤は、端部では55フィートに対し15フィート程高くなっている。この屋上の活性化は、その極めて彫刻的な形とあわせて、1952年のマルセイユのユニテのアパートに見られるようなル・コルビュジエの屋上風景の考えを連想させる。

建設にまつわる技術と社会の状況がいかなるものであろうとも、この建物がRC構造を工場へ応用した先駆的な作品であることに変りはない。そして設計が造船技師によって行なわれたという事実も極めて意味深いことである。1600万平方フィートの床面積に約6000人の労働者を収容するこの建物は空前の規模をもつ計画であった。しかしながら、構造的な立場からすると、最もきわだった発明は、建物の両端にある螺旋状の車用斜路であり、それは大変美しいRCのリブのシステムによって支えられている。そのシステムは、ド・ボードの理論上のプロジェクトを想起させると同時に、後にローマに建てられたピエール・ルイジ・ネルヴィのガッティ紡績工場（1953）のような建物をも予見しているように思える。

ランプを見上げる

1916–20
FRANK LLOYD WRIGHT
The Imperial Hotel
Tokyo, Japan

帝国ホテル

300×500フィートの敷地を占める軸的構成をもち中庭の両側を囲う3層の宿泊棟と、中心軸を閉じる4層の公的な棟から成るこの建物で、ライトは1914年シカゴのミッドウェイ・ガーデンの計画における形態構造を再び用いたのであった。ボザール的手法とまでは言わないにせよ、3部構成の基本的構成において、ミッドウェイ・ガーデンにおける多層のレストランはホテルにおいてはレセプション、ロビー、宴会場といった施設（地下には、1000席の劇場もある）となり、一方ロッジアのような、外部の半分屋根のかかったテラスでシカゴ・ビアガーデンに接していた部分は、ホテルの宿泊棟の傾斜した形態に変えられた。

ライトのプレイリー・スタイルは、ボザールの原理に依拠しているのと同じくらい、日本の文化にも影響を受けたものであったが、それは、遂に日本の建築の伝統に、自らの方法で直面せねばならなくなったのであり、ライトのこの挑戦に対する対応は必ずしも一貫したものとはいえない。とはいうものの、ライトは、プレイリー・スタイル（特にロビー部を参照してほしい）の層状の構成を変形し、日本の中世建築における重量感ある石積の伝統、すなわち、16世紀の日本の城郭の傾斜した堡塁を結びつけた。装飾に対する彼の選んだ取り組み方に関する限り、ライトは明らかに苦労しながらも、徹底して地方独自の石造を採用した。それは緑がかった黄色の火山性の大谷石で、明らかに細部を表現すること

の難しいものだったからである。サリヴァンは、その装飾が表面に刻まれたものではあるがその材料と一体のもののように見えると、注目すべき説明を与えている。同じ石は、ホテルの主要な公的空間にも用いられているが、その扱い方はかなり違った方法である。そこにおける支配的な形態は、重々しい装飾の刻まれた柱によって支えられた急勾配の垂木だったからである。ここの全体の印象は神道的というよりはプレコロンビアンのものだが、個室における（北海道の樫材の）木材の用い方などでは、材料、形態ともに軽やかな日本建築の様式へ戻っていた。多くの点に関して、1920年の終りに完成した帝国ホテルは、ライトの17年間のプレイリー文化の「挽歌」であった。たとえ、ライトがそれを建てる時に、過去15年の間に苦心して集めたプレイリースタイル・デザイン・チームでなく、地方の職人達を使わなければならなかったにしても。プレイリー・スタイルの精神はこの外国の環境の中で、チェコスロバキア系アメリカ人のアントニン・レイモンドの指導の下に維持され、レイモンドはこのホテルの工事監督の後、日本に自分の事務所を設立したのであった。

続く世界的名声やホテルの成功は、部分的には、1923年の東京大震災の際に壊れずに見事に残ったこ とからきている。この成功は、技術者ポール・ミュラーの設計による、短いコンクリート・パイルの上にいかだのように浮いている基礎に負うところが大きい。この模範的技術については、ルイス・サリヴァンが1924年のオランダの雑誌『ウェンデンヘン』に書いたこのホテルに関する文章の中で絶賛した。「概念においても結果においても全く新しいだけでなく、この建設方法は、強く、ねばり強い精神によって遂行されたのである。その精神は、技術の基本原理に対する洞察において想像力に富んでいただけでなく、息づく生命と美のロマンスに対する洞察において深遠であり、さもなくばいかんともしがたく活力に欠く形態と素材に対して、人間性と精神をもって対したのである」。

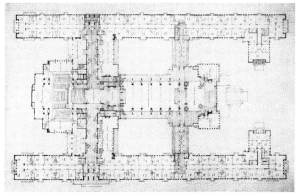

主階平面

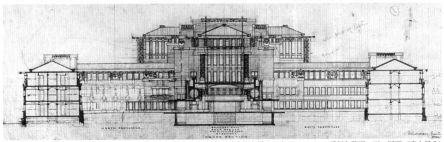

上：前面プール越しに正面玄関を見る，中：パーラーの暖炉と壁画，下：断面（東を見る）

1916–18
*J.F. STAAL, M. KROPHOL-
LER, P. KRAMER AND
OTHERS*
*Housing Estate, Park Meerwijk
Bergen-Binnen, Holland*

パーク・ミアウィークの集合住宅

この田園住宅地からなる芸術家村は、はじめは6エーカーの土地に建つ約17棟の住宅から成り立っていたもので、1916年頃、アムステルダム派のさまざまなメンバーによってデザインされ、続く2年間にわたってオランダの小さな海沿いの町の郊外に建設された。この企画のパトロンはヘイスティーという名の教養あるタイル製造業者で、彼はジャン・フレデリック（フリッツ）・スタール（1879-1940）に、敷地全体の配置と住宅群の中の5棟をデザインするように依頼した。そしてスタールの主たる協力者たち、彼の2度目の妻マーガレット・クラフォラー、コルネリス・ヨンケ・ブラーウ、そしてピエト・クラメルが、残りの10棟の独立住宅を分担することになった。一方、G・F・ラ・クロワは、かなり不整型で2つの正面をもつライト風のヴィラを担当したが、この建物は敷地全体の中心部分を形作った（1901年のダルムシュタット芸術家村においてエルンスト・ルートヴィッヒ館が占めていたのがこれと同様な場所であったことを参照せよ）。他の全ての住宅はオランダ表現主義の手法で完成されていた。すなわち、煉瓦壁、クレオソート処理された羽目板、わら葺きの屋根から成り立っており、イギリスのアーツ・アンド・クラフツの伝統に従ってまとめられていた。また、明らかにノーマン・ショウ、ベイリー＝スコット、エドウィン・ランドシール・ラッチェンスの作品に影響されていた。しかしながら、この影響はかなりゆるやかなもので、このヴァナキュラーなオランダ表現主義の独創性は評価されてもされ過ぎるということはない。それでもなお、クロフォラーのハイツェ・メーツェネスト（小鳥の巣）と名づけられた住宅は、明らかにE・S・プライアーの作品——とくに1898年にエクスマウスに建てられたプライアー邸であるザ・バーン——の影響下にある。ハイツェ・メーツェネストは、入口の両側に2本のプライアー風の見せかけの煙突をもち、その急傾斜でわら葺きの屋根は、この当時のアムステルダム派の住宅作品を特徴づけていた奇妙なノアの箱舟のような形を代表するものであった。それはここミアウィークのみならず海岸沿いに建てられた他の作品においても、すなわちとくにピエテル・ヴォルキンクやJ・P・ウォルムセル（1920-21年にオーストフォールネに建てられたT・レイヘルスネスト邸を参照）といった建築家たちに、そしてとりわけアイビンクやスネルブランドの短期間存在した会社によって設計された住宅にみられる。これらの住宅は平面と断面の両方において船の舳先のような形を誇示しており、一方それらの内部における空間的計画は、字義通り生物学的であるという点において有機的なものであった。

ハイツェ・メーツェネスト（設計／M・クロフォラー）

連続住居（設計／J・F・スタール）

デ・バーク（設計／J・F・スタール）

藁葺き屋根の住宅

1916
CHARLES-EDOUARD JEANNERET (Le Corbusier)
Villa Schwob
La Chaux-de-Fonds, Switzerland

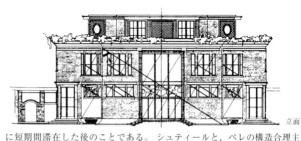

立面

シュウォッブ邸

1905年に処女作であるファレ邸を設計してから，それに続く「山小屋」風のヴァナキュラーなスタイルで建てられた家（1908年のシュトーツァ邸および1909年のジャックマン邸）までの間に，ジャンヌレ——当時彼はそう呼ばれていた——は，師シャルル・エプラットニエの教えの許で発展させた「ユーゲントシュティール」の手法から，ベーレンスとホフマンの1905年以後の作品に見られるような，より明快な古典的表現へと移っていった。この表現は，ラ・ショー＝ド＝フォンにおけるル・コルビュジエの創作活動の中に初めて現われてくる。それは，彼が1911年にドイツを訪れてベーレンスのアトリエに短期間滞在した後のことである。彼のスタイルは，1912年に帰国した後にラ・ショー＝ド＝フォンに建てたジャンヌレの父の家において急激に変化した。この新しい手法は，ファーヴル邸（1912）および同じ街の中心地に建てられたスカラ座（1915）において固められることになる。そしてこの地方での展開は，1915年に設計され1916年に建てられたシュウォッブ邸において一応の結論を見るに至った。それは，ジャンヌレがパリで自己を確立すべくラ・ショー＝ド＝フォンを決然と去る1年前のことであった。

シュウォッブ邸は多くの点において，ベーレンスおよびホフマンのいわゆる「結晶化された」ユーゲントシュティールと，ペレの構造合理主義が複雑に統合されたものである。というのも，ジャンヌレはこの住宅を設計するまでに，オーギュスト・ペレの許で約10ヶ月を過ごしたことがあったのだから。彼はペレの許で，鉄筋コンクリートの骨組に関する技術的かつ美的処方を身につけていたのだった。シュウォッブ邸全体の根底に存在し，この作品を彼のそれ以前の作品および彼の先人達の作品と区別するものは，まさにこの複雑な建築原理であった。シュウォッブ邸は，ベーレンスやホフマンの住宅作品と異なりパラディオ流のグリッドおよびパルティに基づいていて，その本体は古典的なA：B：A：B：Aのシステムに合わせて組織された。

ベイAは広いスパンに、ベイBは狭いスパンに対応する。この図式においては伝統的に（例外を許さないわけではないが）、ベイBはサーヴィスの目的に供され、ベイAは主要な諸室に当てられる。この住宅では、主階段が道路側の中央のベイにあること、台所がひとつの広いベイを占めていることを除けば、B空間によって「サーヴ」されるA空間というこの原理がやはり適用されているのである。

こうした分析によって、シュウォッブ邸は技術的にも芸術的にも重要な作品であることが理解されよう。技術という観点からは、これは鉄筋コンクリートの骨組と主要なヴォリュームに開けられた2重ガラス窓とを組み合わせた最初の住宅作品のひとつ（少なくともスイスにおいては）であることによって新しい地平を切り開くものであった。骨組自体は、アンヌビックとモルシェによるコンクリート骨組のシステムと無梁スラブと呼ばれるものとの奇妙な混合物である。それは、あの有名なフランスの鉄筋コンクリートの特許からの重要な離脱であり、ジャンヌレが彼の友人である技師マックス・デュボワと共に開発したドミノ骨組システムに近づくものであった。また芸術という観点では、この作品は空間を組織する原理的手法として、住宅全体の中心軸の上に高さ2層分の吹抜けを導入している。この吹抜けの空間を見おろすオリール窓は、トルコの「サレー」と類似しており、それ故この住宅は「ヴィラ・テュルク」というニックネームをもったようである。ル・コルビュジエの後の展開にとってより重要なことは、トラセ・レギュラトゥールの使用（『建築をめざして』に示されている）と、奇妙でグロテスクなコーニス──この古典的な特徴は、まもなく彼のヴォキャブラリーからは消え去ることになる──の使用であった。

1916–24
EUGÈNE FREYSSINET
Airship Hangars
Orly, near Paris, France

オルリーの飛行船格納庫

鉄筋コンクリート技術の開拓者であるシャルル・ラビュの弟子であったフレーシネは、1907年にわずか28歳という若さで、ブーティロンおよびル・ヴェルデュールに有名な鉄筋コンクリートの橋を設計した。彼は1914年から1919年にかけてヴィルヌーヴ・シュル・ローに作られたもうひとつの鉄筋コンクリート橋によって、この業績をさらに発展させたのだった。この橋は320フィートのスパンをもち、川から47フィートの高さに架けられた。フレーシネは、第1次世界大戦中多くの軍事協力を強いられたが、その中にはローヌ河口のイストルにおける一連の飛行船格納庫（1917）や1916年から1924年にかけてオルリーに建てられたふたつの飛行船格納庫などの作品が含まれている。エッフェルの場合と同じく、フレーシネの才能は、既存の構造技術を用いる際の大胆さの中に、そしてさらに構造方式そのものの中に存在していた。これらの放物線状アーチにおいて、彼はコンクリートを現場打ちするための可動型枠の技術を初めて利用したのだった。高さ200フィートのヴォールトは、それぞれ2段階を経て建造された。まず第1段階は、鉄筋の入った基礎と一体に現場打ちされた格納庫の両側にある55フィートの高さをもつアーチ基部であった。そして第2段階では、十分に折り曲げられ一部ガラス張りとなったコンクリート・シェルのアーチが、1回にひとつのV字型リブという過程で基部の上に造られた。これらのリブは、可動の合板製型枠によって成型され、その型枠は7.5メートルの幅をもつ可動の木製骨組に支えられていた。このシェル・リブの厚さは、最も薄い箇所で3.5インチであり、アーチの張力全体を支える下の部分では最も厚く、8インチであった。それぞれのリブには上弦の部分で、ランタン型の通風口が付けられており、また飛行船の頂部へのサーヴィスのために4つのブリッジが上から吊り下げられた。共に全長915フィートもの偉容を誇ったこれらふたつの驚くべき建造物は、第2次世界大戦の終わり頃に破壊された。

1918–47
ARNSTEIN ARNEBERG & MAGNUS POULSSON
Town Hall
Oslo, Norway

オスロ市庁舎

今日では，ひとつの建物の建設が，最初の敷地の選定から約35年という長期間にわたって行なわれるということはまれである。この市庁舎の場合は，1915年に敷地が定められ，1950年5月15日にオスロ市の900年祭の一環としてオープンされた。1919年10月の予備コンペを経て，アルネベルクとプールソンに市庁舎の設計が任されることになったが，用地買収が完了するには，さらに10年を要した。そして礎石が正式に置かれたのは1931年になってからである。工事の経過は全部で16年間を要し，市議会が最初に議場に入ったのは1947年であった。1936年に市庁舎の装飾美術のためのコンペが行なわれたが，これらの作品が最終的に全て取り付けられたのは1950年のことである。当然予想されることながら，アルネベルクとプールソンの設計は1919年の案から1931年に完成した最終案までの間に大きく変更された。彼らの1919年の計画は，1916年から1924年にかけて同じく彼らの設計したネオ・ルネッサンス様式のオスロ電報局の建物にみられるような古典的な色彩を持ち合わせていた。13世紀のノルウェー教会の伝統から引き出されたモチーフを持つ方形の独立した塔だけは別として，彼らの1919年の設計はスカンディナヴィアにおけるロマンティック・クラシカルなリヴァイヴァリスト的手法の典型とも言うべきものであった。しかし20年代後半の7番目の計画案のころに彼らは，後にオスロ大学においてブリンとエレフセンが用いることになるルスティカ積の基部と帯状の窓割をもったマッシヴな煉瓦の様式に到達していた。このころまでに，港に面する前庭を囲む2本のウィングをもった，四角い中庭を作るという基本方針もかたまっていた。つまり，変わらずに残る独立した塔を除けば最終的なデザインが展開されるべき方向は唯ひとつであり，それは主要マッスのツインタワーをさらに発展させるということであった。最終計画案の1階レベルはエストベリのストックホルム市庁舎と幾分似ており，一連の公共のレセプション・ルーム——即ち宴会場，フェスティヴァル・ギャラリー，会議集会場，そして中庭を構成する軸の上にのった半円形の会議場——に当てられている。220フィートの高さをもつ2本の直線的な塔はタイルと石の仕上げを使った煉瓦造で，そこに現在は，市の行政の主要な管理事務室がおさめられている。要塞のごとく英雄的な姿をもつオスロ市庁舎は，ナショナル・ロマンティックな精神の遅咲きの姿を今だに讃えているのである。

入口側外観

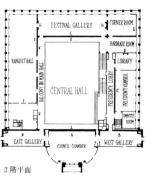

2階平面

1919

HANS POELZIG
Grosses Schauspielhaus
Berlin, Germany

ベルリンの大劇場

ルーバンに1911-12年に建てられた化学工場に到るまでのペルツィッヒの作品を特徴づけていたのは工業的な美学であったが、ブルーノ・タウトの「ガラスの鎖」の影響を受け、彼はそうした美学を一時的に捨て去ることになる。1914年から1918年の間の時期に、タウトと彼の友人達(グロピウス、シャロウン、フィンステルリン、ルックハルト兄弟)の間で交された「ヴィジョナリー」な会話の内容にペルツィッヒが気づいていたことは、彼の建築そのものが証拠だてている。ペルツィッヒのスタイルの突然の変質が、究極的にはどのような原因によるものであれ、彼の作品は第1次大戦の終り頃においては強いユートピア的傾向を獲得していた。そしてとりわけ、1916年に行なわれイスタンブールに建つ予定だった友情の家のコンペ案においてそのことが明らかである。

この当時、ペルツィッヒは、構造的には合理的な「鍾乳石のような」建築を提案し始めた。それは、引き延ばされたアーチ型のエレメントの執拗な反復によって作り上げられるものであった。またそれは、一種の建築構造部材の反復であり、イスラムの建築的伝統を通じてアーチやドームがもっていたと同様な、効果としての均質化であった。こうしたヴィジョンと、シェールバルト的な「ガラスの鎖」のヴィジョンとの間の主要なきずなは、ペルツィッヒが上記のようなエレメントからよく作り出した、山岳のような構成の中にあった。たとえば、1920-22年にザルツブルグのために計画された祝祭劇場や、4年前のイスタンブールのデザインにそれが見られる。

大劇場は、1919年に舞台演出家マックス・ラインハルトのためにデザインされたもので、現存するマーケット・ホールを、ラインハルトの集団ページェントの上演のために、100フィート幅の舞台を持った大きな5000席のオーディトリアムへと改装したものであった。無愛想な、箱のような、勾配屋根の架けられた外観は、充分な高さのアーチ型による連続的な浅いレリーフによって活気づけられていた。この外観を別とすれば、内部のオーディトリアムは、ペルツィッヒの「山岳の」原理が逆転されたものだといえる。すなわち、これは吊られたアーチ群から成るシェルのような表面によって出来ている巨大な鍾乳石の洞窟として取り扱われていた。この高度に網状化された表面は、付随的な長所として、この何とも極端に大きな空間での残響時間を減ずる効果を持っていたようである。

自然の、および人工の、両方の光が、全てのペルツィッヒの建築の中で、顕著な役割を演じていた。そして、このオーディトリアムにおけるほど、その特徴が強く示されている作品はなかった。ここでは、巨大なヴォリュームにおける人工照明は、オーディトリアムの外郭のペンデンティヴ構造体の間に隠された無数の光源から発している。この光の原野(フィールド)は、鍾乳石の先端に固定されたスポットライトによる星のような照明網によって、さらに活性化したものとなることができた。赤い洞窟のような渦を巻く内部の表面を、滝のように登り、覆い、流れ落ちてゆく間接照明の一般原理は、ホワイエや他の付属空間群の内部の取り扱いに対しても持ち込まれている。これが、ペルツィッヒの最も幻想的な作品である。まもなく彼は、戦前に見せた工業的美学のヴァリエーションへと回帰し、時には新古典主義的な表現にさえ転向した。彼の実用主義的な煉瓦造美学の復活は、1925年にハンブルクのためにデザインされたメッセハウスの計画案に明らかである。しかし、その同じ年のベルリンに建てられたカピトル映画館になると、彼は、潜在的クラシシズムによる起伏のデザインへと回帰していた。ラインハルト劇場の栄光から、この映画館へと残されたものは、人工照明の表現主義的特質へと向かう同様の関心のみであった。

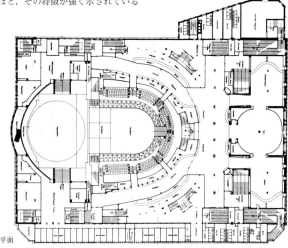

平面

劇場内部

Acknowledgments
出典

The publisher greatly appreciates the cooperation received from authorities and parties who have charge of any illustrations and photographs used in the issue.

Text illustrations

Archives de Paris, Paris: p. 84
Archives der Wiener Sezession, Vienna: p. 128 left
The Crystal Palace Foundation of Patrick Beaver (Courtesy of Upper Norwood Public Library, London): p. 14 left
Glasgow School of Art, Glasgow : p. 81 left
Kunstbibliothek Berlin, Staatliche Museen Preussischer Kulturbeisitz, Berlin: p. 128 right
© FLC/ADAGP, Paris & SPDA Tokyo, 1998: p. 78 right
National Railway Museum, New York: p. 13 right
Victoria and Albert Museum, London : p.14 right

Illustrations have been reproduced from the following publications by permission.

Adolf Loos: Pioneer of Modern Architecture by L. Münz & G. Künstler, Anton Schroll & Co., 1964 (Courtesy of Graphische Sammlung ALBERTINA), Vienna: p. 187
The Anti-Rationalists, edited by N. Pevsner & J.M. Richards, The Architectural Press, London, 1973: p. 79 right
Art Nouveau by R. Schmutzler, Verlag Gerd Hatje, Stuttgart: pp. 77, 79 left, 80, 82 left, 181
Chicago: Growth of a Metropolis by H.M. Mayer & R.C. Wade, The University of Chicago Press, Chicago, 1969: pp. 45, 46 left, 47 left
Geschichte der modernen Architektur by J. Joedicke, Verlag Gerd Hatje, Stuttgart, 1958: pp. 17, 47 right
Lotus 12, Lotus International, Milano, 1976: pp. 183 left, 184

Otto Wagner 1841-1918 by H. Geretsegger & M. Peintner, © 1976 Residenz Verlag, Salzburg und Wien: pp. 125 right, 126, 127, 129
Richard Norman Shaw by R, Blomfield, Batsford, London, 1940: p. 178
Space, Time and Architecture by S. Giedion, Harvard University Press, Cambridge: p. 18
Storia dell'architettura moderna, Vol. 1, by L. Benevolo, Giuseppe Laterza & Figli, Roma, 1960: pp. 9, 10, 15 below, 16 right, 46 right, 49 right, 53 left, 89, 125 left
Victor Horta by F. Borsi & P. Portoghesi, Vokaer, Brussels, 1970: p. 83

Illustrations have been reproduced from the following publications.

American Buildings and Their Architects by W.H. Jordy, Anchor Books, New York, 1976: pp. 48 right, 49 left
Antonio Gaudí: l'home i l'obra by J.M. Bergos, Ariel, Barcelona, 1954: pp. 86, 87
Architectures, Paris 1848-1914, edited by B. Marrey & P. Chem-etov, Secrétaire d'Etat à la Culture, Paris, 1972: pp. 9 right, 11 left
L'architettura del ferro: La Francia (1715-1914) by G. Roisecco, Balzoni, Roma, 1973: p. 16 left
L'architettura del ferro: l'inghilterra (1668-1916) by G. Roisecco, Balzoni, Roma, 1973: pp. 11 right, 15 left, 78 left, 81 right
Bâtiments de chemins de fer 1862-66 by P. Chabat, pl. 49: p. 13 left
The Britannia and Conway Tubular Bridges, 1850: p. 15 right
Builder, 15 Jan. 1848: p. 12 left
Casabella No. 329, Oct. 1968: p. 85
Contrasts by A.N.W. Pugin, 2nd ed. 1841: pp. 176, 177
Corso di Desegno 5°, L'arte e la città contemporanea by L. Benevolo, Giuseppe Laterza & Figli, Roma,

1976: p. 53 right
Das Englische Haus by H. Muthesius, Berlin, 1904: p. 182
Illustrated London News, 2 Sept. 1848: p. 12 right
Modern Architecture by K. Frampton, Thames and Hudson, London, 1980: pp. 48 left, 49 middle

Other illustrations

Amigos de Gaudí, Barcelona: pp. 148, 150
Architectural Record, New York: p. 156
Archives d'Architecture Moderne, Brussels: pp. 104, 143, 172, 173
Archives de Paris, Paris: p. 74
Archives der Wiener Sezession, Vienna: p. 105
The Art Institute of Chicago, Chicago: p. 68
Bibliothèque Nationale, Paris: pp. 24, 31, 56
The British Architectural Library (RIBA), London: pp. 21 below, 100
British Railways: p. 23
Centrum v.d. Bouwkunst, Amsterdam: p. 199
The Cleveland Arcade Co., Cleveland: p. 55
Cooper-Hewitt Museum, The Smithsonian Institution's National Museum of Design, New York: p. 146
George A. Fuller Co.: pp. 40, 112
Glasgow School of Art (Drawn by Peter Porteous and Paul Spear), Glasgow: p. 98
Historisches Museum der Stadt Wien, Vienna: p. 134
Kunstbibliothek Berlin, Staatliche Museen Preussischer Kulturbesitz, Berlin: pp. 109, 162
© FLC/ADAGP, Paris & SPDA Tokyo, 1998: p. 216
The Museum of Finnish Architecture, Helsinki: p. 158
Plansammlung der Universitätsbibliothek der Technischen Universität Berlin, Berlin: pp. 191, 220
Toshiaki Tange: p. 107

Victoria and Albert Museum, London: p. 20 above

Illustrations have been reproduced from the following publications.

Adolf Loos: Pioneer of Modern Architecture by L. Münz & G. Künstler, Anton Schroll & Co., 1964 (Courtesy of Graphische Sammlung ALBERTINA), Vienna: p. 171
The American Architect and Buildings News, International Edition, 26 May 1906: pp. 122, 123
Antoni Gaudi by Sweeny/Sert, Verlag Gerd Hatje, Stuttgart, 1960: pp. 38, 161
Die Architektur des Expressionismus by W. Pehnt, Verlag Gerd Hatje, Stuttgart, 1973: pp. 165, 202, 208, 209, 214
Art Nouveau Architecture, edited by F. Russel, Academy Editions, London, 1979 (Redrawn by John Read): p. 102
The Bradbury Building, recorded by the United States National Park Service: pp. 60, 61
Five California Architects by Esther McCoy. © 1960 by E. McCoy. Holt, Rinehart and Winston, New York, 1960: p. 167
Les Grands Magasins by B. Marrey, Librarie Picard, Paris, 1979: pp. 36, 37
H.H. Richardson and his Office: Selected Drawings by J.F. O'Gorman, David R. Godine Publisher/Harvard College, Boston, 1974: p. 42
Kunst und Technik der Wölbung by F. Hart, Verlag Georg Callwey, Munich, 1965: p. 196
Mackintosh Architecture, edited by J. Copper & B. Bernard, Academy Editions, London, 1978: p. 120
Der Moderne Zweckbau by A. Behn, Ullstein Verlag, Berlin, Frankfurt /M, Vienna, 1964: p. 195
Otto Wagner 1841-1918 by H. Geretsegger & M. Peintner, © 1976 Residenz Verlag, Salzburg und Wien, 1976: pp. 134, 144
Passagen: ein Bautyp des 19. Jahrhunderts by J.F. Geist, Prestel-Verlag, Munich, 1978: pp. 28, 29
"Recommendations for Renovation of the Wainwright Building," St. Louis Chapter American Institute of Architects, St. Louis: p. 66
Storia dell'architettura moderna, Vol. 1, by L. Benevolo, Giuseppe Laterza & Figli, Roma, 1960: p. 72
Storia dell'architettura moderna, Vol. 2, by L. Benevolo, Giuseppe Laterza & Figli, Roma, 1960: p. 118
Victor Horta by F. Borsi & P. Portoghesi, Vokaer, Brussels, 1970: pp. 92, 94, 116
The Works of Sir Joseph Paxton by G.F. Chadwick, The Architectural Press, London, 1961 : p. 20 below
Zwischen Glaspalast und Palais des Illusion by E. Schild, Ullstein Verlag, Berlin, Frankfurt/M, Wien: p. 58

The drawings of Frank Lloyd Wright are Copyright © 1981, 1998 The Frank Lloyd Wright Foun-dation, Scottsdale, Arizona: pp. 50, 51, 52, 62, 70, 132, 137, 154, 158, 200, 212, 213

Photographic Acknowledgments

Archives d'Architecture Moderne, Brussels: p. 91
Archivo MAS: p. 106 above
The Crystal Palace Foundation of Patrick Beaver (Courtesy of Upper Norwood Public Library, London): p. 21 above
Courtesy of Mrs. Walter Gropius: pp. 204, 205
Harlingue-Viollet, Paris: p. 217
Stadt Köln Nachrichtenamt, Köln: p. 203 above
Plansammlung der Universitätsbibliothek der Technischen Universität Berlin, Berlin: pp. 190, 191, 192, 193
Verlag Gerd Hatje, Stuttgart: p. 196
© 1981, 1998 The Frank Lloyd Wright Foundation, Scottsdale, Arizona: pp. 132, 133, 201

Photographs have been reproduced from the following publications by permission.

Adolf Loos: Pioneer of Modern Architecture by L. Münz & G. Künstler, Anton Schroll & Co., 1964 (Courtesy of Graphische Sammlung ALBERTINA), Vienna: p. 170
The Anti-Rationalists, edited by N. Pevsner & J.M. Richards, The Architectural Press Ltd., London, 1973: p. 117
Die Architektur des Expressionismus by W. Pehnt, Verlag Gerd Hatje, Stuttgart, 1973: pp. 164 above (Photo: Heydebrang-Osthoff), 164 below, 203 below (Photo: Dr. F. Stoedtner)
Geschichte der modernen Architektur by J. Joedicke, Verlag Gerd Hatje, Stuttgart, 1958: pp. 57(Photo: Chevojon, Paris), 206, 221 (Photo: Bildarchive Foto, Marburg)
Lotus 12, Lotus International, Milano, 1976: pp. 210, 211
Victor Horta by F. Borsi & P. Portoghesi, Vokaer, Brussels, 1970: pp. 92, 94, 95, 116

The editors have sought as far as possible, the rights of reproduction to the illustrations contained in this publication. Since some of the sources could not be traced, the editors would be grateful to receive information from any copyright owner who is not credited herein. Acknowledgment will be gladly made in future editions if appropriate.

HIGHLIGHTS of

MODERN ARCHITECTURE
MA
近代建築の歴史
1851-1945

V・バルタール & F・E・カレ：パリ中央市場, 1953-86 (p. I-24)

ヨーゼフ・マリア・オルブリッヒ：ゼツェッション館, 1898 (p. I -105)

チャールズ・レニー・マッキントッシュ:
ヒル・ハウス, 1902-03 (p. I -119)

オットー・ワグナー：
ウィーンの郵便貯金局，
1903-12 (p. I -134)

アントニオ・ガウディ&J・M・フホール:カサ・バトリョ,1905-07 (p.I-148)

ペーター・ベーレンス&カール・ベルンハルト：
AEGタービン工場, 1908-10 (p. I -160)

フランク・ロイド・ライト：帝国ホテル，1916-20 (p. I -212)

エーリヒ・メンデルゾーン:アインシュタイン塔。1920 (p.Ⅱ-22)

オーギュスト・ペレ：ル・ランシーのノートルダム教会、1922-23（p. II -36）

ヘリト・リートフェルト：シュローダー邸，1923-24 (p. II -40)

ワルター・グロピウス&アドルフ・マイヤー：バウハウス校舎, 1926 (p. II-78)

ピエール・シャロー&ベルナール・ベイフット：ダルザス邸, 1928-32 (p. II -125)

ミース・ファン・デル・ローエ&リリー・ライヒ：バルセロナ博ドイツ館, 1929 (p. II -134)

エリック・グンナー・アスプルンド
森の火葬場, 1935-40 (p. II -186)

フランク・ロイド・ライト 落水荘 1936 (p. II -194)

アルヴァ・アアルト：ヴィラ・マイレア, 1937-39 (p. II/230)

オスカー・ニーマイヤー＋ルシオ・コスタ
教育保健省庁舎, 1937-43 (p. II -228)

MODERN ARCHITECTURE
1920-1945
YUKIO FUTAGAWA/KENNETH FRAMPTON

近代建築の開花 1920-1945

企画・撮影:二川幸夫／文:ケネス・フランプトン／翻訳:三宅理一，青木淳

MODERN ARCHITECTURE 1920-1945

Contents
目次

II -8   **Chapter 6: The Modern Brick Vernacular in Northern Europe: Austria, Germany and Holland 1914–1935**
第6章：北ヨーロッパの風土建築としての煉瓦造近代建築：オーストリア，ドイツ，オランダ　1914-1935

II -18 **Peter Vilhelm Jensen-Klint: Grundtvigs Church**, Copenhagen, Denmark, 1913–40
P・V・イェンセン=クリント：グルントヴィ教会

II -20 **Mies van der Rohe: Friedrichstrasse Office Building and the Glass Skyscraper**, 1919–21
ミース・ファン・デル・ローエ：フリードリヒ街のオフィスビルとガラスの摩天楼

II -22 **Erich Mendelsohn: Einstein Tower**, Potsdam, Germany, 1920
エーリヒ・メンデルゾーン：アインシュタイン塔

II -24 **Pieter Lodewijk Kramer: "De Dageraad" Housing**, Amsterdam, Holland, 1919–22
ピーテル・ロドウェイク・クラメル：デ・ダヘラート集合住宅

II -25 **Michel de Klerk: Apartment Blocks**, Henriette Ronnerplein, Amsterdam, Holland, 1920–21
ミケル・デ・クラーク：ヘンリエット・ローネルプレインの集合住宅

II -26 **Vladimir Tatlin: Monument to the Third International**, 1920
ウラディミール・タトリン：第三インタナショナル記念塔

II -27 **Hendrik Petrus Berlage: Gemeentemuseum**, The Hague, Holland, 1920–35
ヘンドリク・ペトルス・ベルラーヘ：ハーグ市立美術館

II -30 **Peter Behrens: I.G. Farben Dyeworks**, Frankfurt am Main, Germany, 1920–24
ペーター・ベーレンス：I・G・ファーベン染色工場

II -32 **Erik Gunnar Asplund: Stockholm Public Library**, Stockholm, Sweden, 1920–28
エリック・グンナー・アスプルンド：ストックホルム市立図書館

II -34 **Eliel Saarinen: Chicago Tribune Tower Competition**, 1922
エリエル・サーリネン：シカゴ・トリビューン設計競技案

II -36 **Auguste Perret: Notre-Dame du Raincy**, Le Raincy, France, 1922–23
オーギュスト・ペレ：ル・ランシーのノートルダム教会

II -38 **Albert Kahn: Rouge River Glass Plant, Ford Motor Co.**, Dearborn, Michigan, U.S.A., 1922
アルバート・カーン：フォード社ガラス工場

II -40 **Gerrit Rietveld: The Schröder House**, Utrecht, Holland, 1923–24
ヘリト・リートフェルト：シュローダー邸

II -42 **Le Corbusier: La Roche-Jeanneret Double House**, Paris, France, 1923–24
ル・コルビュジエ：ラ・ロッシュ／ジャンヌレ邸

II -44 **Fritz Höger: Chilehaus, Shipping Headquarters**, Hamburg, Germany, 1923
フリッツ・ヘーガー：チリハウス

II -45 **Hugo Häring: Gut Garkau Agricultural Bldg.**, near Lübeck, Germany, 1923–24
フーゴー・ヘーリンク：ガルカウ農場

II -46 **Frank Lloyd Wright: "La Miniatura," Millard House**, Pasadena, California, U.S.A., 1923
フランク・ロイド・ライト：ミラード邸「ラ・ミニアトゥーラ」

II- 47 **Henri Sauvage & Charles Sarazin: Flats, rue des Amiraux**, Paris, France, 1923–24
アンリ・ソヴァージュ：アミロー街の集合住宅

II- 48 **Willem Marinus Dudok: Town Hall, Hilversum**, Holland, 1924–31
ウィレム・マリヌス・デュドック：ヒルヴァーシャムの市庁舎

II- 50 **Chapter 7: The Classical Tradition and the European Avant-Garde: France, Germany and Scandinavia 1912–1937**
第7章：古典主義の伝統とヨーロッパのアヴァンギャルド：フランス，ドイツ，スカンジナヴィア 1912-1937

II- 72 **Le Corbusier: Pavillon de l'Esprit Nouveau, Exposition des Arts Décoratifs**, Paris, France, 1925
ル・コルビュジエ：エスプリ・ヌーヴォー館

II- 73 **Karl Moser: St. Antonius**, Basel, Switzerland, 1925–27
カール・モーザー：ザンクト・アントニウス教会

II- 74 **Rudolf Schindler: Lovell Beach House**, Newport Beach, California., U.S.A., 1925–26
ルドルフ・シンドラー：ロヴェル氏のビーチ・ハウス

II- 75 **Ilya Golosov: Zuyev Club, Moscow, USSR (now Russian Federation)**, 1926
イリヤ・ゴロゾフ：ズィエフ労働者クラブ

II- 76 **Adolf Loos: Tristan Tzara House**, Paris, France, 1926–27
アドルフ・ロース：トリスタン・ツァラ邸

II- 78 **Walter Gropius & Adolf Meyer: The Bauhaus**, Dessau, Germany, 1926
ワルター・グロピウス＆アドルフ・マイヤー：バウハウス校舎

II- 80 **J.J.P. Oud: Workers' Housing**, Hoek van Holland, Holland, 1926–27
J・J・P・アウト：フーク・ファン・ホランド

II- 82 **Johannes Duiker: "Zonnestraal" Sanatorium**, Hilversum, Holland, 1926–28
ヨハネス・ダイケル：ゾンネストラール・サナトリウム

II- 84 **Erich Mendelsohn: Universum Cinema**, Berlin, Germany, 1926–29
エーリヒ・メンデルゾーン：ウニファースム映画館

II- 85 **Le Corbusier: Villa de Monzie (Villa Stein)**, Garches, Paris, France, 1927
ル・コルビュジエ：ヴィラ・ド・モンジー

II- 88 **Mies v.d. Rohe & Döcker: Weissenhofsiedlung, Werkbund Exhibition**, Stuttgart, Germany, 1927
ミース・ファン・デル・ローエ，R・デッカー：ヴァイセンホフ・ジートルンク（1927年工作連盟展）

II- 90 **J.A. Brinkman & L.C. van der Vlugt: Van Nelle Factory**, Rotterdam, Holland, 1927
J・A・ブリンクマン＆L・C・ファン・デル・フルーフト：ファン・ネレ工場

II- 92 **Richard Neutra: Lovell Health House**, Los Angeles, California, U.S.A., 1927
リチャード・ノイトラ：健康住宅（ロヴェル邸）

II- 94 **Karl Ehn: Karl Marx Hof**, Vienna, Austria, 1927
カール・エーン：カール・マルクス・ホフ

II- 96 **Konstantin Melnikov: Rusakov Workers' Club**, Moscow, USSR, 1927–28
コンスタンティン・メルニコフ：ルサコフ労働者クラブ

II- 98 **Chapter 8: The Millenialistic Impulse in European Art and Architecture: Russia and Holland 1913–1922**
第8章：ヨーロッパの芸術と建築における千年王国的な衝撃：ロシアとオランダ 1913-1922

II-122 **J.W.E. Buys & J.B. Lürsen: "Die Volharding,"** The Hague, Holland, 1928
J・W・E・バイス＆J・B・リュルセン：「ディー・ヴォルハルディング」百貨店

II-123 **Theo van Doesburg: Café L'Aubette**, Strasbourg, France, 1928–29
テオ・ファン・ドゥースブルフ：カフェ・ローベット

II-124 **Johannes Duiker: Open-air School**, Cliostraat, Amsterdam, Holland, 1928–30
ヨハネス・ダイケル：外気学校

II-125 **Pierre Chareau & Bernard Bijvoet: Maison Dalsace (Maison de Verre)**, Paris, France, 1928–32
ピエール・シャロー＆ベルナール・ベイフット：ダルザス邸（ガラスの家）

II-128 **Raymond Hood: Rockefeller Center**, New York, N.Y., U.S.A., 1928–40
レイモンド・フッド：ロックフェラー・センター

II-130 **Mies van der Rohe: Tugendhat House**, Brno, Czechoslovakia (now Czecho), 1928–30
ミース・ファン・デル・ローエ：トゥーゲントハート邸

II-132 **Hans Scharoun: Hostel Bldg., Werkbund Exhibition**, Breslau, Germany (now Poland), 1929
ハンス・シャロウン：「家庭と仕事場」展のための寮（1929年工作連盟展）

II-134 **Mies van der Rohe & Lily Reich: German Pavilion, International Expo**, Barcelona, Spain, 1929
ミース・ファン・デル・ローエ＆リリー・ライヒ：バルセロナ博ドイツ館

II-136 **Le Corbusier: Villa Savoye**, Poissy, France, 1929–31
ル・コルビュジエ：サヴォワ邸

II-138 **Alvar Aalto: Paimio Sanatorium**, near Turku, Finland, 1929–33
アルヴァ・アアルト：パイミオのサナトリウム

II-140 **Robert Maillart: Salginatobel Bridge**, near Schiers, Switzerland, 1929–30
ロベール・マイヤール：サルジナ渓谷橋

II-142 **George Howe & William Lescaze: PSFS Building**, Philadelphia, Pennsylvania, U.S.A., 1929–32
ジョージ・ハウ＆ウィリアム・レスカーズ：PSFSビル

II-144 **E. Owen Williams: Daily Express Building**, Fleet Street, London, England, 1930–32
E・オーエン・ウィリアムズ：デイリー・エクスプレス社屋

II-146 **Pier Luigi Nervi: Giovanni Berta Stadium**, Florence, Italy, 1930–32
ピエール・ルイジ・ネルヴィ：ジョヴァンニ・ベルタ・スタジアム

II-147 **William Van Allen: Chrysler Building**, New York, N.Y., U.S.A., 1930
ウィリアム・ヴァン・アレン：クライスラー・ビル

II-148 **Le Corbusier: Pavillon Suisse**, Cité Universitaire, Paris, France, 1930–32
ル・コルビュジエ：スイス学生会館

II-150 **E. Owen Williams: Boots Factory, "Wets" Bldg.**, Beeston, Nottingham, England, 1930–32
E・オーエン・ウィリアムズ：ブーツ薬品工場

II-152 **Le Corbusier: Salvation Army Refuge**, Paris, France, 1931–33
ル・コルビュジエ：救世軍施設

II-154 **Hans Scharoun: Schminke House**, Löbau, Saxony, Germany, 1932–33
ハンス・シャロウン：シュミンケ邸

II-156 **Giuseppe Terragni: Casa del Fascio**, Como, Italy, 1932–36
ジュゼッペ・テラーニ：カサ・デル・ファッショ

II-158 **Chapter 9: The Regional City and Corporate Urbanism: Architecture and American Destiny 1913–1945**
第9章：地方都市と共同都市計画：建築とアメリカの運命　1913-1945

II-181 **Colin Lucas: "The Hopfield," St. Mary's Platt**, Kent, England, 1933
コリン・ルーカス：ロッサムの住宅「ザ・ホップフィールド」

II-182 **Berthold Lubetkin & Tecton: Penguin Pool, Regent's Park Zoo**, London, England, 1934
ルベトキン＆テクトン：ペンギン・プール

II-184 **Berthold Lubetkin & Tecton: Highpoint I**, Highgate, London, England, 1934
ルベトキン＆テクトン：ハイポイントⅠ

II-185 **E. Owen Williams: The Empire Pool**, Wembley, London, England, 1934
E・オーエン・ウィリアムズ：エンパイア・プール

II-186 **Erik Gunnar Asplund: Woodland Crematorium**, Emskede, Sweden, 1935–40
エリック・グンナー・アスプルンド：森の火葬場

II-189 **Eduardo Torroja: Madrid Hippodrome**, Madrid, Spain, 1935
エドゥアルド・トロハ：マドリッド競馬場

II-190 **Alvar Aalto: Cellulose Factory & Workers' Housing**, Sunila, Finland, 1935–39
アルヴァ・アアルト：スニラのセルローズ工場と労働者住宅

II-192 **Alfred & Emil Roth and Marcel Breuer: Doldertal Flats**, Zurich, Switzerland, 1935–36
アルフレート＆エミール・ロート，マルセル・ブロイヤー：ドルダタル・アパート

II-194 **Frank Lloyd Wright: Fallingwater**, Bear Run, Pennsylvania, U.S.A., 1936
フランク・ロイド・ライト：落水荘

II-196 **Chapter 10: International Modernism and National Identity: 1919–1939**
第10章：インターナショナル・モダニズムと国民的自覚： 1919-1939

II-223 **Giuseppe Terragni: Asilo Infantile Antonio Sant'Elia**, Como, Italy, 1936–37
ジュゼッペ・テラーニ：サンテリア幼稚園

II-224 **Frank Lloyd Wright: S.C. Johnson & Son Administration Bldg.**, Racine, Wis., U.S.A., 1936–39
フランク・ロイド・ライト：ジョンソン・ワックス・ビル

II-228 **Oscar Niemeyer, Lucio Costa: Ministry of Education**, Rio de Janeiro, Brazil, 1937–43
オスカー・ニーマイヤー，ルシオ・コスタ：教育保健省庁舎

II-230 **Alvar Aalto: Villa Mairea**, Noormarkku, Finland, 1937–39
アルヴァ・アアルト：ヴィラ・マイレア

II-232 **Alvar Aalto: Finnish Pavilion, Paris World Exhibition**, Paris, France, 1937
アルヴァ・アアルト：フィンランド館（1937年パリ万国博覧会）

II-234 **Le Corbusier & P. Jeanneret: Pavillon des Temps Nouveaux**, Paris, France, 1937
ル・コルビュジエ＆P・ジャンヌレ：新時代館（1937年パリ万国博覧会）

II-236 **Junzo Sakakura: Japanese Pavilion**, Paris, France, 1937
坂倉準三：日本館（1937年パリ万国博覧会）

II-238 **Philip Goodwin & Edward Stone: Museum of Modern Art**, New York, N.Y., U.S.A., 1938–39
フィリップ・グッドウィン＆エドワード・ストーン：ニューヨーク近代美術館

II-240 **Adalberto Libera: Villa Malaparte**, Capri, Italy, 1938
アダルベルト・リベラ：マラパルテ邸

II-242 **Frank Lloyd Wright: Taliesin West**, near Phoenix, Arizona, U.S.A., 1938
フランク・ロイド・ライト：タリアセン・ウエスト

II-246 **Carlos Raúl Villanueva: Gran Colombia School**, Caracas, Venezuela, 1939
カルロス・ラウル・ビリャヌエバ：グラン・コロンビア小学校

II-247 **Richard Neutra: Sydney Kahn House**, San Francisco, California, U.S.A., 1940
リチャード・ノイトラ：シドニー・カーン邸

II-248 **Oscar Niemeyer: Church of St. Francis of Assisi**, Pampulha, Belo Horizonte, Brazil, 1943–46
オスカー・ニーマイヤー："アッシジの聖フランチェスコ"教会

II-250 **Oscar Niemeyer: Casino Pampulha**, Minas Gerais, Brazil, 1942
オスカー・ニーマイヤー：パンプラのカジノ

II-251 **Carlos Raúl Villanueva: Ciudad Universitaria**, Caracus, Venezuela, 1944–47, 1952–57
カルロス・ラウル・ビリャヌエバ：ベネズエラ中央大学（第1期，第2期）

II-254 **Acknowledgments**
出典

Title pages: Villa Savoye by Le Corbusier

第6章
北ヨーロッパの風土建築としての煉瓦造近代建築：
オーストリア，ドイツ，オランダ　1914-1935
The Modern Brick Vernacular in Northern Europe:
Austria, Germany, and Holland 1914–1935

1．幕開けとしてのガラス建築

「ゴシックを考えずしてガラス建築を考えることはできない。ゴシックの大聖堂や城塞が建立されていた頃，ガラスの建築もまた試みられたのだ。だが，これは完全に実現されたわけではない。というのも，それに不可欠の材料たる鉄がまだ使用可能ではなかったからであり，この鉄こそが完璧なガラスの空間を造ることを可能にする。ゴシックの時代には，個人住宅の大半はガラスを全く知らなかった。今日，どの住宅でも建築の主要な要素としてガラスが用いられる。とはいえ，まだ色彩が欠けている。だが，将来，色彩も登場することになろう。

　着色ガラスを透過する光のもつ独特の影響は，すでに古代バビロンやシリアの祭司達に知られていた。寺院の中に着色ガラスのランプを吊るしたのは彼らが初めてであり，後になってビザンチンやヨーロッパの教会堂に着色ガラスの聖具が導入された。これを通してゴシック期のステンド・グラスの窓が発展したのである。ステンド・グラスがとりわけ祭儀的な印象を与えることは疑いないが，着色ガラスのこうした効果はガラス建築に紛れもなく内在しているのだ。それゆえ，その人間精神への作用はまさに善である。なぜなら，それはゴシックの大聖堂やバビロニアのガラスの聖具によって創り出されるものに対応しているからである。ガラス建築は同じ作用を伴った大聖堂を源としている。」

　　　　　P・シェールバルト，『ガラス建築』1914年

パウル・シェールバルトの『ガラス建築』(1914)から引いたこの2節は，戦後の表現派建築を告げることになる基本的な命題を暗に示している。一方でサイエンス・フィクション的な文化をほのめかし，他方でオリエントとの関わりを示す。西洋の技術文明，つまり鉄とガラスの構造物が完成に到り電気の光が発明されることに詩的な可能性を見出すかと思えば，神秘主義の内に贖いを感じ，それをそのままゴシックの大聖堂に満ちる透明な充溢と合体させる。ドイツ社会を新たにかたちづくるためのいわば作因として宗教的かつ演劇的な形態がすでに広範に用いられるようになっていたわけだが，1914年のドイツ工作連盟展に際して建てられたブルーノ・タウトのガラス館はそうした形態を初めて「礼拝」の建物へと結びつけたものであった。工業化が過剰となった社会の贖いを果たす大聖堂となるのは，第一次大戦休戦の後に現われることになる一連の芸術的催しである。すなわち，エルンスト・トラーの戯曲『変身』(1919)あるいはフリッツ・ラングの映画『メトロポリス』(1926)といったものである。

　1914年，建築家のタウトと詩人のシェールバルトはともに自身の実り多い作品を互いに献じあった。タウトのガラス館のエンタブラチュアにはシェールバルトの『ガラス建築』から引用した金言が刻まれていた。この翌年にシェールバルトは世を去ることになる。彼の「色ガラスは憎しみを打ち壊す」といった句を想起させるのは，タウトの結晶状の円蓋にみられる光の透

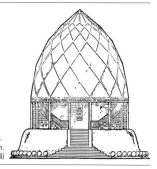

Taut, Glass Pavilion, Werkbund Exhibition, Cologne, 1914. 立面

過作用で,それによって,色ガラスを並べた7段の部屋が光で満たされる。この結晶状の建物がゴシックの大聖堂を範としていたことは,タウトが当初の設計図に「ゴシック大聖堂はガラス建築の序曲である」という句を書き加えていたというシェールバルト風の伝説によって確認されよう。じじつ,ガラス館は「都市の冠」であったのだ。これこそタウトによって必要欠くべからざる宗教建築として措定された形態および施設に他ならない。この建物は,それが鼓舞する信仰心とともに社会の再建にむけて本質的な要素と見なされていた。

1918年,第一次大戦の終結とともに,タウトおよび彼の親しい協力者アドルフ・ベーネは労働者評議会の構想にもとづき芸術労働評議会を組織した。この組織には7人の芸術家と8人の建築家が加わり,1918年12月,タウトによる『建築綱領』にその無政府主義的な目標を宣言したのである。そこに唱えられたのは,労働者自身の積極的参加によるトータルかつ新しい芸術作品を創り出すことであった。その考え方は,いわばこの反古典主義的,無政府社会主義的な建築が「……広範な大衆によって堪能され体験されねばならない」といったものである。1919年4月,オットー・バルトニンク,マックス・タウト,ベルンハルト・ヘトガー,アドルフ・マイヤー,エーリヒ・メンデルゾーンによって,「知られざる建築家展」と題された幻視的建築作品の展覧会が催された。この展覧会カタログの序文はワルター・グロピウスが認めている。

そしてそのテキストは,同月,世に問われたバウハウス宣言の実質的な初稿とでもいうべきものであった。グロピウスはこう記す。

「われわれは,ともに,新しい建築思想を意欲し,考えだし,つくりだそう。それゆえ,画家と彫刻家の諸君,建築に対する垣を取り払い,共同の建設者になろう,芸術の究極の目標への共闘者となろう。目標とは,建築と彫刻と絵画のすべてをふたたび統一ある形態へと包むような未来の大聖堂という創造的な考え方である。」(阿部公正訳)

1919年11月のスパルタクス団の反乱が鎮圧された後,戦後の混乱にともなうドイツの革命的政治情勢の昂揚期にも終止符が打たれ,タウトは「ガラス鎖」の名の下で秘密裡に連絡を交すこととなった。タウトの提案に従って,芸術労働評議会に何らかのかたちで加わっていた芸術家や建築家——たとえばグロピウス(筆名=マス)やヘルマン・フィンステルリン(プロメテウス)——が各々筆名を用いて投稿を始めた。この選び抜かれた集団には,ヘルマン・フィンステルリン,ワルター・グロピウス,ブルーノ・タウトに加えてアドルフ・ベーネ,マックス・タウト,ハンス・シャロウン,ルックハルト兄弟(ハンス,ヴァシリー)といった建築家の名が見える。アウグスト・ハブリックやカール・クライルといった芸術家もこのグループのすぐれたメンバーだった。「ガラス鎖」は,タウト自身が発行する『曙光』誌——内容の大半は幻想的なスケッチと格言めいたテキストのか

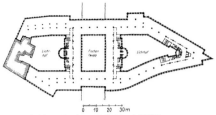

Höger, Chilehaus, Hamburg, 1923–24. 1階平面

シューマッハー,『今日の煉瓦建築の本質』(1920)の図版の例

たちをとっていたが——に材料を提供する以前に、この集団のもつ幻視的ともいえる理念の確固とした基盤をかたちづくることを主眼としていた。その典型となるのが、シャロウンが1919年に認（したた）めた書簡で、彼はここで無意識が演ずるきわだった役割について記している。「われわれは、われわれの祖先の血が創造という潮流をかたちづくってきたように、創造をなさねばならない。そして、われわれ自身で己が創造行為の性格と因果関係について十分な理解に到ることができるとすれば、それ以上の満足はないのである」。

2．ハンザ都市の風土建築

近代建築運動の歴史についてこれまで了解されてきた説明によれば、近代建築は、伝統的な荷重支持の技術が徐々に軽量の工業製品部材を含めたより発達した建築形態へと転換し、オープン・プランの上に構成された何重もの相互に貫入する量体となっていったという単純な進化論的な発展を経てきた、と見なされるきらいが大きかった。こうした近代主義の建築は戦間期に入って汎く実施されたが、一方では、1914年の空白期以前に開始された文化的展開をさらに拡げる役割を果たすことになる建築群も数多く実現されたのだ。第一次大戦終結後のヨーロッパの建築文化を考える際、どうしても北ドイツの煉瓦造風土建築について触れなければならない。それは、単に中世末の「メガ・ストラクチャー」的伝統（ハンザ同盟の巨大な港湾倉庫）をさりげなく引き継いでいるということだけではなく、1880年代後半のアメリカ建築の開拓者達がもたらした実り多い成果を独自に再解釈したというところにある。シカゴ派（とりわけ後期のリチャードソンや初期のサリヴァン）に直接関係するのはフリッツ・ヘーガーのチリハウス（ハンブルク、1923-24）ただひとつとしかいえないが、明らかにヘーガーはアメリカの「摩天楼型式」を広く意識していたのだ。ヴォルフガング・ペントによれば、「第一次大戦前の彼のオフィスビルは、シューマッハーのものにも似て、様式上わずかの引用を示すだけの厳格性を特徴としている。……これらの建物は、巨大付柱（ピラスター）によって分節されたラーメン構造の建築の伝統にのっとっている。ハンブルクでは、エーリヒ・エリンギウス、アンリ・グレル、ゲオルク・ラデルらがそうした建築を手がけている。垂直部材間の窓は列状にまとめられ、シカゴ派の窓とさほど違わない」。ペントはさらに続けて、こうした規則的に付柱（ピラスター）を配したファサード——垂直に並んだ鋭い窓列がその間に配される——が1920年代に、全面を煉瓦で被覆した雄大で装飾的な巨石建造物として再解釈されたことを示すのである。

一度シカゴ派の公式が（柱梁構造や平面中央にサーヴィス・コアを配する原則とともに）吸収された後は、主として北ドイツ特有の煉瓦造にもとづく風土建築を意識的に復活させることにより、ハンブルクの中世的な伝統がおのずから姿を現わした。この点はフリッツ・シューマ

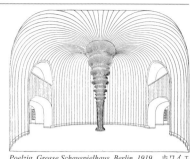

Poelzig, Grosse Schauspielhaus, Berlin, 1919. ホワイエ

ッハー（1909年以降ハンブルクの建築主監）が世に問うた『今日の煉瓦建築の本質』（1920）の中で力強く説かれている。煉瓦建築——ヘーガーによってドイツ精神を表わしうる唯一可能な媒体とされた材料——の構築的特質，実際上の利点を論じた後，シューマッハーはいとも厳かに「厳正で毅然とした単純性を心に描く者は誰もがこの材料にその完全かつ鮮かな実現を認めることになろう」と主張する。

シューマッハー派を通じて，煉瓦で覆われた構造体が半ば中世的，半ば東方的なスタイルへと姿を変えられた。付柱（ピラスター），薄いアーチ，対角線方向に緊結された煉瓦のスパンドレルを執拗に繰り返したそのスタイルは，まるで偶然なのだが，水晶の形をした建築を求めるシェールバルトの願いに答えたかのように見える。むろん，シェールバルトがひたすらガラス建築を見据えていたのに対し，北ドイツの建築家達は煉瓦を用いて有機的で水晶状のメガストラクチャーを築いたのだ。パウル・ボナーツによるデュッセルドルフのシュトム・ビル（1921-25），あるいは公共施設の方面では同じデュッセルドルフにヴィルヘルム・クライスが建てたライン会館・美術館（1926完成）は，いずれもこの水晶の感覚にもとづいて実現された。

ところで，こうした広範に及ぶ活動があったからとしても，後にドイツ中世の煉瓦造，風土建築から戦後の手法を導き出すことになるこの上なく優れた建築家を忘れることにはならない。ハンス・ペルツィヒとペーター・ベーレンス

の2人で，前者は戦前，後者は戦後に様々なかたちで，当時未開拓だったこの伝統の潜在力へと戻っていったのだ。ペルツィヒはポーゼンの給水塔（1911）を代表とする産業建築で，ベーレンスはフランクフルト＝ヘキストのI・G・ファーベンの染色工場（1924）でそれを試みている。

ベーレンスに関する限り，中世の大伽藍の神話は，ブルーノ・タウトのガラス館の平面や輪郭をかたちづくるノスタルジックなインスピレーションと同じく，彼の戦後のスタイルを定める上で重要なテーマだった。このことは，確かに1922年のミュンヘン勧業博覧会で造ったゴシック的パロディによって裏付けられる。ダイアモンドの形状をした総煉瓦造の大聖堂建設組合（ドームバウヒュッテ）には何段にも角度を変えた屋根が載せられ，中世の石工組合（バウヒュッテ）を暗に示しているのは明らかである。ちなみに，グロピウスはこの考え方（バウヒュッテ）からバウハウスを導き出していた。ヘキストの染色工場の入口部分も4層になった水晶状，鍾乳石状の量体を煉瓦とガラスで仕上げ，同種の中世的イメージで覆っている。この形態はペルツィヒのベルリン大劇場と同じく，イスラムの伝統に見られる鍾乳石状のヴォールト（たとえば，14世紀に造られたアルハンブラ宮殿の「アベンセラーヘスの間」）から着想されたものである。

戦後のペルツィヒに見られる付柱（ピラスター）様式なる定式はすでに1916年までにかたちづくられていた。その年，彼はイスタンブールのボスフォラス海峡を臨む地に友好会館のプロジェクトを設

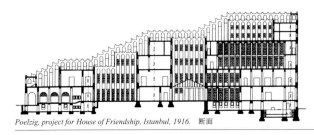
Poelzig, project for House of Friendship, Istanbul, 1916. 断面

計競技案として提出しているが、ここでも縦長のロマネスク風単アーチを横に繰り返し、巨大な中庭の複合体のもつ美的感覚を反復的手法の内にまとめ上げた。この多層テラスはバビロンの空中庭園を暗示するよう慎重に組み上げられている。

1910年から1919年にかけて、北ヨーロッパで東方風の煉瓦様式がごく自然に生み出されていった中で、それをおそらく最も強く推し進めたのは、全く他から離れた2つの作品であろう。この2作品はともに1919年に竣工し、各々確固とした伝統的モチーフ、つまり一方はハンザ風の段状切妻、他方はロマネスク・アーチ、を用いている。その2つの建物とは、デンマークはオーデンセにあるP・V・イェンセン=クリントのサンクト・ハンス・トヴェイエ教会、そしてマックス・ラインハルトのために建てられたハンス・ペルツィヒのベルリン大劇場である。

1913年、マックス・ベルクがブレスラウに建てた百年祭会堂の67メートルにも及ぶ鉄筋コンクリートの円蓋にも似て、ペルツィヒの大劇場は、ヴァシリー・ルックハルトの語を借りるなら、「過去のものすべてをしのぐほどに、宇宙のイメージを直接的かつあからさまに、また包括的に建築形態の中に散りばめる」試みであった。ペルツィヒはこの目的を達成するために、それまで市場のホールとなっていた昔のシューマン・サーカスの建物を用い、その天蓋の内側に、約30メートルの直径をもつプラスター仕上げの鍾乳石状円蓋を吊ったのだった。このペルツィヒの「構築的な洞穴」は折にふれて知られていたが、その薄い黄色の仕上げ、あるいは照明については実のところルックハルトが当時記した説明のみが正当な評価を下しうる。

「吊り下げられた巨大な円蓋の内部では、無限に変化する垂れ飾りが、その取り付けられた天蓋の半球面に沿って緩やかな曲線を描き、とりわけ光線がその先端の小さな反射面をかすめた時に一種の溶解と無限性の印象が惹起こされる。」

この垂れ飾りの統辞法は緑色のホワイエの空間にも続き、天井から滝のように流れ落ち、さらには赤色の外部にも拡がって縦長アーチによる薄い付柱状浮彫と姿を変えて、あらゆる壁面を執拗に埋めていく。ラインハルトの円形舞台はペルツィヒによって人々のための「モスク」として構想され、シェールバルトやタウトがガラス建築に具現しようとした神聖なる内容を引き継いでいる。皮肉なことに、ペルツィヒはガラスでもなく煉瓦でもないプラスターの建築を用いて、洞穴と山塊、さらに大伽藍と祭儀的な舞台とのイメージをひとつの幻想的な量体へとまとめ上げることができたのだ。1年後ドルナッハに完成するルドルフ・シュタイナーの第1次ゲーテアヌムさえもこの劇場に潜む精神的修辞法に匹敵することができなかった。ポツダムに建ったエーリヒ・メンデルゾーンのアインシュタイン塔（1921）と同じく、ベルリン大劇場は宗教的内包を本質的に世俗的な内容に帰したのだった。

その後のペルツィヒの作品歴で繰り返される

De Klerk, Nautical Club, Amsterdam, 1922. パースペクティヴ　　　*Nautical Club.* 内部

のは、一種の「鍾乳石状」山塊としての建築プロジェクトであった。建物全体の立面がたとえば1922年のベルリン・フリードリヒ街設計競技案のように切り立ったものでも、所与の量体の高さいっぱいに煉瓦の方立(ほうだて)を垂直方向に延ばし、上に上るにつれて微妙なセットバックを施している。この建物はすこぶる実現可能なものだが、この全面方立のイメージは「ガラス鎖」の幻視的建築家が構想したプロジェクトと同じく水晶的であり彼岸的であった。この頃ベルリンにペルツィヒが確固とした地盤を築いていたことは、ミース・ファン・デル・ローエやフーゴ・ヘーリンクの案を含む他のフリードリヒ街設計競技案を見れば、確かに頷ける。同年のシカゴ・トリビューン社社屋国際設計競技でもペルツィヒの影響を認めることができよう。数多くの案が明らかにこのブレスラウの師を下敷きとしている。むろん、ブルーノ・タウトの手になる角錐状のガラスの摩天楼もその中に含まれる。

3．アムステルダム派

北ドイツの煉瓦造風土建築が繰り返し成果をおさめ、ルーバンに建てられたペルツィヒの傑作ともいえる化学工場 (1912) などの工場、ハンブルクのヘーガー設計チリハウス (1924) といった大規模オフィスビル群を通して広く共同の資産となっていった頃に、オランダにおいても煉瓦建築が市営の集合住宅や都市開発の領域で頭角を表わしてきた。ここでもその様式的出発点はヨーロッパ建築とともにアメリカ建築にも見出される。というのも、アムステルダム派の煉瓦建築は、ヘンドリック・ペトルス・ベルラーへの主導の下に花開いており、そのベルラーへ自身、最盛期の手法は少なくとも一部はH・H・リチャードソンのネオ・ロマネスク建築を下敷きとしていたからである。しかし、ベルラーへの果たした業績は、ただ合理主義化されたロマネスク（例えばヴィオレ=ル=デュクの構造合理主義を見よ）のもつ明澄さだけでなく、建築形態と社会施設の両面における高密度のヨーロッパ都市への深い関わり合いでもあるのだ。

1900年から1917年にかけアムステルダム南部地区のために繰り返し描いた幾つもの計画の中で、ベルラーへは都市性を獲得するための絶対的な必要条件として街路の空間的連続性を強調することを心がけた。同世代の社会主義建築家（公式論としてはその点でブルーノ・タウトのクロポトキン流の考え方に対立する）の中で唯一人、ベルラーへはハワードやアンウィンのアングロ・サクソン的田園都市と妥協することを頑強に拒んだ。そして彼がアムステルダム派の若手アヴァンギャルドの建築家達に引き継がせるのに成功したのは、何にもましてこの原理だったのだ。アムステルダム派の建築家とは、M・デ・クラーク、P・L・クラメル、J・F・スタール、M・クロップホラー、C・J・ブラーウ、そして最後に重要なH・T・ウィーデフェルト。彼はこのグループが加わっていた表現主義的雑誌『ウェンディンヘン』（変転）の創刊者であった。

ベルラーへ自身もクレラー=ミューラー家の

ラウウェリクス,
螺旋状の曼陀羅を主題にしたコンポジション (1913–14)

ためにヘンダーローにシント・フベルトゥス荘 (1914–20) を建て, 伝承によれば聖フベルトゥスが狩に出た際に顕現したという十字架を抱いた鹿の光景を象徴化した平面形となるよう, きわめて巧みな手捌きを見せており, オランダの「風土的」表現主義の登場に一役買っている。ベルラーヘ特有の煉瓦の美意識を別にすると, この作品はベルヘン=ビンネンのメールウィーク公園集合住宅地にフリッツ・スタールとマーガレット・クロップホラーの設計で出来上がったデ・バルク邸およびベンケンヘーク邸 (1918) に示されたジャワの影響を受けたグロテスクな船形住宅とさほど隔ってはいない。しかし, アムステルダム派に関する限り, 最も表現主義的な可能性が潜んでいるのは, 平面の形ではなく, 窓割に対応した厚い壁体の操作であり, その点では彼らはベルラーヘよりもウィレム・クロムハウトやヨハン・メルヒョール・ファン・デル・メイに多くを負っていた。前者はアメリカ・ホテル (1898–1901), 後者は船舶協会ビル (1911–16) を設計し, その両作品ともアムステルダムに建てられた。

オランダの煉瓦造風土建築が, 同種の北ドイツの運動より10年ほど早くアムステルダムに再生を遂げた事実の裏には, 第一次大戦でオランダが中立を守ったことが挙げられるが, また一方で住宅法(ヴォーネン・ヴェト)が制定されたことがあった。この住宅法は1901年に制定され, 1910年までに全面施行された。アムステルダムだけで1910年から1918年の間に1万戸余りの住宅が建設され, そ

のことがミケル・デ・クラークやピーテル・ロドウェイク・クラメルの早熟な作品歴を大幅に可能にした。デ・クラークは有名なアイヘン・ハール住宅団地を1919年までに完成させ, クラメルは1918年からデ・ダヘラート集合住宅の建設にとりかかった。

アムステルダム派の公共建築には2つの大きく異なった表現形式が認められそうである。一方では, 波打った形態と船のへさきのような隅部とを得るための意匠を施し, アムステルダム南部地区に各々建てられたデ・ダヘラート集合住宅 (1922) ないしクロップホラー設計のホレンドレヒト街集合住宅 (1922) に見られるようにバロック的な強勢法にもとづいて配された, 大胆でうねった煉瓦の表面が指摘できよう。他方では, 躯体から相対的に独立した煉瓦の挿入部に自由で彫塑的な造形を施し, 一定のリズムをとりながらも一風変わった形の窓を並べる手法が目立っている。この後者のやり方はデ・クラークの作品に顕著であり, なかでもアイヘン・ハール住宅団地のヘンブルフ街, ザーン街に延びた住棟が代表的である。

デ・クラークは年とともに, アイヘン・ハールの一見教会の塔を思わせる尖塔といった奇想的な象徴形態の好みを止め, 水平方向のリズミカルな手法を示すようになる。1923年にこの世を去った彼が, その1年前に造ったアムステラーンの集合住宅などがそうである。この住宅地は, メンデルゾーンが1920年代後半に見せる美意識, つまり街路に沿った水平かつ流線型の形態

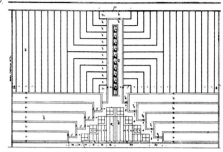
Oud, builder's hut for Oud-Mathenesse, Rotterdam, 1919.
ラウウェリクスの影響が見られる立面意匠

と後期アムステルダム派とが驚くほど近い関係にあることを示唆している。この種の形態は，メンデルゾーンがブレスラウ，シュトゥットガルト，ケムニッツ，ベルリンに建てた百貨店によく示されている。これらの作品を構想する際，レイナー・バンハムが指摘するように，上端部の水平線の凹凸を整えることが重要であった。

それでも，煉瓦建築の伝統に育まれた職人技とベルラーへの都市計画の特質とが相まって，アムステルダム派の公共建築は，メンデルゾーンのメタリックなダイナミズムからもオランダ民家派(ラントフイス)の建築家達の過剰な造形効果からもともに一歩退いたところに位置していた。民家派の建築家達は『ウェンディンヘン』誌のサークルの周りに集まり，たとえばP・フォルキンク，J・P・ウォルムサー，J・A・スネルブラント，A・エイビンクらの名が挙げられる。この運動の有機的「民俗志向」は，オランダ人建築家フォルキンクとウォルムサーの意匠にもとづいてオーストフォルヌに建てられた茅葺きの住宅に代表されよう。

アムステルダム表現主義の周辺に位置しながらもこれらの曲りくねった田園住宅群とはなおも一線を画していたのは，僅かな期間共同設計を行った（1895-1900）K・P・C・デ・バーゼルとJ・L・マチュウ・ラウウェリクスの2人である。彼らはともに神智学と友人J・H・ド・フロートの数学的神秘主義とに影響され，デ・クラークらの建築家達が欲しいままにした彫塑的自由に身を委ねるのを拒み，あらゆる造形的創意は幾何学的-数値的な規範系によって治められねばならないと主張した。ルドルフ・シュタイナーと同じく，彼らにとってある種の数学的構造は宇宙の原理を逐一実体化していくものと見なされ，その点で彼らは「ガラス鎖」が幻視した水晶構造の指し示す情熱的神秘主義とさほど隔っていない。彼らはベルラーへのアムステルダム証券取引場（1898）のファサードにみずからの比例法を適用して衝撃を与え，後にラウウェリクスは教育者としてベーレンスの1905年当時のネオ・クァトロチェント期からJ・J・P・アウトの初期作品たる「神智学」の仮小屋（1919）に到るまで一世代余りにわたる建築家達に影響を与えたが，そうしたことがあったとしても彼らを過大評価したことにはならない。

北ヨーロッパの風土建築におけるオランダ版とドイツ版とでは，ともに中世の都市の伝統に根を置きながらも，一見してその違いが明らかである。オランダでは，社会主義的自治体の実践活動に地盤をもち，ドイツでは実施の機会は少なかったが，個々に独立した法人の建物として実現を果たした。前者が水平線と伝統的な街路の重みを強調したのに対して，後者はメンデルゾーンと後期タウトを除いて垂直方向への高まりに力点を置いた。前者が伝統的な建設技術の要素を祝福したとすれば，後者はそうした要素を未知の水晶なる特性へと変換していった。一方が文化一般を達成目標にして闘っているのに較べて，他方は各々の仕事をモニュメンタルな方法で仕上げようと試みた。そして，最後に，

Häring, Gut Garkau Farm, near Lübeck, 1924. 平面

オランダではエキゾティシズムを手近なインドネシアの植民地に見出したわけだが，他方のドイツでは「東方的」神話を発酵させ，それゆえにその風土的な形態にイスラム的抑揚を与えようとしたのである。

4．ウィーンのホフ
オーストリアは，世紀の変り目になってもオランダ，スカンジナヴィア，ドイツで相変らず続けられてきた力強い煉瓦造風土建築に対応するものを欠いていたが，1919年から30年にかけて社会民主党が握っていたウィーン市当局によって建設された大街区集合住宅は，その名（ホフ）で呼ばれる形式が街区により大きく異なっているけれども，それでも「風土建築」の文化を示すものとして読解されることを意図していた。

第一次大戦後の慢性的な住宅不足，あるいは家賃の安定化によって生活費を制御し，資本を産業投資に振り向ける必要性などが重なって，社会民主党政府が約10年間で63,000戸に及ぶ住宅建設を求められる状況が生み出された。その中でも15,000戸ほどは，ウィーン外周部に様々の規模で片端から敷地を割り当てた大街区のホフ型集合住宅としてまとめられ，その数は23ヶ所に上った。これら市外周部のホフの中でも最大規模のものは，内側に幾つもの中庭を配して保育園といった付属施設を全面的に備え，1000戸から1500戸を収めていた。他方，平均的なホフでは，4階から6階建で，単一の中庭型式でその周りに300戸から450戸を配していた。

これらの住宅は構造壁にブロックや煉瓦を用いたり，あるいは一部をラーメン構造としており，通常は外部にプラスターを塗って仕上げていた。各々の表現はきわめて多彩で，ヴィナルスキー・ホフ（1924）のように粗雑なネオ・バロックのものから，チェコ・ロンド・キュビスムとホフマンとのモチーフを混ぜ合わせてコラージュとなしたものまで様々である。こうした混ぜ合わせはクリストとエルライの設計によるジョージ・ワシントン・ホフ（1927）の場合も明白である。しかし，主流を見る限り，ホフの建築家達は，アドルフ・ロースがミヒャエラープラッツの複合店舗（1910）で初めて示した定式を相変らず用いていた。場合によっては，ホフの1階を濃い黄土色ないし赤色に塗って装飾のない円形アーチ様式を用い，印象を強めている。フクセンフェルト・ホフ（1922）やアム・フクセンフェルトの集合住宅（1924）のスタイルは，ともにシュミットとアイヒンガーの設計になるが，その点で代表的ともいえ，ロース風でないもの，つまり入口部分上方の誇張された窓列と付柱は，プラハの立体派建築から抽出されたと思われる。ウィーンのホフの大半がヨーゼフ・ココルやヨーゼフ・ゴチャールの実験的な仕事に影響を受けていたことはますます明らかになっている。そしてその頂点にあたるのが，相互に結ばれた5つの中庭の周りに1400戸余りを配したカール・エーン設計のカール・マルクス・ホフ（1927）に他ならない。

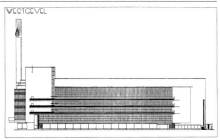
Dudok, De Bijenkorf Department Store, Rotterdam, 1929. 立面

5．煉瓦造風土建築の譲位

ラグナール・エストベリによるナショナル・ロマンティシズムの香りを漂わせたストックホルム市庁舎（1923）の完成——ヨーロッパにおける最後の「中世的」市庁舎と議論された——は，実に逆説的だが，多産な建築的イメージの源泉としての北ヨーロッパの煉瓦造風土建築に終幕を告げるものであった。むろん，その後もグンナー・アスプルンドやアルヴァ・アアルトの作品で煉瓦は重要な役割を果たすことになる。だが，1920年代半ばを過ぎると，オランダでもバルト海沿岸地方でもこの煉瓦建築というきわだった文化を保つことができなくなる。その結果，シューマッハーが1917年の雄壮な作品で実証し，ベルラーヘ，デ・バーゼル，ペルツィヒといった人物がみずからの建築で練り上げた，あの並外れて洗練された煉瓦造の形態は，1920年代半ば以降，使用される機会がなくなってしまった。むろん，イリノイ州ミシガンに総煉瓦造クランブルック男子学校（1925）を建てたエリエル・サーリネンのようにたまたまリヴァイヴァリストが登場することもあるが，それは例外である。ドイツ人建築家フーゴ・ヘーリンクがリューベック近郊に造ったガルカウ農場（1925）が北ヨーロッパの煉瓦造風土建築を引き継いでいることはある程度言及する必要がありそうだが，それでもヘーリンクの導き出したものは，自らの展開の上でさえも論点を見出すにはあまりに限られていた。同様に，1931年ブレーメンにすぐれて彫塑的なベットヒャー街建築群を完成させたベルンハルト・ヘトガーの例も挙げねばなるまい。この建築群は，なるほどブレーメンの歴史的建築の段状の切妻をモチーフの源としているが，その果たした役割はあまりに孤立しており，この町での風土志向の感覚は，ヘトガーがパウラ゠モーダーゾーン゠ベッカー邸（1927）を建てた頃までに最終的に枯渇してしまった。彼の最大のパトロンであるルートヴィヒ・ロゼリウスがなおもノルディック志向，原ファシズム的感情を抱き続けていたにもかかわらず，そういう結果となってしまったのだ。他方アアルトがスニラ・パルプ工場（1935）で大々的に煉瓦を取り入れているが，これも彼の美的方向性の変化をほとんど反映していない。アアルトが煉瓦建築の表現的潜在力——つまりペルツィヒ，ヘーリンク，クラメルの精神——に何らかの形で意識的に回帰するには，マサチューセッツ州ケンブリッジのマサチューセッツ工科大学ベーカー寮（1948）を待たねばならない。

戦間期のヨーロッパを全般的に眺め渡してみると，オランダだけが煉瓦建築の伝統を発展させる上で真摯な努力を重ねている。その最初にあたるのが，M・J・グランプレ゠モリエールに率いられたデルフト派の控え目な作品，次いで，デ・スティル派の運動から様々の影響を受けながらも，その前衛性には身を染めなかったネオ・ライトの建築家達による努力である。後者の中には，初期のJ・J・P・アウト，ヤン・ウィルス，後期のJ・F・スタール，そして，さらにはヒルヴァーシャムの市建築監W・M・デュドック

らの人物が数えられる。グランプレ=モリエールの場合，ロッテルダム近郊の田園都市トゥインドルプ・ヴレーウェイク（1919）に早くも代表される標準的な小ブルジョワ的姿勢をしっかりと保っている。この作品例では煉瓦は，ごく当り前の屋根を載せた一連の住宅をかたちづくる日常的な素材の役割をただ認めるだけのものである（ちなみに，ハインリヒ・テセノウが1910年ヘレラウに建てたアム・シェンケンベルク・ジートルンクを見るとよい）。それゆえ，どれもシューマッハーが1917年の自著で世に問うた煉瓦造の修辞的可能性への祝福とは正反対の立場にある。デュドックの場合，煉瓦造をすこぶる抽象的に扱っており，その点で幾つかの側面を見せている。つまり，ヒルヴァーシャムのオランイエ校（1922）ではリチャードソン流の粗い仕上げの煉瓦アーチを用いてデルフト派の統辞法を力強く表現していたが，その後，1924年着工のヒルヴァーシャム市庁舎からロッテルダムのド・ビーエンコルフ百貨店（1929）へと移っていくに従いネオ・ライトの傾向が増し，煉瓦の量体の処理もますます平滑なものになっていく。ライトと同様，こうした作品は実際のところ，いずれも煉瓦仕上げを行ったという事実から固有の表現を引き出したものではない。デュドックの作品が構成の上でいかに印象的であるからといって，作品を造り上げている煉瓦は完全に沈黙を守ったままであり，たとえ積み上げたその層に分節を施したとしても，面へと組成された薄い見せかけの量体という感触を免れない。

1913–40
PETER VILHELM JENSEN-KLINT
Grundtvigs Church
Copenhagen, Denmark

グルントヴィ教会

デンマークの画家であり建築家であったイェンセン＝クリントは，アスプルンドよりも22歳年上だった。彼の場合，創造が熟成を迎えたのは大変遅い。その理由は，実際の建築を始めたのが，1905年になってからというのが大きいだろう。1905年といえば，彼がとうに50歳を過ぎていた年だった。彼は，異色の経歴の持主で，たとえば学校では工学を修めているが，遅く始めた建築家としての仕事の上では，ただひたむきにバルト諸国の煉瓦の伝統を再解釈することに専念した。彼がとりわけ活用したのは，ハンザ都市に多い階段状の切妻によるジグラットのような形であり，南スウェーデンに見られる伝統的なスコーネ地方の教会に特徴的な断面形である。それが終始一貫して，彼の作品のひとつの表現要素をなしていると言ってよい。グルントヴィ教会（設計はおそらく1913年に溯るのだが，工事は1940年になって

横断面

やっと終わった）のような驚くべき偉容を備えたものにも、1921年オーデンセに建ったサンクト・ハンス・トヴェイエ教会のような彼の中でも穏やかなものにも、それがいえよう。同じような階段状の要素は教会以外の作品にも何度となく現われる。例えば、1923年のオーデンセのYMCA、グルントヴィ教会の周囲に1926年に建てた街区形式の集合住宅。

このグルントヴィ教会とシュタイナーが1925年から1928年にかけてバーゼル近郊のドルナッハに建てたゲーテアヌムが似ているのは、考えてみれば奇妙なことだが、クリントにあっても深く切実な精神性から、こうした形態の否定できない力を生み出してきたのである。確かに、この2つの建物に形の上でわずかな類似性もない。しかし、どちらも同じような表現のエネルギーを表わしていることははっきりしているし、それらが原−表現主義の作品として分類される理由がここにあることも疑いえないだろう。クリントが芸術家として自己形成してきた過程は表現主義のイデオロギー上の展開と無縁であるのは言うまでもない。にもかかわらず、彼の作品と1911年ごろのハンス・ペルツィヒの形態の性格を比較することは、決して見当違いではないだろう。

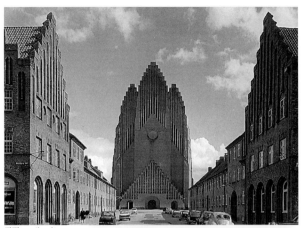

正面ファサード

内部，入口方向を見る

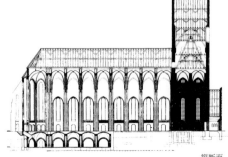

縦断面

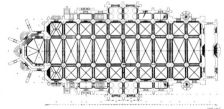

平面

1919–21
MIES VAN DER ROHE
Projects:
Friedrichstrasse Office Building and the Glass Skyscraper

フリードリヒ街のオフィスビル　1919年

計画案：フリードリヒ街のオフィスビルとガラスの摩天楼

第一次世界大戦が終結し，復員したミースは戦前のロマン主義的古典主義の傾向を捨て，新しい技術と材料に基づいているであろう建築を創造しはじめた。言い換えるなら，彼は終戦直後，ベルリン「Gグループ」と密接な関係を持ちながら，新しい技術による様々な形態において，その現象学的本質を追求しようとしたのである。具体的には，1922年，彼が事務所ビルのプロトタイプとして提案したものに見られる鉄筋コンクリートの架構や，1919年のフリードリヒ街設計競技案で始めて提案した密閉したカーテンウォール，あるいはまた，1920年および1921年に仮想されたガラスの摩天楼などのことである。コンクリートの事務所ビルは，スラブが片持梁で積増され，その材料の性質に備わる鈍重で稠密な感じが強調されていたが，ガラスの摩天楼になると，ミースは陰影のない形態を提案した。つまり，そこでは，すべてのアクセントが，陰影よりもむしろ反射を考慮した結果，生まれてきているのである。1922年，彼は，自分のガラスの摩天楼について，表現主義者の雑誌『曙光（フリューリヒト）』にこう書いている。

「一目には，平面の外周のカーヴは行き当りばったりに作られたかに見える。しかし，これらのカーヴは，次の３つの要因から決定されたものである。ひとつは，内部に充分な採光を与えるようにすること，それから，通りからの眺めを考慮してマッスを作ろうとすること，最後に，反射の戯れを求めること。私は，ガラスの模型で，陰影に対する配慮が，どんなガラス建築の設計においても役に立たないことを証明した。平面で固定された部分は，階段とエレベーター・シャフトだけである。平面上の他の要素はすべて，建物の必要に従って，またガラスで作られるように設計された」。

ミースの初期には，将来を予言するような鋭い洞察力が存在していたが，特にガラスの摩天楼は，最近になってより一層，その予言性がはっきりしてきた。というのも，1920年代初頭，ミースが提案した表現法は，当時では実現不可能であり，それはネオプレンのウィンドウ・ガスケットが発明されるに到って，初めて可能になったからである。つまり，ミースのガラスの摩天楼が，その本来の姿で建てられるようになったのは，つい最近のことであり，その例をひとつだけ挙げるなら，例えば1968年，シポレイト／ハインリヒの設計でシカゴに完成したレイク・ポイント・タワーなどがある。現在は，ミースが設計してから約50年たっているのである。

ガラスの摩天楼　1921年

1920
ERICH MENDELSOHN
Einstein Tower
Potsdam, Germany

アインシュタイン塔

ポツダムのこの天文台は、アインシュタイン個人が用いるため、ドイツ政府が出資してできた建物である。若きメンデルゾーンは、第1次世界大戦中、軍務につきながら、この建物のスケッチを数知れず描いた（郵便切手の大きさにも満たないスケッチもいくつかある）が、これらのスケッチは、おそらくどんな資料よりも、アインシュタイン塔が由来する源泉を明らかにしているといえよう。結果から言って、この時期のこの若き建築家には、3つの相互関連したものが流れていたといえるだろう。第1は、未来派の建築家サンテリアの機械のようなヴィジョン、これはサンテリアがすでに1914年、『新都市』で描いていた。第2は、ウィーンのワグナー派、特にエミール・ホッペの作品、これはまたサンテリアにとっても、インスピレーションの源になったものである。第3は、オットー・ワグナーの一番弟子ヨーゼフ・マリア・オルブリヒに独特に表われたもの、メンデルゾーンは、オルブリヒがダルムシュタットに建てた大公成婚記念塔やエルンスト・ルートヴィヒ館を非常に褒めている。彼は、1915年、妻にこう書き送っている。「……昨日、昔の『芸術と装飾』……1901年のダルムシュタット展カタログを受け取った。ユーゲントシュティールの宣言文だ。私は、どうしてこの流れが途絶えてしまったか、書かなければならない。というのも、それは私の作品と紙一重だからだ」。

この紙一重のちがい、それは、彼についてもっと一般的な言い方を求めるとすれば、結局、1917年の春、彼が友人の天文学者E・フィンドレー・フロイントリヒに、天文台のスケッチを送った時に訪れたと言えるだろう。休戦条約後、フロイントリヒは、アインシュタイン塔設計を彼に依頼し、彼が建築家として立つ一助をなすことになった。

アインシュタイン塔には3つの流れの影響があるといったが、今から見れば、その形には他に2つの建物からの決定的な影響があると言えよう。その2つのいずれも、1914年の工作連盟主催の博覧会に建てられたもので、ひとつは—これははっきりしているのだが—ブルーノ・タウトのガラス館、もうひとつは、極端に彫刻的なヴォリュームを持つ、アンリ・ヴァン・ド・ヴェルドの工作連盟劇場である。アインシュタイン塔の内部に備えられた、立体派的なしかし有機的に変形された家具も、アンリ・ヴァン・ド・ヴェルドに源を発すると断言できよう。

メンデルゾーンは、イデオロギー的に、表現主義運動の主流から、奇妙に孤立しており（彼は、ブルーノ・タウトやその一派にほとんど接触しなかった）、彼が表現主義者になったのは、ほとんど偶然の出来事である。この塔は、確かに強い象徴性を持つが（タウトのコンセプト「都市の冠」を思わせる）、それも近代性と科学の進歩というロマンスに対する、メンデルゾーンのナイーヴな熱狂から生まれたことだろう。この作品は、その4年後に作られたルドルフ・シュタイナーの第2次ゲーテアヌムの力強い現場打ちコンクリートのマッスを予見しているように見えるが、そのとおりメンデルゾーンは、当初この天文台をコンクリートで建てようと意図していた。しかし、結局は鉄筋コンクリートの柱梁を用いてその間に煉瓦を積み、建物全体がひとつの塊のような外観を得るためにモルタル仕上げを施さざるをえなくなった。

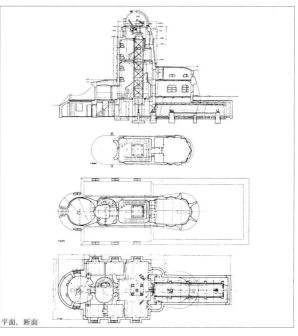

平面、断面

1919–22
PIETER LODEWIJK KRAMER
"De Dageraad" Housing
Amsterdam, Holland

デ・ダヘラート集合住宅
クラメルのデ・ダヘラートについて考えるとき、これとデ・クラークの重要な作品のうち最後にあたるヘンリエット・ローネルプレイン集合住宅との違いを大雑把に比較すると、前者の方に分があると思わざるをえない。クラメルのものは、コープラティヴ街とピーテル・ロドウェイク・タク街の交差点に面する部分が5層になっていて、都市の焦点として適切で、しかもモニュメンタルである。デ・クラークのほうは、彼がそれまで使った色々な要素が見え隠れしていて、パロディ風だが、デ・ダヘラートには信念がまだはっきりしている。つまり、クラメルはここでも、あいかわらず、ベルラーヘに従って、中世キリスト教国の街並から都市形態をとりだし、それを統辞論的に再構成することが可能だと考えているのである。クラメルは、ファン・デル・メイとともにアムステルダム船舶協会ビルを設計した後、明らかに北欧の煉瓦の伝統に捉われていた。デ・ダヘラートの型煉瓦による「へさき」のようなスカイラインに見られるレトリカルな要素—それは、船と波を思わせ、海のメタファーになっている—は、明らかに船舶協会ビルで初めてのりだした多くのテーマを果敢にも集約して得たものである。ともかく、クラメルは、デ・ダヘラートによって、洗練度の上ではこれをしのぐデ・クラークのあのアイヘン・ハール地区計画に対して、ある点ではその力強いモニュメンタリティに匹敵、いや、凌駕しているのである。

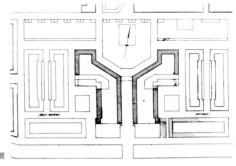
配置

端部を見る

1920–21
MICHEL DE KLERK
Apartment Blocks
Henriette Ronnerplein
Amsterdam, Holland

ヘンリエット・ローネルプレインの集合住宅

1918年，アムステルダム，スパールンダメルビュールトのアイヘン・ハール地区計画と，1920年から21年にかけて南アムステルダムに建てられた，このヘンリエット・ローネルプレインとの間には，デ・クラークの重要な変化が見られる。アイヘン・ハールでは，都市の理想主義が試みられていたが，ここではもっとしたたかなテラスハウスが試みられているのである。デ・クラークは，広場の四周を一見1戸建住宅が連続して置かれているように，ユニットを分割する。垂直な煙突とフラットな角錐の屋根が誇張され，それらはこのテラスハウス全体の奇妙に歪められたファサードの連続するリズムと拮抗している。これらの「家」は，しかし，住戸の集合に過ぎず，各々は6世帯に割り当てられている。もっとも，このトリックが明白でグロテスクなかたちをともなっているとしても誰も異議を唱えるわけではないようだ。結局のところ，この作品はデ・クラークがアイヘン・ハール地区計画ですでに成し遂げたことに，ほとんど何も付け加えはしないし，またこのウェンディンヘン・サークルの主唱者からして，ヘンリエット・ローネルプレインの完成2年後には死去してしまうのである。

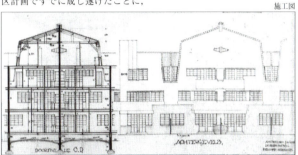

施工図

前庭より見る

1920
VLADIMIR TATLIN
Monument to the Third International

第三インターナショナル記念塔

450メートルの高さを持つこのタトリンの巨大な塔は、ボルシェヴィキの革命後、その強烈な創造的熱狂の最中に設計され、模型が製作された。献呈された相手は、第三（つまり共産主義の）インターナショナル（1919－43年のコミンテルン）。かの有名なロシア・立体－未来派（キューボフュチュリズム）の芸術家達が行いえた唯一の建築である。革命直後の時期にはよくあることだが、ここでも社会主義の千年王国への規範となる建築イメージを創出しえたのは、建築家ではなく、芸術家だった。タトリンは、1912年、パリに滞在中、エッフェル塔を訪れているだろうが、ここではその影響がはっきり見られる、と同時に、それを故意に誇張しているようである。もっとも、エッフェルのこの無上の業績の土台にあった、技術的な原則をないがしろにしているといったら言い過ぎかもしれないが。

ともかく、その意味でこれは「超意味」（ザウーミイ）の特性を持つ作品である。「超意味」の方法というものは、タトリンに強く影響を与えたフレブニコフやクルチョニフらロシア未来派詩人達のポレミカルな言語を生んだものでもあるが、それはこうしたロシアの芸術家、知的階級にとって（ロシア構造主義批評家ヴィクトール・シクロフスキーは、文学において同様の立場をとり、「異化」（オストランジェ）の理論を展開した）千年王国の徴候を示すものであった。つまり、黙示的な表現のみが、ブルジョワの政治文化から根本的に訣別していることを示しうる唯一の形式であったのであ

る。アヴァンギャルド達は、古典主義のペディメントのようなピラミッド的形態を、ブルジョワの抑圧的かつ退廃的文化を典型的に示すものと見なし、上昇する螺旋形こそ、解放されたプロレタリアートの普遍的でダイナミックな軌跡と考えた。この塔とその形態に意図されたイデオロギーについて、最も簡潔に記述されている同時代の文献は、ニコライ・プーニンによる1920年のパンフレットである。

「このモニュメントの主たる理念は、根本的には、建築、彫刻、絵画の原則を有機的に統合することである。また純粋な創造による形態と功利的な形態を結びつけ、モニュメンタルな構築物の新しきタイプを創出することも意図されていた。3つの大きなガラスの部屋が、垂直な柱と螺旋の複合したシステムによって持ち上げられているのも、この原則からきていることである。これらの部屋は、互いに縦に重なり合って設置され、様々なしかし調和のとれた形をしている。特殊な機械によって、これらは、それぞれ異なったスピードで恒久的に動き続けるようになっている。低い方の部屋は立方体であり、その軸の回転周期は1年で、立法府の集会に用いられることになる。その上の部屋は角錐で、1カ月に1回転するようになっており、議会や行政府の会合（インターナショナル実行委員会、書記局、その他の行政部）のためのものである。最後の、建物の一番高い部分は円筒形で、その軸は1日1回転する。ここは情報に関するセンターで、情報局、新聞、声明書・パンフレットおよび宣言文の発行、一口で言えば国際的なプロレタリアートへの情報を司る。電報局、大きなスクリーンに映写する器械は、その上の半球部分の軸の周りに設置されている。ラジオ用の送信アンテナは、このモニュメントの一番上にある。タトリンが壁を二重にし、その間を真空にして（サーモス）、様々な部屋を定温に保ち易くするように提案したことは、強調しておくべきだろう」。

1920–35
HENDRIK PETRUS BERLAGE
Gemeentemuseum (Municipal Museum)
The Hague, Holland

ハーグ市立美術館

この美術館は、ベルラーへの死去した翌年、1935年5月に、やっとのことで開館に漕ぎ着けたものだが、計画自体は、19世紀中葉に端を発し、特に1890年代初頭のアルフレート・リヒトヴァルクによるハンブルク美術館の改組以来勢いを増した、美術館運動にまで溯る。ハーグにおいても、市の所有するコレクションを、一ヵ所にまとめるため、新しい美術館を建てようとする計画は、1866年という早い時期に、市立古文書局員のH・E・ファン・ヘルダーによって起草されたものだった。しかし、その後挫折を繰り返し、手続き完了は極端に延び延びになり、現在の敷地に設計されることが認可されたのは、事実上1920年になってからである。この出発点のデザインは、大胆と言っては過言だが、かなり将来を期待させるような、非常に洗練されたデザインだった。しかし、再び、果てしなく認可に認可を繰り返し、また外野席からの徹底的な建設反対の懇請もあって、1924年になると、とうとう企画をすべて白紙に還元することが決定されてしまったのである。

そういうわけで、現在の建物は、1927年、ファン・ヘルダーの辞職の危機がなかったら、日の目を見なかっただろう。というのも、この劇的な状況は、彼をして、即刻なにかしらの行動を起こさせたからである。翌年、ベルラーへは、1920年の元々のデザインよりも、かなり落ち着いた案を提出した。この案は、スケールを控え目に変えたものであり、プログラムが縮小されたことは、そこにはっきりと示されていた。

さて、この2つの連続して設計された案を比較することは、ベルラーへの様式の、近代化の最終的な到達点がわかるというだけでなく、彼の、言ってみれば理想主義の限界を明確にできるという点で、示唆的なことであろう。最初の案は、台形の平面をした、数多くのドームを持つものだったが（美術館だけでなく、大きな会議室とコンサート・ホールが付属していた）、これはエキゾチックなザナドゥ——新たに干拓された土地に、奇妙な具合に取り残された、一種ローマ風のヴェネツィア——にも似て、明らかに水の内なる力で膨張し、群を成す文化都市のミニチュアと言えるものであった。それに対し、実現した案の方は、入念に造園を施された公園にはめこまれた、低く独立して建つ伝統的な文化宮と言えるもので、かなり多くの敷地が、将来の増築に備えて残されていた。しかし、こうした大きな形態上の違いがあるにしても、両者にはベルラーへ特有の詩的な意図から生まれた断片が共通して見られる。まず、美術館とアプローチを分ける、装飾的な幅の広い水の流れ、第2にシルエットの水平的な連鎖——ギャラリーのガラスの勾配屋根と、公共空間に架けられた陸屋根は、相殺しあっている——第3には、横面から見て、それとはっきりわかるようにデザインされた講堂、第4に、光塔モチーフ。これは、中央ボイラー室の2本の煙突と、表玄関の両傍の光塔として強調されている。そして、最後に、いや、だからといって重要ではないというのではないが、低い玄関ホールの左側の、3段に天井高が変わる中央ホールが、象徴的に、かつ空間的に全美術館のヴォリュームを統合していることである。この中央ホールは、コンクリート柱梁構造の力作で、プロポーションの上でも、空間の上でも、ライト、1904年のラーキン・ビルのインテリアに多くを

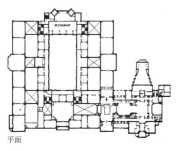

平面

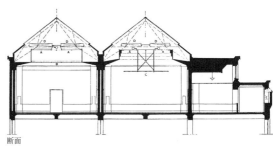

断面

27

負ったものである。

しかも，興味深いことは，この建物へのアメリカの影響が，これだけでは決してなかったことである。というのも，この建物の配置計画，空間的な設備，あるいはその細部は，すべてファン・ヘルダーとベルラーへが共同して決定したものだが，そこには，ベンジャミン・アイヴス・ジルマンによる現代の美術館設計法の古典的研究，つまり1918年に出版された『美術館の理想，目的，方法』の影響があったからである。ジルマンの有名な「大美術館」とは，全コミュニティの文化的センターとして，美術館を作るという教訓的な概念であったが，その概念は，間違いなく，この市立美術館の設計のすべての段階において，指針となっていたのである。全体を統合する中央ホールに見られるように，形を空間的に決定したこと，「退屈な美術館」にならないように，様々な空間を慎重に導入したこと，そして，とりわけ公園の中に，うまくこの建物を配して，自然と人工が自由に戯れあうようにしたことは，そのほんの一握りの例である。

ジルマンは，どうも4つに分割されながらも，互いに結ばれているパヴィリオン形式の美術館を理想と考えていたようだが，それに近いことが，この市立美術館で実行されている。例えば，芝生の中庭，公園の中に独立して建つテンピエット風のカフェテラス等。

この建物は，基本的には4つの正方形の平面を持っているが，その図式は率直なまでに守られている。というのも，1階と2階のギャラリーは，内部のコートヤードの周囲を取り巻き，そのひとつの辺には玄関ホール，管理事務所，大小2つの講堂を内に持つ，ひとつのブロックが隣接しているからである。建物の構造は，鉄筋コンクリートの骨組を持つもので，内部の仕上はプラスターとタイル，ファサードの仕上は，煉瓦である（そして，寸法体系は，すべてこの煉瓦のモデュールからきている）。ともかく，市立美術館は，このオランダの巨匠の最後の重要な作品であり，ここには彼の技術的な剛勇さ，正確さが，到るところに見られる。とりわけ，ギャラリーの手の込んだディテール。ベルラーへは，果てしなく続いた諸問の終わった後，丹精こめて，ここのトップライトの形を決め，光をできる限り調整し，均一にできるようにした。これは，効果を考えてのディテールだが，しかし，これを別とすれば，ベルラーへはどの技術的な部分にも，非常に厳格な方法でディテールを与えている。例えば，それはキャットウォークの下にはめこまれた放射状の暖房パネルなどに見てとれることである。

様式の表現としてこの作品を見れば，これは，抽象的立体派的なモダニズムの論理への，まさに入口に位置すると言えよう。しかし，ここでは，ライトのフレーベル式の手法に見られる，単純化し，要素を自由に振舞わせるという教訓が，ある統合法に同化，変質されて，その結果，建物は厳格さを持っていると同時に，詩的に戯れているといった性格を持つに到った。細部は，架構の必然性，プロポーションの規則を前提とするがゆえに，非常に技巧的で，徹底的に最小限のものにされている。煉瓦のマッスの上に取り付けられたガラスのモニターが，まるでガラスに見えず，煉瓦でできているように見えるのも，その例である。また管理事務所の翼部の回りの陸屋根の立方体は，まさしく空間的とでもいうべきやり方で集合され，相互貫入されていて，それらには，デュドックの作品に弱められた形で見られる，センチメンタルなライト趣味が，すべて避けられている。

中庭から見た外観

美術館内部

> 1920–24
> PETER BEHRENS
> Administrative Building
> I.G. Farben (Hoechst)
> Dyeworks
> Frankfurt am Main, Germany

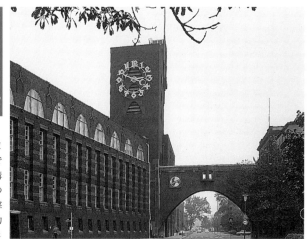

I・G・ファーベン染色工場

第1次世界大戦は，戦争に巻き込まれなかった中立国を除いて，まるで刃物のようにヨーロッパの社会機構をずたずたに切り裂き，特に，この工業化にもとづく最初の戦争の衝撃によってヨーロッパの文化は全面的に変質した。この変質を最もはっきりと示す当時のヨーロッパの建築家は，ペーター・ベーレンスである。大戦をはさんだ彼の2つの作品を見ると，思想の変化はみまがう余地もない。戦前，1912年，彼はベルリン・ヴェディンクにAEG工場を建てたが，ここには力の国家のエトスが滲み出ており，近代の産業国家（あるいは，啓蒙独占企業）の間違いない勝利に酔いしれて，ガラスで覆われた産業施設を，まるで新古典主義の「神殿」のように，堂々と誇っていた。しかし，戦後に建てたフランクフルトのI・G・ファーベンの染色工場となると，神秘的で，中世的な形，例えば，みがかれた煉瓦のアーチ，縦長の開口，重々しい壁，時計台，ブリッジ等が目につき，彼は，ここで北ドイツの煉瓦の伝統に身を隠すところまで後戻りしている。その上，ベーレンスはこのI・G・ファーベンで，初期のダルムシュタット時代の作品に見られた結晶体の神話にさえ後戻りしている。大管理棟の玄関ホールは4層の吹抜で明らかに宇宙的な結晶体の内部として作られている。結晶体のような天井からは，煉瓦の張り出した切子面が降りてきて，彼が神秘的で宗教的な空間へ後戻りしようとしていることが，ここではっきりとわかるだろう。この玄

上：街路側外観　下：玄関ホール

関ホールを見ていると,ブルーノ・タウトが祭儀的な建物を考えていたことに思い当るが,この2人が似ていることは,もちろん偶然で,思想の上で彼らが接触したという証拠はほとんどない。いずれにせよ,ベーレンスはこの時代にもう,ヨーロッパのモダニズムの主流から,自ら手を引いていたのである。

玄関ホールのスカイライト

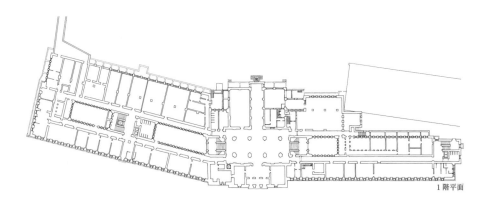

1階平面

1920–28
ERIK GUNNAR ASPLUND
Stockholm Public Library
Stockholm, Sweden

ストックホルム市立図書館

ナショナル・ロマンティシズムは、ユーゲントシュティールの高度に修辞的な表現であり、この様式は、アスプルンドが1909年、パリに計画したスウェーデン教会にも依然として顕著である。それに対し、いわゆるスカンジナヴィア・ドリス主義は、この様式の反動として台頭してきたと言えるかもしれない。1908年、パウル・メーベスが著した『1800年』にビーダーマイアー様式──古典主義建築の系譜にのりながら、その多くはアノニマスだった──の建築がいくつか紹介されたことは、この動きに大きな影響を与えた。アスプルンドは、スウェーデン教会後、まもなくある種の古典主義的で、しかも風土的な方法に捉われることになる。例えば、1918年に設計されたストックホルム南墓地では、木造のトスカナ式列柱廊と、鋭く細い急勾配の目のつんだシングル・ルーフが、独創的に結びつけられている。内に古典主義を秘めたこのような手法は、それを支持する者には、新しい基盤で、それによって一面的な還元にも、歴史主義にも陥ることはないだろうと思われていた。1921年のストックホルム市立図書館は、それをモニュメンタルなスケールで具体化したものである。中央の円筒形の閲覧室に見られる格天井ドームの断面形は、基本的には1780年代のブーレーのパリ国立図書館案から引き出されている。確かに、その平面形、あるいはこのように円形を、囲まれた中庭の中央に配するのは、1852年に設計されたスマークの大英博物館の閲覧室に先例を見出せるというのは事実であろう。しかし、1928年に完成したこのストックホルム市立図書館の閲覧室は、はっきりと旧 政 体(アンシャン・レジーム)の前衛建築家達に多くを負っているといってよい。とりわけ、ここでの縦長の窓を穿たれた背の高い円筒形ドラムは、ルドゥーのラ・ヴィレットの関門（1785）と明らかに関連があるだろう。だが同時に、エジプト風の玄関は、それよりは地方的な伝統からきていると思われる。つまり、その元にはコペンハーゲンに1848年に完成したゴットリーブ・ビンデスビョルのトルワルドセン博物館があるだろう。しかし、その玄関特有のディテールには、アスプルンドの独創がある。例えば、どの部分が本当の扉なのかわからないようマニエリスト的なやり方でしつらえた軽やかなサッシュ割などがそうである。

アスプルンド特有の、古典主義的

正面ファサード

で，きわめて形而上学的で，しかも民俗的な感受性は，また他のところでも感じられる。図書館前室のフラックスマン風のレリーフ，ロトンダの外周に沿った目につきにくい階段，そして児童閲覧室の何ということのない装飾。ただ，風景庭園に面する付属食堂は最後に建てられた部分だが，ここでは，こうした過去の参照は急に抑えられている。建物のこの部分の扱いには，1927年という早い時期なのに，すでにいわゆるフンキス，つまり直截な機能主義があらわれていて，つまり後に要素として加えられ，具体化されるべき性格がもう見られるのである。実際，この要素は，1930年のストックホルム博覧会でのアスプルンドのデザインによく表されることとなる。

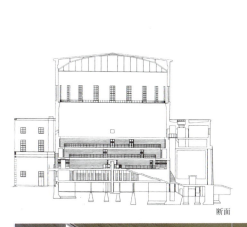

断面

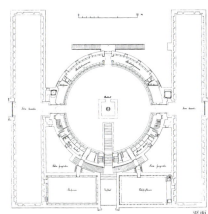

平面

閲覧室

> *1922*
> ELIEL SAARINEN
> Chicago Tribune Tower
> Competition

シカゴ・トリビューン設計競技案
新聞社社屋の設計者を選ぶため，(表向きには創立75周年を記念して)シカゴ・ヘラルド・トリビューンの設計競技が行われた。そして，この設計競技から，1938年レイモンド・フッドのニューヨークのロックフェラー・センターの竣工まで，あるひとつの展開が思いがけず絶えることなく続くことになる。この設計競技は，アメリカの摩天楼のデザインに新しい時代を画することになったのである。

1等案は，フッドがジョン・ミード・ハウェルズとともに行ったネオ・ゴシック風のデザインに与えられた。が，この設計競技の逆説は，フィンランドの建築家エリエル・サーリネンの2等案が最も影響力のあったことだろう。サーリネンの案では，ナショナル・ロマンティシズムとネオ・ゴシックが混合され，大きく3段にセットバックし，頂部には正方形平面の平屋根がのせられている。彼の影響力が甚大だったことは，それが当のフッドに直接及んでいるという事実からも判断できよう。トリビューン社竣工の年，1924年，フッドがニューヨークに建てた黒と金のアメリカン・ラジエター・ビルはその好例である。ルイス・サリヴァンは，サーリネンの案が秀でているのを認めていたと思われる。1923年（この年は彼の死の前の年にあたる），彼が書いたこの設計競技の審査評は，確かにそれを洞察している。「……幾人かが驚いたことが2つある。ひとつは，ひとりのフィンランド人が高層の鉄骨造の複雑な問題を把握していたことである。彼に，それまで高く聳えるオフィスビルを設計する機会があったはずなく，彼は生まれつき持っていた能力でそれを把握したのである。……もうひとつは，このひとりの『外国人』がアメリカ人の心の底にある健全で強く優しく野心的な理想主義の深みに達していたことである」。

サリヴァンのレトリックはともかくとして，すでにカス・ギルバートが1913年のウールワース・ビルで確立したネオ・ゴシックの高層建築の方法を，サーリネンが展開し，洗練できたことは明らかであろう。サーリネンがギルバートと異なっている点は，(そして，この点がフッドとハウェルズのデザインに全く欠けていた性格なのだが)伝統的な要素をまだ用いているにせよ，計画案のマッスを抽象的に扱い，それに効果を与えることができた点である。5つの細長く上が丸い開口部を持つ基壇は量塊のようで，その面は平滑である。建物の隅部は基壇と同じく全面が堅牢な構成を示しているが，その隅部に挟まれた中程の部分は，7本のゴシック風付柱で分節されている。この分節は，上に上るにつれ，いくつものセットバックを経ながらも，建物の頂部へと引き継がれている。1930年のデイリー・ニューズ・ビルやマグロウ・ヒル・ビルから始まって，何度かに工期を分けて30年代前半に竣工したロックフェラー・センターに到るまで，フッドがその後の生涯を通して，より抽象化し敷衍していったものは，本質的にはこうした構成法なのである。

263案がアメリカ本土から，世界から，この設計競技に送られたが，その中にはサーリネンの才気ある，しかし結局は伝統的な解決と比べ，非常にラディカルでモダンなものも含まれていた。中でも，4つのきわだった解決について触れなければならない。ひとつは，ブルーノ・タウトのシェールバルト風のカーテンウォールとピラミッドのような頂部を持つ塔。それから，ワルター・グロピウスとアドルフ・マイヤーの案と，デンマークの建築家クヌート・ロンベルグ＝ホルムの案に見られる新造形主義風の解決。そして最後は，アドルフ・ロースの，塔部を直方体の基壇に建つ巨大なドリス式オーダーで表わした非常にアイロニックな案である。サリヴァンは生涯，伝統的な3層構成から離れられなかったが，ヨーロッパのアヴァンギャルド達はそれを亡き者にしたという点で，ロースを除いて摩天楼に決定的な貢献をした。彼らが目指したものは，いわば「柱礎＋柱身」なる定式で，つまり上端を，柱頭状のコーニスというよりは，わずかに変化をつけたものなのである。

Eliel Saarinen.

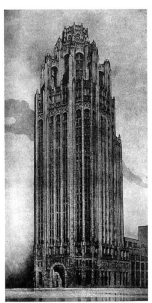

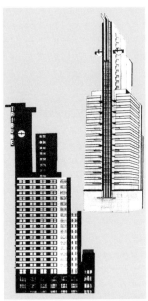

Howells & Hood   *Gropius & Meyer*   *Knut Lonberg-Holm. Not submitted*

Eliel Saarinen. 断面   *Bruno Taut*   *Adolf Loos*

1922–23
AUGUSTE PERRET
Notre-Dame du Raincy
Le Raincy, France

ル・ランシーのノートルダム教会

この教会は，構造的には明晰であるが，形の上では保守的である。こうしたことは，ギリシアとゴシックとが重なったひとつの理想がもつ本質的な矛盾を解決するものといえるかもしれない。ゴシックの構造は明快な論理を持っているが，古典主義の秩序は，合理的な理想を表わしている。そして，この2つを結びつけようとすることが，デカルトの後裔にあたるフランス人たちが作った建築理論の，大きなテーマだった。それは，17世紀中葉から綿々と続いていた。例えば，1755年，パリに建てられたJ・G・スフローのサント・ジュヌヴィエーヴ教会（後にパンテオンと呼ばれた）は，この2つの対立する原理を統合しようとする最も初期の試みであると言ってよい。石造のアーチやバットレスのようなゴシックの要素は使われているが，それらはほとんど表には見えていない。それに対し，内部のコリント式列柱廊のような古典主義の要素ははっきり示され，ドームやヴォールト天井を支えている。また，石造を鉄で補強している点は，鉄筋コンクリートの発見を予想させると指摘できようが，それに劣らず大切なのは，この2つの原理を統合するためには，不純な構造をも辞さないという考えが，スフローのような建築家にすでに表われていることである。

ル・ランシーのノートルダムは，身廊と側廊が同じ高さを持っていて，形の上では簡素なバシリカ，あるいは高式聖堂といえる。そして構造はすべて鉄筋コンクリートである。外周の28本の柱は極端に細い円柱で，それらが洗練された鉄筋コンクリートの屋根を支持している。側廊の上には，シトー派教会のように，各々5つの半円筒ヴォールトが，身廊の上にはその長さだけ横断シェルがかかっている。これらの屋根を支えるために，また内部に高さ約11.3メートル（37フィート）の32本の独立柱が使われている。その柱は下部で直径約43センチメートル（17インチ），上部で約35センチメートル（14インチ）先細りになっている。また細部にもギリシアとゴシックの統合がはっきり示され，例えば，コンクリートの円柱は，型枠によってフルーティングされているが，それは古典主義のエンタシスとも，ゴシックの束ね柱とも見える。

教会堂本体には，網目のようなプレキャスト・コンクリートが用いられ，その網目には色ガラスがはめこまれている。教会堂に入るとまず黄色が目に入り，そして西端の浅いアプスに進むにつれ，色は紫に変わっていく。色のついた光は，こうして直方体のような教会堂を巧みに浮びあがらせている。このように教会堂の被膜としては，約60センチメートル（2フィート）四方のプレキャスト・コンクリートの格子が用いられていて，そこにモーリス・ドニの焼絵ガラスがはめこまれているのである。

しかし，外からこうした色はほとんど見えず，目につくのは，むしろコンクリートの5種類の基本要素が織りなす緻密なテクスチュアのほうである。十字を持つ正方形，円に外接する正方形，菱形を持つ正方形，基本の正方形を2つに割ったもの，そして4つに割ったもの。色ガラスを囲むそれら5つの要素が外壁の単調さを救っている。ペレが外壁の構造を抑えた時，それらがなければ単調になったかもしれない。スフローは，サント・ジュヌヴィエーヴに崇高さという効果を意図したが，ペレもそれと同じ効果を求めていたことが，1924年彼が寄稿した『アメリカン・アーキテクト』誌の記事から確証される。「この建物で，私達はすべての円柱を壁から離し，壁を円柱の外側に独立してめぐらせた。従来は，柱は2列だったが，すべてを独立柱にすることで，柱は4列になった。そして，こうして円柱がより多く見えることになったため，教会堂の見かけの大きさは増した。より雄大に，巨大になったのである。各要素もこの効果を生むのに手伝っている。例えば，円柱の直径は小さく，背は高く，細部は省略されている」。

しかし，立面は，こうした内部の精妙さまでほとんど達していない。東端は，鉄筋コンクリートの円筒を束ねた擬ゴシックの尖塔のような姿をしていて，特に劣っている。

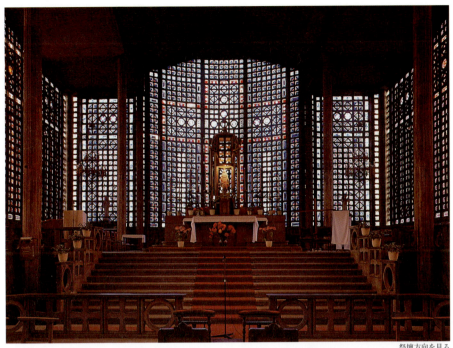

祭壇方向を見る

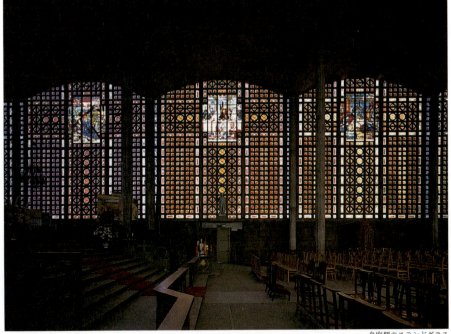

身廊側のステンドグラス

1922
ALBERT KAHN
Rouge River Glass Plant
Ford Motor Company
Dearborn, Michigan, U.S.A.

フォード社ガラス工場

アルバート・カーンが建築家として歩んでいく道は、デトロイトの自動車産業の興隆と不可分だった。まず、1903年、パッカード社専属の建築家という大任を任された。1905年のパッカード第10工場は、その当時の作品で、鉄筋コンクリート造の4層の建物だった。が、これを手始めとして、一連の工場建築が彼の手から生まれている。1906年にバッファローに建てられたピアス・アロー社の部品を製造するピアス工場、1910年の鉄筋コンクリート造のフォード社ハイランド・パーク工場――T型フォードを製造するだけのために急いで建てられ、元旦から操業が開始された――がそれにあたる。1913年、ヘンリー・フォードはこの工場を流れ作業の製造工程をもつものに変更し、そのため製造システムすべてをひとつの階におさめる必要が生じた。それを最終的に完成させたものが、1917年にカーンの設計で建てられたイーグル工場で、これは戦時下の潜水艦製造を目的としたものだった。この建物は縦方向1700フィート（約500メートル）、横方向は各々51フィート（約16メートル）幅のベイが5つ繋がっている。そして、その後フォード社が大規模なガラス生産に手を染めだす中で、1922年、ガラス工場が同じ場所に独立して建てられた。

このガラス工場の設計のプログラムは、流れ作業によるガラス板の製造だった。そのため、ガラスと鉄で作られたこの建物は長さ750フィート（約230メートル）、1層になった。構成はおおむね南端にある4つの炉から決定され、光は上部の高窓からとられ、大きな、あるいは小さな高窓が並んで配されている。大きな高

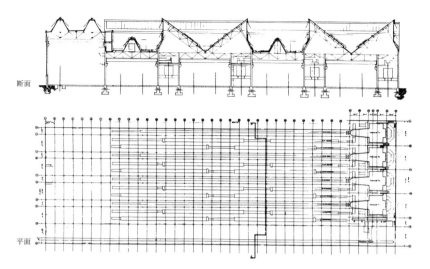

断面

平面

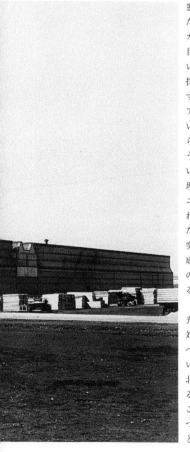

　窓は，ガラスを型に流し込む工程のためにとられ，だから，流れ作業でガラスがなまされていく際の換気を目的としている。それに対し，小さい高窓は，ガラスを研磨する工程の採光と換気を行う。こういうことはすべて，首尾一貫した功利主義的なアプローチから生まれてきているといってよい。しかし，カーンは，明らかに，相変らず形を整序するという目的に沿ったプログラムにもとづいて，その要求事項を手ぎわよく処理しているのだ。たとえば南側のモニュメンタルな横軸方向の高窓，それはその下の4つの炉の熱を逃がすためであるにとどまらず，そこに煙突を接続させ，この部分を全体の構成の端部として本当にふさわしいものにする機能を持っているのである。

　工場は，のこぎり屋根で北から採光するのが伝統であったが，それに対し，このガラス工場では，いま述べたような高窓があらゆる方向を向いている。そして，カーンが二度と北から採光するのこぎり屋根を用いることがなかったことからしても，この工場は，そういう意味で，ひとつの伝統との絶縁を表わしたものだといえよう。伝統から離れる大きな理由は，一方向からの採光が将来の工場のレイアウトを限られたものにしてしまうから，ということだった。つまり，光をもっと均質にするために，ここで2方向の高窓が使われたのである。それは，例えば1911年のパッカード・フォージュ店で彼が初めて用いた要素にも言えることである。このガラス工場を優雅に見せることになったもうひとつの新しい試みをあげるなら，それは間違いなく外皮の扱いである。外皮はフレームの内側に独立してもうけられ，大きなハイリブの波形板とスティール・サッシュが交互に用いられている。この外皮のシステムは，一見施工が大変そうに見えるが，実は逆であって，これにより工期を短くすることが可能であった。

1923–24
GERRIT RIETVELD
The Schröder House
Utrecht, Holland

シュローダー邸
19世紀の段状住宅地に添えられた小さな2層の住宅が、デ・スティル運動において規範となる建築作品になったことは、オランダ新造形主義の親密さをよく物語っている。テオ・ファン・ドゥースブルフは1924年、初めて『造形的建築の16原則』を公表したが、それを実際の作品に具体化した例を見つけるとすれば、前にも後にもこの作品以上のものはないだろう。つまり、ファン・ドゥースブルフは、新造形建築の性質として、ダイナミックであると同時に、非モニュメンタルであること、あるいは、非立方体であること、つまり箱を崩壊させようとしたものをポレミカルに主張したが、このシュローダー邸は、こうしたテーゼを最も明確にかつ徹底して表現した作品なのである。この住宅はシュローダー＝シュレッダー夫人——つまり、この住宅の主人——との協力で設計されている。さて、20世紀初頭の建築史の中で、この住宅以上に複合されたものを見つけるのは難しい。つまり、リートフェルト－シュローダー邸は、一方では、ヨーロッパにおけるフランク・ロイド・ライトの影響（これは、オランダで最も決定的に見られた）、また他方では、抽象形態の神

秘的宇宙論——その最重要人物は、間違いなく、画家ピート・モンドリアンである——の、2つの根本的に相違した伝統を結合させているのである。

この2つの影響のうち第1のものは、平面の風車型の組織に表われている。中央のコア——この場合は、たまたま階段——を中心に、各要素はその大きさ、重要性に関わりなく、螺旋をなして配置されている。この概念は、1916年、ユトレヒト近郊ハイステル＝ハイデにロベルト・ファン・トホフが建てた、鉄筋コンクリートのライト風住宅から、リートフェルトが引き出したものだが、ファン・トホフの住宅では、中央のコアとして、ライトの住宅作品の多くがそうであるように、階段だけでなく暖炉を含んでいた。影響の第2のものは、もっと元をたどると、2つの源泉、ひとつはピート・モンドリアン、バルト・ファン・デル・レックらによる、キュビズム以降の絵画それ自身の発展、第2はシェーンメーカース博士といった人の宇宙論にまで溯れる。シェーンメーカースは、1913年宇宙論にもとづいて、デ・スティルの基本色を決定した神秘的数学者である。彼は、1913年こう本に記している。「本質的に3原色とは黄色、青色、赤色である。存在する色彩はこの3色のみである。……黄色は光線の運動（垂直）であり……青色は黄色に対比される色（水平な天空）であり……赤色は黄色と青色とに釣り合うものである」。シェーンメーカースにとっては、垂直な光が地球に降り注ぐ太陽光であり、水平なそれが太陽を巡る地球の軌道であった。

モンドリアンやファン・ドゥース

ブルフの画布は，概念としては無限で，その線的な要素は，理論的に絵画面を越えて延びていくが，リートフェルト－シュローダー邸は，それとは異なり，部分的にフレキシビリティの概念に基づいている。その意味で，これはその3次元形態のダイナミズム（その遠心的，彫刻的エネルギー）を変化可能な配置法に一致させたものと言えよう。つまり，これは簡単に変化させうるという点で，文字通りダイナミックになったのである。一番驚かされるのは，おそらく2階の平面が，ひとつの広い空間に開くとともに，4つの別々のヴォリュームにも分割される，そのやり方だろう。全体のこのような変形法は，様々な小さな要素にも反映されている。例えば，浴室は，必要な時には，小さなクロゼット部分にたたみこむことができるし，またメインの居間スペースの角にある複合された大きな窓は，文字通り痕跡としてまだ残っている「箱」を崩壊するように，開かれている。これとの関連でいえば，この住宅が伝統的な木造構法によるものであることや，見た目には「浮かんでいる」スラブが，実はそれを支えるために，床の根太が片持ちで突き出されていることは，何かしらショッキングなことであり続ける。そもそも，リートフェルトのような家具作家が，木造の構造物を設計し，実際に作ろうという時に，その接合法に取るに足りない役割しか与えなかったことが，皮肉なことなのである。結局のところ，これは，技術的にも概念としても，未だ抽象作品の域を出ていなかった，ということになろうか。

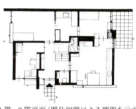

1階，2階平面（間仕切壁による開閉を示す）

2階内観

1923–24
LE CORBUSIER
La Roche-Jeanneret Double House
Paris, France

(例えば，モリスの赤い家，1859年，ベックスリー・ヒース)，もうひとつは，今では存在しないポンペイのアトリウムのあるヴィラ。3層の玄関ホールは，この2つの対立する起源を，ひとつのピュリスム的な渦のような動きに統合するものであろう。大小2つの階段，それに連なる小さなギャラリーは，空間の切れ目のように扱われている。このような立体派的な一種の切れ目ともいえる空間は，ギャラリー内部のカーヴした斜路のもつ造形的エネルギーと目立った対照をなしている。

ラ・ロッシュ／ジャンヌレ邸

ル・コルビュジエは，1920年「歯型の通り」(訳註：モノル集合住宅，配置図参照)をスケッチしているが，その案はこの2家族用住宅(パリでの3作目にあたる)で変形され，実現された。当初の案は，4軒の住宅を繋ぎ合わせ，それと離して各々のガレージと門番の小屋を配するというかなり大胆な計画だったが，それを狭い敷地に押し込めなければならなかったため，結局，直交しながら接し合う2住宅に縮小しなければならなかった。1923年の最終案では，当初のU型の配置から片側の翼部が切り捨てられ，「宮殿」風の構成が失われている。だから，この失われたものを埋め合わせるために，彼は巧妙にも横のファサードに最初のシンメトリーを移しかえたのではなかったろうか。ともかく，この横のファサードに，ラ・ロッシュ家とジャンヌレ家の住居部を二分する役目が移されているのである。シンメトリーが移されれば，ラ・ロッシュ家とそれと隣接するピロティのあるギャラリーは直交してしまい，ばらばらになりやすいだろうが，彼は両者を結びつけるものとして3層の玄関ホールを考案している。ギャラリーは，持ちあげられ，アプローチの軸を受けとめるようにふくらんでいるが，そのギャラリーにバランスさせるため，今度は長いブロックの端が大きな出窓として強調された。

形の上で見ると，ラ・ロッシュ／ジャンヌレ邸には2つのものの奇妙な混淆がある。ひとつは，ゴシック・リヴァイヴァル風のL型住宅

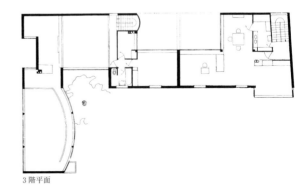
3階平面

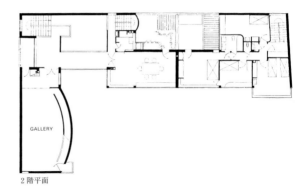
2階平面

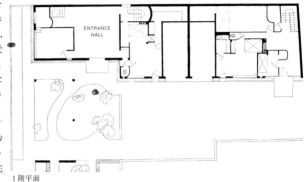
1階平面

ギャラリー方向を見る

ギャラリー内部

1923
FRITZ HÖGER
Chilehaus, Shipping Headquarters
Hamburg, Germany

チリハウス

1910年から26年にかけてオランダや北ドイツに建てられた事務所建築の中で、後に表現主義と呼ばれることになったものは多い。チリハウスは、そういう形をした煉瓦貼りの建物である。そして、この種の建物の中で、このチリハウスと双肩をなすのは、なにをおいても、アムステルダムのJ・M・ファン・デル・メイによる船舶協会ビル（1911-16）ということになるだろう。もちろん他にもいろいろある。ハンス・ゲルゾンとオスカー・ゲルゾンによる、ハンブルクのバリハウス（1924）、パウル・ボナーツによる、デュッセルドルフのシュトム・ビル（1925）、ヘルマン・ディステルによる、ハンブルクのモンタンホフ（1926）、それからヘーガー自身の、ハノーヴァーに竣工したハノーヴァー・アンツァイガー社屋（1928）、等々。

この奇妙に東洋風な煉瓦の文化は、1917年のハンス・ペルツィヒの「鍾乳石」様式に様々の点で近いといえるが、運動の中心は、明らかにハンザ同盟の港町ハンブルクだった。そして、ヘーガーが建築を一生作り続けたのも、この町だった。周知のとおり、彼はベルリンの知的な表現派のサークルとはほとんど接触せず、奇妙に孤立していたし、だから、彼の作品が表現主義といわれるのも、他に適当な分類名がないからに過ぎない。しかし、今日だんだん明らかになってきたように、この煉瓦の運動総体の根元にいるのは、第１次大戦後1915年から22年にかけて、ハンブルク市の建築監であったフリッツ・シューマッハーなのである（彼の『今日の煉瓦建築の本質』、1920年参照）。

マルティン・ハーラーは、すでに1880年代中ごろ、建物のひとつのタイプとして商業用事務所建築を初めて完成に到らしめたが、チリハウスはいわば、そのエキゾティックな例である。その形は大きな破風を持つ中世ハンザ同盟の倉庫と近代の事務所建築の合の子である。しかし、こうした、この地独得の強烈な同族意識にもかかわらず、このチリハウスは、ハンザ風の詳細部を異常なほどにきわめ、また、焼いた金属板やガラス化煉瓦を誇張している点で、ルイス・サリヴァンに対する一種の秘めやかなオマージュとして浮かび上ってくる。

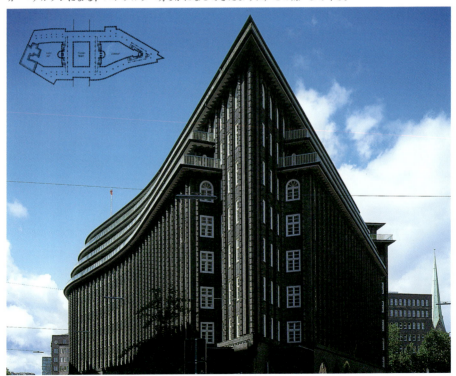

1923–24
HUGO HÄRING
Gut Garkau Agricultural Building
near Lübeck, Germany

1階平面

ガルカウ農場

ヘーリンクがやったことは，可能性があることだったが，実際に建物を作るという段にはほとんど達しなかった。リューベック近郊のこの農業用複合建築は，彼が造った建物で唯一本質的なものだった。彼が書いた理論的な文章は多く，彼は建築家である以上に，理論家だった。ワイマール期には，彼はドイツ「新建築」(ノイエス・バウエン)派に参加して，当時ベルリン市の建築監だったルートヴィヒ・ホフマンの反動的な政策に反抗し続けた。1924年には，いわゆる「ツェーネリンク」の創立者に名を連ね，翌年には，ミース・ファン・デル・ローエら当時の一流建築家とともに，「リンク」を結成し，1933年ナチスが解散命令を出すまで，秘書としてとどまっている。ヘーリンクは，建築が作られる過程を2つの独立しながら関係しあう段階に分けて考えた。最初は，「有機組織化」(オルガーンヴェルク)の進化による段階で組織体が機能のプログラムを越えて現われる過程である（カーンがずっと後に使った言葉「建物自体がそうありたいと思うもの」にあたる）。そして，この実体化していない有機的構造を建築的に，技術的に表現する段階，つまり「建築化」(バウヴェルク)の展開が次にくる。彼は，イェンセン=クリント，ヘーガー，ボナーツ，シュタイナーといった人物のいずれとも似ていないが，（ペルツィヒやタウトと同じく）筋道の通った表現主義者と見なされる。それも，彼がこのように「有機組織化」(オルガーンヴェルク)の直截な表現を意識して求めていたからである。その意味で，彼はハンス・シャロウンや後期のアルヴァ・アアルトにとても近い。ヘーリンクは思索家で，シャロウンは建築家だったが，彼らが建物の形を作る態度には，いずれにしても，何かしら禅を思わせるところがある。というのも，ル・コルビュジエがアプリオリに幾何学的な型を持っていたのに対し，ヘーリンクは概念や断面形をあらかじめ決めないで設計を始め，適当な建物の形に達しようとしたからである。彼はこう書いている。「私たちは物を求め，物自身が持っているデザインを引き出そうとする。外形から形を決めたり，物をある外部の法則に従わせるのは，私達の性に合わない」。

こうした「自然な」過程を踏んで，建物の物理的な姿を決めるという点では，ヘーリンクのやり方は，18世紀の「語る建築」という理想を有機的にしたものと言えるかもしれない。ヘーリンク自身，こう言っている。「個々の建物にふさわしい形は，物自身が持っているものによって決まらなければならない」と。しかし，彼にとって，参照の対象になりえたのは，つまるところ古典的な形態よりもヴァナキュラーな形態の方が多かった。

1923
FRANK LLOYD WRIGHT
"La Miniatura"
Millard House
Pasadena, California, U.S.A.

ミラード邸『ラ・ミニアトゥーラ』
アリーン・バーンズドールのために1920年建てられたロス・アンジェルス、サンセット大通りのハリホック・ハウスは、ライトの第2期マヤ調時代への移行を示した作品だが、G・M・ミラード夫人のために1923年、パサデナに建てられたラ・ミニアトゥーラは、その力作をプレ・コロンビアンのスタイルに移したものである。1929年までに、ライトは、4軒余りのコンクリート・ブロックの住宅を建てているが、これはそのひとつである。基本的技術は、まだそれほど進んでおらず、必要な各ブロックには、限られた範囲の幾何学的模様しか刻むことができず、また組み上げる場合にも、鉄筋を中に通した乾式接合法によって、すべてを図面で決められた場所に設置しなければならなかった。ライトは、これをいつも「テキスタイル・ブロック」システムと呼んでいたが、それは元をたどれば、1914年のミッドウェイ・ガーデン開発計画や、1908年のクーンレイ邸における窓小間の陶磁器をちりばめたスタッコ装飾に、すでに予告されていたものだった。そのどちらの場合でも、ファサードの大半は、結晶を思わせるモチーフで形成されている。

多くの人が指摘したように、ラ・ミニアトゥーラは、住宅というよりも、上品な隠れ家である。あるいは、原生林の生い茂った峡谷の底に建てられた美しい庵といった方が適切か。ともかく、隠遁生活を送ってみたいというのは、中産階級の神経症的な衝動であり、この場合には、ライトだけでなく、建築主も、それに心を奪われていた。正面ファサードは、実質的にはダミーで、本当の玄関はこの3層分の高さを持つ建物の真ん中の階にある。そして、このピアノ・ノビーレ（主階）からは、下の食堂、プールサイドのテラスに降りるか、上の寝室階、あるいは居間空間を見降ろす中3階に登ることができる。興味深いのは、下の階の角にある要塞を想わせる空間が、本、絵画などミラード夫人の貴重なコレクションのための倉庫に用いられている、そのやり方であろう。そして、内部はなるほど上品で詩的な親しみ深さを備えているのだが、それでもこの作品にみなぎるハリウッド的虚飾がどうしても気になる。しかし、ここに充満する偏執狂的な性格は、むしろライト自身の情緒不安定からくるのかもしれない。ロバート・C・トゥオンブリーは、こう書いている。「家族の組織をどう考えているか、それが建物にほとんど反映されていないので、彼のコンクリート住宅は、しばしば全く『家庭』たりえなかった。彼が自伝の中で論じた（それも多くのページを割いて！）カリフォルニアの建物が、2つとも中年の女性——アリーン・バーンズドール老嬢、ジョージ・ミラード未亡人——の住宅であり、そして、この彼女ら2人とも、いやこの建築家を含めて（彼は、当時ミリアムの時代にあった）なのだが、対外的には傷つきやすく、またその人個人としても、欲求不満に陥っていたことは、何かしら因縁めいていないだろうか」。

庭園から見る

1923–24
HENRI SAUVAGE
CHARLES SARAZIN
Flats, rue des Amiraux
Paris, France

アミロー街の集合住宅

この注目すべき建物は，社会主義的な協同組合のために，1924年，アミロー街に建てられた。1913年，パリ，ヴァヴァン街でまず試みられた「段状住宅」というテーマを，アンリ・ソヴァージュはここで洗練しつくしたといってよい。しかも，これはサンテリアの「未来派都市」を先取りしているというだけでなく，それを現実的なかたちで実現したものだとさえ言えるだろう。また，今日の目から見ても，このアミロー街の集合住宅は，この25年後ル・コルビュジエがマルセイユに建てた「ユニテ・ダビタシオン」（1952）の考えをすでにとり入れているという点で，注目すべきなのである。他にも注目されることがある。ひとつは，工事を段階的に実行したこと（最初に作られたのは，セットバックした住居部分で，この時中央のプールはまだ作られていなかった），それから，内部のすばらしい構成。この建物は3面を街路に囲まれ，内部の構成も，各階15戸ほどの住戸を収め，各々コーナーに近付けた階段室からアプローチする，というものである。このブロックの長辺側では，こうして，3つの部屋とテラスを持つ大きな住戸がセットバックしていき，その両側に中央の6階分の荷物用エレベーターが強い表情を見せている。

どの面でも，各階で次々にセットバックしていくとともに，住戸はだんだん狭くなっていく。その結果，この建物の断面は，中心部のトップライト方式のプールを覆うように各階が内側に迫り出したものとなる。構造は，ヴァヴァン街同様，鉄筋コンクリートのラーメンだが，住戸のプランは，当時の基準からすれば幼稚である。ただ，ファサードの白と青のファイヤンス焼きタイルが，作られてから70年もたとうというのに，まだ何の支障もきたしていない，そのくらいにソヴァージュの能力，あるいは当時の施工は，すぐれていたことは注目に値しよう。

街路より見る

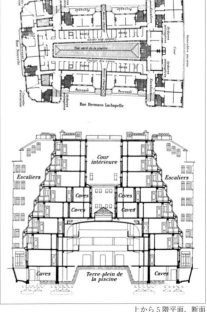

上から5階平面，断面

1924–31
WILLEM MARINUS
DUDOK
Town Hall
Hilversum, Holland

ヒルヴァーシャムの市庁舎

デュドックのどの作品も明快そのものだが，決して前衛的というのではなかった。そうして，そういう彼の作品の中でも，傑作と見なされているのが，この1924年に着手された建物である。色々な点で，独特で注目に値する建物である。デュドックのどの作品も，地方的な文化を強く見せている。それは，ほとんどの作品がヒルヴァーシャムに建てられたことと無縁ではないだろう。この建物に関してもほぼ彼が市の公共建造物課長であった1915年から1927年の時期に建てられている。

1930年までのデュドックのアプローチには，いくつもの動向を統合しようとするぎこちない態度がある。最初は，もちろん，ベルラーヘである。デュドックの出発点には，ライデンの中学校（1916）を筆頭に，彼の影響が色濃い。そして，次がウェンディンヘン派表現主義の影響が部分的に現われている。それは，ハーグのセーフェンステイン邸（1920）にはっきり示されている。もっとも，この時期は短く，すぐにデ・スティル期のJ・J・P・アウトを真似て，大胆な構成をとるようになる。例えば，1921年ヒルヴァーシャムのバフィンク小学校。そうして，最後がフランク・ロイド・ライト。これは決定的で，1923年竣工のヒルヴァーシャム屠殺場，1928年から31年にかけて実施されたこのヒルヴァーシャムの市庁舎がその好例だろう。

話を市庁舎に戻そう。これは，かなり広い敷地に建てられ，すべて煉瓦造で仕上げられている。ヒルヴァーシャムは田園都市的な性格を持っていたが，それは，この建物の独立したマッス，周囲の風景によく示されている。構成は新造形主義的に非対称なものだが，主要な表現要素は，伝統的であると同時にモニュメンタルである。例えば，玄関の高い時計塔，会議場を示す3つのシンメトリカルな窓。細かいところでは，ライトの影響が大きい。中でも慎ましげに傍らにとられた玄関，つまり装飾的な池を見下ろす片持梁のポルティコに到る長い通路は，その最たるも

のだろう。ところが、建物に入ると、とたんにこのまとまり方が変質する。ライト的な煉瓦の扱いが、玄関ホールですぐに、大理石の扱いに変わってしまうからである。玄関ホールの形式的な秩序は、オランダ固有のものでも、アメリカのものでもなく、むしろウィーンのワグナー派に近い。

こういう並置の原因は、ひとつには、デュドックの建築家としての形成（彼は建築家というより、技師として訓練を積んだ）が折衷的なものだったことにあるだろう。しかし、それは何も彼に限ったことではなく、1930年代オランダ建築が次第に進んでいくような保守的な傾向の現われでもあったのである。

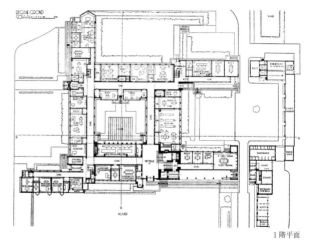

1階平面

会議室

第7章
古典主義の伝統とヨーロッパのアヴァンギャルド：
フランス，ドイツ，スカンジナヴィア　1912-1937
The Classical Tradition and the European Avant-Garde:
France, Germany, and Scandinavia 1912–1937

1．技術者の美学と建築

「工学技師は，経済の法則に立脚し，計算によって導かれて，われわれを宇宙の法則と和合させてくれる。かくて調和に達する。建築家は，形を整頓するという彼の精神の純粋な創造によって秩序を実現する……

石材を，木材を，セメントを工事にうつして，家屋や宮殿をつくる。これは建設である。知性の働きだ。しかし，突然，私の心をとらえ，私によいことをしてくれ，私は幸福となり，これは美しいといったら，これは建築である。芸術はここにある。私の家屋は便利だ。有難う。この感謝は鉄道の技師に，電話会社にいう有難うと同じだ。私の心にふれたのではない。しかし，空に向かって伸びる壁が私を感動させるような秩序になっていたとする。私はそこにやさしい，荒々しい，可愛いい，または堂々とした意図を察する。そこの石がこれを語る。私をそこに釘づけにして私の目はそれを眺める。私の眼が眺めるのは，そこに述べているある考えである。言葉も音もなしに語る考え，ただ相互に，ある関係にある角柱の組合せとして明らかにされるものだ。これらの角柱は光を細やかにはっきりさせる。そこにある関係は，実用とか描写とかとは結びつかないことだ。それは精神の数学の創造物である。建築の言葉である，生命のない材料と，多少なりとも実利的な計画に沿っていながら，"それを越えて"私を感動させるような関係を生み出したのだ。これは建築である。」
（吉阪隆正訳）

ル・コルビュジエ，『建築をめざして』1923年

第一次大戦は様々な方面で根本的な変化を生み出した。第一に，ヨーロッパのブルジョワ社会の再編を促した。第二に，戦争勃発時までは良好に進められてきた開発行為を遅れさせてしまった。そして第三に，革命だけでなく，遅れていた千年王国が遂に到来したという普遍的な感覚をももたらしたのだ。いわゆる「あらゆる戦争を終わらせるための戦争」が，永遠の救いとしての平和への期待に到らしめるものと見なされた。いわば，ル・コルビュジエのスローガンに最も簡潔に表現される感情に他ならない。『エスプリ・ヌーヴォー』誌創刊号を飾るものとして，1920年に登場した「偉大なる時代が始まった」というスローガンである。

フランスに関する限り，こうした千年王国が古典主義的な形態をまとって出現するのは避け難いことだった。まず，1912年竣工のオーギュスト・ペレ設計シャンゼリゼ劇場で古典性が露わになり，続くトニー・ガルニエの「工業都市」（1904年制作，出版は1917年）も然りである。いずれもル・コルビュジエの古典主義的機械讃美――さもなければピュリスムとして知られる――に向けての踏台となった。このスタイルは1916年から1928年にかけての彼の作品歴を強く支配している。ピュリスムは，J・N・L・デュランの『エコール・ポリテクニック建築教程』（1801-05）からジュリアン・ガデの『建築原論』（1902）に到る思考の軌跡に結着をつけるとい

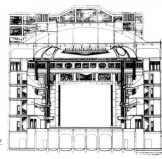

Perret, Théâtre des Champs-Elysées, Paris, 1911–12.
ブールデルのレリーフのある大ホール断面

う点で，フランスの古典主義的合理主義の集大成となったといえる。ル・コルビュジエは・ペレとガルニエを通してこの遺産を吸収することになるわけだが，ペレにしろガルニエにしろジュリアン・ガデがエコール・デ・ボザールの建築論講座の教授を務めていた時期のスター的学生だったのだ。

戦間期の近代建築運動を考える際，以上に加えてもう2つの古典主義的展開の過程が見てとれる。まず，ドイツのロマン的古典主義の潮流。これは，デュランに端を発し，フリードリヒ・ギリーとカール・フリードリヒ・シンケルを通してプロイセンの文化に根を降ろしたものである。この潮流は，最終的にミース・ファン・デル・ローエによって再編成される。彼は，ビスマルク記念碑（1912）によって若い頃のロマン的古典主義への親近性を表明していた。第二の潮流は，明確には規定し難いが，古典主義の伝統のもつ特質を部分的に受け入れ，他の特質を切り捨てた流れである。デメトリ・ポルフィリオスによってドリス主義と呼称されたこの主張は，田野的な単純性を求める感情と初源のオーダーなるドリス式の感覚とをともに意図したものであった。ドイツにおいてもスカンジナヴィアにおいても，その実践者は反機械主義，反ユーゲントシュティールを標榜し，古典主義でもなく風土主義でもない，その両者の微妙な混じり合いである一種の混成様式を追い求めたのである。いわば，軸線や基準線といった古典主義の原形たる手法を用いて洗練をはかる混じり合った表現に他ならない。

2. オーギュスト・ペレとギリシア=ゴシックの理想

古典主義的合理主義の伝統を最も強く表わしているのはどう見てもオーギュスト・ペレであり，ル・コルビュジエが唱えた技術者の美学と建築を厳密な意味で実体化しているのは，様々な点から見てル・コルビュジエ自身よりもペレの一連の仕事の方である。ある面では，ペレの建築は，ド・コルドモワ師の『建築新論』（1706）以来フランスの建築理論を支配してきたギリシア=ゴシックの理想を最終的に解決したものと考えても構わない。古典主義を天賦の規範と見なす考え方を論駁したクロード・ペローに対して反論を試みる中で，ド・コルドモワは啓蒙主義の原形とでもいえる建築を呈示し，それを二重の原理の上に立脚させようと試みた。すなわち，ゴシック建築に明らかな構造的明快性，そしてギリシア建築に見られる柱梁の直交系オーダーである。その後，自著『建築試論』（1753）でド・コルドモワの命題を再考したロージエ師の思想は，1755年パリにて着工されたJ・G・スフローのサント・ジュヌヴィエーヴ教会の背後に潜むイメージの源泉となった。身廊と側廊は半球状のドームで覆われているが，その推力は明らかに半円形アーチを経て，コリント式円柱の列柱に伝達される。ギリシア=ゴシックの理想をかくも早い時期に実現するためには，ドームの横方向の推力を受けるために跳梁を隠して用いる必要があった。これと同じく高度の技術

Garnier, Cité Industrielle, 1904.
ビーダーマイヤー様式を示す
新古典主義の中庭式住宅

を外側から隠して用いる例は，ジャン＝バティスト・ロンドレによる同サント・ジュヌヴィエーヴ教会の柱梁方式の石造ポルティコ（1770）にも明らかである。鉄製のかすがいを複雑に組み合わせたシステム——その配置は近代の鉄筋の配筋に比較されよう——はポルティコの安定を得る上ですこぶる重要なものとなった。

　ギリシア＝ゴシック的理想にもとづくペレ特有の解法に先立つのは，様々な点から見て，アンリ・ラブルーストの作品ということができよう。ラブルーストのギリシア＝ゴシック的な試みは鋳鉄および錬鉄の構造的可能性にもとづいており，そこから建築上の廉潔さを導き出している。彼は，新古典主義の作風をもつ組積造の構造躯体に，あたかも金属製の補強材の如く，鉄とガラスの構造物を挿入した。サント・ジュヌヴィエーヴ図書館（1843-50）およびパリ国立図書館（1862-68）が然りである。しかし，いわゆる躯体と骨格，つまり技術者の美学と建築を完全に統合するためには，1896年のフランソワ・アンヌビックによる鉄筋コンクリート構造の完成を待たねばならず，またオーギュスト・ペレがみずからのスタイルを発展させつつコンクリートの構造体に古典主義的な潜在力を露わにしていくのを待たねばならなかった。

　ペレが分節された構築原理によって鉄筋コンクリート仕上げを発展させていった背景には，ともに技術者によって著された2つの基本的な著作があった。ひとつは，ポール・クリストフの範例集的な著書『鉄筋コンクリートとその応用』（1902）で，これは大半が技術上の問題に終始している。他のひとつ，オーギュスト・ショワジーの『建築史』（1899）は多分に概念的で，ペレが一連のこの上なく洗練された作品に到達する上で測り知れない影響を与えた。

　国立土木学校の建築担当教授ショワジーの論考によれば，様々な歴史様式は流行の競い合いとしてではなく，建築技術の発展における論理的帰結として登場した。その例として彼が好んだ様式はゴシックとギリシアのものだった。もっとも彼は後者に重きを置き，それゆえに最後の偉大なる古典主義的合理主義者となったのである。方法のきっかけとしては実証主義を支えとしているが，それでも彼は文化形式に到るものとして技術への意図，技術の媒介こそが，かなりの意味をもつと考えていた。とりわけ彼のパルテノンの扱いを見るとそのことが顕著に窺える。彼はこう記す。「形態は出発点であった。そして構造は形態にその必要条件を押しつけることなく，徐々にではあるが形態と調和を結んだ。こうした釣り合いを実現したのはペリクレスの世紀の誉であるが，その後これが長く続くことにはならなかった」。

　ショワジーの著作に示された禁令を守るという点でペレがまず手がけたのは，フランクリン街25番地乙の集合住宅（1903）である。この頃はまだアール・ヌーヴォーの反古典主義的影響が強かったが，ペレは柱梁を木造の軸組構造に似せて仕上げた。50年ほどたって彼はこの個人的ともいえる性癖を理由づけてこう語ってい

Perret, 25 bis Rue Franklin, Paris, 1903.

J.G. Soufflot, Ste-Geneviève (the Panthéon), Paris, 1755–90.
構造図（ショワジー、『建築史』、1899より）

る。「初め，建築はただの木の骨組からできていた。火災から守るため堅固な材料で建てられた。そして，釘の頭を含めてあらゆる痕跡を再現するところに，木造構造の面目が保たれている」。フランクリン街の集合住宅は全面セラミック・タイルで覆われ，敷地の利用方式では注目に値するとともに，その伝統的な列状の居室平面はル・コルビュジエの自由平面（プラン・リーブル）（その分割面は構造体から全く自由である）の可能性を現前させているが，建築自体は古典主義の再来を示すには多少かけ離れていた。古典性が現われるのは，パリ・ポンテュー街にペレ兄弟社によって建設されたガレージ（1905）である，4階建のこの建物は，ガントリー起重機の構台を収めた4層分の高さをもつ身廊部と，その両側の駐車用側廊部から成っており，端正な鉄筋コンクリート・ラーメン構造で組み立てられている。正面は軸部の間を全面ガラスとなし，全体を白く上塗りしている。そして，一方で身廊部の中心性を強調する装飾的な「薔薇窓」が早くもペレの教会至上主義的な手法を意味するものと見なされうるのに加えて，ファサードの古典主義的輪郭は新たな方向への重要な突破口となっている点が挙げられる。すなわち，突き出した平滑なコーニス，屋階，さらに主構造と挿入されたガラス面との間の媒介になる框状の枠組（アレット）が具わっている点である。そして，ポンテュー街のガレージではただの始まりにすぎなかったものが，ペレの設計によりモンテーニュ大通りに建てられたシャンゼリゼ劇場（1912）では，全面的に整えられた古典性がそこにみなぎるのであった。

イーゴル・ストラヴィンスキーの「春の祭典」の初演がこの劇場のオープニングにあたって演奏されたが，第一次大戦前夜に建てられた建物の中でもこの建築ほど，コスモポリタンなブルジョワ文化に根ざしたこの象徴派の白鳥の歌を見事に体現するものはない。こうした文化も大戦によって事実上解体されてしまう。この厳粛かつ優美で強く感情に訴えかけるシャンゼリゼ劇場を技術的にみると，いかだ状になったコンクリートの一体構造をマスターしきったという点で注目に値する。同時にこれは，ペレにとって石材で被覆したコンクリートの骨組を実施に移す初めての機会であった。そのため，ひたすら材料ゆえに，ポンテュー街で用いた古典主義への還元をさらに進めることになった。この仕事に際して，一見矛盾するようだが，ペレはアンリ・ヴァン・ド・ヴェルドと共同作業を行っている。ヴァン・ド・ヴェルドは同じペレの構造体に対して，古典性を秘めたファサードの意匠を提出しているが，これがペレの立面最終案の作成に決定的な影響を与えた。この厳かな正面に覗えるネオ・パラディアニズム的なリズムで分節された構造は，入口ホワイエの柱梁構造を忠実に反映している。とりわけその中央ベイは3枚のパネルに分割され，アンリ・ブールデル作の象徴派のレリーフを施している。またホワイエ内部は柱頭のない独立円柱が並び，下位のコンクリート梁で強弱をつけてさりげなく切

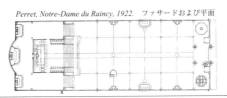

Perret, Notre-Dame du Raincy, 1922. ファサードおよび平面

分されたスラブを支えている。こうした熟練の味からすれば奇妙に思えるかもしれないが、このシャンゼリゼ劇場はペレが1925年の国際装飾美術展で建てる同種の劇場の原型となったという点で重要な意味をもつ。

20年代前半に建てられたペレの建築4点は、ギリシア＝ゴシックの形態を展開し、彼の成熟したスタイルを示すにふさわしい。第一次大戦を記念するために1922年に委託されたノートルダム・デュ・ランシー聖堂、画家カッサンドルのために設計されたヴェルサイユの小住宅（1924）、そして1925年、パリに実現された2件の展覧会用建築、すなわちブーローニュの森のパレ・ド・ボワおよびセーヌ河岸の装飾美術劇場である。

ノートル・ダム・デュ・ランシー聖堂は、そこに用いられた平面の基本形——ギリシア十字の替りに、いわば身廊と側廊の高さが同じ高式聖堂（ハレンキルヘ）——が何よりも先ずゴシック的解釈を強調すると考えられるが、なるほどスフローのサント・ジュヌヴィエーヴ教会を下敷きとした手法を用いており、その点でギリシア＝ゴシック的理想を喚起させた。けれども、厳密な意味で各々の構成要素はゴシックから程遠く、密封された表皮の如きこのバジリカに円筒形の28本の円柱が並べられた様は、ル・コルビュジエの自由平面（プラン・リーブル）を未完の状態で措定したようにも思われる。外側の薄い表皮はガラスを嵌め込んだコンクリート・パネルで、僅かに外周部円柱から離れており、その後1926年になってル・コルビュジエが案出する「新しい建築の5原則」を可能ならしめる自由への志向がはっきりと看てとれる。その観点から考えると、装飾美術劇場を除いて後にペレはこうした配置に戻ることがなかったということはおそらく意味あることなのだろう。ノートルダム・デュ・ランシー聖堂では、東側ファサードの伝統的な正面性ゆえに生じた不体裁な束柱を除けば、どの柱もガラスとコンクリートからできた箱状の表皮（側壁）（クローストラ）に接触していない。この外側柱列を別としても、身廊全体を覆う単一の薄いシェル状ヴォールトおよび横方向に架けられた側廊のヴォールト屋根にサント・ジュヌヴィエーヴ教会が有していたギリシア＝ゴシック的特質、さらにはローマ的特質が表出しているのだ。同様のことが、円柱についても指摘できよう。この円柱は、木製型枠から直接型をとり、古典建築のエンタシスを模して上部を細めている。反面、ピーター・コリンズが着目したように、通常の「古代の円柱にみられる円弧状の溝彫りではなく、丸みをもった膨みと角ばって突き出した条とが円柱表面に交互に並び、むしろゴシックのコンポジット柱を連想させる」ように型どられているわけでもある。1924年になってペレは、円柱をなぜ独立させたかという理由を世に問い、ギリシア＝ゴシックの理想に忠実であることを明らかにした。「全円柱を独立柱にすると、従来の2列の柱列に替って4列の柱列が眼に入る。眼に見える円柱の数が増せば、聖堂の視覚的な規模もはるかに大きくなっていく……」。コリンズ

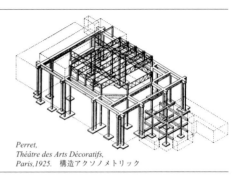

Perret, Théâtre des Arts Décoratifs, Paris, 1925. 構造アクソノメトリック

が指摘するように，このことは，デュランが『建築教程』(1809)の第1図で図示しながらスフローのサント・ジュヌヴィエーヴ教会を批評したのと全く同じ法則に他ならない。

規格木材を用いて建造したパレ・ド・ボワはほぼ同種の原理を日本風に示してみせたものである。それに対して，じき取り壊された装飾美術劇場はペレの思考の跡を最も明晰かつ抒情的に表わした作品のひとつということができよう。下の座席の配置を天井レベルに対応させて組まれた八角形状の梁を8本の独立円柱が受けている。この平土間は，3つに分かれた舞台の形に合わせて3分割される。客席の周囲に窓を開口できるよう天井は高くとられており，その結果生まれた明り窓（クリアストーリー）は隅部のペンデンティヴ要素のために内側に折れ曲がることになり，会堂の中心上部に十字形の屋階ができ上る。建造体の表現を第一のものと考えながらファサードに内在する表象的な特質を発揮させようとする，ペレの作品に明らかに表われてきた葛藤は，この装飾美術劇場で一時的な解決を見出した。独立円柱による劇場内部の周回列柱は建物の外側にも現われ，無装飾の壁面の前に並ぶことになる。ノートルダム・デュ・ランシー聖堂の外観を特徴づけていた平滑な壁面の反復に対して，この劇場の外壁は溝彫りのついたフリーズと独立円柱による周回列柱を採り入れることで生気を甦らせたのだ。

これらに引き続く作品で新しい国民様式を求めたペレは，独立円柱の周回列柱をおおむね内部に限り，構造とファサードという相対する要求を，由緒ある繰形の用法に従ってまとめ上げていくことになった。つまり，各々の浮彫り状の要素はその引き込み具合に応じてそれなりの表象的な地位を得るわけである。ル・コルビュジエが，近代の表現的な要請と伝統のもつ秩序づけ（オルドナンス）との妥協を拒み，それから（近代絵画から抽出した手法を用いて）円柱の構造体と片持梁（カンティレバー）に支えられた表皮とをきっぱりと分けてしまったことは，近代建築の発展にとって決定的なことであった。その意味で，モデル化されたペレ式ファサードを解体しピュリスムの基本形たる何重もの層となった膜へと変換する上で，スタッコ仕上げがル・コルビュジエにとって本質的な作因となるのは，意味深長なのである。

3．トニー・ガルニエと地中海の千年王国

ガルニエが仮想のものとして構想した35,000人のための「工業都市」は，リヨン地方に対応する起伏の多い地形の斜面に位置しているが，これは単に物的・文化的な脈絡から微妙に読みとれるような地方の中心都市というだけではなく，その相互に区分けされた地区割り（ゾーニング）の内に1933年のCIAMアテネ憲章の原理を予感させる近代版のヒポダメイアの都市でもある。本質的には空想的社会主義をめざした都市であった。個人の財産や決められた領域をもたず，教会や裁判所のない，また兵舎や監獄のない都市であり，空地すべてが連続した公園として配されて

Garnier, Cité Industrielle, 1904–17.
全体計画

いる開放系の都市なのだ。住区に計画されたのは、全面的に鉄筋コンクリートで建設され、一定の採光、換気条件あるいはオープン・スペースの規準に従って様々なタイプをもつ2～3階建の集合住宅であった。住宅群に混じって初等・中等教育を行う各段階の様々な学校が組み入れられ、また住区と工業地区の間に技術・職能教育のための施設が配置された。この町の文化的・政治的中心は、菱形の平面をもち鉄筋コンクリートのアーケードを巡らせた集会場である。この周回廊状のプロムナードの内側には、町の各種法人の便に供された組合会議室や講堂などがまとめて配されることになっていた。これはアテネのアゴラの近代版を意図したものだが、ガルニエの集会場はアゴラにも似て、ほのかな陰影にかすんだ人物が集う場所として描かれており、そうした人物の服装は、古典的とはいわなくとも、アルカイックな雰囲気を高めるようビーダーマイアー後期のものとして意匠されている。

「工業都市」の住宅群は、ペレ設計の最も普通の住宅とも異なり、装飾をすべて剥ぎとったコーニスと繰形にのみかろうじて古典主義の香りを残す極端に還元された形態をとっている。主としてブールデルのスタイルにまとめられた古代風彫刻ないし浮彫りが散見されるのを除けば、この「工業都市」は（ル・コルビュジエの用語に従えば）技術者の美学に沿って仕上げられたわけだ。都市内の病院および工業地区として計画した治療施設や実用本位の建物の様態に対してはより大きな表現の自由が与えられており、とりわけ、鉄筋コンクリート造のサナトリウムや工業地区内の船着場に架けられた鉄骨造3節点トラスなどはそれが著しい。

「工業都市」は、その様々な地区で自由な膨張が可能となっているだけでなく、当時徐々に姿を現わしつつある建築タイプをあらゆる領域にわたって示し、それを組織化し建設していくことがきちんと明記されている点で、独自の貢献を果たした。1804年、C=N・ルドゥーがショーの理想都市を発表して以来、これほど包括的な考えは全く試みられなかったのだ。

ガルニエは、続くル・コルビュジエと同様、技術の進歩に支えられた文明（鉄鋼、鉄筋コンクリート、自動車、機関車、船舶、航空機、水力発電などは、すでにリヨンで始まっていた）が西洋の啓蒙主義を究極的に成就し、一定の完成された姿に到った状態として、いわば歴史を凍結した千年王国を心に描いた。つまり、肯定的な意味での歴史の目標、そして地中海地方の揺藍への文明回帰としての千年王国に他ならない。

4．ル・コルビュジエと古典主義的機械謳美

ル・コルビュジエ（C=E・ジャンヌレ）は、1904年、ペレの下で14ヶ月間仕事をするが、その間に彼は全く新しい建築の見通しを持つに到った。ペレは彼に鉄筋コンクリートの技術を仕込んだだけでなく、ガルニエを彼に正式に紹介した。二人は、おそらく1908年、リヨンで会うこ

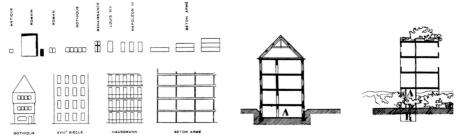

ル・コルビュジエ,「新しい建築の5原則」,1926

とになったと思われる。その頃ガルニエは「工業都市」の計画を相変らず練っていた。彼はル・コルビュジエの空想的社会主義への共感を確認するとともに、古典主義の形態の規範的な力に対する関心が徐々に目覚めつつあることを知って激励した。

フランスとの国境に近いスイス・ジュラ地方の町ラ・ショー・ド・フォンで育ったル・コルビュジエは、北方チュートン民族風の技術志向が強くかつロマン的な伝統（1911年、ベーレンスの下で働く内に初めて体験した）と、1913年、有名な『東方への旅』としてバルカン地方、小アジアを旅行した際に初めて邂逅した詩的で、それでいて合理性を秘めた抒情に包まれた地中海地方の遺産との間を揺れ動いた。とりわけ『東方への旅』を通して彼はギリシアに強く惹かれ、エルネスト・ルナンの『アクロポリスへの祈り』の「まなざし」で初めて眼にすることになったパルテノンの純粋性に圧倒された。彼が若い頃のユーゲントシュティール的価値観からすみやかに古代世界の古典主義へと改宗した背景には、どうやらアレクサンドル・サングリア＝ヴァネールの著作『ルーエ荘での対話』の影響があるように思われる。この書の中でこのフランス語系スイス人批評家は、ゲルマン文化がロマン主義に傾き、またアメリカ化と産業志向が強いとして攻撃している。サングリア＝ヴァネールにとって、ジュラ地方の文化的な相性は北方チュートン文化よりも地中海文化にあったのだ。

ガルニエとペレは、各々ル・コルビュジエの古典主義的機械讃美の基盤を異なった規模で用意していた。一方が都市の観念を造形的な機械として予感していたとすれば、他方は古典主義を再解釈してその基礎を幾つもの原理に分化させる。前者は1922年のサロン・ドートンヌで展示されたル・コルビュジエの「現代都市」案に姿を現わし、後者は1926年初めて世に問われた『新しい建築の5原則』に結晶することになった。

ガルニエも初期のル・コルビュジエもともにユートピア的な社会主義の都市を計画したが、両者のヴィジョンの違いは、各々が空想的社会主義運動の両端へと分極して近づいていったために生じた。ガルニエはフーリエ主義を強調し——彼の都市は抑圧的施設など皆無で計画された——、ル・コルビュジエはサン・シモン流の都市の制御を目論んでいた。彼の「現代都市」案は、形の上ではオリエンタルな絨毯にも似た構造をかたちづくっており、中心部に十字形平面の24階ないし60階建オフィスビルを配し、様々の高さをもつ住宅街区から成り立っていた。この全体は巨大な庭園の中央に置かれているが、そもそもこの庭園の目的とするところはプロレタリアートの住む郊外とブルジョワジーの都たる市心部との間に絶対的な区分を設けることであるように見受けられる。疎らなグリッド配置で描かれたこれら衛星地区は、都市部からグリーン・ベルトによって隔てられ、「工業都市」の住区と同じく、工業生産地区からきわめて近いところに労働者の集合住宅を供給するわけだ。

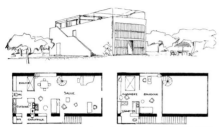

Le Corbusier, Maison Citrohan, 1920. パースペクティヴと平面

1926年になってル・コルビュジエはこのようなコミュニティを実現することになる。実業家アンリ・フリュジェスの出資で，ボルドーに近いペサックの田園都市の建設に漕ぎつける。ペサックの原型は，ガルニエの個人住宅のタイプがル・コルビュジエ自身の大量生産集合住宅の研究にとって出発点となったという意味で，「工業都市」の住区にはっきりと見出せる。

戦後間もない頃のガルニエおよびペレの作品には古典主義の再解釈が様々なかたちで明らかになっていたが，ル・コルビュジエはこれをパリのアヴァンギャルド達の影響下に変形した。なかでも画家アメデ・オザンファンの強い感化を受け，キュビスムを通して人文主義的絵画を解体するだけでなく，工業化の影響下に世界の未来派的変換についても意識するようになった。ガルニエやサングリア゠ヴァネールの伝統的な地中海至上主義に反して，1920年代前半のル・コルビュジエは古典世界への憧憬と機械の圧倒的な勝利を求める無条件な情熱との間に身を横たえていたように思われる。『東方への旅』(1913)に用意した地図の中で，彼は文化的発展における互いに共存しながらも本来拮抗しあう3つの水準を示してみせた。古典主義，工業主義，民俗文化の3つである。この視点が出発点となり，彼の作品には，これらの相異なった文化形式の本質的な内容を損うことなく近代世界を再統合していこうとの努力が実ることになった。要するに，彼はアドルフ・ロースの反総合芸術のプログラムを引き受けたが，よりグローバルな規模でそれを行ったのである。

ル・コルビュジエは近代建築運動の開拓者の中で唯一人，住宅のタイプや建物をまるで大規模なインダストリアル・デザインの作品のように構想している。そして，きわめて早い時期に提出したプロトタイプのひとつは「シトロアン」住宅(1920)と名付けられ，彼の初期作品の中に2つの相反する感覚が奇妙なかたちで流れていることを示唆している。一方では，住宅を工業製品として，つまり「住むための機械」として主張しているが，他面，このシトロアン住宅は初めメガロンとして計画され，それゆえに地中海地方の風土建築から抽出されたのは明白なのである。シトロアン住宅は，19世紀末の工場に現われた工業的な形態と，レバント地方の住宅にみられる民俗文化とが混ざり合ったものとして呈示された。この融合から，ある面では「新しい建築の5原則」で出会う奇妙な転倒が生み出され，この宣言の当初の形には重要な第6の原則が含まれていたという事実が導き出される。ル・コルビュジエはそこでコーニスの撤廃を唱えていたのだ。つまり，古典主義建築の存在を一義的に示しうるひとつの標識を取り除くわけである。言い換えるなら，新しい統辞法には，その作品が古典主義的，工業的，民俗的であるかについて，幾つにも考えられる一種の多義性が慎重に意図されていたように思われる。

「新しい建築の5原則」はたとえばクック邸(1926)で示されているが，そこでは表象的な

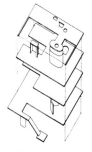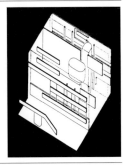

Le Corbusier, Villa de Monzie, Garches, 1927.
垂直,水平の両面でピュリストの空間の
二重性を示すアクソノメトリック

ファサードが絵画的な膜に還元され,他の古典主義建築にとっては本質的な要素たる周回列柱も姿を消してピロティの形式が生み出され,わずかに自由平面をもつ内部空間での部分的な円柱のグリッド配置に姿を現わすだけなのである。それに加えて,自由なファサードももはやノートルダム・デュ・ランシー聖堂の厚塗りの表皮ではなくなり,むしろ「接地」した機械としての圧縮した建物となる。そこでの機械的な要素となるのは横長の窓——つまり,ペレが好んだ古典主義の縦長の窓(ポルト・フネートル)を否定し水平方向に向かう——に他ならない。このダダ的置き換えの戦略は,屋上庭園に到ってその理想を見出した。元の敷地は,樹木の海の上を漂う浮遊した甲板へと姿を変える。住宅から伝統的な屋根を斥けるだけでなく,大地としっかり結ばれた状態をも否定する立面を獲得したわけである。こうした定式に潜む二律背反した性格は,1925年の国際装飾美術展でル・コルビュジエが設計したエスプリ・ヌーヴォー館に反映されている。この建物は,戸建ての郊外ヴィラであると同時に,1922年の「現代都市」案で初めて計画された集合住宅としてのヴィラにみられるよう,骨組の中に挿入されるプレハブの僧房でもあるのだ。

このように総体としての住宅がはたして工業製品かあるいは文化的な産物なのかを一義的に決めなかったために,古典主義的機械讃美の流れの中で,ル・コルビュジエが1920年代後半にパリ郊外に実施した,後の範例とまでなった2つのヴィラはその矛盾を最も強く打ち出した表現となったのである。ガルシュに建てられたド・モンジー邸(シュタイン邸,1927)及びポワッシーに竣工したサヴォワ邸(1929)である。

この両例とも,機械としての外観(『建築をめざして』の中でパルテノンについて「鋼を削

Le Corbusier, Villa Savoye, Poissy, 1929. リヴィングと空中庭園,パースペクティヴ

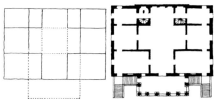 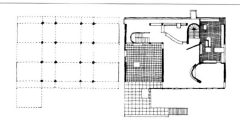

パラディオのラ・マルコンテンタ（1560）とル・コルビュジエの
ド・モンジー邸（1927）で採られたプロポーションの比較分析

って磨いた印象」と記した如く）は、ペレが生涯忌み続けた「偽物」の材料たるスタッコを用いて達成された。しかし、この材料がギリシア＝ゴシックの理想と相いれないとしても、これらのヴィラの平面をかたどるネオ・パラディアニズムに対しては別に受け入れ難いものではなかった。じじつ、以前からこれらのヴィラと各々に対応する16世紀はヴェネト地方の原型との間でなるほどと思わせる比較検討がなされてきた。ド・モンジー邸の原型としてはヴィラ・フォスカリ（ラ・マルコンテンタ）、サヴォワ邸に対応するモデルとしてはヴィラ・カプラ（ラ・ロトンダ）が挙げられる。コーリン・ロウは『理想的ヴィラの数学』で前者の関係に着目してこう記した。

「どちらの住宅も2と1が繰り返される空間間隔のリズム（2対1対2対1対2）を示している（一方は隠している）し、前後方向に読んでも、やはり同様に三分割された支持体の列があらわれる。……ファサードに平行な支持体の列による分割に関しては、わずかだが重要な違いがある……。ガルシュでは基本的な空間間隔は、前から後へ $1/2$ 対 $1 1/2$ 対 $1 1/2$ 対 $1 1/2$ 対 $1/2$ の比で進むのに対し、マルコンテンタでは 2対2対 $1 1/2$ という順序である。換言すれば、ル・コルビュジエはキャンティレバーとなっている $1/2$ 単位を用いて中央のベイを縮小し、関心を周縁へ移してしまっているのである。それに対しパラディオは、ポルティコ部分の比例を変えることによって中央部の支配を強調し、この二つの領域に注意力を無条件に集中する。……いずれの場合にも、突き出たエレメントである、張り出したテラスと付加されたポルティコは $1 1/2$ 単位の奥行であることも付け加えなくてはなるまい。」
（伊東豊雄訳）

ロウはさらに続けて、サヴォワ邸の方形平面、楕円形の入口、中央の斜路は、ヴィラ・カプラの2軸を有し円蓋を戴いた集中式の形態の置換する参照物として読解することもありうると指摘している。その反面、パラディオが集中性を主張し、ル・コルビュジエが方形の囲いの中に循環や外周への分散という非対称的な特質を唱えているのだとすれば、いかなる類似性も消し飛んでしまう。

ド・モンジー邸もサヴォワ邸も、アドルフ・ロースが真先に採り上げ、ル・コルビュジエが『東方への旅』の後、みずから引き受けた文化上の問題を明快に解いてみせたという点で意義深い。わけても、風土性に起源をもつゴシック・リヴァイヴァルないしアーツ・アンド・クラフツの住宅の親しみを、古典主義的形態の表現上の堅さとどう結びつけるか、という問題であった。ル・コルビュジエの「4つの構成」(1929)が示すように、1920年代の彼のヴィラは、ロースにはなかった知的な優雅さを具えてこの点を達成することができた。自由平面による分離を進めることで、自由なファサードの規則的な扱いとは無関係に、非対称形の内部空間

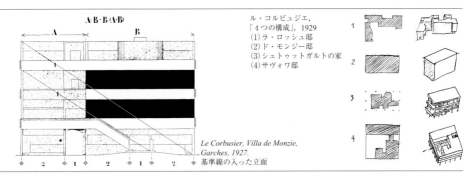

ル・コルビュジエ,
「4つの構成」, 1929
(1) ラ・ロッシュ邸
(2) ド・モンジー邸
(3) シュトゥットガルトの家
(4) サヴォワ邸

Le Corbusier, Villa de Monzie, Garches, 1927.
基準線の入った立面

に不規則なくつろぎを与えることが可能となった。同時に、スティールの窓サッシュや船舶用の金属製手摺、場合によって、スティール・パイプ製の螺旋階段、ドア下のステップといった工業製品を用いて緻密な仕上がりが果たされるようになったのだ。

1927年に催されたジュネーヴの国際連盟本部の設計競技は、ル・コルビュジエをして、そもそも彼の古典主義的機械讃美を発展させたギリシア=ゴシック的原理へと回帰せしめた。そのことは、彼とピエール・ジャンヌレが建物全体の組織化に際して採った古典主義的な定式からも明らかである。議事堂とそこへのアプローチをまさしく対称に配置し、建築群の全面をガラスと目地を切った切石で覆うわけである。このパレ・デ・ナシオンの議事堂が字義通り「古典主義的−機械」であったことは、2つの完全に異なった構築システムが緊密に交錯している点からも明白である。一方では、古典主義の宮殿から抽き出された、諸要素のヒエラルキー的な配列——列柱廊、中央大階段、控えの間、歩廊が現われ、他方では、会議場の屋根が同じくヒエラルキー的なコンクリートと鉄骨のトラス骨組構造によって支えられ、オーディトリアムの両面は二重のガラスのカーテンウォール——ガラス壁面（パン・ヴェール）がとりつく。これに匹敵する緊張感を生み出すものといえば、1932年から1933年にかけて両者が共同で実現した4つの主要なモニュメントであろう。ジュネーヴのメゾン・クラルテ・アパート、パリ大学都市のスイス学生会館、救世軍施設、ポルト・モリトール・アパートの4作品であり、最初を除く3点はいずれもパリにある。これらの作品では、ガラス、ガラス・ブロック、切石、セラミック・タイルが、まるでどれもが可塑的な骨格の表面いっぱいに張られた同じ薄い被膜の如く取り扱われた。この効果は、様々な面からみて、アルフェルト=アン=デル=ライネの地にワルター・グロピウスとアドルフ・マイヤーによってカール・ベンシャイトのために建設された靴工場（1911）に現われたガラスと石材との転倒にも比較されよう。ル・コルビュジエの国際連盟案にみられる、石で覆われた建築の重々しい躯体に鉄とガラスの構造体を挿入するか、さもなければ石の化粧仕上げの替りにガラスの被膜を用いるというのは、アンリ・ラブルーストの作品を喚起させる。こうした2つの背反した要素を交差させる態度が、同じ設計競技に応募したハンネス・マイヤー、ハンス・ヴィトヴァーの純然たる機能主義には脱け落ちていたことに触れてみるのもまた面白い。彼らの案は、ガラスとアスベスト・セメントによる構成主義的な表面仕上げによって、ヒエラルキーを欠いた設計意図を強く主張したのである。マイヤーはこう記した。

「われわれの国際連盟本部案は何物をも象徴しない。——プログラムの水準と条件から自動的に規模が決定される。有機的な建築として、労働と共同作業のための建物たらんとしていることを、ありのままに表現する。この建物は、造

Le Corbusier & Jeanneret, League of Nations, 1927.
アクソノメトリック

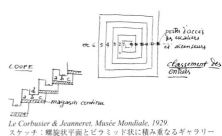

Le Corbusier & Jeanneret, Musée Mondiale, 1929.
スケッチ：螺旋状平面とピラミッド状に積み重なるギャラリー

園芸術によって公園風の背景と人為的に結びつけられるのを求めていない。慎重な考えを経た人間の作品として，自然との正当な対比関係にあるのだ。美しくもなければ醜くもない。ただ構造的な創意として評価されることを望むものである。」

ル・コルビュジエとピエール・ジャンヌレによる国際連盟案ほど，これから隔たったものはない。そこでなされた作業はいずれも作品の格調を表わすためにであった。また，建築物は造園によって敷地に結ばれるとともに，設計へのアプローチはボザール的「エレメンタリズム」にもとづいている。この考え方は，世紀の変り目に，まだガルニエやペレが学生だった頃，エコール・デ・ボザールの建築論教授ジュリアン・ガデが定式化したものであった。

1931年，ル・コルビュジエがソヴィエト宮の設計競技に応募した時も，その予備研究を見ると，彼が大規模複合建築を扱う際には概してこの「エレメンタリズム」的アプローチを採っていたことがわかる。ここでは8つの代替案があり，そこにこう記されている。

「初めには各々が勝手に設定された機関が眼に入るが，計画の段階を追う毎に，徐々に相互の関連を見出し，最後にそれらを統合する解が得られる。」

1928年に出版された『住宅と宮殿』に載せられた国際連盟案の別案でも同様の点が着目されていた。左右対称で，見るからにより機能的と思われる配置をとったこの案にこうした説明を見受けるのだ。「同じ構成要素を用いた別案」と。部分的には左右非対称になった最終決定案では，左右対称という方法にもとづくサーキュレーション上の利便と，議事堂の表象的，ネオ・パラディアニズム的ファサードに軸線を設定しようとする古典主義的なアプローチの必要性とがぶつかり合っているのが理解できる。

国際連盟設計競技は，初期のル・コルビュジエの経歴にとって頂点であるとともに，いわば山場でもあった。この案が，ピュリスムの絵画への「リアリズム」的かつ具象的要素の導入に実質的に対応しているという意味で，彼の古典主義的機械讃美の頂点を表わしている。これ以降，彼の公共建築のプロジェクトは次第に古典主義的になり，また左右対称的となっていく。それゆえ，国際連盟案は，彼の作品歴だけでなく，インターナショナルな近代建築運動との関係という点でも，確かに分水界であったように思われる。

ル・コルビュジエが伝統的な古典主義のヒエラルキーに構造的な効用を導入し，またその反対も行うようになっていくに従って，彼は，次第に19世紀後半の社会主義－機能主義のデザイナー達との対立を免れえなくなってきた。もっとも，チェコスロヴァキアの左派建築批評家カレル・ティエゲは，国際連盟設計競技に際し，ル・コルビュジエが最終的に実施から外されて

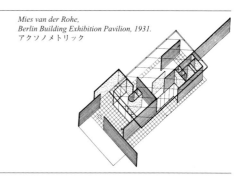

Mies van der Rohe,
Berlin Building Exhibition Pavilion, 1931.
アクソノメトリック

しまったことに対して公けに彼を支援していた。しかし，1929年，ポール・オトレーのシテ・モンディアル（世界都市）で提案されたピラミッド状のムンダネウムは，古典的モニュメンタリティをまとうことになり，それに対してティエゲは翻ってそれまでにない激しさでこれを批判したのである。かくして1929年，ティエゲは『スタフバ』誌にこう記した。

「ル・コルビュジエによれば，芸術としての建築は，架構が終って初めてその使命が始められるとの信念に裏付けられている……技術者が現実に対して解を見出すのに比較して，建築は永遠性を希求する。ペルツィヒによれば，芸術としての建築は，特定の目的に沿うのではなく，愛すべき神のために建てることによって始まる。要するに，この考え方によれば，建築としての尊厳を得るためには，合理的な解に何らかの"付加物"を加えねばならないわけだ……ここでムンダネウム案を慎重に考慮してみると，この作品の作者が近代建築の指導的かつ先駆的な代表者であるにもかかわらず，この作品自体は作者自身に対しても近代建築一般に対しても警鐘を鳴らしているように思われる。ムンダネウムには美学理論と伝統的な偏見が混じり合い，"住宅－宮殿"なるスローガンのもつ一切の危険，つまり，実用的な建築と芸術的"付加"ないし"優性"が一緒くたになっているわけである。この地点からは，全面的なアカデミズムや古典主義へと確実に足を運ぶことができ，ま

た……"住むための機械としての住宅"なるモットー……の確固とした現実へと戻り，今一度，科学的，技術的，工業的建築に向かって仕事を進めることも可能である。」

5．ミース・ファン・デル・ローエとシンケル学派

ルートヴィヒ・ミース・ファン・デル・ローエが，かつて第一次大戦に先立ってみずからの固い足場とした（1912年のクレラー＝ミューラー邸を見よ）シンケル学派の伝統に戻ったことを告げるのは，1929年になって建設されたバルセロナ博ドイツ館である。この建物は，新たに解釈し直されたロマン的古典主義の印の下に，各種各様の影響を結び合わせたものということができよう。まずもって，ライトのプレイリー・スタイルに始まり，オランダのデ・スティル運動を経て浸透した，面による浮遊の美意識が認められる。次いで，ル・コルビュジエが1926年に提案した「新しい建築の5原則」から派生した自由平面（プラン・リーブル）を彼なりに解釈した跡が窺える。第3に，ロシア・シュプレマティスムの影響が「化石面を出した」壁面と窓のガラスおよびクロム鍍金のサッシュ部材に最もよく表われている。そして最後に，シンケル学派の伝統そのものが潜んでいた（たとえば，ミースが1931年に手がけたベルリン建築展のパヴィリオンを見よ）。その点は，バルセロナ博ドイツ館に関する限り，淡いイタリア風の装いで彩られた構成法，そしてロッジア状の形態をした8本の柱からなるグリッドに明白であり，全体がロマン的

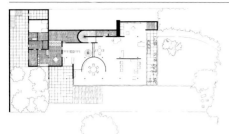

Mies van der Rohe, Tugendhat House, Brno, 1930. 平面

古典主義の香りを漂わせたトラバーチンによる中空の基壇の上に置かれていた。

チェコスロヴァキアはブルノに建てられたトゥーゲントハート邸（1930）は、住宅の規模でその様々な要求に合わせて、バルセロナ博ドイツ館の空間概念を応用したものであった。後期アーツ・アンド・クラフツの平面をもつライトのロビー邸をシンケル風ヴィラに見られる典型的なロッジアの定式と結び合わせたものと考えても構わない。ル・コルビュジエのクック邸（これもアーツ・アンド・クラフツの伝統の名残りを示す）とは異なり、ここでは居間部分に自由平面が当てられている。これも、バルセロナ博ドイツ館と同じくクロム鍍金の十字形柱のグリッドで構造づけられている。基壇にメカニカルに引き込むことができる巨大なガラス壁面によって、天気の良い時には居間部分全体が庭に開き、それゆえにシンケル風ベルヴェデーレの理念をそのまま喚起する。他に4つの構成部材が、プロイセン古典主義を参照したものとして認められる。まず、十字形のクロム鍍金の柱で、その垂直の切れ目はたちどころに古典主義の溝彫りを想起させる（ペレの標準円柱をかたちづくる上で用いられた角ばった条を対照するとよい）。また、薄いガラスの面で構成される温室は、縞瑪瑙パネルの植物的な石理を隔てる一種の生きた弁の役割を果たし、さらにこのパネルは、これまた重要な古典主義の輪郭をもつ庭への階段と建物の主要な空間とを再分割するのである。

この期に及んでミースのプロイセン古典主義の再解釈は重きを失った。彼は、生産性志向の機能主義へと傾斜し、ノイエス・バウエン運動で実体化していくバウクンストの理想に近づいていくのである。この時点で彼は、ドイツ建築界の現場で生まれつつあった立場、いわば新しいブルジョワ建築──近代的でありつつ、市民的伝統の最良の部分と固く結ばれた建築──を創出するために、高度の技術生産と工芸の伝統が結合可能であるという立場に身を染めていたように思われる。これ以前にミースはクレフェルトの総煉瓦造ヘルマン・ランゲ邸（1928）でこの命題を表明しており、その後も1930年代に計画で終わった幾つかの中庭住宅、あるいはベルリンのレムケ邸（1932）やウルリヒ・ランゲ邸第2案（1935）でさらにこの路線を進めていくことになる。

この即物的なバウクンストのアプローチ──シンケル学派の伝統と無関係ではない態度──は工場建築における新しい即物性の水準を措定した。ミースは、クレフェルトの絹工場（1932-35）や国立銀行設計競技案（1933）でそれを実現に移したわけである。後者の案は、1930年代の彼の作品に流れる分裂志向を劇的に示している。一方では、国立銀行のオフィス階を執拗に繰り返すというまさしく技術的な即物性。他方では、入口および2階出納ホールの練り上げられた扱い──周回列柱と中央大階段をともなった厳かな入口部分の内景が変則的に出現している──にみられる古典主義的ヒエラルキー

Tessenow, Dalcrose Institute, Hellerau, 1910.
初期案のパースペクティヴ

への回帰現象。ミースは，その後，第二次大戦後の10年間にわたるシカゴ時代が全面的に開花するにともなって，彼はこれらの古典主義的構成要素をはるかに確実に包み込むことになる。

6. ハインリヒ・テセノウ：手仕事と小都市

ハインリヒ・テセノウとその協力者パウル・シュルツェ＝ナウムブルクは，ヘルマン・ムテジウスの『英国の住宅』(1904)およびパウル・メーベスのビーダーマイアー期の研究『1800年』(1908)の感化を受け，イギリスのアーツ・アンド・クラフツ運動の純化されたものを見込んでドイツ農村建築の再解釈を始めた。その際，彼らはC・F・A・ヴォイジーやリチャード・ノーマン・ショーといった建築家の作品に顕著な，個人の性癖をあまりに強く出した芸術的マニエリスム（明らかにユーゲントシュティールなる錬金術の世界へと導いた「形態への意志」）を斥け，土地に根付いた文化の回復を引き受けようとした。こうした文化のもつ伝統的な統辞法は，あらゆる人々に受け入れられるスタイルとその実現を生み出すものに他ならない。後期ユーゲントシュティールに顔をのぞかせる古典主義の香り（ベーレンス）も，エコール・デ・ボザールから登場した近代性に裏付けられた古典主義の規範（ガルニエ）もともに同程度に有しているアヴァンギャルド志向を彼らは振り捨てることになった。その替りに，風土の構成要素――住宅タイプ，納屋，屋根，破風，窓，鎧戸，階段，四阿，垣根，窓枠――のもつ規範を権威として受け入れたのである。こうした要素は，その不変性という点で，西洋の古典主義に受容された諸要素と好対照をなす。そこに掲げられた永遠の建築術（バウクンスト）においては，土地に根付いた作品のもつリアリティの存在感覚が進歩のイデオロギーに勝利し，古典主義文化と風土文化という誤てる二分法なるものを超克する。同じ影響と刺激を分かちあったスカンジナヴィアの一部建築家達（たとえば，1907年のスコンヴィルケ・グループ）と同様に，彼らは風土建築に純粋形態の立体操作を重ねあわせた一種の原文化（ウア・クルトゥール）を追い求めた。

1910年，テセノウはヘレラウにダルクローズ研究所とアム・シェンケンベルク・ジートルンクを建てているが，彼はここで過去の建築的要素と当時の工芸能力を同じ水準に並べて建築の存在論を表明するのに成功した。この存在論的アプローチは，舞踏におけるジャック・ダルクローズ法が身体の自然な能力にもとづいているとの同じ意味で，日常生活を志向していた。またスイス人舞台演出家アドルフ・アッピアの弟子として，建築空間内での身体の儀式的運動に基礎を置いたアルカイックで普遍的な劇場を再創出しようとしたダルクローズと全く同じく，歴史を考察したのである。

シュペングラーの『西洋の没落』は，すでに1912年までに脱稿していたが，これと様々な点で比較されるのが，1918年夏に著わされた『手仕事と小都市』である。各々，最初の産業国家同士の戦争の終結を挟み，この両著は産業社会

と独占資本とによってもたらされたこの激動の極みをともに反映していた。双方に相違はあるものの，ともに出現しつつある時代を混乱がうち続く終局のものと見なしている。ユリウス・ポーゼナーは，これについて以下のように記している。

「……テセノウは，工業化によってもたらされた極端な労働の分化が，戦争が始まるよりもかなり前から，すでに道具に化してきたと述べた。戦争は，それを受けて，この人間に反して導かれたプロセスのまさに避けることのできない結果だったわけである。それゆえ人類は，職人的な仕事への道に戻る前に"地獄を通り抜けねばならない"。……テセノウはモリスの影響を受けており，モリスの著作を熟知していた。しかし，両者の構想は同一ではない。モリスの抗議は工業社会に向けられており，他方，テセノウは大都市も村落もともに斥ける。大都市においては個人は頭のみを用いて働き，村々では身体しか用いず，思考が半ば欠落している。地方の小都市は職人芸の場所であり，この職人芸こそが人間に最も適した活動である。個人が十全に自己実現をはかるのは，じじつ，手仕事を通してしかない。……まさにテセノウ自身，職人技をもち，小都市で育ったがゆえに，彼はこれほどの説得力をもってこの視点を表明することに成功したのだ。……（彼は）プチ・ブル的イデオロギーの主唱者であったが，彼に関する限り，中産階級の生活はイデオロギーたりえなかっ

た。そうした生活は体験にすぎないのである。この体験が結果的に現実生活つまり生活の名に値する唯一の生活だとすれば，日常生活の対象はみずからの手によって姿を変える。自分の家，公共施設，テーブルや椅子は，厳かなデリカシーに包まれ，生活そのもの，賢明なる仕事，有益なる秩序への満足をもたらすのだ。このことは，彼のスケッチを通して実にはっきりと示された，生活の一類型なのであった。テセノウはこの限られた存在様態にはるかに広い空間の感情を授けてそれを論評している。」

テセノウの実際の仕事をみると，少数の伝統的建築タイプや構成要素といった特徴を具えている。こうした要素は，永続と暖かさというさりげなくそれでいて超越的な感覚をともない，簡素だが緊張し躍動する形態を生み出すように組み合わされる。理論書たる『住宅建築と関連事項』（1916）において，彼は形態上の方法論を展開しているが，その中でも典型的なのが，以下の2軸線をもつ左右対称性についての論評である。

「基本的には，2つの図形の総合は新たな左右対称の形象をもたらす……その軸線は眼には見えない。しかし，この種の二重の建物では詳細部が強い浮彫となるという事実ゆえに，その全体は稀にみる力を授かる。しかも，この力は桁外れとなることなく適度に制御されている。」

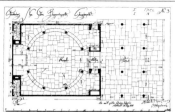

Asplund, Woodland Chapel, Stockholm, 1918–20. 平面および立面

テセノウの建物が,その規模や性格に関係なく,全面を白いスタッコ仕上げにしているのは偶然ではない。メーベスによって祝福されたドイツ18世紀後半の黄金の年代にみずからの「風土建築」を据え,つまり,開口部のガラスが壁のスタッコ面とほぼ同じ面上に置かれるという建築上の統辞法に基礎を置くことによって,枠付の窓や扉といった伝統的な構成要素を抽象的配置となしたり,もしくは「転置」を行うというかたちで意のままに制御を行うわけである。同じ選択によって,また,ガラスの縞がファサードに活力を与え,作品の表面いっぱいにみなぎる立体的な秩序の見えないネットワークが生み出される。これらの装置はすでにヘレラウはアム・シェンケンベルクの列状に並んだ集合住宅で明らかだが,クレッチェに建てられたザクセン州立学校 (1925) やカッセルのハインリヒ=シュッツ校 (1927),そして最後にベルリン=ツェーレンドルフに実施されたガークファー・ジートルンク (1928) でも再び姿を現わしている。テセノウの工芸的抽象化は,その公共建築をしてある種の驚くべき「転置」を生じせしめた。ザクセン州立学校で半ばアイロニーとして古典主義的アーケードを装ってみたり,あるいは,より真摯な態度だが,ベルリン=ミッテ (中心地区) の市営プール (1927) で,ミースのバウクンスト観に近いテクノクラート的な厳密性をもって屋内プールを実施するといったやり方である。

テセノウの作品歴が必ずしも首尾一貫していない主たる理由は,小都市をあれほど強く主張しながらも,彼はその形式に潜む可能な都市の秩序を一度なりとも構想したことがなかったという事実に存する。その代わりに「田園都市」のコロニーを次から次へと計画するだけに留まった。とりわけ,1933年のナチスの台頭以降,彼の反前衛主義,古典主義的な風土建築のアプローチゆえに,第三帝国の「血と大地」のイデオロギーを実体化するにふさわしいスタイルが登場した。

7. ドリス主義の感性

メーベスとムテジウスの作品は,またスカンジナヴィアにも影響を及ぼした。これに鼓舞された当地での運動は,ナショナル・ロマンティシズム (スカンジナヴィアのユーゲントシュティール) の崩壊によって生じた空隙に打ち克ち,その代りとして働く新しい範型(パラダイム)をもたらした。1907年には,ヴィルヘルム・ヴァンシャーによる最初の新古典主義的な記事が登場し,風土建築を志向した独立グループが結成された。P・V・イェンセン=クリントやイェンス・モラー=イェンセンらによるスコンヴィルケ運動である。一方,1906年になって,様式の表面的な意味論的要素に対抗して,テンス・ニーロップが建築の統辞的側面を強調している。しかし,建築の古典主義的な風土性を現実のものとなす上での方法論を実際に示したのはテセノウ唯一人である。この方法論はフィンランドに最も強い影響を及ぼし,なかでもヘルシンキ郊外に完成し

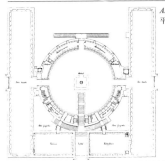 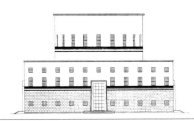

Asplund, Stockholm Public Library, 1920–28.
平面および立面

たマルティ・ヴァリカンガス設計の全木造プー・カピラ住宅団地（1920)，および1920年代半ばにユヴァスキュラ地方に建設されたアルヴァ・アアルトの初期集合住宅ならびに自警団の建物に著しい。ふり返って，1920年，グンナー・アスプルンドの設計でストックホルム南部墓地に建てられた森の礼拝堂はいわばドリス主義の感性を初めて登場させたものと考えられよう。第一次大戦後に始まる10年間，スカンジナヴィアに続くことになるひとつの建築様態である。この語を創ったデメトリ・ポルフィリオスはこう述べている。

「折衷主義の実践を誤りと見なすような惑いなどこれっぽっちも感じさせずに古典主義と風土建築の間を連続的に動き回る能力と決断とが示唆することは，各時代の建築観に先立つのは決して様式論ではないということだ。建築は，視覚的表象のうつろいゆく表層の上に置かれているのではなく，シェルターなるものを架構上かつ空間配分上の地図にして描き上げるという根本的な行為の上に成り立っている。それゆえ，アスプルンドやレヴェレンツの礼拝堂が風土建築に見えようと古典建築に見えようと，別にそれに対応する様式上の地域に潜む神話の連想を参照しているわけではない。そうではなくて，小屋と神殿の両方が保つ厳粛さに内在する"ドリス主義"……を言及しているのだ。」

要するに，ドリス主義の建築家達は，ロージエが自著『建築試論』（1753）の有名な扉絵で示した始原の小屋を通してその昔に定式化されたような，一種のギリシア＝ゴシック的理想のまさしく起源へと回帰するのである。しかし，ここでなされたのは単なる反復行為ではなく，自然と文化の仮想上の融合を前提として抽象的な古典主義の範疇に再び権威を与えることは考えになかった。その代り，ルドゥーの場合のように（今やより緊急の課題となっているが），文化的には中性化されているが境界領域では参照的である建築が，ポルフィリオスが「架構とシェルターの存在論」と呼ぶあの行為を実体化し祝福する媒体として現われる。

マリー・アントワネットのためにヴェルサイユに設計されたリシャール・ミックの田舎家（1783）と同じく，アスプルンドの森の礼拝堂がロマン主義的な意味でピクチャレスクな小屋の崇拝に端を発していたことは，何も偶然ではない。ただ，この場合，田舎小屋となったのはデンマークのモーエンはリーゼルンドの所領にアンドレアス・キルケップの設計で建てられた狩猟小屋（1795）であった。以前，デンマーク人建築家アーゲ・ラフンの協力者がこの建物を実測し，1918年までに出版していた。

ドリス主義者の感性を想い起こすことは，すなわち，テセノウの仕事のように接近可能な建築文化に回帰していくことを目論む，複合した運動を要約することに他ならない。つまり，控え目でありながらも一定の抑制されたモニュメンタリティを希求し，疎らながらも直接的な

図像体系を全体にわたって用いた（アスプルンドの森の礼拝堂におけるカール・ミレスの「死の天使」を見よ）表現へと回帰していくのだ。人文主義者の古典主義がもつ勝ち誇った形態とエレメンタルな規範とが回復されるが、むろん昔のようにそのまま組み合わされるわけではない。むしろ、「風土的」架構と「住居」の形而上学的意味とによって、ドリス式の真正さに到達することが可能となる。その表面、量塊、輪郭は、それを支えた過去の文化が古典主義的であろうとすぐれて風土志向であろうと、その文化の記憶を反映することになろう。

ドリス的様態の矛盾のひとつは、こうした結合が定義上、非構築的であることに求められる。すなわち、見かけ上の真正さに無関係か、さもなければ、架構を露出させて、深い意味ではシェルターと架構の純粋な存在論に反するものとなる。むろん、本当のところは、ドリス主義の感性はテセノウの表現の開き以上に多様となった。というのも、このドイツの師が、住宅形態と公共施設の間で――具体的にはつまり1910年のヘレラウの集合住宅と1925年のクレッチェ校との間で――自身の非構築的な統辞法をほとんど修正しなかったのに対して、アスプルンドは、1920年の森の礼拝堂の張りつめた緊張感から、1926年に始まる最後から2番目の作品たるストックホルム市立図書館の石の厳粛性に到るまで、はっきりしたかたちでモニュメンタリティの調子を変化させる。

当初、アスプルンドは森の礼拝堂を新古典主義的な神殿として構想した。だが、リーゼルンドの出版物を眼にして即座にその意匠を盛り上がった基壇上の柿葺ピラミッド状の建物に練り直した。この形態の3分の2以下の部分は、内側が方形の礼拝室となった白く磨き上げられた壁で覆われ、さらにその上部は、6本の円柱が切りとる円形の上にドームを載せており、上からの採光は驚嘆に値する。木骨トラス構法による伝統的な小屋組の中にはっきりと組み入れられたこのスカイライトほど、石造こそが構築的であるというはかない幻想をうち砕くにふさわしいものはなかった。屋根面は礼拝堂から庇状に突き出し、8本のトスカナ式円柱による吹き放ちの周回列柱で支えられている。これらの円柱は木造で、舗石を敷きつめたロッジアの平滑な基面の上に据えられる。この建物のドリス主義的特質の大半は、詳細部の非合理性から生み出された。つまり、エナメル塗りの木製円柱では、秘めやかに支えられた一枚天井から柱頭が一見僅かに離されており、また、大屋根の覆いの中に吊られたドームのありえないような「非重量感」や小ぢんまりとした規模にもその点が現われている。スチュアート・リードが記したように、「（アスプルンドは）傾斜した屋根と平らな天井の接合部の詳細に意匠をこらし、全方向に連続した一体のジョイントを造り出しており、小屋組を独自の塊りとして示し、その中にドームが挟られたような印象を与えている。

同種の自意識は、プレゼンテーション内の図面に用いられた絶妙な中世風字体にも浸みわた

っていた。グラフィックな面では，この書体は，死者の頭をモチーフとした錬鉄製ゲートと同根である。要するに，この作者は，自身も他者も，歴史上すでに確立された文化的領域を越えて，産業社会以前の何か他の時代への一瞬身を移したような気持にさせることを念頭に置いていたのであろうか，建物全体が自己暗示的な幻覚の気配に包まれているのだ。

　1928年に竣工したストックホルム市立図書館の場合，こうした文化領域がはっきりと認定できよう。円筒形の円胴，立方体を半分にした躯体，巨大なエジプト風ドアなどは，かつて，ブーレーやルドゥーが示した啓蒙時代の建築に読み取れたものであった。前者は書籍をぎっしりと並べた図書館閲覧室に，後者は直方体の幾何学にそれを示す。とりわけ，パリのラ・ヴィレット関門（1784）に現われた直方体でそれを直接偲ぶことができる。他方，一時代前のロマン的古典主義については，中央大扉に何よりも着目せねばなるまい。この源泉となるのは，G・ビンデスビョル設計，コペンハーゲンのトルワルドセン博物館（1848）を分節しているエジプト風窓割に違いない。じじつ，ドリス主義の感性に対するロマン的古典主義の影響を否定することはできない。ただし，この遺産は，同じ文化運動内にありながら全く異なった2つの解釈を経て受け継がれてきた。ひとつは，イヴァール・テングボームのストックホルム・コンサート・ホール（1921-26）の気紛れで非構築的な演劇性であり，この点に関してはアスプルンド自身，ストックホルムにスカンディア映画館（1923）を建てている。他のひとつは，より厳粛で還元的なモニュメンタリティで，1919年に計画されたイヴァール・ベントセンのフィルハーモニー・ホールに初めて現われ，次いでエドヴァルド・トムセンのヨレガード校（1925）やアスプルンドのストックホルム市立図書館（1926）へとスパルタ的厳格さをともなって収斂していった。

　アスプルンドはトムセン的厳格性は望まなかったが，一方では還元的な手続きを追い求め，1928年以降徐々に近代主義の美意識を抱くに到った。わけても，1930年のストックホルム博の際のデザインでは顕著である。1928年を経てから増築された市立図書館のレストランはインタ

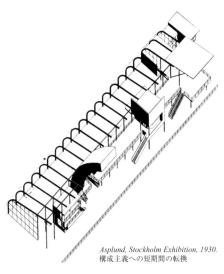

Asplund, Stockholm Exhibition, 1930.
構成主義への短期間の転換

Asplund, Law Courts Annex, Gothenburg, 1925 project. 法廷内部パースペクティヴ

Law Courts Annex, Gothenburg, 1936. 最終直前案のファサード

ーナショナル・スタイルを示しているが、これも早々とそうした方向への動きを告げている。その後まもなく彼は、社会主義者の批評家グレゴール・パウルソンの感化を受けて、短いながらも全面的に構成主義的統辞法へと改宗した。ストックホルム博の思想的背景になったのはパウルソンである。この趣味の変化を裏付けるイデオロギー的上部構造の変化についてリードはこう記した。

「スウェーデン社会の変換は、1911年の普通選挙権の導入によって始まったが、20世紀の初めの30年にわたっては相変らず大ブルジョワ層が文化的ヘゲモニーを握り、とりわけ建築の領域においては著しかった。アスプルンドの図書館は、その頂点を指し示すとともに絶筆ともなったわけである。1930年の彼のストックホルム博は、スカンジナヴィアにおいて新しい時代の到来を告げるこの上なく強烈なシンボルとなった。2つの作品の完成を隔てる2年という短い時期を挟んで、両者はオーレンの言う"根本的に異なる考え方"にもとづく最初の建築的シンボルに各々なったわけである。」

リードが参照したのは、1928年の『ビッグメスタレン』誌に寄せられたウーノ・オーレンの市立図書館評である。この批評の中で、このスウェーデン人機能主義者は、新たな古典主義が死を迎えたと強調している。しかしながら、ドリス主義の未来に関して異味深いのは、1920年代半ばから30年代半ばにかけてのアスプルンドの作品の展開だけでなく、より時代を下って第二次犬戦後のアルヴァ・アアルトの一連の仕事にも明らかに認められる、近代主義の主流から外れた何物かへとそれが姿を変えていくことであった。この観点から解るのは、基本的にドリス主義の類型——いわば内部に上部採光の矩形アトリウムを配し、その上にギャラリーを配する手法——が、アスプルンド設計、エーテボリ裁判所(1925)の新古典主義的提案に始まりアアルト設計、ヘルシンキのラウタタロ・オフィス・ビル(1956)へと到る一連の置き換えの中で持続していくということである。こうして、ドリス主義が1920年代から30年代にかけて何らかのかたちで続き、ストックホルム南部墓地に建てられたアスプルンドの森の火葬場(1940)やデンマーク人建築家アルネ・ヤコブセンの作品——とりわけ実際上同じ頃に造られた一連の市庁舎——で頂点を迎えるのに対して、シェルターと架構の存在論をめぐるより「ブルータル」な関心が、後のアアルトの作品を待って沸き起こることになる。それ以前にもこうした展開の可能性を暗に示すものとして、アイノ・アアルトの努力、特にフィンランドはアラヤリに建つフローラ邸(1926)の木造の柱、茅葺きの屋根が挙げられる。

1925
LE CORBUSIER
Pavillon de l'Esprit Nouveau
Exposition des Arts Décoratifs
Paris, France

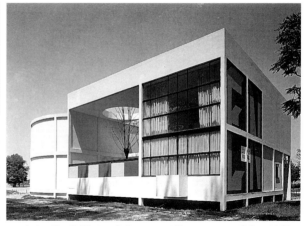

エスプリ・ヌーヴォー館

ル・コルビュジエは，伝統的なものを基にして，パリ国際装飾美術展の小さな展示場を建てたが，それに反し，そこに表われた態度は物議をかもした。そういう展示場の目的は，まず第一に（少なくとも，出品されたものに関しては）自国を誇ることだろう。しかし，ここでは，フランスが装飾美術の本家であることを表現しようとしたわけではない。ル・コルビュジエは，1907年，トスカナ地方でエマの領家を初めて訪れている。そして，1922年には，そこで見た伝統的なカルトゥジオ会修道院と同じように，テラスの庭を囲むL型の住戸を単位とする集合住宅を，「現代の都市」の中で提案している。この展示場は，その集合住宅の典型的な――住戸をそのままの大きさで実現したものである。3次元的には，この「原型」は，中世の修道院と19世紀の中2階をもつ吹抜のアトリエという2つの独立する原型から生まれている。20年代初めのシトロアン住宅が，その後者の原型をもとにしていることは言うまでもない。

彼は，今触れた1922年の集合住宅案で，空中庭園のあるブロックという考えを思いつきつつあった。それを考えれば，このエスプリ・ヌーヴォー館は，第1に2層の住宅，あるいは空中のヴィラとして建てられたのだ，と言ってよい。しかし，それだけではない。この展示場の家具は禁欲的で，彼はここで装飾美術の考え方そのものに正面切って反対しようとしている。そしてまた，自分の集合住宅，都市論が現実に可能であることを，絵や教訓として非常にわかりやすくまとめ，この「原型」に隣接するギャラリーに展示した。つまり，彼はこうした2つの背中合わせの事柄を，この「原型」として作られた展示場で宣伝しようとしていたのである。

彼は正面から装飾に反対して，1922年の集合住宅を設計した。展示場の記録写真を見ると，どの家具もピュリストの規範に一致するように，注意深く選ばれていて，このことがはっきりとわかる。そもそも，ピュリスムは，無意識に簡素な形の物を愛好し，その理論とあいまって，日常的な必需品を生んできた。ピュリストの絵，トーネットの椅子，アングロ・サクソンのふんわりした肘かけ椅子，ペルシャ絨毯，飛行機の模型，造作戸棚等は，その例である。そして，こういう物の見方は，例えばアドルフ・ロースの反-総合芸術作品の文化という要目と通底していたのではないか。ただ，ル・コルビュジエは，建築家は建物とその家具を作ることに専念すべきで，そうすることで施主の伝統的な工芸品制作への趣味を抜き出そうと考えていたわけで，ロースが掟としたことを，彼はひとつの単純な公式に変えたのである。まさにこの点がエスプリ・ヌーヴォー館の方針であって，その「アノニマス」な性質が規格品という意味で表現されているのはむしろ例外なのである。

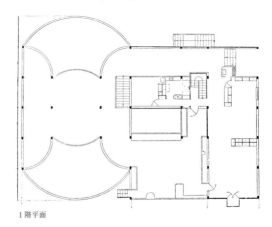

1階平面

1925–27
KARL MOSER
St. Antonius
Basel, Switzerland

ザンクト・アントニウス教会

カール・モーザーは，理論的な面でスイス新即物主義のまさに生みの親だった。それは，彼が影響を受けたオーギュスト・ペレと似た立場である。事実，彼の息子ヴェルナー・モーザーがこの運動に加わっていくことを考えると，彼は文字通り，スイス新即物主義の父だったといってよい。ザンクト・アントニウス教会は，機能主義時代へ片足を突っこんでいると同時に，スイスの教会デザインに革命をもたらすことになる斬新な試みでもあった。しかも，それは真正の，完璧なペレ風教会となっている。そうして，ペレをモーザーが積極的に再解釈した結果，それに影響されて，ルツェルンにはフリッツ・メッツガーがザンクト・カール教会 (1933-35) を，バーゼルには・ブルクハルトとエゲンダーがザンクト・ヨハネス教会 (1936) を建てることができた。

5年先立って建てられたペレのル・ランシーのノートルダム教会堂をモデルにして，このザンクト・アントニウス教会が建てられたこと，しかもバシリカ形式の配列法をより直接的に扱っていることは，身廊のより適当なところに巨大な半円筒ヴォールトが架けられ，それが教会堂の奥行方向いっぱいに伸びていたりすることからわかるだろう。モーザーはペレに全く従って，構造的な合理主義の教会を作っているが，しかしザンクト・アントニウス教会の外観となると，ル・ランシーのノートルダム教会堂のカーテンウォールに較べて，内部の柱梁架構やヴォールトの秩序から大きく隔っていると言ってよい。つまり，モーザーの教会堂の外側の皮膜は本来のコンクリート造の角柱で，その間にステンド・グラスを用いた全面ガラスの柱間を断続的に並べているのである。そして，このガラス面を通して身廊に光が降り注ぐ。また，ル・ランシーでペレはギリシアとゴシックの理想を融和しようと構築的な洗練を試みており，伝統を感じさせるが，ここでは，ただ木造の小屋ののった簡素な煉瓦のバシリカしか感じられない。むしろ，ザンクト・アントニウス教会のリブ天井，格間天井にみられる厳格な直交系は，ペレの手になる，パリ，フランクリン街の集合住宅 (1904) に使われた木造的なラーメン構造に似ている。モーザーの他の作品，例えば同じ年に始まったチューリヒ美術館は，神秘的な装いをもった古典主義の作風に裏付けられ，すでにここから離れているわけで，彼の評価は，ひとえにこのひとつの傑作によっている。

1階平面

内部，出入口方向を見る

1925–26
RUDOLF SCHINDLER
Lovell Beach House
Newport Beach, California, U.S.A.

ロヴェル氏のビーチ・ハウス

シンドラーは，ロヴェルという願ってもない施主に巡り合う幸運を得る，その時までに，ライトの事務所にいた当時の仕事，バーンズドール邸を別としても，すでに，10指に余る実作と，数知れないプロジェクトをものしていた。ロヴェルは，デヴィッド・ゲバードが書いたように，「生粋の南部カリフォルニア育ちだった。他の地で，彼のような人間が育つかどうか。彼は，ロス・アンジェルス・タイムズのコラム『健康法』や『ロヴェル博士の体育センター』によって，単に肉体的な健康法という範囲以上の影響を人に与えた。彼は，体育，教育，建築すべてにおいて，進歩的であり，また，そう思われることを望んでいた」。

ロヴェル氏は，裸になって日光浴を思う存分できるような海辺の家を第一に希望していたので，寝室階の野外テラスに，かなりの重きが置かれた。そうして，そのため，この家は「ひっくりかえった家」などと呼ばれるようになった。また，シンドラーは，テラスを片持ちに支持する必要から，こう考えた。家の構造の基礎として，5つの鉄筋コンクリートのフレームを与え，その中に残りの居住部分をうまくはめこんではどうか，と。こうして，彼はしっかりした重い短軸方向のフレームと，その中の軽い木造の骨組みの2つに，作業を分けることを思いつくわけである。この種の構造的な試みへの情熱は，シンドラーの特徴である。一旦こうした原則が決まった後，家は，自然，道路に面する長い立面と，海に面する短い立面との間で，ある種のせめぎあいとして，ずっと展開されたようである。

この衝突は，結果として，この2つの道路と海に面するメインのファサードの交差する部分の処理を，回転形として，また彫塑的なものとした。他の2つのファサードは堅固で，ただこの家のサーヴィス部分を採光する窓が，適当に開けられているだけである。だが，シンドラーが行ったもっと奇抜なことは，ここ以外にある。それは，例えば，この家の主な部分を上に持ち上げ，その下に砂の庭を作ったことであり，これは子供の遊び場としてだけでなく，海の方から訪れる人にとっての前庭としても機能している。そして，また2階へのアクセスとなっているコンクリートの階段は，この創意を形態的により豊かなものにしている。その階段のひとつは，居間のバルコニーへの緩やかな斜路に近い階段で，またもうひとつは，厨房への短いサーヴィス階段である。この彫刻的な分け方——それは，このフレームのしっかりしたリズムのため，形式的に安定している——について，形式と内容が一致していると言うこともできよう。というわけは，斜路が家の公的な部分に向かっているのに対し，短い方が厨房等に向かっているからである。

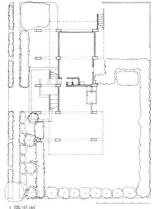

1階平面

シンドラーは，できるかぎり，この家を芸術の総合体としようとした。木の小さな窓割は，造作家具と融和させ，また織物のデザイナー，マリア・キップを使って，カーテンや家具のための金色の生地を作らせた。ここには，リートフェルトの家の新造形主義的な厳格さは，求めるべくもないが，それでも，この両者は色々な点で，不思議なくあいに，並べうるものである。

1926
ILYA GOLOSOV
Zuyev Club
Moscow, USSR
(now Russian Federation)

ズイェフ労働者クラブ

イリヤ・ゴロソフの独創的な形は，1917年のロシア革命があってはじめて生まれた。彼は，革命後，それまで訓練を積み，またそれに縛られてきた新古典主義の作法を捨てる。その点，メルニコフと同じである。革命直後，古典主義は，権力を奪われた君主政権の片棒を担ぐものと見なされたので，ゴロソフら伝統主義者達は，全く新しい形態を創造しなければと感じた。新しき「千年王国」の建築家としてのゴロソフの最初の試みは，1923年の労働宮設計競技で，これは，巨大で空想主義的なプリズム（厚い歯車のような形をしたオーディトリアム）と，神秘的古典主義やアッシリアの建物から持ってきた小さな要素の，奇妙な混淆を見せていた。アッシリアといえば，この建物には，ベーレンス，1910年のAEGフンボルトハイン高圧工場のように多様な原典に由来する形態，なかでもホルサバッドのサルゴン宮殿に由来した胸壁や階段が見受けられる。

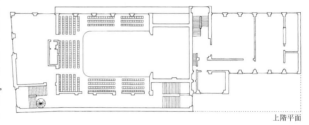

上階平面

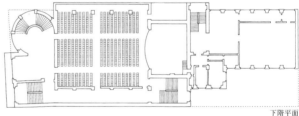

下階平面

しかし，こうした折衷的エキゾティシズムは，次の年には突然消え失せ，ゴロソフは，今や世に認められるようになった構成主義の作法を取り入れることになる。1924年のブリアンスクのための評議会庁舎から，26年にモスクワに完成した2つの建物，電報局とこのズイェフ労働者クラブまでのことである。様式的な問題に触れるなら，ゴロソフのやったことは，彼の同世代の建築家達と同じく，次の2つの極の間で，奇妙な具合に揺れ動いていた。その1つは，柱梁構造の規則正しい秩序から生まれる退屈さを，形を表面的に崩すことでなんとかしようとするもの，もう1つは，大胆にまた自由に独創性を発揮して，大きなスケールで3次元的な構成を追求するものである。ズイェフ労働者クラブは，その後者の傾向の典型的な例で，その上で，ゴロソフの常変わらぬ崇高さへの希求がよく表われている。コーナーの独特な扱いは，1927年のエレクトロバンク計画に，初めて使われたものだが，これは19世紀のネオ・バロックの都市建築から取ってきた「角地の建築」である。ここでは，それがダイナミックに用いられていて，どうもソヴィエト国外にまで，かなりの影響を与えたようである。特にイタリアの建築家ジュゼッペ・テラーニの初期の作品などは，そう思われる。ともかく，この作品は，ロシア・フォルマリズムを最も極端な形で代表する。というのも，ガラスの円筒として，はっきり表現されているコーナーの階段室は別として，ここには，平面上でのヒエラルキーとファサードの形態リズムの間に，ほとんど関係がないからである。

1926–27
ADOLF LOOS
Tristan Tzara House
Paris, France

トリスタン・ツァラ邸

ハンガリーのダダ詩人、トリスタン・ツァラが、直ちにロースの『特性のない建築』（ロベルト・ムージルの小説の題名の言い替え）に興味を示したのは、不思議ではない。ツァラがどのようにロースに注目したか、正確なところはわからないが、彼がこの住宅の設計のために、ロースをパリに招いたことははっきりしている。感覚的には、ロースという人は20年代の唯一のダダの建築家だったのだから、美術的な見方をして、これ以上適切な人選はなかっただろう。写真から、当時ツァラが原始彫刻を収集していたことがわかるが、この趣味は驚くほどロースの分裂的な空間概念に近い。

この住宅の多くのダダイスト的な特徴の中でも、この住宅のプランが酷なほど入り組んでいることを挙げねばなるまい。この点は、1930年に、ロースの古典的な研究書を著した彼の最初の評伝者ハインリヒ・クルカにとって特に説明しがたかったものだった。が、いうまでもなく、こういうプランは、ロースの1912年、ウィーンのルーファー邸にまで遡って考えられる。つまり、ツァラ邸のプランには、その断片的で、スプリット・レベルのプラン、つまりロースの言うところのラウムプランの概念を途方もなく押し進めた結果なのである。ロースがラウムプランの概念を思いつくきっかけとなったのは、明らかに、ヘルマン・ムテジウスが1904年、『英国の住宅』で紹介していたゴシック・リヴァイヴァルの不規則なL型プランである。しかし、そのプランの結果、当然ピクチュア

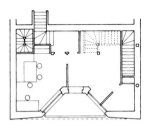
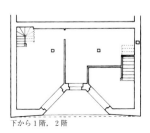

下から1階，2階

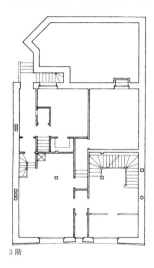

3階

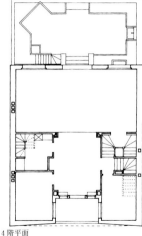

4階平面

レスクなマッスが要求されるにもかかわらず、ロースは、立方体を好んでいたこともあって、それを受け入れられなかった。こうした矛盾が横たわっているため、静的なマッスの中に動的な空間を作るために、ロースは、与えられたヴォリュームを入り組んだものへと転換する操作を行わざるをえなかったのである。

ツァラ邸の敷地は、歩道から7.6メートル奥まったところで、突然高さ約5メートルの崖にぶつかっている。そのため、もうひとつの基準レベルがその上にとられることになる。こういう敷地の段差は、ロースの分裂的なプランの追求に全くふさわしい。上のレベルは、あまり荷重がかけられないので、そこに1層しかのせることができず、それは、ちょうど前面の5層のヴォリュームに対し、増築のように見える。5層の部分は、各階の配置がいかにも風変わりであり、ここでサーヴィス動線がどのように組み込まれているか説明するのも悪くはない。1階はガレージと玄関ホールに占められ、その奥にはボイラー室がある。2階は、賃貸用のアパートになっており、下の玄関からの主階段はこの階を通り越して上に上る。3階はその上の主要な住宅部分に通じるよう、改めて入口ホールとなっている。この階には、また主厨房とぶどう酒の貯蔵庫がとられ、奥の建物と結びつけられている。やっと4階になって、ラウムプランは本領を発揮し、スプリット・レベルによって、長さ約10メートルのラウンジと平面の主軸上にあるちょっと高くなった舞台のような

空間に分けられている。この舞台のような空間は、ツァラのダダの新作発表に先立って試演するためのものである。

ファサードの徹底的にシンメトリカルな構成は、ルスティカ仕上された基壇とその上の気品ある仕上の壁面という、伝統的な分割方法を採用することで、強められている。しかし、基壇の石をよく見ると、それらは当時普通なら造成地の石垣に使われるような種類の粗石であり、彼が敬意を払って伝統を翻案したとは言えそうもない。この考え抜かれた不協和は、上部中央の開口のもつモニュメンタルなスケールの扱いにも反映されている。この開口と、その下にある明りとりの窓とは奇妙な不一致を見せており、しかもその下端は粗石の上端と合致し、物騒がせである。

断面

1926
WALTER GROPIUS
ADOLF MEYER
The Bauhaus
Dessau, Germany

バウハウス校舎

バウハウスの校舎が,ひとつの大きな建築発展期の最高点に達しえた理由には,オランダのデ・スティル運動が唱えていた普遍的な左右非対称の美学を手がかりとしたこと,それから,ワルター・グロピウスとアドルフ・マイヤーが1922年から1925年にかけて計画した3つの作品のうち,唯一実現に漕ぎつけたものであったことが挙げられる。1922年のシカゴ・ヘラルド・トリビューンの設計競技では,彼らは,バルコニーやテラスを据えることで,壁面を気ままに凹凸させ,基本的には均等な鉄骨のフレームを,不均整な構成に見せていた。そして,その後のグロピウスとマイヤーの計画で,展開されまとめあげられていくのは,そういう新造形主義的な美学であって,例えばエルランゲンの哲学アカデミー(1924)がある。デッサウのバウハウス校舎に到る本質的な出発点は,この美学に基づく水平的に延びていく風車形の構成法である。

バウハウス校舎は,アプローチの道路を跨いでいるが(ダイケルのゾンネストラール,1927年,参照),構成は主玄関ホールを中心に風車のように,東,北,南の3方向に建物が延びるというものである。東には5層の学生寮,北には3層の教室棟,南には3層の工作室棟が延びている。どの棟も下に伝統的な半地下室を設けていて,それが基壇として黒く塗られている。そのため,まるで白,オーカー,パールブルーの建物が地表面から浮いているような錯覚を与える。

バウハウス校舎の内部の動線システムは,北棟とアプローチ道路を挟んだ南棟の2つの玄関ホール兼階段室を中心に構成されている。この2つの階段は,各々教室棟および工作室棟に人を導いている。そして,この2つの向かいあい,同じヴォリュームを持ったコアは,バウハウスの教育理念,つまり理論(北棟)と実践(南棟)の調和を象徴し,アプローチ道路を跨ぐガラスの管理棟が,この2つのものを結びつけ,制御しているのである。

建物は,鉄筋コンクリート造で構造体の間にブロックを詰めているが,構造的な見方からすると,工作室棟に最も強いレトリックがある。その構造はハンチのついた梁の上にスラブを載せ,その外側を3層分の高さいっぱいに拡がったカーテンウォールがきちんととりまいている。この棟では,かなりのものが工業規格品で,その最たるものがガラスのカーテンウォールと一体になった暖房用ラジエターである。風車状に回転した構成をとる校舎全体は,装飾のない壁とガラスの壁でできているが,それは寮棟の片持梁で出たバルコニーと教室棟の壁より前面に出た連続窓によって,微妙なアクセントがついている。このように,バウハウス校舎は,新造形主義の絶対的な規範とは何かしら違うものだが,バウハウスの教師や学生達がデザインし,製作した家具や内装には,デ・スティルの精神が反映されている。その中には,例えば,モホリ=ナジが主ホールに作ったネオン燈やブロイヤーの鉄パイプの椅子がある。が,内部の中心部の装飾となると,新造形派や構成主義というよりは,むしろドイツのいわゆる魔術的リアリズムとして知られるドイツの唯物的絵画の一派に近い。もちろん私は,1931年,この学校が閉鎖されるまで主階段室に掛けられていたオスカー・シュレンマーの,かの有名な『バウハウス校舎の階段』という絵のことを言っているのである。

2階平面　　　　　　　　　　　工作室棟のコーナー▷

1926–27
J.J.P. OUD
Workers' Housing
Hoek van Holland, Holland

フーク・ファン・ホランド
アウトの生涯の中で，最も強烈な形態をしている作品は，このフーク・ファン・ホランドである。ただ，注目すべきは，アウトがこの段階に至ったその出発点が1917年にあったことで，その当時，彼はまだテオ・ファン・ドゥースブルフなどによるデ・スティルと呼ばれるオランダの前衛運動と関係を持ち，セットバックする海辺の集合住宅を設計していたのである。1918年，彼は28歳でロッテルダム市の建築監に任命される。そうして，彼の設計から矢継ぎ早に一連の労働者集合住宅が生まれることになるわけだが，その最初は，1919年から1921年にかけて，ロッテルダム近郊のスパンヘンとトゥッシェンダイケンに建てられた中庭を持つ4層のベルラーへ的な煉瓦の集合住宅だった。またそれに引き続いて，1922年には，ロッテルダムのアウト＝マテネッセに2層の労働者住宅を三角形に配したコロニーが建設されている。これは公共住宅にはほとんど見られない形態的な成熟を見せた作品で，急勾配の屋根にはスペイン瓦が用いられ，煉瓦の壁は白く塗られ，敷居や蛇腹層は煉瓦が用いられていた。また玄関や庇も鋭い形で，フェンスは格子状に処理されており，また窓割のプロポーションも

街路側立面

絶好であった。しかし，このアウト＝マテネッセとそのほんの2年後の1924年に設計されたフーク・ファン・ホランドを比べてみると，そこにはアウトの決定的な変化があるようである。この変遷期の彼は，大雑把には，「新即物主義」の白い直方体への単純化にすでに傾倒し始めていた一方，J・L・M・ラウウェリクス神智学にもとづく幾何学体系の影響もまた捨てきれずにいたといえよう。ラウウェリクスの影響は，1923年に建てられたアウト－マテネッセの職長の小屋や，ロッテルダムのカフェ，「デ・ユニ」(1925) にも明らかであるが，また1926年に工事が始まったフーク・ファン・ホランドにも見られ，その白くシンメトリカルで単純な形態の裏側を連結する庭などがその好例であろう。

フーク・ファン・ホランド集合住宅は，彼のそれ以前の独特な作品群と異なり，大変率直である。例えば，半円形に設計された1階端都の店舗によって，両端部と中央部が明瞭に区切られている点などがそうである。アウトはこのような分離された構成を用いたために，2階でバルコニーを水平的に長く連続させるといった，変わった方法をとらなければならなかったが，これは円筒形の端部の間で反復される形態を統合する新しい解決になりえていると言えよう。しかし，同時に各住戸を分離するため躊躇しながら使用された軽い金属枠の窓，鋭い形のコンクリートの張り出しやコーニス，幾何学的な秩序で切断された表と裏の庭そして，この全体形の完全に造形的な荒々しさをも指摘せねばなるまい。しかし，近代的な彼の統辞法は，それでも，集合住宅に課せられた文化的課題は都市の集合建築形態をかたちづくることであるという原則を決して見失っていない。この意図は，彼が1925年に書いた『肯と否，ある建築家の信条』という宣言文に明らかであり，その中で彼はこう言っている。「私は建築の従属的な部分を類型的なものへと還元することで，形態を明確なスタイルに結晶化したいと思う。しかし，標準化住宅，大量生産住宅は，私には大都市の複雑な網目に適合させにくく思われる」。

コーナー部を見る

1階平面

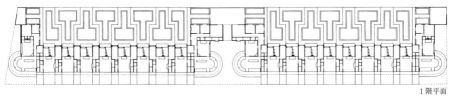

街路側ファサード

1926–28
JOHANNES DUIKER
"Zonnestraal" Sanatorium
Hilversum, Holland

ゾンネストラール・サナトリウム

このサナトリウムの名称は「ゾンネストラール」(太陽光線)。文字通り、結核の治療にあたる療養所である(当時、結核はダイヤモンド磨き工に多かった)。新即物主義の名で数々の議論を呼びながら知られてきたオランダの機能主義建築活動の中でも、ひときわ超越論的な立場を巧みに要約したものといってよい。この運動は、表面的には似ているが微妙に異なった2つのものに分けられる。ひとつは、マルト・スタムのようなマルクス主義の建築家にある決定論的な機能主義、それから、ダイケルにある幾何学的な構成である。スタムは、新即物主義を、ただもう生産と技術に密着して、建築形態を決定するものであると考えたが、ダイケルの考えは、もちろん機能の要求に一致することが前提だが、文化的形式が、経済のより高次の秩序にもとづいて実現されるのではないか、それが新即物主義ではないのか、ということだった。1928年、ダイケルはこう書いている。「……建築でも、こういう自由を得る唯一の手段は『機能主義』である。しかし、鉄とか、ガラスとか、コンクリートとか、現代になって生まれた高度な材料を使って喜んでいる身勝手な運動は、『擬・機能主義』でしかない。本当の『機能主義』は建築の非物質化を目ざすものであって、高度に倫理的な意識を持って、未来の社会の人間に、必要な太陽光、いつもまわりにある自然の喜びを与えるものである。人間は暗い時代、つまり中世以来これらを置き去りにしてきた」。

1925年以降のダイケルの作品はどれもそうだが、このゾンネストラールも非物質的な建築という考えに基づいている。これは、ヒルヴァーシャムに近い公園の真中に建てられたパヴィリオン形式の病院で、中央の建物に独立した4つの病棟がとりまき、それらの病棟が主軸の左右に振り分けられ、対になっている。病棟は2層、1棟につき50人収容でき、ちょっと角度を振った2つのテラスによって二分されている。標準的な病室は、3×3メートルで、病棟全体の平面も1.5×1.5メートルのグリッドにのっている。また、病棟にはいくつかの空間装置があり、以下の順序で並んでいる。すなわち、日光浴のバルコニー、病室、その後ろの廊下、そしてそれを歩いていくと、サーヴィス・ユニットにぶつかり、そこから連絡通路によって、両方の建物の間にある1層の休憩室に達するのである。中央の管理棟は敷地を横切るアプローチ道路で二分されている。北側の部分は医局で、南側の部分はボイラー室、浴場、厨房、食堂である。2階の十字形の食堂とそのテラスが周囲の風景を楽しめるように作られていることははっきりしている。

構造は、普通の鉄筋コンクリート・ラーメンである。構造体の間を埋める要素としてモルタル仕上げのブロックと工業生産品のガラスが使われている。ただ、ここで言っておきたいのは、ル・コルビュジエが切り開いたコンクリート建築と全く違う種類の建物を、ダイケルとベイフットが展開することになったのではないか、ということである。ここでの病棟の基本構造は、あの有名なドミノ方式とは異なっている。つまり、ゾンネストラールのラーメンは、正方形断面の柱、ハンチのある梁、片持梁で支えられた床といった部位の明確な表現と不可分である。ダイケルは、ル・コルビュジエと同じ構造、空間秩序を使っても、こういう部位

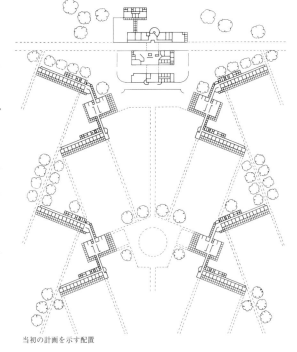

当初の計画を示す配置

によって違うことを表現することになったのである。病棟のハンチのある梁は、となりあわせのいくつもの病室に横方向の統一を与えうるだろうし、突出した管理棟2階の食堂の屋根の片持梁は、ヴォリュームを適当な視界に向けて方向づけうるだろう。方向づけは、それだけでよく、独立して建つ2つの病棟を結びつける1層の休憩室でも同種の方向づけがなされている。

ファン・デル・フルーフトやマルト・スタムの作品と同様、この建物は明らかにオランダの構成主義の規範となる作品であり、またファン・ネレ工場と並んであたかも機械の如く計画したように一見思われる建築といえよう。しかし、スタムとダイケルの違いの中でも特に、ダイケルが構造部位を今見たように建築空間の調整装置として扱った点に注意しなければならない。

階段室

1926–29
ERICH MENDELSOHN
Universum Cinema
Berlin, Germany

ウニファースム映画館

メンデルゾーンは,当初,ヴォガ開発社の依頼を受けて,このウニファースム映画館を,ベルリンの華やかなクルフュールステンダムにほど近いところにある袋小路計画として始めた。これは,20年代後半におけるメンデルゾーンの,商業建築様式を,小さいながらも要約したものだった。

もっとも,構成の上では,ここでの都市的な要素はメンデルゾーンらしからぬものである。それは,彼の1924年から1928年までの,ベルリン,ニュールンベルク,シュトゥットガルト,ブレスラウでの威風堂々としたデパートとも,あるいは,1931年から始まるベルリンの,英雄的なアレクサンダー広場,ポツダム広場計画ともちがっていた。ウニファースムのための「表現主義」的な初期スケッチは,かなり多くのことを見込んでいたが,結果としては,その水平的な性格だけが実現された。というのも,ひとつには,事実として,この映画館が一部となっていた当の全体的都市計画を途中で放棄しなければならなかったからである。

その意味で,ウニファースムは,その外観よりも,むしろ内部を評価すべきだろう。中でも,観客席。これは才気あふれた設計で,後にUFA社の映画館の標準タイプになった。また,回りを商店に取り囲まれている状況に対し,メンデルゾーンは,ホワイエを落ち着いた感じにして,それを補っている。そして,そのホワイエには,平土間とバルコニー席の両方へ導くゆったりとした階段が置かれている。観客席の両側には,廊下とクローク・ルームがある。しかし,この映画館の本当のすばらしさは,帯状になって,私たちの目をスクリーンの中央に振り返らせる間接照明にある。メンデルゾーンは,このことについて,1928年7月,こう書いている。「今,映画館の最初の照明テストから帰ってきたところ。天井の照明はすばらしく,マホガニーは赤く映えることになり,桟敷の後ろの壁は,柔らかい青い影がつくことだろう。威厳があってそれでいて繊細だ。材料は質素で,色彩も単純だけれど,ここでのすべては,統一され,おおらかな印象を与えている」。

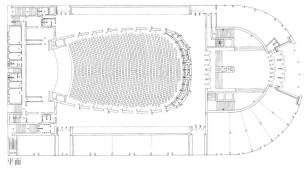

平面

1927
LE CORBUSIER
Villa de Monzie (Villa Stein)
Garches, Paris, France

ヴィラ・ド・モンジー
　この住宅は、ヴィラ・ガルシュという名の方が有名だが、最初は、当初の施主の名をとって、ヴィラ・ド・モンジーだった。ド・モンジーは、文化省の大臣で、彼はこのヴィラを依頼する以前にも、ル・コルビュジエに会っている。最初は、エスプリ・ヌーヴォー館の設計を依頼した時である。ヴィラは完成されて間もなく、ド・モンジーの個人的な理由で売りに出され、新しい住み手——シュタイン家——は、様々な機会に自らの名を載せた。それゆえ、ヴィラ・シュタインという名もよく使われている。
　振り返って見て、1927年に完成したこのヴィラ以上に、ル・コルビュジエをルネサンスの人文主義の伝統にしっかり結びつけているものはない。その形態は、パラディオのタイプとリズムに、はっきりと基づいている。もちろん、この関連は、コーリン・ロウが、注目すべき論文『理想的ヴィラの数学』(1977)で初めて示したものである。ロウはその中で、1560年のパラディオのヴィラ・マルコンテンタと、その350年後のガルシュのヴィラとの間に、空間的な平行性を見出した。「どちらの住宅も2と1が繰り返される空間間隔のリズム（2対1対2対1対2）を示している（一方は隠している）し、前後方向に読んでも、やはり同様に三分割された支持体の列があらわれる。……ファサードに平行な支持体の列による分割に関しては、わずかだが重要な違いがある……。ガルシュでは基本的な空間間隔は、前から後へ½対1½対1½対1½対1½対½の比で進むのに対し、マルコンテンタでは2対2対1½という順序である。換言すれば、ル・コルビュジエはキャンティレバーとなっている½単位を用いて中央のベイを縮小し、関心を周縁へ移してしまっているのである。それに対しパラディオは、ポルティコ部分の比例を変えることによって中央部の支配を強調し、この二つの領域に注意力を無条件に集中する。……いずれの場合にも、突き出たエレメントである、張り出したテラスと付加されたポルティコは1½単位の奥行であることも付け加えなくてはなるまい」。(伊東豊雄訳) コーリン・ロウ著『マニエリスムと近代建築』所収。

　このヴィラは、ともかく規範的な作品である。しかし、その重要性を理解するためには、回り道になるけれど、いくらかの説明がいるだろう。というのも、このガルシュのヴィラの設計はかなり長引いて、その間に変更を重ねたし、また、ここでの独特な機能の統合法は、ル・コルビュジエ初期作品の全体に係わっているからである。ヴィラ・ド・モンジーは、最初L型の（つまり、ゴシック・リヴァイヴァルの）プランとして着想された。そして、ル・コルビュジエは、その形態を砕いてばらばらにし、それを改めてピュリスト的角柱とでもいうべきかたちの中へ、徐々にではあるが収めていった。このことは、また次のような点にも示されている。ル・コルビュジエによるブルジョワの近代的ヴィラは、1926年のクック邸の時、初めて公式化された「新しい建築の5原則」と不可分であるが、そこではピロティしか実現されていない。周知のとおり、5原則とは、1. 地面から構造を持ち上げる「ピロティ」、2. 支持体の円柱からヴォリュームの分割を独立させる「自由な平面」、3. 片持梁で支持された「自由なファサード」(これは自由な平面を立面に適用したもの)、4. 水平連続窓、5. おそらくは、建物でおおわれた地面を人間に返し、使えるようにする「屋上庭園」、であるが、それらすべてが、明らかに満たされているのは、このヴィラ・ド・モンジーが最初である。事実、ここでは、それらから生まれた要素が空間的に、またその統合として、デザインされている。ド・モンジー邸の全体のデザインの中で、最初に注目されるのは、——特に主たるアプローチの方から来た人にとっては——正面性を強調したファサードである。これは、透明のギロチンのようで、その背後には、非対称のピュリスト的ヴォリュームが垣間見られる。

　ピュリスムの美学は、透明性にあるのだが、このファサードは、それがその本来の意味でも、また比喩的な意味においてでも示されているという点で、これ以上の例がないまでに、このピュリスムの美学を、要約し、説明している。本来の意味における透明性は、もちろんガラス窓からくるわけで、それに対し、比喩的な意味あいでの透明性というのは、片持梁で支持されたファサードと、その背後約80センチメートルのところに列を作っている円柱との間の、奥行の浅い空間に求められる。説明を加えるなら、キュビスム以後の、例えばピュリスムの絵画は、パースペクティヴ、つまりルネサンス的な空間である「深さ」を押し縮めて、奥行の浅い空間のイリュージョンを生んだのだが、その次の段階には、そのイリュージョンを実現することに、いうなれば挑戦していたのである。言い換えれば、ピュリスムの建築が求めていたのは、3次元的な現実を「押し縮め」たイリュージョン的空間なのであった。ヴィラ・ド・モンジーの正面ファサードの奥行の浅い空間を一度通り過ぎれば、そこは「思いがけないことに」、高度に

組織されたヴィラ本体の奥行の深い空間なのである。つまり、第1の（絵画の）場合、奥行の浅い空間が、絵画的に表徴された奥行とは、イリュージョンに過ぎないということを示すというのなら、第2の（建築の）場合では、それが、ヴォリュームの本当の奥行の深さを「隠す」のである。「新しい建築の5原則」以外にも、ヴィラ・ド・モンジーは、ピュリスム的な面を見せている。例えば、航海や航空のメタファー。これらはル・コルビュジエが、連想によって機械に合体させようとしたいわば装置なのだが、彼はこれによって建築と工業生産という2つのものが明らかに二律背反するのを避けようとした。例えば、玄関の庇。この庇を上から支持する棒は、楕円の一断面をしている翼桁の形だし、庇自体は、翼の側面形を思わせ、つまり、これははっきりと飛行に関するテクノロジーを暗示している。また同じようなことは、屋上の倉庫にも言えて、これなどは、玄関の庇よりもっとはっきりと、船の煙突の形を基にしている。

ヴィラ・ド・モンジーにおけるパラディオの構成の変形は、1階と2階で、すばらしいまでに達成されている。確かに、いずれの階でも、$A-B_1-A-B_2-A$というグリッド・パターンのうち幅の狭いベイは、階段などの垂直方向の動線機能を持ち、しかし、そこには変形がなされていて、それはパラディオと同じやり方である。このパターンの右側の方にある階段の向きは、90度回転し、ベイの外側に飛び出している。そうして、このずれによる一種の旋回性は、2階において、非対称の構成を生む。つまり、居間のヴォリュームは、左側の厨房と、背面の庭に開いている内なるテラスとの間で、「ジグザグ」に構成される。

ヴィラ・ド・モンジーは、またタイポロジーという視点から見ても複雑である。つまり、これはル・コルビュジエの規範的な住宅のタイポロジーと、豪華なモニュメントのそれとの両方に跨った作品である。まず、これは、1925年のパリ国際装飾美術展（アール・デコ）のために、1922年に設計された集合住宅から、ル・コルビュジエが発展させたスタンダード住居（エスプリ・ヌーヴォー館）のヴァージョンである。また、これは（彼が1927年の国際連盟設計競技の時に公言したように）国際連盟本部案のような一種の宮殿の一部をなす断片とも見なされるのである。こうした、奇妙なぐあいに2重になった意図、つまり平凡さを求めながらも、同時に、顕要さを求めること、これは、ル・コルビュジエの社会的文化的論点の比喩となっているのかもしれない。いうなれば、家というものは、宮殿のように、すべての儀式的な威厳を持たねばならず、また宮殿は、家のように、すべての利便性を持たねばならぬという、彼のあの信念を示す一例として。

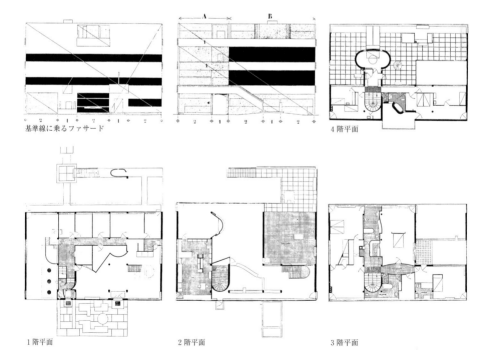

基準線に乗るファサード　　　　　　　　　　　　　　　　　　　　　　　　　　　　　4階平面

1階平面　　　　　　　　　　　2階平面　　　　　　　　　　　3階平面

正面ファサード

庭園側ファサード

1927
Artistic Director
MIES VAN DER ROHE
Site Architect
RICHARD DÖCKER
Weissenhofsiedlung
Werkbund Exhibition
Stuttgart, Germany

ヴァイセンホフ・ジートルンク
（1927年工作連盟展）

シュトゥットガルトのヴァイセンホフ・ジートルンク——この展覧会の開期は限定されておらず、建物はいつまでもそこに建ったままにされる——は、最初、1925年、表現主義の「丘陵都市」として構想されたが、結果としては、今や死んだと思われていたドイツ工作連盟を、効果的に生き返らせることになった。もっとも、その再生の要因を、ここだけに求めることはできない。ドイツ工作連盟は、すでに1924年のヴュルテンベルク邦における「装飾なき形態」展から、文化的なひとつの大きな力として、着実にその地歩を占めていたからである。ともあれ、このジートルンクは、ミース・ファン・デル・ローエの指揮のもとに、リヒャルト・デッカーが配置計画を決定し、そして、ヴュルテンベルク工作連盟の実施を司ったグスタフ・シュトッツの組織力があって、実現された。また、ヴァイセンホフ・ジートルンクは、1901年のダルムシュタット芸術家村の展覧会「あるドイツ芸術の記録」の系譜を汲むよう意図されたものだが、ただ「新即物主義」ノイエ・ザッハリヒカイトの生活様式を主張するだけでなく、現代の構築術がいかに効果的かを示す目的を持っていた。確かに、この2つの目的は、ほとんど成功しなかったかもしれない。しかし、それでもこれは50万人余りの人を訪れさせたのだし、またこのシュトゥットガルトの教訓は、2年後1929年、ブレスラウでの「家庭と仕事場」展——この開期も限定されていなかった

——でのより大きな成功として、ドイツ工作連盟に役立ったのである。欠点はいくらでもあるが、この展覧会は、確かに、ハウジングに焦点を当てていた。いうまでもなく、このようなパブリックな問題に対する野心ある態度は、この3年前から始まり、1933年の第三帝国誕生まで、ずっとドイツを統治していたワイマール共和制のプログラムである。付け加えるなら、この展覧会が、ヨーロッパの前衛的合理主義者達の一種のショーケースとして機能したことがある。ここには、ル・コルビュジエとピエール・ジャンヌレ（フランス）、J・J・P・アウトとマルト・スタム（オランダ）、ヴィクトール・ブルジョワ（ベルギー）、ヨーゼフ・フランク（オーストリア）といった、外国人建築家の個人住宅、集合住宅が様々な姿を見せていた。ドイツ本国はといえば、ミース・ファン・デル・ローエ本人を含め、ベルリンの「リンク」グループが、おおむね主役を演じ、リヒャルト・デッカー、ワルター・グロピウス、ルートヴィヒ・ヒルベルザイマー、ハンス・シャロウン、アドルフ・ラーディンク、ブルーノとマックスのタウト兄弟、それに戦前から工作連盟のメンバーだったペーター・ベーレンス、ハンス・ペルツィヒがいた。しかし、何人かの批評家が指摘しているように、2人の重要な人物がこの展覧会から退けられていた。ミースと論争した挙句、フーゴ・ヘーリンクが初期の段階で離脱し、また今なお理由はわからないが、ともかくエーリヒ・メンデルゾーンは除外されていた。それにしても、ミース・ファン・デル・ローエとル・コルビュジエ、ピエール・ジャンヌレは、この展覧会によく貢献した。前者の中央の集合住宅と後者の2人による2棟の小集合住宅のプロトタイプ。これらの建物は、その大きさの上でも、群を抜いて、目立っていた。

ミースの集合住宅は、当時ドイツの到るところで建てられていた月並みな連続住宅に対する知的な批判ツァイバウとして明らかに意図されたものであった。ミースは、当時のドイツの規格をはっきりと凌ぐ簡素だが洗練された考え方を数多く導入した。しかし、とりわけ注目されるのは、構造体から間仕切壁を独立させた上で、各住戸に形、大きさの両面で融通性を与えることができたことである。当時の彼はこう書いている。「配管工事のことを考えて、厨房と浴室を固定したコアとしてしまえば、後は、可動間仕切で他の空間を分割することができよう」と。このように、ミースは、社会一般に通用するプロトタイプ——吹き寄せた何対かの独立柱が一見ぎこちなく居間の空間を貫いている——を作ろうとしたル・コルビュジエとは異なり、この時点で建物を構造体の表現となすことに、何の思い入れもしていなかったのである。この展覧会ではモデュールによる高度の架構技術をより進めることに、情熱を傾けた建築家も何人かいたが（例えば、鉄骨造、石綿セメント板貼りの2層のプロトタイプを設計したグロピウスなど）、多くの建築家は、シトロアン住宅のシュトゥットガルト版を作ろうと考えたル・コルビュジエ同様、この機会に、中の下の階層の人々のために新しいタイプのヴィラを開発し、それを展示しようとした。ル・コルビュジエのものは、ピロティの上に立ち上がる3層のもので、吹抜の居間、予備の寝室、屋上庭園を持っていた。シトロアン住宅を範とするこのヴィラは、空間の規格の上でも、イデオロギーの上でも、マルト・スタムの労働者のための3層の集合住宅——小庭を連続させた仕事部屋が各居間の下に置かれている——の対極に位置している。だが、忘れてはいけない、ル・コルビュジエもスタムも、他の建築家による多くの展示用プロトタ

イプと同じく、伝統的な住宅においては、「デッド」な空間としてしか考えられていなかった領域に、生命を吹き込もうとしたのである。たとえば階段部分といった空間が予備の居間として突き出ており、これはアウトの集合住宅にも見受けられる。

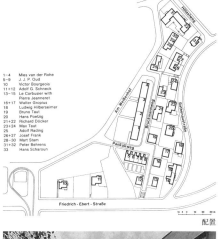

配置

設計：ル・コルビュジエ

設計：ミース・ファン・デル・ローエ

設計：J. J. P. アウト

設計：マルト・スタム

1927

J.A. BRINKMAN
L.C. VAN DER VLUGT
Van Nelle Factory
Schuedam, Rotterdam,
Holland

ファン・ネレ工場

この工場は、設計された当初から、半世紀以上たった現在まで、実質的には改変されず、今でも精製と包装の工程を行っている。その姿にも、建てられた時に持っていた素朴さが失われていない。さて、この作品は、ヨーロッパの新即物主義(ノイエ・ザッハリヒカイト)の傑作のひとつと見なされてきたわけだが、何も新即物主義(ノイエ・ザッハリヒカイト)とルビをふって、その運動を限定せず、それは20年代に宣伝された間違いなく最も厳格な機能主義という意味での、新即物主義の傑作だといってよいだろう。作品の並はずれた優雅さは、L・C・ファン・デル・フルーフトとマルト・スタムの最初で最後の協働の結果生まれたと思われる。マルト・スタムは、この建物のチーフ・デザイナーだった。しかし、確かに、彼はデザインの決定に大きな役割を果たしたのだが、もし彼だけでやったとしたら、このような高いレベルでの解答を与えることができたかどうか。というのも、スタムの機能主義というのは、教条的な性格をもち、しばしば許容される表現の範囲を厳しく限定していたからである。その意味で、スタムの存在は、例えば包装棟のひとつのコーナーに円形の展望室を載せることを巡っての論争を、より激しいものにしたのである。スタムは、せっかくの機能主義的な板状の建築に、このようなピクチュアレスクな形を付加することに大反対し、彼がまもなくこの事務所を辞めたのも、この船のような形態を加えることをめぐってファン・デル・フルーフトと激論をたたかわせたためと思われる。

基本的には、ファン・ネレ工場は、2棟の8層の包装棟と、それと宙を走るガラスのコンベアー・チューブでつながれた運河ぞいの倉庫からできていて、その倉庫から、包装された製品——紅茶、煙草、コーヒー——が船、鉄道、車へと積み込まれ運送されることになる。そして、あと3つのカーテンウォールの棟がそれに加わる。そのうちひとつは、主棟の裏側に接する、のこぎり屋根のある1層の生産加工用のもの、またもうひとつは、凹形にカーヴした管理棟で、その形はこの複雑な建物への表玄関であることを示している。最後のひとつは、この管理棟の裏側の方に向かって延びる厨房と工具のための食堂で、ちょうどその管理棟の裏側で、主棟とつながっている。つまり、管理棟と食堂の棟は、包装棟とガラスのブリッジ——そのテクノロジー的な秩序は、宙に浮いたコンベアーを思わせるのだが——で結ばれているわけである。

ファン・ネレ工場の構造は、オーエン・ウィリアムズのやったノッティンガムのブーツ製薬工場と同じように、基本的に鉄筋コンクリートのスラブと、マッシュルーム・コラムによっている。スラブにかかる大きな荷重を支持しながら、生産工程の変化にも最大限対処できるようにすることを目的としたためである。そのため、柱と外壁に狭まれた空間に、コンベアーの機械を設置する目的から、カーテンウォールの被膜を、支持体から離して、片持梁で支える方法がとられた。作業場自体は、美しく化粧されたコンクリートの柱、その柱間を渡す亜鉛引き鋼のバー、パネルで、徹底して、仕上げられており、一方、管理棟内部に自由に配された半透明の仕切り板、机、椅子はガラス系エナメル塗料を引いた鋼板や、クロム鋼のパイプでできていて、このファン・ネレ工場のすべての中でも、最も優雅な仕上げといえよう。しかし、このように、部分では特別な仕上げが見られるにしても、全体は、やはり高度に徹底したものである。ル・コルビュジエは、はっきりと言ってのける。「工場への道路は、平滑で、その両側には茶色のタイルの舗道がある。ダンス・ホールも顔負けなくらい、美しく、磨きこまれている。建物の高く立ち上ったファサードは、明るいガラスと灰色の金属とでできていて、……空に聳えている。……この場所の静穏は完全である。すべてが外に開いている。そして、このことは、8層の建物の内部に働く人すべてにとって、本当に重要な意味を持っている。……ロッテルダムのファン・ネレ煙草工場は、近代の創造物であり、それは、それまで『プロレタリア』という言葉が持っていた、絶望の響きを払拭したのである」。この工場に対する、このような理想を求める評価は、工場主である産業資本家ツェース・ファン・デル・レーウの社会的文化的意図をよく言い当てているといえよう。というのも、この人は生涯変わることなく、近代建築やインダストリアル・デザインのパトロンでありつづけ、1934年には、ファン・デル・レーウ研究所の実現に、野心的な後援活動をし、それをロス・アンジェルスのシルバー・レイクに、リチャード・ノイトラの設計で建ててもいる。

多くの点で、ファン・ネレ工場は、構成主義デザインの規範を押し進め、インターナショナル・スタイルを究極的に実現しようと試みたものであった。その点で、これは、ほぼ同時期のハンネス・マイヤーとハンス・ヴィトヴァーの国際連盟設計競技案に匹敵し、それを現実に建設したものといえよう。ファン・ネレ工場は、マイヤーとヴィトヴァーもそうだったが、文字通り「生産機械」であり、例えばコンベアーのシステムが、透明な形態の中に、目にも映るような具合に巡っているという様は、この工場に近づいてゆく人にとって、動的なサインとして機能している。こうして、この工場は、かなり離れた所からも、またたとえ夜でも、屋上のネオン・サインによって、オランダの平坦な台地の自然に聳える巨大なシルエットとして、目につくことになり、その意味で、これはこの地方にふさわしいコンセプトだったといえよう。

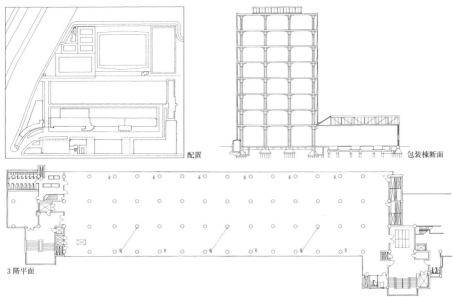

配置

包装棟断面

3階平面

1927
RICHARD NEUTRA
Lovell Health House
Los Angeles, California,
U.S.A.

健康住宅（ロヴェル邸）

フィリップ・ロヴェル博士の健康住宅(ヘルス・ハウス)は，1927年ロス・アンジェルスに，オーストリアから移住した建築家リチャード・ノイトラの設計で建てられた。これは，インターナショナル・スタイルの極致と見なせるかもしれないもので，その建築としての表現は，鉄骨フレームの架構と，軽量の人造の被膜から直接導き出されている。敷地は，ロマンティックな，半ば荒涼とした公園の景色を見下ろす絶壁の上にあり，各階を劇的に吊す，その非対称な構成は，1920年代のライトのウエスト・コーストのブロック住宅様式を思い出させる。つけ加えるなら，この形態上の類似性は，インターナショナル・スタイルが，その明らかな同質性を獲得する際に，実際によりどころにした源泉が，すでに普遍的なものであったことを示しているようでもある。

この住宅の開放的な平面形は，ロヴェル氏の屈託のない人柄を適切に反映していると同時に，彼の美容体操による生活様式をよく表現している。これは，デヴィッド・ゲバードが，ノイトラの同国人にして，初期のパートナー，ルドルフ・シンドラー（彼は，ニューポート・ビーチに，ロヴェル氏の住宅を，これに先だつこと1年，実現している）に関する研究の中で，匂わかしていることだが，ロヴェル氏は，インターナショナル・スタイルの体育的な，進歩的な性格を，彼の人格において具体化した人物と見なされていたのかもしれない。

ともかく，ロヴェル氏のイデオロギー，あるいは，この健康住宅の直接的な表現は，ノイトラのその後の生涯すべてに渡って，決定的な影響を及ぼした。今から見るなら，彼の最良の作品は，建物のプログラムが，その住み手の心理的肉体的な居心地のよさに直接翻訳できるときに生まれると言えよう。ノイトラの作品，著作の中心的なテーマは，人間の神経体系の一般的な健康に良い結果を及ぼすべく，環境をデザインすることであった。そして，彼のいわゆる「バイオ－リアリズム」は，大部分建築形態と健康総体の間に結びつきがあるという，未だ証明されていない議論の上に成りたつ眉唾物であったが，それでも，彼のすべてのやり方を彩る，異常なほどの感受性，超機能主義的な態度は，疑うことのほうが難しいものであった。

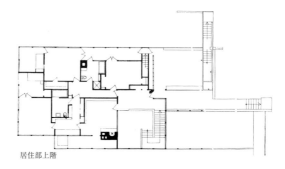

居住部上階

居住部下階

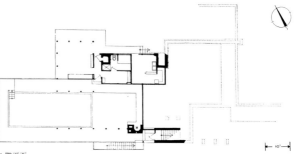

1階平面

上:全景 下:居間

1927
KARL EHN
Karl Marx Hof
Vienna, Austria

カール・マルクス・ホフ

ウィーンの外周に，1919年から34年にかけて，23余りの市営団地が建てられた。いわゆるローテ・リンクである。最初は，メッツラインスターラー・ホフで，サントライテン・ホフで頂点を極める。カール・マルクス・ホフとして知られる長大なスーパーブロックは，その中で最も大きく最もモニュメンタルな団地である。1587戸の住戸を持つ。基本的に，各団地の形は内庭をもつものだが，それは17世紀のホフのタイポロジーを微妙に解釈した結果であって，具体的には，1896年のウィーン人民住宅厚生庁の設計競技で2等を得たO・ティーネマンの案からくるのだろう。もっとも，1912年まででいえば，オーストリア＝ハンガリー帝国は，ほとんど労働者住宅を建てておらず，約80,000人（うち子供が20,000人）の人々がウィーンの仮設住宅に住んでいた。

住宅改善，衛生的な計画，社会民主党の全面的な改革政策は，1911年の労働者蜂起と1917年のゼネストの後やってきた。特に，1919年から34年にかけて政権をとったウィーン社会民主党評議会の役割は，この推進の要因の中で，大きい。政府は，1919年から25年にかけて約1000ヘクタールの土地を買収し，1919年，1922年に住宅徴用法と家賃統制令を発令した。この福祉プログラムは戦後の経済回復をめざした基本戦略の一環として位置づけられていたが，当時の批評家はその点をはっきりと指摘している。「我々の生存競争は，ただ相対的に賃金が低いことにある。工業国の中で，我々の賃金が最も低い。分担額が還元されない我々には，食料，衣服，教育，小さな娯楽も高嶺の花である。ただ，これ以上増産しないでも労働賃金を増す方法がひとつだけあるだろう。家賃である。戦前，家賃は労働者の賃金の25％をくっていた。家賃統制が完了すれば，賃金は増すにちがいない。我が国の運命がかかっている輸出産業は，今評したように好ましくない状況にあるのだから，そのおかげで賃金が増加するということはありえない」と。

1934年には，こういう団地に50,000人（14,000戸）——この数字は当時の市総人口の10分の1にあたる——が住んでいた。これは，明らかに，30年代までに団地計画が社会的政治的な重要性を持つに到ったということである。この社会性政治性の大きさを示す例をあげよう。1934年，民主防衛同盟の反ファシスト暴動である。つまり，もともと後援者たる社会民主党の統制をこえたあるラディカルな力が潜んでいたのだが，それがここではっきりと姿を現わしたのである。彼らは，市の外周をめぐるこのブロックを城壁と宣言している。もっとも，スーパーブロックでも，現代の砲術にかなうわけがなく，2月12日から15日の4日間しかこの抵抗は続かなかったが。

政治的な衝突とは別に，スーパーブロックとは，正に田園都市と対立するものと考えられていた。ヨーゼフ・フランク——ウィーン工作連盟の推進者，1934年ウィーン工作連盟展の主催者——は，このことをよく知っていた。彼は，スーパーブロックについてこう書いている。「それは確かだが，我々の理想，ちょっと前の方が今よりも近かったあの理想，つまりジートルンクの住宅を諦めてはいけない。戸別住宅が我々の都市計画の土台であり，我々の現代建築へのアプローチであると何度強調しても足りない。……土地から放射される……倫理的な力は……何ものによっても置きかえることはできない」。

カール・マルクス・ホフの厳然とした形から判断して，市の建築監カール・エーンがフランクの「郷土様式(ハイマートシュティル)」のイデオロギーに共感していたとは思えない。エーンは，スーパーブロックを8階建の建物でかたちづくり，中央の開いた中庭の両側に，各々閉じた中庭を配して構成している。1382戸の住宅を持つこの巨大な複合建築は，洗濯所，浴場，幼稚園，診療所，商店，保健センター，薬局，郵便局などの広範囲の共同施設を含んでいる。

主要立面

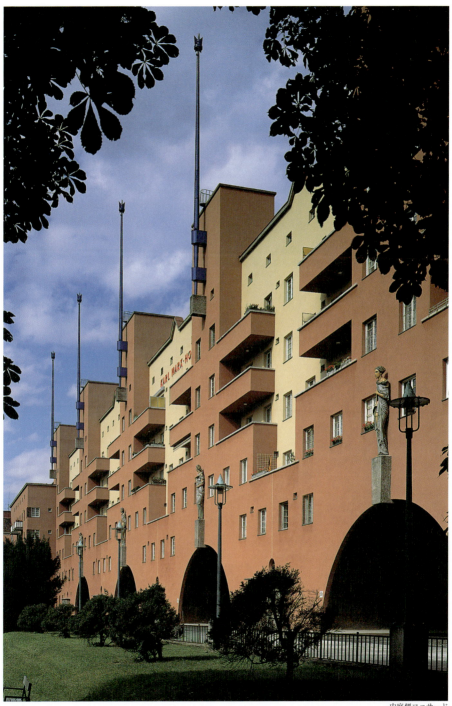

内庭側ファサード

1927–28
KONSTANTIN MELNIKOV
Rusakov Workers' Club
Moscow, USSR
(now Russian Federation)

ルサコフ労働者クラブ

1917年のロシア革命のエネルギーは、それまで神秘的古典主義、あるいはロシア・ロマン主義の作品を作ってきた多くのロシアの建築家達を、駆りたて、全く新しいものに向かわせた。メルニコフの場合も、1917年に擬古典主義的なAMO（現在では、リハチェフ）自動車工場を、モスクワに建てているのだから、この種の建築家に含まれると断言してよいだろう。ロシア革命が、建築家の職能を、労働者の集合住宅設計に、特に重点を置いたというのは事実だが、と同時に、建築の新しき「千年王国」の統辞法をも強く要請したことも事実である。古典主義でも、ヴァナキュラーでもないもの、メルニコフはこの要請に対して、自身の桁外れの才能をもって、次から次へと、ダイナミックで未来派風の作品を生み出していった。特に1923年、有名なセルプホフスカヤ街の集合住宅から、マホルカ煙草館がそれに当たる。マホルカは、第一回全ロシア農業工芸博のためのパヴィリオンで、同年モスクワに仮設された。マホルカ、1924年のスハレフカ・マーケット、1925年、パリの国際装飾美術展のソヴィエト館は、メルニコフの素朴な構成主義の作風の極致といってよいだろう。

メルニコフの次の時期は、1927年のルサコフ労働者クラブを、市労働者連盟に依頼された時から始まる。もっとも、依頼されたのは、これひとつではなく、1927年から1929年にかけて、メルニコフは6つもの労働者クラブを設計している。が、確かに、中でもこのルサコフが特別、形態的にも機能的にもすぐれているのである。音響ひとつとっても、適切という以上にすぐれたものだし、聴衆の数に応じてホールの大きさを変えられるようにしたことも、実際的な解答たりえている（1899年、アドラーとサリヴァンによるシカゴのオーディトリアム・ビル参照）。

1200の座席を持つこのホールは、360席の平土間、270席の2階席、その上の階の各々190席からなる独立した3つの長方形ホールに分割されている。そして、上の方の3つのホールは、防音のスライディング・パネルで締めてしまうことができる。構成法を見ていくと、これが3部分からなる構成であることはもちろんだが、それはただ大きな三角形に3つの長方形ヴォリュームが挿入されているというだけにとどまっているわけではない。高くとられた三角形のホワイエから2つの三角形の階段へと登っていくが、これなどは、この構成を豊かにしている一例である。というわけは、これらの階段は、この建物の基本的な形状を決める、片持梁で突き出した上の方の3つのマスそれぞれを、分割する役割を果たしているからである。ホワイエは、道路面より1層分高く、そのため外部階段がとられている。この階段も、構成を豊かにしているものだろう。聴衆のアプローチといえば、この階段を登ってホワイエに入った後、上階のホールに登っていくか、平土間に降りていくか、あるいは120席の独立した中2階のレクチャー・ホールに登るのかの3つに分かれるというものである。ルサコフが実現されたことの意味は、ひとつにはそれが労働者クラブに必要なものは、せいぜいフレキシブルなオーディトリアムくらいであるという表明になっていることであるが、もっと大切なのは、ここから、いわゆる「新しき社会的凝縮器（コンデンサー）」は、いかなる形態と機能を持つべきか、というなかなか解答を出せない論議が始まったことであろう。

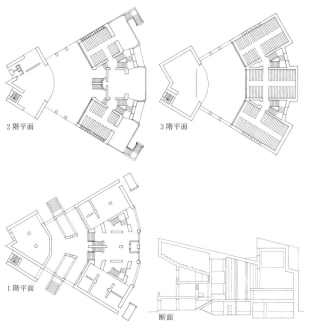

2階平面

3階平面

1階平面

断面

上:全景 下:ホール。舞台より見る

第8章
ヨーロッパの芸術と建築における千年王国的な衝撃：
ロシアとオランダ　1913-1922
The Millenialistic Impulse in European Art and Architecture: Russia and Holland 1913–1922

ヨーロッパ建築の表現主義，そしてエコール・デ・ボザールに端を発する近代の新古典主義的伝統は，1918年から1932年にかけてのヨーロッパの近代主義アヴァンギャルド達によって生み出されたラディカルな抽象芸術によってともに等しく斥けられてしまった。宗教的とでもいうか究極では神秘的な理由により，この20世紀の千年王国信仰はその大半がロシアとオランダを起源としていた。第一次大戦直前，直後の時期に，このアヴァンギャルドの衝撃から芸術と建築の領域に断乎たる抽象形態が出現した。19世紀のブルジョワ文化に潜むリアリズム的かつ歴史主義的伝統とは飛び越え難い距離をもつ形態である。

第1部　ロシアの千年王国的アヴァンギャルド：
構成主義の文化と終末論的ヴィジョン　1913-1933

1861年の農奴解放の後，ロシアの芸術的・文学的インテリゲンツィアは前にもまして千年王国の観念に捉れるようになってきた。つまり，時の連続性がある周期でうち破られるという素朴な志向に裏付けられ，その到来は救世主が出現するか或いは明らかな世界の破局が訪れるか，さもなければその両方が畏くも一緒になり，天変地異となって告げられる，というわけである。

この時期の典型的な知識人としてアレキサンドル・マリノフスキーが挙げられる。みずからにボグダノフすなわち「神より授けられた」との称号を冠した彼は，抑圧され取り残された大衆を激励し，その独自の文化を創造せんとの意図をもってプロレタリア文化同盟を設立した。これは1906年になってプロレートクルト運動として知られるようになる。ボグダノフに関する限り，この表現は，ロシア正教会の反啓蒙主義，そしてロシア・ブルジョワジーの輸入されたうわべの文化の双方から等しく脱出をはかるものでなければならなかった。ボグダノフはボルシェヴィキであると同時に理想主義者でもあり，当時の進歩的インテリゲンツィアが示した往々にしてアンビヴァレントな態度を一身に体現していた。多くは文盲である民衆が，新たにみずからの文化を創出することが可能だとの考え方は，いささか愚直なものであった。明らかに計画案は多少とも理想主義的な虚構であった。というのも，民衆的，宗教的，半ば異教的な図像体系のしみついた，土地に伝わる木造架構や伝統的な工芸を別にすると，そこで言われたような人民の文化などありえなかった。こうした袋小路にはまり込んだロシアのインテリゲンツィアは，その替りとなる新しい文化の創造という「千年王国的な課題」を唱えたのである。

このような努力は，まずもって，善意あふれる反面，多分に恩きせがましいナロードニキ，いわゆる流浪の知識人のリアリズム芸術として結実した。彼らは，1863年サンクト・ペテルブルグの美術アカデミーを脱会している。50年後，以上の歴史的因果からロシア未来派が生まれた。1910年の夏に結成され，何年かして黒海に面したブルリューク家の所領で集まりをもつに到る。ほぼ同数の詩人と画家からなるこのグル

Tatlin, Monument to the Third International, 1920.

ープはヒレアの名で知られ、その中核としてロシア未来派の開拓者たるアヴァンギャルド詩人ヴェリミール・フレブニコフの名が窺える。彼はその後の10年、ロシアのアヴァンギャルド芸術に霊感を授けることになった。ウラディミール・マルコフが自著『ロシア未来派』(1969)で指摘しているが、1910年にいわゆる「超理性的」な「超感覚」たるザウム詩学を始めたのはフレブニコフであった。この原ダダイズム的な語の戯れはたちまちにして、アレクセイ・クルチョニフやウラディミール・マヤコフスキーのほぼ同種の「超理性的」な詩学へと到り、なかでも、クルチョニフの力強いサイエンス・フィクション・オペラ『太陽への勝利』(1912)は特筆される。このオペラは後に生産主義者の規範的作品、つまり1920年、全ロシア革命大会の際に初めて展示されたウラディミール・タトリンの第三インターナショナル記念塔に最大のインスピレーションを与える。

　シュプレマティスムの当初の発表をみるとこれほど希薄な芸術形式を考えるのは難しいのだが、このシュプレマティスムがロシア・アヴァンギャルド建築の発展にあのように著しい影響を与えることができたことは、20世紀文化の矛盾のひとつである。この矛盾は、ベルリンで出版されたマレヴィッチの試論『非客体的世界』(1928)にも現われている。この論考で著者は一連の図版を用いて議論を始め、近代芸術の3つの範疇にわたって刺激を及ぼしてきた環境のリアリティを各々比較している。つまり、マレヴィッチによってリアリズム芸術を興すものと見なされた土地に根付いた風土の環境、次いで、刺激の強い未来派的産物とされた都市の騒音に包まれた工業化の環境、そして第3に、シュプレマティスムの体験的源泉とされた静かで宇宙的、航空的な環境である。このマレヴィッチのヴィジュアルな比較論から、これらの環境を最も確実に表わす対象は、各々、木造の風車、鋼鉄の機関車、複葉飛行機だとの結論を導くことができよう。最後の複葉機は8本の支柱と引張り構造からなっており、3者の中で最も短命である。おそらくこの分類で一番驚くべきことなのだが、マレヴィッチは飛行船を未来派の領域に追いやり、飛行機のみがシュプレマティスムのエトスを暗示しうる能力を潜めていることを明らかにした。マレヴィッチにとってこのことは、航空術こそが、彼のヴィジョンのもつ宇宙的なスケールに到達しうる唯一の作用であるかのようだった。彼は飛行機を一段とすぐれたシュプレマティスムの図像、その本質的な属性が未来派を超越しうる唯一の工業化された装置と見なしていたようである。空の飛行が、ルネサンス的な芸術に対する透視図法の専制が最終的に打ち倒される千年王国的な体験と考えていた。リアリズムや未来派（あるいはル・コルビュジエのピュリスムさえも）とは異なり、シュプレマティスムが育んだのは、飛行機そのものではなく、そうした飛行機が編隊で高い高度で飛行するのをはるか下から眺めた様が、その反対の高高度から眺めた地面自体の眺望なのであ

Lissitzky, Lenin Tribune, 1920.

る。思うに，複葉機が遠くから眺めるとどうしても十字形のシルエットとして映ることとシュプレマティスムの精神的熱望とは，ロシア正教会の伝統的図像体系からいって関連があったに違いない。

けれども，シュプレマティスムの究極の意図は，明快な図像性というよりは普遍的空間の理性を超えた非客体性にあった。このことを喚起したマレヴィッチが意図していたのは，ミース・ファン・デル・ローエの「殆ど無」に近かったと思われる。この概念はマレヴィッチが有名な「白の上の白」の絵画（1918）でこの上なく明快に表現している。サイエンス・フィクション的論客としての側面，現象学者としての側面をともに兼ね備えたマレヴィッチは下位の要素および上位の微細粒子からなる千年王国のパノラマを投企した。一種の「超理性的」芸術作品集が生み出され，ここから，自然であってもなくても，宇宙をシュプレマティスム的相貌をもつエデンの光の下で造り替えようと試みたのだ。

このヴィジョンを日常的な対象のデザインとして取り入れる上では，マレヴィッチの弟子と協力者に多くが委ねられた。マレヴィッチが1919年ヴィテブスクに創設したУНОВИСデザイン学校の作品は，シュプレマティスムの基本理念が通俗化を免れえなかった結果である。その点で，「赤いくさびで白を打て」と題されたエレアザール（エル）・リシツキーのアジ・プロ・グラフィック・ポスター（1920）はすでにシュプレマティスムの形態と空間概念を単純化し大衆化したものであり，マレヴィッチ自身がデザインしたロモソフの茶碗（1923）や1920年から1925年にかけてニコライ・スエティンがデザインしたシュプレマティスム的彩色陶磁器についても同様のことがいえる。

だが，ヴィテブスクのУНОВИСデザイン学校──「新芸術の確信」の頭文字をとってこの名が付けられた──は，1920年代を通して強力な勢力として存続し，В・Е・エルモラエーヴァ，Е・リシツキー，И・チャシュニック，Н・スエティンや，短期間だが構成主義者のГ・クルツィスすらも含んだ数多くの才能ある芸術家の作品に影響を及ぼした。建築に関する限り，シュプレマティスムは2つの比較的異なった方向へと進んでいった。ひとつは，半ばУНОВИС校内部で行われた研究で，マレヴィッチ，スエティン，チャシュニックが1924年から1928年にかけて制作した「アルヒテクトニキー」の模型に主として代表される。他のひとつは，シュプレマティスムの掟をエル・リシツキーのより自由な配置をもつ建築作品に応用した例である。

リシツキーによるレーニンの演壇計画案（1920）は統合的な作品という点で，仲間のシュプレマティスト達の案から彼の出来上りをはっきりと区別していた。じじつ，この作品はコラージュであり，経験的な工学にもとづく構造体と宙に漂うシュプレマティスム的形態をかろうじてまとめ上げ，演壇上部の「ストライキ」のスローガンの下に檄をとばすレーニンをフォト・モンタージュしたものである。これ自体は

実現可能ではないが，同時期のリシツキーの「プロウン」絵画（この表題はプロ《のために》とウノヴィスから合成されたもの）がどのようにして新たな「重量感のない」建築のモデルとして解釈されたかがこの提案に示されている。この統合的な表現は，シュプレマティスムの空間と形態を模倣に訴えることなく，シュプレマティスムのエトスを喚起したわけである。リシツキーが重力に挑戦し，伝統的な建築や都市計画に対してこの計画が及ぼしたであろう結果に抗って浮遊した構造物に優先権を与え，意味を内包させていたのは，彼の著書『ロシア──ソ連邦における建築の再建』（1930）に明らかである。その中で彼は「古い都市──新しい建物」と題された一章をさき，こう記している。

「まずもって……経済性の集中化をはかったオフィスなる緊急の必要性を満足せねばならなかった。モスクワにはそうした建物が数多く建設されてきた。……そのどれもがモダンなオフィス建築として構想された……だが，いずれも過去に属している。昔と同じく，建物はあたかも個人所有の土地区画が相変わらず残っているかの如く，連続した街路線に沿っている。新しい土地所有状況についての提案は全くないのだ。これまでに建てられた新しい建物は，開かれた街路とか，新たな集団の関係を表現するものとしての都市についての新しい概念を示唆していない。この新たな関係の結果として，たとえ都市内の旧街区においても，大衆と空間が様々なか

たちに組織されるのだ。」

同書の「未来とユートピア」と題された章ではこう語る。

「基礎や土台の征服という理念はより拡張しうるもので，そうした重力を征服することが必要とされる。そこに要求されるのは，浮遊する構造，物理的かつダイナミックな建築なのである。」

リシツキーは1924年，「雲の支柱」の提案を行い，反重力を目指した建築形態のこの上なく劇的な試みをなした。ここで計画されたのは「反摩天楼」であった。「雲の支柱」なる語は明らかに「摩天楼」をもじったものである。しかし，ここに計画された建物の配置から解ることだが，この形態は単なる「反摩天楼」というのではなく，「反－門」としての門でもあった。環状道路と放射状道路のぶつかる交差点に設けられた「雲の支柱」は，クレムリンへの主要街路に建てられたまさしく非物質化されたプロピレーン（前門）だったのだ。この非対称形，互い違いに配された量体はいずれも，上部に2〜3層にわたるオフィス階を水平に設け，「4本の角柱」を束状にまとめた支柱を3本配して空中に持ち上げられていた。この支柱は必要なエレベーター，階段，サーヴィス機能を収める他に，巨大なトラスを支える。このトラスは各々1階分の高さをもち，片持梁として支柱からは

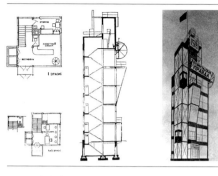

Vesnin brothers, Pravda Building, Moscow, 1924.

るかに突き出している。この全体は，いわゆるシュプレマティスム－エレメンタリズム的構成を見せ，様々な面から読解ないし「分解」されるような意匠となっていた。1929年，リシツキーはこの提案について述べているが，そのラディカルな性格を十分に承知していた。

「アメリカの摩天楼に比較して，本提案の画期的な点は，利用の対象となる水平な空間は垂直な"サーヴィスと支持"の空間から明確に切り離されていることである。」

けれども，こうした「反重力」装置はシュプレマティスム建築の相貌を決める絶対的な前提とは見なされなかった。リシツキーに関していえば，コンセプトの上でより基本的なのは運動論上の統辞法の考え方であった。この考え方は1920年代前半の2つの規範的な作品で証証されることになった。ひとつは，1923年の大ベルリン芸術展のために造られたリシツキー自身のプロウン空間であり，もうひとつは，翌年，建築家アレキサンドルおよびヴィクトール・ヴェスニンの2兄弟の設計で計画されたプラウダ新聞社社屋である。

リシツキーのプロウン空間は，レーニン演壇（1920）と同じく，客体的な機械による形態と非客体的なシュプレマティスムの要素とを結びつける試みであった。そこから実用的な構成要素と運動論的抽象形態とが結合されるのである。雑誌『Γ（ゲー）』の第1号でリシツキーはこう記した。

「この空間はエレメンタリーな形態と材料とを用いてデザインされた。つまり，直線，面と棒，立方体と球，黒，白，灰色，木材などである。加えて，壁体（色彩）に対して面は平らに用いられ，他の面は壁体（木材）に対して直角に置かれている……こうすれば再現絵画の画布のように壁体の組織を構想するのは不可能である。壁面上に"描く"ことになろうとも，壁面に画布を架けようとも，いずれの行為も等しく間違っている。新しい空間は絵画を必要としなければ，また新たに求めるものでもない……私の目指しているのは，標準オフィス家具の上に電話を置いても覆えされることのない，可動的であってエレメンタリーな空間の均衡である。空間は人間のために存在し，人間は空間のために存在するのではない。……われわれの生ける身体のために着色された棺としての空間など斥けるのだ。」

リシツキーは，シュプレマティスムのレリーフ構成を連続的に用いて，プロウン空間の立方体（キューブ）による既存の物質性を非物質化しようと試みた。これはヴェスニン兄弟によるプラウダ社屋のプロジェクト（1924）に潜む「機械主義」よりもより知的な操作を意図しているが，両者ともきわめて空間構造的な構成要素によって励起されているのだ。展示室の方は空間内の身体の動きが，プラウダ塔屋の場合は建物本体内の機械の動きが，その要素となる。後者について，リシツキーは自著『ロシア』にこう認めることと

なった。

「サイン，広告板，時計，ラウド・スピーカー，さらには内部のエレベーターといった付属物——都市の典型的な街路に面して通常通り建物に鋲打ちされている——がいずれもデザインの補完的要素として一体化され，統一された全体へと結び合わされた。これぞ，構成主義の美学に他ならない。」

リシツキーとマレヴィッチが形態と光のもつ隠れた「非物質性」に没頭しようとしたのに対し，タトリンは材料の剛性とその組み上げに関心を示していた。1915年に絵画を放棄した後，展示されたタトリンの最初の「コントル・ルリエフ」（反レリーフ）は実は街路の舗石の破片から構成されたものであった。彼が紛れもなく1920年の「生産主義グループ綱領」を作成し署名したのは，共鳴しあう物質性に対する超理性的な（フレブニコフ的）観念にとりつかれていたためである。このマニフェストの主張は以下の如くであった。

「構成主義グループの課題は材料の共産主義的表現，構成主義的な作品である……材料の要素としては——（1）物質一般。その起源，その工業・生産を通した変化の認識。その性質と意味。（2）知的成分。つまり，光，面，空間，色彩，量体。構成主義者は知的成分と実質的な物質とを同様に取り扱う。」

このテキストが「芸術を打倒せよ！　技術よ永遠に！　宗教は欺瞞だ！　芸術は欺瞞だ！」等，一連の反芸術・反宗教スローガンで終わっており，建築，絵画，彫刻といった伝統的な用語を控えているのは意味深長である。明らかに構成とは，それまでの造形文化の形式をすべて超越する活動と考えられていた。タトリンはみずからを「芸術家-技術者」と見なし，ある意味でその通りだったのは疑いをはさまない。1920年代を通して彼のデザイナーとしての活動はきわめて広い視野に立ち，作業服，組立家具，セラミックのデザイン，さらには最小限の入力で最大限の熱量を出すように設計された店舗などが含まれていた。にもかかわらず，彼の作品には消すことのできない非合理性が宿っていた。ある批評家によって「技術上のフレブニコフ主義」と形容されることになる一種の素朴な原ダダイズム的イロニーである。タトリンはマレヴィッチと同じく，ロシアの終末論的・神秘主義的伝統に与しており，彼の400メートルの高さにも及ぶ第三インターナショナル記念塔はマレヴィッチの半ば宇宙飛行的なイメージ「地球居住者のための未来のプラネット」（1924）と共に千年王国の標識となった。タトリンが行った，2つの上昇する螺旋を合体させ，エッフェル塔の空間と技術を古代バビロニアの塔の神秘的な輪郭へと変形し，ガラスの側面をもつ吊構造のプラトニズム的角柱——立方体，角錐，円錐，半球——をどれもが相異った速度で回転するように重ね合せるやり方は，いずれも次から次に拡が

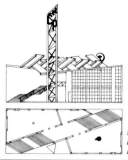

Melnikov, USSR Pavilion, Exposition des Arts Décoratifs, Paris, 1925.

っていく黙示録的意図を指し示している。

　生産主義のエトスと，シュプレマティスムの千年王国的な形態論に比較されうる何物かをともに実践において即座に結びつけてみせた建築家は，コンスタンティン・メルニコフであった。1923年の全ロシア農業工芸博で建てられた彼のマホルカ煙草館は，ソヴィエト建築の初期構成主義の局面を始めるのにふさわしいものだった。メルニコフはみずみずしく，ひたすら「構造主義的」な手法を用いて，ロシアの風土から抽出された要素を結び合わせた。露出した骨組の架構，同一の傾斜角をもった屋根，螺旋階段，グリッド状の窓割，装飾効果を得るために水平・垂直・斜め方向に張られた板壁，加えて素木の木材に直接刷り込まれた大きなブロック・レタリングなどである，この並み外れて力強くかつ安価な美学は，ソヴィエト・タイポグラフィにおける初期構成主義的局面とそのまま並行していたものと思われる。この時期のタイポグラフィの粗豪な字体は，様々な字面やサイズがあるが，それらが結び合わされてレトリカルな効果を及ぼした。これはその精神において，アレキサンドル・ロドチェンコによる当初の『ЛЕФ』誌（レフ）の表紙デザイン，あるいはリシツキーの最初の「構成主義的」ブック・デザイン——マヤコフスキーの詩集『声を高めて読むために』（1923）——からさほど隔ってはいない。また，1922年にヴセヴォルド・メイエルホルドが「生物-機械的」な方法で演出した『タレルキンの死』などに窺える生産主義者の舞台装置にもほとんど同種のエトスが感じられる。ここには，ロドチェンコの妻ヴァルヴァラ・ステパノーヴァのデザインに沿って組み立てられた木の骨組からなる演技機械が据えられていた。近年，クリスチャン・ロッダーが論考を著したが，構成主義の舞台，とりわけ論議を呼んだメイエルホルドの10月劇場では，前例のない構成主義の美学がすみやかに打ちたてられ展開されうる整った研究工房がそなわっていた。じじつ，クロメリクの戯曲『堂々たるコキュ』のためのリュボフ・ポポヴァによる舞台装置（1922）やチェスタートンの『木曜日という男』のためのアレキサンドル・ヴェスニンによる演技機械ではまさにそのことがなされたのだ。

　これらの作品の間には微妙な違いしか認められないが，これら全てに共通したずば抜けた点は，スタイルと技術の両方における同一性である。すなわち，筋交い入り・板張りの同種の木製骨組を採用したり，あるいは傾斜面，ダイナミックな階段，対角線や対比効果を考えた幾何学を共通して好み，車輪や風車といった単純な可動装置を（少なくとも舞台装置として）導入したり，さらには素木の木材，黒や赤の構成部材，刷り込まれたレタリングを，用いて到るところ構成主義的な仕上げを施す，といった点である。

　少なくとも建築に関する限り，これらの作品の頂点となるのは，1925年の国際装飾美術展に際してパリに建てられたメルニコフのソ連館であった。その素朴な構造的修辞法に加えて，この建物の方法は，他のどの構成主義芸術家（ロ

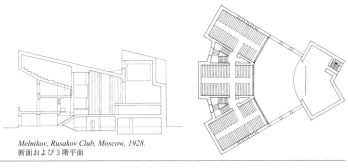

Melnikov, Rusakov Club, Moscow, 1928.
断面および3階平面

ドチェンコ，ヴェスニン，ガン等々）の作品よりも，1920年以降のBXYTEMAC（モスクワ高等芸術技術工房）において産みの苦しみにあったリズミックかつダイナミックな形態原理に近かった。このBXYTEMACの工房で建築家H・A・ラドフスキーは，シクロフスキーやエイヘンバウムが発展させた文学的構造主義の路線に多少とも沿って，知覚上の不変性（反遠近法）および縮少幾何数列から生まれるダイナミックな造形的リズムにもとづいた全く他に例をみない建築の統辞的法則をつくり上げた。

このような目的を遂げるため，メルニコフのソ連館では，与えられた敷地に対角線方向に切り込み，建物を半々に分割する大階段を用い，慣習的な矩形の場所に「ダイナミズムを与え」ている。この階段は，屋根レベルで吊られた吹き放ちの木製「アーケード」に覆われて昇降しており，典型的な労働者クラブとして調度がしつらえられた2階へのアクセスとなる。階段上のアーケードは交錯した屋根の形態をとっているが，この形はすでに1923年，BXYTEMACで計画されたЯ・ヴォロドコの市場案に現われている。そしてこの形態は，タトリンの記念塔に実体化された対数的螺旋と同じく，ロシア・アヴァンギャルドに広く用いられる幾何学的装置となる運命にあった。1925年のメルニコフのソ連館は，新たな「社会的凝縮器」としての建物に捧げられる作品上の新局面を開始するものであった。つまり，彼は1920年代後半になって一連の注目すべき労働者クラブの設計に身を捧

げ，その中でもおそらくはモスクワの運輸労働者のために建てられたルサコフ・クラブ（1927）が最も劇的であり，めざましい成功を収めた。この建物でメルニコフは鉄筋コンクリートを使って，それまでに彼が木造で達成したもの，つまりはこの材料に適した「構成主義的」統辞法を試みたのだ。翼を拡げた鷲の如く3つの部分に分かれたこのルサコフ・クラブの平面は，片持梁で突き出した3つの講義室を含めて，ソヴィエト建築における初期構成主義の段階が終焉し，真の近代主義の時期がここにうち固められたことを高らかに告げている。この新しい局面は，1925年，モイセイ・ギンスブルグによってOCA（現代建築家連盟）が創設された時に始まり，ソヴィエト・アヴァンギャルド建築が持続させてきた党派性を最終的に切り捨てる1932年4月の党布告まで続くのである。

実践者として自他ともに認められた能力とは別に，メルニコフは，前例のない新しい建築表現形式の案出にひたすら精力を傾けた。そして，革命社会の中で何が最もふさわしい建築実践の形態たりうるかについては，それ以上の言及を避けていた。メルニコフも会員だったが，ACHOBA（新建築家協会）グループの他の会員達ともども，こうした生産と供給というより広い論点はひたすら厳密に建築的な関心ではないとされていた。1923年にラドフスキーのBXYTEMACサークルから設立されたACHOBA（会員としてH・ドクチャエフ，B・クリンスキー，T・ヴァレンツォフ，そして少

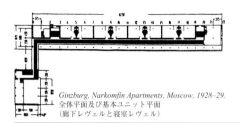
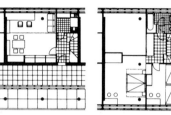

Ginzburg, Narkomfin Apartments, Moscow, 1928–29.
全体平面及び基本ユニット平面
（廊下レヴェルと寝室レヴェル）

し離れてリシツキー，といった人物を含んでいた）は，彼らの形態に潜む社会・経済的，機能的，文化的運命がいかなるものか，本当の意味で問いかけることは全くなかった。

モイセイ・ギンズブルグの場合，1923年の労働宮設計競技案の折衷的な態度で明らかな，ぎこちない機械のロマン主義が目につくが，はっきり言って彼はコスモポリタン的背景から出発した。ミンスクの建築家の息子として生まれ，職能教育をミラノの芸術アカデミーで受け，1914年にこの教育機関を卒業している。第一次大戦の間は，モスクワのリジュスキー工科学校で工学を専攻し，戦後になって最終的にモスクワに移住した，ВХУТЕМАСの学部に加わり，1923年にはそこで建築史・建築論の教授となる。この年，彼は初の論考『建築におけるリズム』を出版した。彼の第二作は『様式と時代』の名の下に1924年出版されたが，本書はソヴィエトの黙示録的状況に照らしたル・コルビュジエの『建築をめざして』の解釈と考えられよう。1920年代初頭の一連の『エスプリ・ヌーヴォー』誌を通して，ギンズブルグはル・コルビュジエの命題を熟知していたことであろう。彼は，構成主義建築の立場からル・コルビュジエの「古典的機械主義」の命題を再解釈したわけだが，こうした立場は，当時アレキサンドル・ヴェスニンなるカリスマ的人物を中心に展開していた。С・О・ハン＝マホメドフが論じたように，

「建築における構成主義運動は，初期の段階では，人民のために大量生産芸術を創造するという意味での1920年代ソヴィエト芸術の大規模な運動であった，構成主義の影響下にあった。……構成主義者の作業グループは1921年3月にИНХУК（芸術文化研究所）にかたちづくられた。そのメンバーとしては，А・ガン，А・ロドチェンコ，В・ステパノーヴァ，В・およびГ・ステンブルグが含まれていた。これらの構成主義の芸術家達の抱いた見解は，Н・ラドフスキーを長とするИНХУКの建築家委員会に加わった建築家のそれよりも，ヴェスニンのそれに近かった。けれども，次第にヴェスニンを核として建築グループが形成されてくる。それをかたちづくったのは，主としてВХУТЕМАСの学生達，たとえばМ・バルシュチ，А・ブーロフ，И・ソボレフ，Л・コマロヴァ，Н・クラシルニコフらで，これをВ・マヤコフスキー，О・ブリーク，А・ラヴィンスキーに率いられた数多くのすぐれたЛЕФ（左翼芸術フロント）のメンバーが支援していた。」

ヴェスニン（1922年4月にИНХУКグループを前にして発表された『信条告白』）もギンズブルグ（『様式と時代』）もともに，僅かに違ってはいるものの，工学技術の成果に立脚し，機械に見出されるダイナミズムと形態秩序にもとづいた新たな芸術と建築の必要性を意識していた。反面，両者は経済性なる所与に認めるべき役割という点で，若干の相違を見せていた。その意味で，ギンズブルグはどちらかといえば経

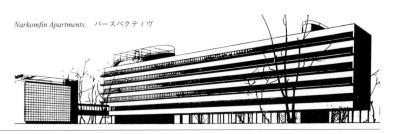

Narkomfin Apartments. パースペクティヴ

済性により決定力のある役割を課し，このように記した．

「かつてない経済的逼迫のため，建築物の数を限定して材料を可能な限り節約し，それゆえに部品化によって最大限の構成的な作品を造ることが要求された．しかし，同時に，現代生活の各領域の組織化を果たす，ないし組織化を望まれている諸原理は，まさしく機械の内にすぐれて実体化された原理に他ならない，ということでもあった．いわば，廉直さ，構造上の単純性，客観性，厳密な組織化，そしてそれゆえにあらゆる方法における経済性，といった原理である．この機械の本質は，それがわれわれの生活において稀にみる心理的役割を果たし始めつつあることからみて，その構成組織が構成主義の観念をむき出しにするところに存するのだ．」

1925年，ヴェスニン，ギンスブルグ，Я・コルンフェルド，B・ウラディミロフ，A・ブーロフによってOCA（現代建築家連盟）が創設されるが，このグループは全般的にみて，ACHOBAによって発展させられた合理主義的ないしフォルマリズム的構成主義に対抗する機能主義的構成主義の路線に寄与した．ロシアの建築アヴァンギャルド内部でのこうした亀裂，そしてその結果としての1920年代における建築の展開について，ハン＝マホメドフは以下の如く論じている．

「この時期の美的・形態的探究によってソヴィエト建築の発展がかなりの程度規定された．しかし，形態上の問題の解決はどうみても十分とはいえなかった．形態と機能的・構造的要求事項との関係，さらに形態と検証可能の知覚原理との関係はともに曖昧のまま残された．これらの点は，特定の合理主義的かつ構成主義的研究——そして論争——に際しての主題であった．だが，この2派は解釈を異にしていたものの，究極的には，双方のアプローチを補完しあうものだった．」

ハン＝マホメドフは続けて，OCAグループがその後いかに初期の「様式」への傾倒ゆえに混乱を招いたか，そして彼らの懸念がいかに1926年から1930年にかけてOCA機関誌『現代建築』の頁を飾った幅広く議論を呼んだ論争の主題へとなっていったかを示している．ハン＝マホメドフは，こう記す．

「……編集者としてのギンスブルグは，様式主義的な行き過ぎを避ける手段として"機能主義"に最大の力点を置いた．……（そのことはすなわち）合理的な計画原理と高度の建築技術との統合と了解されたわけである．機能主義者——そして特に構成主義者——は，規格化，建設業の工業化，組立工程原理の導入，プレハブ化をめざした．技術への忠誠心があまりにも激しく燃えたったため，おそらく彼らは合理化された架構方法の可能性を誇張してしまったのだ．」

1927年、『現代建築』誌は、新たな共同住宅、いわゆるドーム・コムーナの問題を論ずるためにさらに多くの頁をさいたが、この論争から結局、このテーマでのOCA設計競技が導かれることとなった。そこで意図されたのは、住戸の集合とそこへの施設の組み込みとが変革された社会の特性を反映する新しい集合住宅のプロトタイプに到達することであった。OCAに提出されたプロジェクトの多くは、この目的を果たすためメゾネット形式の住戸を組み合わせ、1階半ないし2階分の居住空間が2階おきに住棟の中心に置かれた内部のアクセス廊下から上向きないし下向きに繋がるようにしていた。この断面上の仕掛けは、建物自体の空間秩序に社会性を象徴的に組み込むための試みと思われた。そして、同種のものは、1932年、ル・コルビュジエが『輝く都市』の高層集合住宅タイプで用いた断面にも再度登場することになった。議論を呼んだこの発明の及ぼした影響力によって、ソヴィエト・アヴァンギャルドの枠を越えてこれが拡がり、その結果、第二次大戦後に建てられた数々の集合住宅に改めて姿を現わした。なかでも、マルセイユに建設されたル・コルビュジエのユニテ・ダビタシオン（1942-52）に顕著である。

OCAの設計競技は、ギンスブルグに率いられた研究グループの形成を促した。ソ連邦経済委員会建設部会の名で知られるこのグループは、一連の標準型ドーム・コムーナを発展させるが、そこには有名なストロイコム住戸・集合住宅などが含まれている。そのひとつとしてギンスブルグは、1929年、モスクワに実験的にナルコムフィン集合住宅を建てることとなった。その際、共同食堂、体育館、保育所などを含む広範囲の共同施設の研究が行われたにもかかわらず、ギンスブルグは、住民の革命以前の習慣や地方文化を考慮せずして集団生活を課することはできないことに気づいていた。それゆえ、彼はこう記す。

「われわれはもはや、過去において試みたように特定の建物の住民に集団生活を強い、概して否定的な結果を得るわけにはいかない。幾多の相異なった地区を共同に用いるためには、そこに穏やか、かつ自然に移っていかねばならない。それゆえに、われわれは各住戸を隣の住戸から切り離すことを試み、ある時期から食堂での食事を導入しうるよう、住戸からそのまま取り外すことが可能な最小の規格部品として取付式キッチンを設計せねばならないと考えた。われわれは、社会的により上位の生活様態への移行を刺激するある種の特性を実体化させることが絶対に必要だと考えた。刺激はするが指図するものではない。」

おそらくソヴィエト・アヴァンギャルド後期のどのテキストもこれほど簡潔にこの時代の緊張関係や葛藤を伝えることができまい。一方で、次から次へと移り変る社会的条件に見合うフレキシブルな解決法を考え出す構成主義的能力に

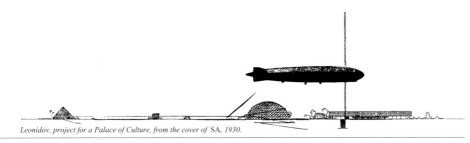
Leonidov, project for a Palace of Culture, from the cover of SA, 1930.

信頼を寄せながらも，他方で，純理論的な機能主義と集団化とは，それがあらゆる人々に受け入れが可能な場合に限って，慎重に実現へと移していかねばならないという意識が以前にもまして強く感じられる。

1920年代後半のOCA（オサ）内部には２つの極があった。ひとつは，(1868年の共産党宣言に沿って)「国土に人民をより均等に配し，都市と農村の差異を徐々になくしていく」ことを主眼とした仮説としての都市計画への機能主義的アプローチ。他のひとつは，建築物は巨大な機械であるかの如くデザインされねばならないと当初主張した，ギンスブルグの教理的な機能主義であり，この両者の間で揺れ動いていたわけである。

第一の極は，自著『社会主義都市』(1930)で線形都市の理論を展開したH・A・ミリューティン（エス・アー）の作品に，最も純然たる表現を見出した。これは，平行した６つのゾーンを一貫して設け，事実上連続した土地利用パターンを造り出したもので，そのゾーンの配列は次の通りである。(1)鉄道ゾーン，(2)工業ゾーン，教育・研究ならびに生産が含まれる。(3)高速道路を配した緑地ゾーン，(4)居住ゾーンならびに共同施設。(5)公園ゾーンおよびスポーツ施設，(6)農業ゾーン。

第二の極は，OCA（オサ）の機能主義路線の分裂を示すに等しいわけだが，イワン・レオニドフの登場，そして引き続く彼のギンスブルグ・グループへの参入をともなっていた。OCA創立時と同じく，アレクサンドル・ヴェスニンが再度きわだった役割を果たしたが，一方でレオニドフはBXYTEMAC（ヴフテマス）でヴェスニンの指導を受け彼独自のスタイルへと到達することになる。1927年のレオニドフによるBXYTEMAC（ヴフテマス）卒業論文ほどOCA（オサ）の正統的な機能主義を逸脱したものはなかったに違いない。この構成は，名目上，モスクワ郊外のレーニン丘の敷地を用いて研究機関を設けるというものだが，全体は全面的にガラスを使用し相互に強い対照を見せる２つの形態からなりたっている。書庫を収めた矩形，垂直のシャフト，そして4000席の収容数をもつ球形のオーディトリアムである。この二項対立的な複合構成に加えて，水平な図書館棟および５つの研究ユニットが設けられ，全体が高架モノレールによってモスクワと結ばれたものとして計画された。主要形態および隣接したラジオ塔は足場上に支えられており，ガイ・ワイヤ（ビロン）によって固定されている。その全体は半ばリシツキーの「重力から解き放たれた」建築の理想を想い起こさせる。「新たな社会的凝縮装置」（コンデンサー）をシュプレマティスム的メガストラクチャーの如く仕上げるというレオニドフの決意――明らかにマレヴィッチの影響を受けている――は，1930年になって文化宮案を提出した時に絶頂に達することとなる。そこではガラス造のオーディトリアム，プラネタリウム，研究所，温室が，伝統的な庭園配置から大きくかけ離れた直交系グリッド上に配されている。そこに形而上学的な霊気を発するのは，豊かな植生とプラトン的な角柱であり，その透明ないし半透明の形態は

Leonidov, Lenin Institute, 1927.

特に機能的に決定されたわけではない。立面図に描かれた飛行船と繋留マストには，建物自体に用いられるであろう同じ軽量構造技術を祝すものとしての意味がはっきりと読み取れる。想うに，これらの構造体のほとんどを裏付けるスペース・フレーム技術は，コンラッド・ワックスマンやR・バックミンスター・フラーといった20世紀半ばのデザイナー達の作品をありありと予感させるものだったようだ。これぞまさしく，運動，分列行進，デモンストレーション，スポーツ，飛行，科学，研究を下敷きとして社会の再教育のプロセスが惹き起こされる「殆ど無」の表現なのであった。レオニドフはこのヴィジョンに垣間見られるユートピア志向ゆえに，たちまちにしてBOΠPA（ヴォプラ）すなわち1929年創設の全ソ・プロレタリア建築家連合として知られるソヴィエト流ノイエ・ザッハリヒカイト（新即物主義）路線から右けに批判を浴びせかけられることになったが，そのことはそのままイデオロギー上の基盤が変化していく兆しとなった。両者の血みどろの闘いについてB・ハザノフ（ヴェー）はこう論じている。

「BOΠPA（ヴォプラ）は建築の足枷となる折衷的な方針を論駁し，OCA（オサ）を，技術利用を過大評価して芸術を拒否するあまり，極左に進んでしまったと見なした……。BOΠPA（ヴォプラ）にとって建築とは形態と内容双方においてプロレタリア的でなければならなかった。すなわち，社会，経済，感情，イデオロギー，構造における諸要素を統合したものである。このことは，計画および実験作業に対する唯物弁証法の適用に他ならなかった。」

ソヴィエト・アヴァンギャルドの退潮は，1931年6月から1933年5月にかけて議論と論戦にやたら時間を費してとり行われたソヴィエト宮設計競技がきっかけとなった。新生社会主義国家を国内的にも対外的にも示すことを目的として新しい会議場複合建築を建設しようとの考えは，これに先立って1923年セルゲイ・キーロフの主催で催された労働宮設計競技でも見受けられる。労働宮の場合は，ヴェスニン兄弟が初めてみずからの構成主義的統辞法をまとめ上げていた。それに続く「社会主義の殿堂」をめぐる競技では，最初招待作家として僅か12人の建築家が加わっただけで締切られた。そのうち9人は外国人，ロシア人はアカデミックな背景と経歴をもつ熟達した専門家，イワン・ジョルトフスキー，ボリス・ヨーファン，Г・Б・クラシン（ゲー・ベー）の3人であった。外国から招待された建築家には，すでにソ連内で建物を造っているル・コルビュジエ，エーリヒ・メンデルゾーンの2人に加えて，1930年のハルコフ劇場の設計競技で3等に入ったワルター・グロピウスが含まれていた。その他に，オーギュスト・ペレ，ハンス・ペルツィヒ，アルマンド・ブラジーニ，そして比較的知られていないアメリカ人建築家マックス・アーバンとトーマス・W・ラムの2人である。彼らの設計が受理された後，この設計競技は公開競技として延長され，1931年7月に

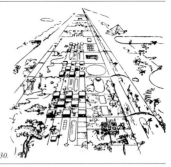

Leonidov, project for a linear city in Magnitogovsk, 1930.

締切られた。

　この設計競技の結果は1932年2月になって公けに発表され、ジョルトフスキーとヨーファンに特別の首席が与えられ、他に奨励賞がヘクター・ハミルトン（アメリカ）や明らかに前のBOΠPA（ヴォプラ）グループから派生したと思われる様々の設計チームに授けられた。だが、当時B・モロトフを長となし、Л（エル）・カガノヴィッチ、K（カー）・ヴォロシロフらを代表委員の中に加えてスターリニズムの色彩を強くした設計競技委員会から、結果全般にわたって不満の声が漏れていた。この裁決委員会がその全体的な傾向としてまったくのナショナリストであり反西欧でこり固まっていたという点は、以下のE・H・カーの説明にレーニンの死後、スターリンを中心としたサークルが形成されていく過程が追認されている。

「スターリンの思考と性格がかたちづくられる際、西欧の目立った影響を欠いているということは、他の初期ボルシェヴィキのリーダー達と大きく異なる点である。彼はリーダー達の中で唯一人だけ西欧に暮したことがなく、その言葉を読んだり喋ったりすることができなかった。彼の個人的関係および政治的見解はこの特性に色付けられていた。彼は、ヨーロッパの伝統や見識に染まった同僚達と完全に打ちとけたことがなかったように思われる……後年、スターリンの側近となった人物——モロトフ、キーロフ、カガノヴィッチ、ヴォロシロフ、クイビシェフ——は彼と同じく西欧的背景に染まってはいなかった。」

このグループの固い結束は、1932年以降、スターリニズム的色彩をもつソヴィエト宮建設委員会によってなされた、いささか古めかしく強権的であり、なおかつ曖昧でしばしば矛盾する判断を多少とも説明するかもしれない。つまり、ヨーファンの「摩天楼の如き台柱」のモチーフをひどく資本主義に見えると考えてみたり、ル・コルビュジエのきわめて優れた応募案を「……要するに人間性をそなえた広範な大衆を『転覆』させてしまう、複雑な機械の美学」を実体化しているがゆえに断罪したりするわけである。言い換えれば、この委員会は、むしろハミルトンのアール・デコ風構成（たとえば実質的に同時期のロックフェラー・センターを見よ）に特別奨励賞を授与はしたものの、左派のフォルマリスト的機械論者に完全に対立するヨーファンの近代主義的な統辞法には面くらっていた、機械主義はル・コルビュジエの応募案にも明らかであり、ごく限られた構成主義者の案の中でもラドフスキーやACHOBA（アスノヴァ）応募案でも同じくはっきりと現われていた。

　このように袋小路に入り込んでしまったため、1932年の春から夏にかけて改めて第3回目の参加者を絞った設計競技が催された。今回は、ヨーファン、ジョルトフスキーという「予知可能」の参加者、そして前もって任命されたBOΠPA（ヴォプラ）の2チームが加わってとり行われたのである。ギンスブルグとラドフスキーは第3

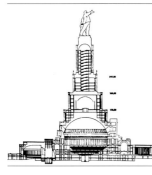

Iofan, V. Gel'freikh and V. Shchuco,
Palace of the Soviets: revised winning scheme, 1934.
断面

回目も参加を許されたが，実際の結果はヨーファンが首席を手にするところとなり，しかもその案は彼の元の意匠を単純化して巨大なウェディング・ケーキ状の形態へとまとめ，そのほぼ球根状の量体の内部に2つの会議場を収めるものとなった。委員会によるこのデザインの過程を半ば過ぎたところで，1932年4月23日の中央委員会決議がなされ，左派フォルマリストは公けにソヴィエト連邦から排除された。この決議は，ソ連内の相対する建築の派閥を実質的にすべて斥け，それらを以後党の文化路線に従うソ連邦建築家連盟へと統合することを告げている。この路線は，以上の長引いた作業の延長として，いわば1933年5月に提出されたヨーファンの修正デザインとともに登場したのである。高さ220メートルにも及ぶヨーファンのプロジェクトは，申し分のない古典主義かつモニュメンタリズムを表わすものと見なされたが，この「処方の定められた」解法すらもスターリン自身の手でさらに変更が加えられることになった。スターリンはヨーファンによる「解放されたプロレタリアート」の彫像をはるかに拡大し，ともかくレーニンの巨大な像に変えることを主張した。かくて，アヴァンギャルド達は社会主義リアリズムの原型たるべきこの計画によって，あっけない終りを迎えたのだ。この計画自体，結局実施には到らなかったが，それでもその後の20年間，ソヴィエト建築の行く道筋に影響を与えたわけである。

第2部　オランダのエレメンタリズム建築：
デ・スティル運動　1917-1931

オランダのデ・スティルの運動は，場合によっては新造形主義として知られているが，当初においては4人の人物の作品に基盤を有していた。画家のバルト・ファン・デル・レック，ピエト・モンドリアン，テオ・ファン・ドゥースブルフ，家具作家のヘリト・リートフェルトである。1917年当時の創立メンバーたる他の芸術家達——詩人のアントニー・コーク，画家のゲオルク・ファントンヘルロー，フィルモス・ヒューザー，そして建築家のJ・J・P・アウト，ロベルト・ファン・トホフ，ヤン・ウィルスを含む——は彼らほど目立った役割を果たさなかった。あるいは，当初の情熱が消えてくるとともに様々な理由から何かにつけてこの運動から離れ始めたのである。

建築的にみて，運動の最初の範型となったのは，ヘンドリク・ペトルス・ベルラーヘとフランク・ロイド・ライトであった。彼らの作品集は1910年および1911年にヴァスムート社から出版されていた。ロベルト・ファン・トホフは第一次大戦前にアメリカを訪れ，その時にともかくライトの作品を眼にしており，1916年になってユトレヒト郊外にひときわ整ったライト風のヴィラを建てた。だが，この開拓的ともいえる鉄筋コンクリートの住宅とその内部に置かれたリートフェルト設計の一見ライト風の家具，そして傍系ではあるがウィルスおよびアウトによる数多くのライト風作品（なかでも，おそら

くは1925年ハーグに建てられたウィルスのダール・エン・ベルフ住宅団地）を除くと，1924年ユトレヒトに建てられ，後の規範とまでなったシュローダー邸が登場するまでは新造形主義の建築はすこぶる限られていた。

オランダのエレメンタリズム絵画は，数学者M・H・J・シェーンメーカースのネオ・プラトニズム的哲学を端緒とする形而上学的な文化的衝動（キリスト智学）が実を結んで姿を現わした。彼の主たる著作としては『新しい世界のイメージ』(1915)や『造形幾何学の原理』(1916)があり，第一次大戦という長い空白期にシェーンメーカースと日常的に接していたモンドリアンとバルト・ファン・デル・レックに決定的な影響を及ぼすことになった。この運動の「新造形主義」という用語も，直交系に配された原色の配列ともどもシェーンメーカースに帰せられる。自身の神秘主義宇宙論を色彩と形態を通して実体化したシェーンメーカースは，新造形主義の原理を以下の如く宣言した。

「本質的に3原色とは黄色，青色，赤色である。存在する色彩はこの3色のみである。……黄色は光線の運動（垂直）であり……青色は黄色に対比される色（水平な天空）であり……赤色は黄色と青色とに釣り合うものである。……われわれの大地と地上のすべてのものをかたちづくる2つの基本的かつ完璧な相反物とは，太陽の周りを動く地球の軌道たる力の水平線と，太陽の中心から発せられる光線の垂直で，本来空間的な運動に他ならない。」

しかし，シェーンメーカースが新造形主義のプライマリーな要素を抽出したことにもまして，初期の方法を定式化するにあたってテオ・ファン・ドゥースブルフが果たした役割はまさに本質的なものであった。ファン・ドゥースブルフは1912年から1914年にかけて『エーンハイト』（統一）誌に定期的に寄稿していたが，彼がインターナショナルな直交系抽象芸術の理念を初めて作品化したのはこの時期である。ベルラーへの『建築研究，様式と共同体』(1910)およびウンベルト・ボッチョーニの『未来派彫刻技術宣言』(1912)は，当時のファン・ドゥースブルフの考え方に大きな影響を与えた。前者からは何よりもまず，運動そのものの名称――デ・スティル（様式）――，そして後者からは直線の強調を得ることとなったのだ。

この頃彼は，イタリア未来派の表面的な社会・文化的プログラムには全面的に対立するものであるが，もうひとつの重要な影響を受けている。1912年出版のヴァシリー・カンディンスキー著『芸術における精神的なものについて』である。彼は，カンディンスキーがロシアの農民がいかに芸術に囲まれて生活しているかを叙述するのを読み，いたく感動した。このように，ファン・ドゥースブルフは第一次大戦頃に全面的に登場した近代芸術における2つの最も「破壊的」な運動――すなわちイタリア未来派とスイス・ドイツのダダイズム――に強く影響され，

さらには巻き込まれていくわけだが、一方では彼の作品と思想の核はモンドリアンやカンディンスキーが確立した立場と繋がっており、また同時に、1916年に『デ・アフォントポスト』誌に寄稿して明言した半ば理想主義的な知見をも兼ね備えていた。そこで彼はこう語っている。「じじつ、ここで起こっているのは、芸術における東方的な観念から西方的な概念への移行に他ならない。唯物論が自己否定を行う今日こそこれが可能なのだ」。

　モンドリアンと実際に出会う前年に、彼はモンドリアンの作品について以下のように記した。

　「（モンドリアンの）絵画から私が得た感触は、純粋に精神的、半ば宗教的な性格というものであった。しかし、そこには抑揚がない。……芸術家の手段をこのような最小限へと還元し、白いキャンバス上に黒い絵具を用い、水平線と垂直線を組み合わせた純粋芸術の印象を得ることは、まさしく並み外れたことである。……モンドリアンの他の作品は彩色された建築と叙述することもできよう。」

　1917年はファン・ドゥースブルフにとって実り多い年であった。というのも、自身の理論的活動を『絵画における新たな運動』と題した論文にまとめ、同年に出版するとともに、『デ・スティル』誌第1号を創刊してデ・スティル運動を実質的に開始したのであった。この機関誌にはモンドリアンの絵画に関する理論的声明「絵画における新造形主義」も載せられていた。この論文を元に1937年になって3度目そして最後の論文『造形芸術と純粋造形芸術』が書かれることになる。彼はこの声明でこう結論を出している。

　「芸術は、生活における美が今なお欠如しているために、その代用物となっているにすぎない。生活に均衡がとれるようになるに従って、芸術は姿を消す。」

　建築による絵画の超越、およびその反対もこの最初の宣言文で明確に告げられた。一方、ファン・デル・レック、ファン・ドゥースブルフ、アントニー・コークもこのテーマで論文を記し、J・J・P・アウトは、同じ頃世に問われた彼の「ストランドブルヴァール」計画の解説を拡げて『モニュメンタルな都市』という題で試論を認めた。

　1918年になってファン・ドゥースブルフは直接に建築の領域に身を乗り出した。まず、ヤン・ウィルスやアウトの様々なプロジェクト——とりわけアウトの「デ・フォンク」ノールトウィーカーホント地区計画（1918）——のために、ステンド・グラス、壁面、タイル敷の床などのデザインを行い、次いでレウワルデン記念碑の計画を行う。後者は、かつてファン・トホフが再解釈をなしたようにいかにもライト的な概念の影響を受けている。バルイェンが示唆したよ

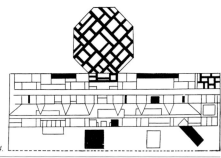

Van Doesburg & Van Eesteren, project for a university hall, 1924.

うに、『デ・スティル』第7号に図版が載ったファン・トホフの『造形的階段柱』は、ファン・ドゥースブルフのレウワルデン案の螺旋状の構成に酷似している。また、1918年は突如としてアウトによる無署名の「デ・スティル」宣言がなされた年でもある。この宣言は、ロマン主義芸術の病的とでも形容すべき個人主義を攻撃することから始まっている。最初の4節は次の通りである。

1．古い時代意識と新しい時代意識とがある。古い時代意識は個人的なものへ向かう。新しい時代意識は普遍的なものへ向かう。個と普遍との争いは世界大戦にも現代芸術にも現れる。
2．戦争は古い世界の内容を破壊する。個人的なるものがあらゆる領域で支配するということを。
3．新しい芸術は、新しい時代意識の内容をあらわにした。普遍と個との均衡のとれた関係がそれだ。
4．新しい時代意識は、すべてのもののうちに、外面的な生のうちにすらあらわれようとしている。（阿部公正訳）

ファン・ドゥースブルフは、中核となる新造形主義的立場と、ダダイズム的（I・K・ボンセット）および未来派的（アルド・カミーニ）な個性との間を常に揺れ動きながらも、超人的な活動を行うが、それがデ・スティル・サークルのよりカルヴィニズム的メンバーを圧迫し、相次いで脱会者を出すことになった。ファン・ドゥースブルフのヴィジョンなど実現不可能と考え建築家達が表向きこの集団を離れていき、なかでもファン・デル・レックなどは常に沸き起こる論争が彼の貴族趣味的な個性と合わないとして去っていった。ファン・ドゥースブルフはあらゆる方向に熱っぽい論陣を張り、ベルラーへすらも攻撃の対象となった。この議論は1920年の『バウクンディヒ・ウェークブラッド』誌に発表され、そこで彼はベルラーへが合理主義的な自然主義者だったとして非難している。ダダイズムはファン・ドゥースブルフにとって洗浄力をもつものとして評価されており、その頃彼はより穏健な仲間達の何人かに、名前に「ダダ」なる接尾辞をつけてモンドリアンダダ、コークダダ等々という呼称にするよう説得できると信じていた。

多くの点から見て、ファン・ドゥースブルフはみずからこの運動を体現していたともいえよう。それも、1921年までにこのグループの構成メンバーが大きく変ってしまったためである。ファン・デル・レック、ファントンヘルロー、ファン・トホフ、アウト、ウィルス、コークはいずれもその頃までにデ・スティルから脱会し、モンドリアンはパリで独立した芸術家の道をとっていた。オランダ人がこのように脱会していくのを目の当たりにしてファン・ドゥースブルフは、外国でデ・スティルへの改宗者を増やすのが必要だと痛感した。1921年の新メンバーにはオランダ人は唯一人、建築家のファン・エーステレンであり、他はロシア人やドイツ人

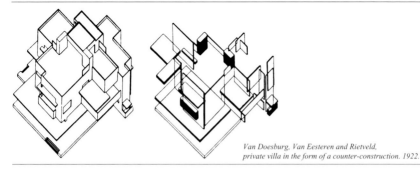

Van Doesburg, Van Eesteren and Rietveld, private villa in the form of a counter-construction. 1922.

——建築家，画家，グラフィック・デザイナーを兼ねるエル・リシツキーと映像作家のハンス・リヒター——であった。ファン・ドゥースブルフが1920年に初めてドイツを訪れたのは、リヒターの招きによる。そしてこの訪問に引き続いて，翌年グロピウスからバウハウスへの招待状が届いた。短いながらも1921年にファン・ドゥースブルフがワイマールに滞在したことで，バウハウス内部に危機が発生した。その影響はそれ以来伝説的ともなった。なぜなら，彼の思想が学生達や学部に与えた衝撃は敏速かつ著しいものであったからである。

1917年から1922年にかけての5年間，オランダのエレメンタリズムは，戦前のオランダ・アヴァンギャルドの衝撃を結晶化させた存在からインターナショナルな運動へと姿を変えていった。エル・リシツキーが背後に構えた同じくインターナショナルなシュプレマティスム＝エレメンタリズム——先に見たように，ロシアおよび東方に神秘的な起源をもつ芸術運動——と表裏一体となったわけである。この両者には微妙な意味合いの違いがあった。すなわち，バルイェンが記したように，「リシツキーは，構成主義建築は美的価値を実体化せねばならないと主張するところに留まったが，ファン・ドゥースブルフは，構成主義でもひたすら機能主義的な建築を攻撃した」。

この2つの衝撃力が邂逅して，短期間にもかかわらず両者の統合をなし遂げることを可能にしたいわば触媒的な土地の働きを果たしたのは，まずもって，当然のことだが，ドイツであった。しかも，奇妙なことにより具体的な場所となったのは，ワルター・グロピウスのバウハウスである。バウハウスは，その表現主義的イデオロギーゆえに，無意識に他の2つのきわめて知的かつ革命的な運動を導く弁として作用したのである。1919年7月の『デ・スティル』第9号では，ファン・ドゥースブルフは，1919年4月のバウハウス創設宣言を再録し，その表現主義的傾向に批判を加え，そこと一線を画した。バウハウス創設宣言で，グロピウスは優れた芸術家達にサロン芸術を拒否し「建物の内に入り，それにお伽話を授け……技術的な困難に関係なく幻想の中で築く」ことを訴えていたのである。驚くべきことに，インターナショナルな芸術にこれほど関わっていたにもかかわらず，ファン・ドゥースブルフは1920年12月までドイツに行ったことがなかった。この時初めて彼はハンス・リヒター，ヴィキンク・エッゲリンク，ブルーノ・タウト，そしてとりわけワルター・グロピウスとアドルフ・マイヤーに顔を合わせている。その折，彼は「構成主義者」としてバウハウスに招待されたと思われる。その後何が起こったかは歴史の霧の中に隠されてしまった。というのも，1921年，成り行きでファン・ドゥースブルフはワイマールに落ち着くが，それもバウハウス学部の教師としてではなく，それに批判的な外部勢力としてであった。じじつ，彼はアントニー・コーク宛，こう認めている。

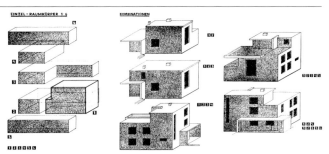

Gropius, Baukasten *permutable and extendable house system, evolved with Bauhaus students, 1922.*

「ワイマールで，私はあらゆるものを根底から覆した。ここは最も近代的な教師を備えた最も有名なアカデミーと考えられている！。毎晩，私は学生達と語り合い，新しい精神の種をまいた。まもなくしてデ・スティルはよりラディカルな方法で再登場することになろう。私は活力で満ちあふれており，われわれの見解がいかなる人物，いかなるものに対しても勝利をおさめることを知っている。」

ファン・ドゥースブルフが実際にバウハウスを変化させたということは，その時期の作品で検証できる。ファルカス・モルナーやマルセル・ブロイヤーといった学生のプロジェクト，家具学科の作品の全般的傾向，さらには1925年グロピウスがみずからの校長室用に創り出した室内デザイン，などである。おそらくその当時，ファン・ドゥースブルフのきわだった影響を最もはっきりと証言するのは，グロピウスとマイヤーによる1922年のシカゴ・トリビューン設計競技案であろう。これは，柱梁構造の躯体を互い違いに組み合わせた新造形主義的要素を導入して「動的」になしたものである。

1922年は国際構成主義にとって記念すべき年（アヌス・ミラビリス）となった。3ヶ国語版の構成主義機関誌たる『ヴェシュ／ゲーゲンシュタント／オブイェト』（客体）誌の第1号が，エル・リシツキーとイリヤ・エーレンブルグの合同編集の下で日の目を見たのである。また，同年4月にデュッセルドルフで国際革新芸術家大会が開かれ，「構成主義芸術家国際部会による宣言」が採択される。これにはファン・ドゥースブルフ，リシツキー，リヒテーが署名しており，「……芸術は創造的エネルギーの一般的かつ現実の表現を表わし，人類の進歩を組織づける。すなわち，芸術とは労働一般の過程における方法である」と告げている。こうした接触活動を通し，同年，エル・リシツキーの作品を『デ・スティル』誌に載せ，ファン・ドゥースブルフの「モニュメンタルな芸術」に関する記事を『ヴェシュ』誌第1号に掲載することとなった。その後まもなくして，『デ・スティル』誌に，ファン・ドゥースブルフ，リヒテー，リシツキー，マエス，ブルハルツの連名で「K. I. : 国際創造的構成主義者連盟」の宣言が載せられた。

このころ，ファン・ドゥースブルフは再びみずからの「4次元的」空間形態のアプローチとバウハウス内部で実践されていた新造形主義的作品——たとえばグロピウスが1922年に学生達とともに展開した一連の積み木——との相違を示すことになる。これらのキュビスム的で添加的な構成は，ファン・ドゥースブルフの指導で学生のストゥルツコップフとフォーゲルが制作したいわゆるワイマール式小住宅模型に特筆できる互い違いに構成された空間の深みを欠いていた。

リシツキーのプロウン美学の影響下に，コルネリス・ファン・エーステレンおよびファン・ドゥースブルフは一連の仮想の建築概念図を（軸測投象図で）描く作業に着手した。その

各々は面的要素を分節させ非対称形に集合させ、一定容量の中心を囲むかたちで空間中に配したものである。ファン・ドゥースブルフはリシツキーをデ・スティルのメンバーとなるよう誘い、1922年になって、抽象タイポグラフィによるリシツキーの童話『2つの正方形の物語』(1920)が『デ・スティル』誌の頁を飾った。この機関誌の版型がこの両者の合体を機会に変更されたことも重要である。ファン・ドゥースブルフはこの表紙の構成に手を加え、ヒューザーのデザインによる木版ロゴタイプを外して非対称形、エレメンタリズムのレイアウトを行い、構成主義のロゴタイプを用いた。

1923年、ファン・ドゥースブルフとファン・エーステレンはパリのレオンス・ローゼンベルク画廊での展覧会「エフォール・モデルヌ」に漕ぎつけ、みずからの作品に新造形主義の建築的スタイルを結晶させた。この試みはたちまち成功をおさめ、その結果、パリの他の場所、そして後にはナンシーで再び展示の機会をもった。前述した軸測投象図の他に、ローゼンベルク邸プロジェクトが見られ、さらに大学ホール室内計画案と芸術家の家のプロジェクトの2つの重要な作品が含まれていた。

一方オランダでは、ヒューザーとリートフェルトが共同制作で1923年の大ベルリン芸術展の一部として建てられる小部屋のデザインにあたっていた。ヒューザーは外周りをデザインし、リートフェルトは注目を浴びたベルリン・チェアーを含む家具を担当した。同時に、リートフェルトはユトレヒトのシュレーダー邸の設計、詳細部の決定作業を開始していた。この住宅は19世紀後半に造成された住宅地の端に位置しており、様々な点でファン・ドゥースブルフがこの建物が竣工する頃に世に問うた『造形的建築の16原則』を実現したものといえよう。エレメンタリー、経済的、機能的という点で、彼の規定を全うしている。また、モニュメンタルではなく、ダイナミックである。形態において反立方体的であり、色彩において反装飾的である。最上階の居間部分はオープンな「変換可能平面」を示し、伝統的な煉瓦および木造架構にもかかわらず、目障りな荷重支持壁や穴としての開口部のもつ制限から解き放たれたダイナミックな建築という仮説を例証してみせた。ファン・ドゥースブルフの第11番目の原則とは、この住宅の理想を説明したものとして了解されよう。

「新しい建築は反立方体的である。すなわち、それは、すべての機能的空間細胞を、ひとつの閉ざされた立方体のなかにまとめようとするのではなく、機能的空間細胞（突出した面やバルコニーをも含めて）を立方体の中心から外に向かって遠心的に放射する。かくて、高さ、幅、深さに時間が加わって、開かれた空間のなかにまったく新しい造形的表現が実現されることとなる。このように建築は、多かれ少なかれ漂うような姿を示すこととなる……それはいわば自然の重力に抗するものだ。」（阿部公正訳）

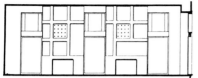
Van Doesburg, Café L'Aubette, Strasbourg, 1926–28.
シネマの壁面レリーフ

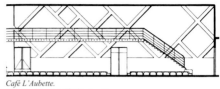
Café L'Aubette.
ダンス・ホールの壁面レリーフ

デ・スティル活動の最後の局面を示すのは、ファン・ドゥースブルフが1924年に制作した一連の「カウンター・コンポジション」の中で絵画に対角線を導入したとして、1925年になってモンドリアンが袂を分かってしまったことである。ファン・ドゥースブルフがこうした「斜め」の作品を建築内部における「反構築」絵画と見なしたのに対し、モンドリアンはひたすらそれらを新造形主義の原理を恣意的に修正してしまったと考えていた。

ファン・ドゥースブルフはリシツキーと親交を結び、普遍的な調和というデ・スティルの理想に向けてなお抱き続けた関心とは別に、社会構造や技術を形態決定に関する主要な因子と考えるようになっていた。1920年代半ばまでに、彼は、普遍性とはそれ自体人為的に制約された文化を生み出しうるにすぎず、その文化は、日常的な対象を忌み嫌うがゆえに芸術と生活の統一という当初のデ・スティルの関心——モンドリアンでも抱いていた——まで否定してしまうことに気がついていた。このジレンマを解決するために彼はリシツキー流の方法に傾いたようである。つまり、対象を取り巻く環境の規模と対象自体の地位とが重なって、どの程度まで抽象的構想力に従ってそれを操作できるかが決められるわけである。その結果、一般に社会によって生み出される家具や設備はレディ・メードの文化的対象として受容せねばならないのに対して、建築的な環境自体はより高次の秩序にもとづいて造り出すことができ、実際そうせねばならないのだ。

この立場を理想的に説明するものとして、1924年に『集団としての建設へ向かって』を世に問うた。ここで彼らは建築的総合の問題に対してより客観的かつ技術的な解を導こうとした。

「われわれは、芸術と生活がけっして互いに分離した領域ではないのだ、と考えなければならない。したがって、"芸術"という概念は、現実の生活となんのかかわりももたないイリュージョンとして、消え去らねばならない。それにかわって、われわれは、われわれの環境が、確固たる原理から導きだされる創造的な法則にしたがって形成されることを要求する。この法則は、経済、数学、技術、衛生学等の法則をも含むものだが、新しい造形的な統一へと導くものである。」（阿部公正訳）

この精神の本質が、後になって宣言の第7原則を下敷きにしてファン・ドゥースブルフの最後の主要作品カフェ・ローベット（1928）を告げることになるのが読みとれよう。

「われわれは、色彩が建築のなかで占める正当な位置を確定した。われわれは主張する。建築的構成から分離された絵画（つまりタブローとしての絵画）は、なんらの存在理由をもつものではないことを。」（同上）

1926年にファン・ドゥースブルフがハンス・アルプを通してストラスブールのカフェ=ブラスリー「ローベット」の室内デザインの仕事を得るまでには、デ・スティルの建築家達は還元された機能主義、一種の新即物主義を奉じるようになっていた。このことは、リートフェルト作のメタル・チューブと折り曲げたベニアによる「生産主義的」な椅子（1927）やアウトのフーク・ファン・ホランドの集合住宅（1924-27）といった作品に明らかである。
　ストラスブールのカフェ・ローベットは1928年になって全面的に完成するが、デ・スティル規格による大がかりな工事であった。もともとジャック=フランソワ・ブロンデルが設計した18世紀の建物の内部を改装し、そこに7室を連続して設け、1階部分はガレリアを造るといったものである。全体のデザインおよび実施はファン・ドゥースブルフが行い、ハンス・アルプおよびゾフィー・タウバー=アルプの協力を仰いだ。ファン・ドゥースブルフが全体の主調を整える一方、個々の作家は各々自分の部屋を好きなようにデザインした。唯一アルプの壁画を除けば、どの部屋も各々がコンポジションへと統合される浅く抽象的なレリーフ、色彩、照明、設備で調整されていた。じじつ、ファン・ドゥースブルフ自身の目論みは、1923年の大学ホール案をここで練り直すことであった。このプロジェクトでは、一部直交系でかたちづくられる空間の全表面にわたって、対角線方向に傾けたエレメンタリズム的コンポジションが注意深く充てはめられていた。カフェ・ローベットの室内も同じく、壁面すべてを斜めに横切る巨大な対角線方向のレリーフ、つまりカウンター・コンポジション、の線が支配し歪められていた。こうしたレリーフによる分断——1923年のリシツキーによるプロウン空間のアプローチを拡張したもの——とともに家具類がエレメンタリズム的作品とは無関係だという事実も挙げねばならない。家具として彼がデザインしたのは「規格化された」曲げ木材による椅子であるが、それ以外の場所ではきわめて即物的な詳細部仕上げを行った。室内を貫くチューブ状のレールはただ溶接しただけであり、中央の照明は天井から吊るされた2本のメタル・チューブで支えられたむき出しの電球だった。このデザインについて彼はこう語っている。

「空間中の人間の軌跡（左から右、前から後、上から下）は、建築内部の絵画で基本的に重要である。……この絵画において考えねばならないのは、ひとつの壁から他の壁にかけての空間内の絵画的光景を見るために、人間を壁の表面に沿って動かすことではない。問題は、絵画と建築の同時的な効果を惹き起すところにある。」

カフェ・ローベットは結果的にみてオランダ・エレメンタリズムの最後の建築作品であった。そしてそれは「反構築」に対する「カウンター・コンポジション」の勝利、あるいは、ファン・ドゥースブルフの用語に言い直せば、新造

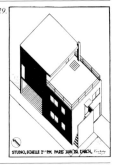
Van Doesburg, House in Meudon, 1929.
アクソノメトリック

形主義建築に対する新造形主義絵画の勝利であった。1928年の後の日記の記録をみると、彼はこのことになるほど気付いていたが、一方ここで初めてエレメンタリズムを継続する可能性について疑念を抱くに到り、未来への道は「新即物主義としての」機能主義にあるとも示唆している。この態度の変化は、環境芸術の究極的形態は「参加」の映画たりうるという彼の認識に対応しているようにも思われる。その点は、1929年5月の『ディー・フォルム』誌に寄稿した試論「純粋形態としての映画」に言及されている。この、環境へと「拡張された映画」について、彼は多分にリシツキーのプロウン空間の概念を下敷きにしてこう述べた。「観客の空間は映画の空間の一部となる。『映写面』の分離は廃棄される。もはや観客は演劇を上演する時のように映画を観るのではなく、視覚的、聴覚的にそれに参加するのだ」。

彼が心の奥底で、新造形主義の超克をはかって利用と生産の要素を美的に高め続けるのは不可能であるとすでに悟っていたことは、ムードンに建てた自身のアトリエ兼住宅 (1930) のスタディ用デザインと最終デザインとを見れば明らかである。最初のデザイン (1927) から最終デザイン (1929) への変化はまさに方向転換である。つまり、前者は基本的に互い違いに組み合わせた「反構築」であったのに対し、後者は、むき出しで正面を強調した矩形の形態、白い仕上げ、部分的なピロティの使用という点で、1920年代初頭のル・コルビュジエのシトロアン住宅のプロトタイプに近い、半ばピュリスムな構成を示している。これ以降、ファン・ドゥースブルフは絵画の世界と建築の世界との間に断絶があることを容認したようである。彼が最終的にこの断絶を認めた文章は1930年に見受けられる。その年、『新しい建築とその結果』と題された今日まで未発表の試論で、彼は半ば二律背反に陥りながら、こう述べることとなった。

「すべての対象-形態は機能から発する。最良の形態は、可能な限り経済的に機能と合致する形態である。"直交スタイル"が最も有用な形態をもたらし、われわれの時代を最も明確に表現するとすれば、曲面形態は照明、ランプ、車輪といった対象により適している。機能的形態が美的な意味で創造的な形態と同一視されているなら、装飾が建築の構成原理に替ることになろう。機能と装飾は対角線の両端なのだ。」

1928
J.W. E. BUYS & J.B. LÜRSEN
Cooperative Store,
"Die Volharding"
The Hague, Holland

「ディー・ヴォルハルディング」百貨店
保守的な都市ハーグに挿入された、このコーポ式商業ビルは、モダンなガラス建築を神格化したひとつの例である。特に夜、内から光が溢れてくる時、それは劇的に感じられる。「ディー・ヴォルハルディング」は、ヴェスニン兄弟のプラウダ社屋 (1923) から、基本的なところで影響されたものだが、様々な面的要素を持っている点でも、何となく構成主義を思わせる。柱梁構造の骨格の周囲を、半透明ガラスと透明ガラスの被膜が取り巻いている。細かく言えば、コーナーの階段室、サーヴィス塔、下の方の窓小間には、ガラス・ブロックが使われているのに対し、上の方の階では、透明ガラスと不透明ガラスが、代わりばんこに積み重なったカーテンウォールになっている。しかし、マッスの構成という点から見ると、例えば鍵形を旋回させたようなコーナーが示すように、この建物はオランダの伝統に属し、多くの点で、デュドックの新造形主義的なライト趣味に負っている。また、このかなり小さい百貨店は、ダイケルの1934年のシネアック映画館と同じように、街路沿いの建物に、見世物としての性格を与えようとしたものである。電光広告板、後ろから光を当てられるガラスの広告掲示板などのサインは、今でこそ建物の形よりも目だつようになったが、しかし、もうすでにここで使われている。このように、オランダ構成主義が追求したより純粋な規準に欠けているのである。J・B・ファン・ローエムは、この建物について、『建築』(1932) の中で、声高に語っている。「まだ装飾をやめにしない建物などは、この本の視野に含まれていない」と。

1928–29
THEO VAN DOESBURG
HANS ARP
& SOPHIE TAUBER-ARP
Café L'Aubette
Strasbourg, France

カフェ・ローベット

カフェ・ローベットは，1928年ストラスブールに設計された。大きなホールが2つ，それにいくつかの小部屋が付属している。外側は18世紀の建築そのまま，手をつけられていない。各部屋は，ファン・ドゥースブルフ，ハンス・アルプ，ゾフィー・タウバー=アルプの設計である。全体計画を決めたのは，ファン・ドゥースブルフだが，各部屋は皆が好きなように設計している。そうして，ダンス用の小部屋にアルプが描いた壁画を除いて，どの部屋の壁も奥行のない抽象的なレリーフで飾られた。色，光，装置がひとつの構成にまとめられている。ファン・ドゥースブルフは1923年に，ある大学のホールを計画している。これは，一部直交する空間の壁に斜線を使ってエレメンタリズム的に構成したものだったが，ここの構図もほぼそれと同じである。つまり，斜線を使ったレリーフ，すなわちカウンター・コンポジションが内部空間を横切りそこに歪みを与えている。このようにレリーフによって空間の断片化を目指すわけである（1923年のリシツキーの壮大なプロウン・ルームのコンセプトを展開したものなのだろう）。さらに壁面がどんなにエレメンタリズム的なレリーフで飾られようと，家具はそれとは全く異なって造られている。事実，ファン・ドゥースブルフはエレメンタリズムのデザインに代って「標準的」な曲げ木の4本足椅子（トーネットをもとにして）をデザインしており，また別にきわめて即物的なディテール処理を行っている。手すりのパイプの溶接は，すべて簡単この上ないが，それに対し主照明の方は，天井から吊るされた2本のメタル・パイプに裸電球がとりつけられるというふうに，手がこんでいる。

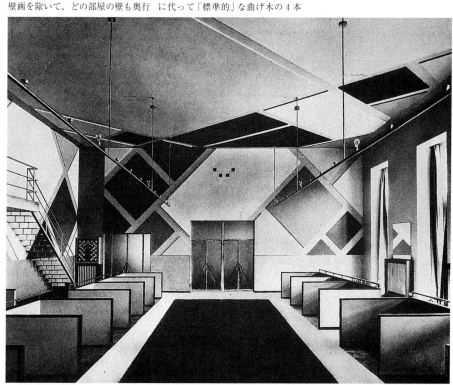

シネマとダンス用ホール

1928–30
JOHANNES DUIKER
Open-air School
Cliostraat, Amsterdam, Holland

外気学校

この学校は，1924年，アールスメールに建てられた非対称形の木造住宅に端を発し，それを次第に展開した結果としてある。木造住宅の2年後，その非対称形の構成は，翼を広げた鷲のような形に変化し，それはまず，ゾンネストラールで初めて用いられた後，何度も繰り返し用いられた。1929年の高層ビルのプロトタイプ，「高層住宅のスタディ」や，1927年の国際連盟設計競技案は，それを短縮し，対称形にしたものである。一見したところでは，この学校は，オランダの新即物主義の典型的な作品であるように見える。直截に表現されたコンクリートの窓小間，水平的なプロポーションを持つガラス窓などが，それを示しているように見える。しかし，よく調べて見ると，ダイケルがそういったことを考えていたということよりも，むしろ，蝶のような形の平面をひとつの全体イメージとして，それによって全体をまとめることに，より大きな関心を払っていたことがわかってくる。言い換えれば，彼がしようとしたことは，階段室，教室，構造，ガラスのヴォリュームすべてを，ひとつの形に融合することであったと思われるのである。自分の建築家としてのテーマに，すべてを結合させる試み。ダイケルの建築のアプローチは，今から思えば，その約20年後のルイス・カーンのものと似ていると言えるかもしれない。

さて，各基準階は，2つの正方形の教室が，それと形も大きさも同じ正方形のテラスの2面に面する，と

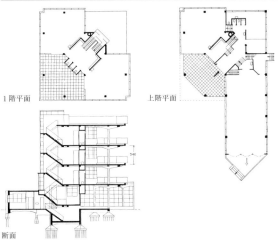

1階平面   上階平面

断面

いった対称形を成している。そして，この3つの正方形の内には，その3分の2の大きさの正方形があって，この周りを外側の正方形が回っている。柱は，小正方形が外側の正方形とぶつかるところに配されており，ここでは基本となる幾何学のシステムと，構造のシステムとが，完全に統合されているのである。

この学校の階数は4層であるが，教室は7つしかなく，その各教室は，基本的には36人の児童のためのものである。1階は，片側に普通教室，反対側に細長い体育室と左右非対称の配置を示している。そして，ハンチのついた梁の重なりあった構造体は彫刻的な複合を示し，配置上の単純さを補っている。各教室の側面中央には，ハンチのついた片持梁が教室隅部に延び，梁よりも外側に突き出した床スラブの断面によって，片持梁の形状がくっきりと浮き上る。また，ガラスの被膜や内側に折れ込んだコーナーは，こうした構造体の効果とあいまって，これも強烈な彫刻性を生むひとつの原因になっている。それからもうひとつ。対角線方向の軸線，背後に突き出た階段室，それらが，そこを通る人に，絶え間ないガラスの面とヴォリュームの変化を体験させることも付け加えておこう。

1928–32
PIERRE CHAREAU
BERNARD BIJVOET
Maison Dalsace
(Maison de Verre)
Paris, France

ダルザス邸（ガラスの家）
ガラスの家は、それ自体構造的に全く新しいものであるが、これが20世紀の建築史の中で、独特な位置にあるという理由は、そういうことにではなく、むしろ既存の都市建築に挿入された、そのやり方に求められよう。もっとも、それについて今詳しく述べるだけの余裕はない。ただ、この建築的作品としての性格が、ちょうど美術におけるマルセル・デュシャンの「大ガラス」同様、分類されることのできぬくらい豊かである、と述べられるだけである。事実、この2つの作品は、現在芸術史の中で、2つの潮流——つまり、明らかに厳格だった構成主義と、真意を顕にしない非合理な論理を持ったダダイズム——が、偶然交差した、その地点に位置する。つまり、そこでは、功利主義的な主張が、突然詩的な無目的なものに変質したように思われるほどの、文化的な奇形が生まれたのである。ガラスの家も、「大ガラス」も、ウラディミール・タトリンの第三インターナショナルのモニュメントには、その機械的な性格を除けば、全く似ていないかもしれない。しかし、それでもこれらは、「超意味言語(ザーウムスイ・ヤズィク)」の感覚を求めたという点で、この感覚を近代建築で表現したこのタトリンのモニュメントに歩調を合わせた、ある種パリの前衛の作品と言えるものなのである。

ガラスの家は、18世紀に建てられた石造建築の下2階分を割り抜いて挿入された、3層の鉄とガラスの箱である。極端な機能主義の建物と言うことができよう、しかし、この不透明な、全面ガラスのファサードがどのように見えようとも、この住宅の基本的構成は、かなり伝統的である。1階は玄関と診察室、2階はサロン-応接室と食堂にあてられ、この2層分の吹抜けとなったサロンを見下ろす3階は、寝室とサーヴィス部分にあてがわれている。とはいうものの、やはり、これは機能主義の建物と言えるのであって、それだけに、このような形として実現された詩的動機が気になるところである。

この住宅に入るにつれ、驚かされるのは、ひとつに、光が拡散している様だが、一番驚かされるのは、何といっても、空間が変幻自在なことである。例えば、1階と2階を結ぶ階段。ここには、ピヴォットで旋回する、カーヴしたガラスのスクリーンがあり、人を2階へ招き入れようとしているようにも、拒絶しているようにも見える。伝統的な蝶番のドアはほとんど使われておらず、すべてのドアは、ピヴォット式に、あるいはスライディング式に開閉される。ガラスの家では、それほどまでに宙吊りのモチーフに取り憑かれているのである。もうひとつ驚かされるのは、住宅のすべての構成が、コラージュの方法によっていること。この事実は、内部の性格に重要な影響を及ぼしているが、また特に、そのコラージュの個々の要素が、機械の観念に取り憑かれているという点が、デュシャンの「大ガラス」と比較するように誘惑する、ひとつの理由になっている。コラージュの技法は、床のレベルや素材が、いつも微妙に変化していることに、最もよく示されている。コラージュのテーマは、一口でいって、次の3つに分けられる。ひとつは、機械もしくは宙吊りの運動、第2に相異なった仕上げ、第3に、サーヴィスの機構によく示されている人工エネルギー。ガラスの家は、これら3つのコードが交錯しあっている一種の暗号文と言えよう。

床の仕上げに刻まれた暗号文は、例えば次のように解読される。スタッド・ラバーの床、木のブロックの床、黒いタイルの床と進んでゆくのは、実はサロン、食堂、博士の書斎と進んでゆくことを示していること。機械系としての暗号は、例えば性の対比ということで言えば、博士の診察室（男性）とその上の書斎を結びつける階段と、ダルザス夫人の寝室（女性）とその下のデイルームを結びつける階段の、2つの「船舶用」階段に示されていると言えよう。男性と女性の対比、これは偶然の一致かもしれないが、デュシャンの「大ガラス」の基本的なテーマと、無視するには、余りに近いテーマである。対比ということで言えば、サーヴィス機構に完全な姿で実行されていることも、付け加えておくべきだろう。というのも、電気は、上下の垂直方向に、既製品のパイプで運ばれるのに対し、この3層分の空間全体のための暖房空気は、床内のダクトで、水平方向に運ばれるからである。

ガラスの家は、シャローの作品全体の中で特別なもので、彼は、後にも先にも、これほど豊かな作品を作ることはできなかった。その理由の大半は、この住宅を設計した状況が例外的なものであったことに、求められよう。ひとつに、予算に余裕があったこと、また建築家と建築主の間に親密な関係があったこと、第3に、ダルザス夫妻の現代世界に対する態度が進歩的だったこと。設計者には、1925年以来シャローの助手を務めたベルナール・ベイフットも名を連ねている。彼は、オランダの新即物主義の理想主義的な派から来た人物であり、それを考えるなら、まず間違いなく、彼は、この住宅の形態の密度、ディテールの洗練に、大きな貢献をしたことだろう。

しかし、結局のところ、ガラスの

上：正面入口　下：2階サロンへの階段

家の詩は，シャローの多彩な個性——彼は，唯美主義者であったと同時に革新者であり，またダンディであったと同時にパリのアヴァンギャルドの主メンバーだった——に由来していた。シャローは，おそらく意識的に，このガラスの家を，新しい形の工業化住宅のプロトタイプとして設計したのだろう。しかし，この意図は，無意識のうちに，彼の装飾への好み，そして，とりわけ彼のかなりの心理的強迫観念によって，大分弱まったと言えるだろう。日本文化への情熱は別としても，このことは，内部の鉄骨に塗られた赤い酸化防止材と，そこに自由に塗られた黒いラッカー塗料に，よく見られることである。ともかく，装飾家としての彼が，ジャン・リュルカの織物を好んだということを，引合いに出すまでもなく，このガラスの家は，貴族的な，倒錯した性の感覚を発散していると言えよう（また，この点が，

デュシャンの「彼女の独身者たちによって裸にされた花嫁，さえも」(1915-23)の作品の精神を思い出させるのだが）。ガラスの家については，まだまだ言わねばならないことがあるが，ここでは，最後に，20年代を通してシャローと共に働いてきた職人ダルベが，大きく貢献したこと，またこのガラスの家が彼にとっても最高傑作であったことを，言い加えておくことにしよう。

2階ギャラリーからサロンを見下ろす

地上階平面

ディテール

1928–40
RAYMOND HOOD
in collaboration with Fouilhoux, Reinhard, Hofmeister, Corbett, Harrison and MacMurray
Rockefeller Center
New York, N.Y., U.S.A.

ロックフェラー・センター
不景気のさなかに——ということは、大胆な投機として——建てられたロックフェラー・センターは、20世紀の最も注目すべき都市デザインとして、今日に到っている。この建物の設計は、ニューヨーク・メトロポリタン・オペラ・カンパニーの建物を新しく目立った土地に建てようということからはじまっている。しかし、大きなクライアントとして、最終的にはオペラハウスではなく、新しく興隆してきたコミュニケーション産業の代理店が軒を並べることとなったのを考えると、その実現の経緯は、確かにジャズ時代のひとつの英雄的な神話といってよいだろう。こうして、オペラハウスのプラザとしてまとめあげるB・W・モリスの基本設計(1928)は、すぐさま、建物をラジオ・シティと解する案に変更された。ラジオ・シティは、18世紀後半のヴィクトール・ルイのデザインによるパリのパレ・ロワイヤル計画と間接的に関係した「都市の中の都市」である。

ロックフェラー・センターの経営者側は、いつもなら決して考えないようなこと、つまり、この建物を公共の福利にはっきり貢献するものにしようと考えていた。というのも、彼らは、不景気のさなかにこういう巨大な建物を作ると、経済界に問題を引き起こすのではないかと、非常に心配していたからである。そして、この目的から、彼らはラジオ・コーポレーション・オブ・アメリカ(RCA)には、バラエティーショーやラジオ関係の有名人を登場させることを、ロキシー(S・L・ローザフェル)には、建築家と共に、6200席のラジオ・シティ・ミュージック・ホール(バラエティーショー、映画などの多目的娯楽ホール)と3500席の豪華な映画館(いわゆるセンター・シアター)を作ることを依頼した。こうして、ラジオ・シティは、危機のさなかにあって、幻惑の都市(ロキシーの謳い文句は「ラジオ・シティの1日は田舎の1ヵ月です」)として、一般的にポピュラーな趣を呈するようになった。しかも、その性格は、サンクン・ガーデンの商店が営業不振のため、1936年、とりのぞかれ、そこが野外スケートリンクとそれを狭んだレストランになったことで、いっそう強まることになる。

センターの主設計者としての名誉に長い間あずかったフッドは、全体構成や細部だけでなく、かなりの程度建物のプログラムまで管理した。例えば、屋上庭園を最初に提案したのも彼である。そうして、彼の監督下に、センターは、70階のRCA棟、巨大なラジオ・シティ・ミュージック・ホールを含め、1932年末のオープニング祭までに、ちょうど18ヵ月で完成する。

ロケットと映画というロキシーの信条は、センター全体の美術上のプログラム同様、懐柔的な性格を示していた。光、音、ラジオ、テレビ、飛行、一般的な進歩といったテーマを示す彫刻や壁画がいくつもあり、その頂点に構成の主軸上の2つの大掛りなものがあった。つまり、ポール・マンシップ作の、サンクン・ガーデンを見下ろし、十二宮に囲まれた金のプロメテウスと、ディエーゴ・リベーラの、RCAビルの玄関ホールに飾られた悲劇的な壁画「十字路の男」である。この壁画は、はっきりと革命的なイコノロジー——レーニンの姿もある——を持っていて、そのため後援者達をある信じがたい立場に追いつめた。彼らは、この壁画を除去せざるをえなくなったのである。独占資本が、典型的な共産主義者に作品を描かせたという、このようなニュー・ディールの矛盾した姿勢、そしてマンハッタン島をロックフェラーで埋めつくそうとしたヒュー・フェリスのヴィジョンは、半世紀たった現在から見ると、遠い嘘のような話である。

1932〜34年当時の配置図

> *1928–30*
> MIES VAN DER ROHE
> Tugendhat House
> Brno, Czechoslovakia
> (now Czecho)

トゥーゲントハート邸

トゥーゲントハート邸は、1930年、ブルノ近郊の険しい傾斜地に建てられた。バルセロナ博ドイツ館の空間的コンセプトを、住宅に適用したものである。ここでも、これがライトのロビー邸――サーヴィス部分である翼部が、メインの構成と居住ブロックにまで滑りこんでいる――層的構成と、典型的なシンケル風イタリア・ヴィラの構成と組織を結びつけようとしたものだ、と見ることもできよう。ともかく、自由な平面は、水平的な居間の空間（50×80フィート、約15×24メートル）にだけ実行されている。居間は、クロム鋼のモデュールを持ち、その長手方向の面からは、街が見晴らせる。手を使わず、引込める長いガラスの窓は、この居間の空間を、ある種見晴し台に変えているような感じを与える。さて、ここで注目しておきたいのは、

この温室が、いつも2つのシンボリックなテーマを持ち、それらが調停されていることである。まず、居間から見渡せるパノラマが、自然のピクチュアレスクな生命を、余すことなく示しているのに対し、居間と書斎を区画する壁の仕上げが、磨かれたオニックスであり、その表面が、化石化し、生命を失った植物の有様を示していること。部屋の端部が、両側から板ガラスで挟まれたこの温室は、あたかも、自然がこれらの2種のちょうど中間の状態になっているかのようである。生と、死との間で宙吊りにされた、エキゾティックな一例。同じように見ていくと、表面を黒檀にした合板で囲まれた食堂が、この建築を捧げられた家族の生活振りを暗示しているのに対し、居間の、椅子のある部分と書斎を区画するオニックスの直線的な面は、これは古典主義からの連想かもしれないが、世俗性を暗示させているのに気づくことになる。このように、この住宅では、2つのテーマがいつも調停されているのである。もっとも、こうした仕上面の扱いによって生れる修辞は、1階にだけ行われていて、その上の玄関のある階の寝室は、どれも密閉され、機能的な空間に過ぎない。

バルセロナ博ドイツ館でもそうだったが、鉄骨の柱は、クロム鍍金さ

下階平面

上階平面

上：街路から見た全景

れていて，平面の上で十字形をしている。しかし，バルセロナ博ドイツ館では，その十字が純粋な直交するそれであったのに対し，トゥーゲントハート邸では，各十字の端部が半円形になっていて，交差しているというよりも，むしろ全体でひとつの点であることを示しているように思われる。想像されるとおり，柱にクロム鍍金されているのは，体面に係わる部屋だけで，それ以外のところでは，単なる裸の鉄である。

いうまでもなく，トゥーゲントハート邸も，古典的な家具をデザインする機会であった。トゥーゲントハート・チェアーがそれで，これは元々，青ときつい緑に彩色されていた。ここでも，リリー・ライヒは，この家の家具について，ミースに助言し，重要な（いうならば「黒幕」としての）役割を果たしたのかもしれない。まず間違いなく，この色彩の決定には，彼女が大きく関与していたといってよいだろう。

庭側全景

居間

1929
HANS SCHAROUN
Hostel Building
Werkbund Exhibition
Breslau, Germany
(now Poland)

「家庭と仕事場」展のための寮
(1929年工作連盟展)

初期のシャロウンは、ブルーノ・タウトの「ガラス鎖」に属し、「幻想的」な作風だったが、1929年、ブレスラウでの工作連盟の「家庭と仕事場」展のために作られたこの寮は、アナーキスティック以外の何ものでもない。しかし、その構成は合理的で、羽を広げた鷲のような2つの南向きの翼部と、表玄関として使われる背の高いラウンジ・ホールとからできている。この構成のすばらしさは、間違いなく、その基本になっている形態が、有機的にうねるように運動していることにあるだろう。連想されるのは、フーゴ・ヘーリンクの同じようなプロジェクト——1924年の、プリンツ・アルブレヒト園開発計画である。さて、建物の2つの翼部は、一方が独身者用、もう一方が子供のいない夫婦用なので、柱間間隔に大小の差があるものの、両方とも同じように、各ユニット(全部で48ユニットほどある)が、2もしくは3層になっている。廊下は、北側に、各ユニットの中間のレベルにあり、2つの翼部のいずれにおいても、上のユニットへの階段と下のユニットへの階段が、たがいちがいに置かれている。そして、この階段を登り、あるいは降りて、ユニットに入ると、居間、浴室、寝室の順にシークエンスが続き、うち浴室と寝室が同じ階、寝室が廊下の上、あるいは下に位置している。独身者用タイプでは、共有の場として屋上デッキが与えられていて、ユニットの内の階段がそこへの直接のアクセスになっているが、夫婦用のユニットでは、それに対し、そこが各ユニット専用のバルコニーになっている。こう見てくると、要するに、この建物は、1929年、モスクワに建った、モイセイ・ギンスブルグのナルコムフィン・アパートよりも、おそらくは進んだ「社会的凝縮器(コンデンサー)」のひとつのプロトタイプなのである。より進んだというのは、2つの翼部のうち、短い夫婦用翼部の下に、小ざっぱりとした食堂が置かれていることに見られるように、有機的な方法がとられている点、それから、ラウンジ、階段とパブリック・スペースを登っていくと、最後に屋上の広いテラスに出られるようにできている点などのことである。

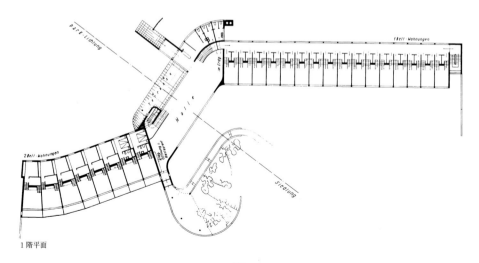

1階平面

上:庭園から中央の建物を見る 下:ルーフ・テラスから見る

1929
MIES VAN DER ROHE
LILY REICH
German Pavilion
International Exposition
Barcelona, Spain

バルセロナ博ドイツ館

このパヴィリオンは、見たところ単純な形をしているが、これについては、ただここでミースが第1期の成熟期に達したというだけでなく、これが様々なものに由来していたことを、言っておかねばならない。多くの典拠のうち、どうしても忘れられないのは、ライト（すなわち、オランダの新造形主義を経由したライト）とシンケルである。材料のヒエラルキカルな使用法、非対称の構図の中に埋もれた8本の柱を持つ「ベルヴェデーレとしての神殿」には、シンケルの影響がはっきり示されている。そして、このように、バルセロナ博ドイツ館は、ロマン主義的古典主義にひとつの根を持っているのだが、またシュプレマティスムの影響も否定しがたい（例えば、マレヴィッチ、1924年の「地球居住者のための未来のプラネット」、イワン・レオニドフのネオ・シュプレマティスム作品）。

さて、当時の写真から判断する限り、このパヴィリオンは、空間的にも、材料の上でも、いつも2つのことを、矛盾したままでも共存させようとして、その結果、言葉でうまく表わせないような性格になっているようである。このヴォリュームの中で共存しているのは、まず実と虚の2つだろう。緑のガラス・スクリーンには、外壁が映っていて、また緑のティニアン産大理石で化粧張りされているこの外壁の方も、スクリーンのガラスを支えているクロム鋼の垂直材を映し出している。一種の反転といえるイリュージョンが、こうして生まれてくる。これに少しも劣らないのは、よく磨かれたオニックスのコア（これは、ライトの住宅の中央にある暖炉と同じような意味合いを持っている）と、大きな池のあるテラスに沿って長く続くトラバーチンの壁の対比。この池は反射効果をもつ。これは、テクスチュアと色

の対比である。3つ目の対比は、このトラバーチンに囲まれている外部の池と、内部の池。内部の池は、柱とガラス・スクリーンを支える垂直材によって分節された内部空間の行き止まり、つまり内庭にあり、その底には黒いガラスが敷かれている。外部の池が、風が吹いて波がたつと、そこに映っている建物の像を歪めるのに対し、こちらの方は、徹底した完全な鏡として、性格付けられている。内部の池には、ゲオルグ・コルベの「踊り子」が立っている。だが、このように非対称な配置をもって空間が延びていくにもかかわらず、建物の構造自体は単純である。8本の独立柱は、十字形の断面をしていて、フラット・ルーフを支えている。

バルセロナ博ドイツ館は、ミースにとって、家具デザインの才能を問う最初の機会でもあった。彼は、ロマン主義的古典主義の家具を現代化することに、関心を払っていた。例のバルセロナ・チェアーは、この建築家が1930年までに設計した一連のネオ・シンケル風家具の5つのうちのひとつである（残りの4つとは、バルセロナ・ストゥール、バルセロナ・テーブル、トゥーゲントハート邸のアーム・チェアー、古典的な側面を持つボタン・ダウンの皮の寝椅子である）。バルセロナ・チェアーは、このパヴィリオンの美学を代表するものであり、フレームはクロム鋼を溶接したもの、座部は子牛皮張りである。このように、椅子に建物の美学を託することは、またリートフェルトの場合にもあって、1923年彼が設計した大ベルリン美術展の新造形主義の部屋でベルリン・チェアーを配したことなどは、その好例である。

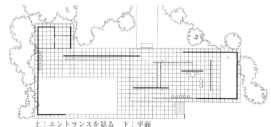

上：エントランスを見る　下：平面

上：池より見る　下：内部。中庭の池を見る

1929—31
LE CORBUSIER
Villa Savoye
Poissy, France

サヴォワ邸

サヴォワ邸は、ル・コルビュジエが1929年、最初に公表した「住宅の4つの構成」の第4番目にあたり、このテーマの進化と切っても切れない関係にある。4つの構成パターンは、必ずしも空間的なプログラムを持っていたわけではないが、ブルジョワのヴィラの新しきタイプを求めた彼の、努力の一部を成すものとして評価できよう。ともかく、その1番目は、ラ・ロッシュ邸（1923）であって、これはゴシック・リヴァイヴァルに典型的なL型の平面をモデルとしたもの、第2番目は、抽象的なままに立方体を描いたもの、ル・コルビュジエが1927年のシュトゥットガルトの家をもって説明した第3番目は、第1と第2の両極の調停案であった。調停の仕方は、片や立体の外形の純粋性を保ちたいという要求と、また機能的な便宜を与えたいという要求の、ちょうど「中間」をとったもので、また別の見方をすれば、ヴァナキュラーな雰囲気を持つ不規則性と、古典的秩序の厳格さとの調停とも言えるだろう。が、大切なことは、このような2つの命題が、ほとんど両立しがたかったということである。彼はこの難問に対して、片持梁を持つ鉄筋コンクリートの構造を与え、その独立柱と、荷重を支えないパーティションの間に、空間を派生させた。そして、これこそがこの住宅の最も重要な創案、つまり「自由な平面」だったのである。

しかし、ル・コルビュジエのサヴォワ邸は、それとは全くちがうアプローチだった。ここでの構成は、正方形の「箱」の中に、不規則なL型の平面を単純にはめこんだもので、それが地面から持ち上げられ、パティオ的な屋上庭園になっている、というものである。このメカニズムは、ヴェルギリウス風の風景の中に、文字通り宙吊りにされている。つまり、一口でいって、この住宅は、「住むための機械」の最終的な解答なのである。1階のアクセスは、確かに、自動車を最も近代的な乗物として祝しているのかもしれない。が、注目されるのは、むしろ持ち上げられた居間の方で、これはそれより前、10年間もの間、ル・コルビュジエが捉われ続けてきた諸テーマの総合なのである。第1に、海に浮かぶ船のように、風景に浮かぶ「船」としての住宅、それから、カルトジオ会修道院の個室を近代的に展開すること、第3に、住み手が、ねじれた縦断面を次から次に、ほとんどわけがわからないまでに体験することになる「建築のプロムナード」。サヴォワ邸の縦断面は、中央の斜路によって体験される。1階のサーヴィス用の階から「ピアノ・ノービレ」つまり居住階に、そして、この構成の最も上にある屋上とソラリウムへと、この斜路は曲がりくねりながら登っていく。多くの点で、サヴォワ邸は、詩的効果を演出したものと言えるが、それは、1925年、ル・コルビュジエとピエール・ジャンヌレがメイエール夫人に宛てた手紙に、すでに明言されていたことだった。「こうした考え……ある種の詩情を備えたこうした建築的テーマは、最も厳格に構造の法則を守り、……経済的にスラブを支える鉄筋コンクリートの柱を与えた結果です。形はコンクリートの籠のようになりました。平面は、その中で、動物か何かのように思われるほど、自然な感じで戯れています。……何年もの間、私たちは平面を、このように、自由に動き回る一種内臓を持った人間として見てきました。そして、私たちは、それを古典的な、秩序を持った、ひとつの透明なヴォリュームとして見えるものに、はめこもうとしていたのです」。

結局、これは、古典主義の伝統の最後の銘であったし、また現在でもそうであり続ける。つまり、サーヴィス機能は、しっかりコアにはめ込まれ、それらは、構造「体」から分離され、それ固有の建築的質を表現する。ル・コルビュジエの『建築をめざして』から引用するなら、「……光の下に集められた立体の蘊蓄であり、正確で、壮麗な演出である」。

1階平面

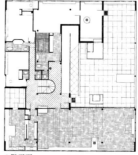
2階平面

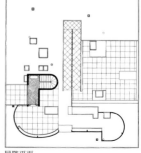
屋階平面

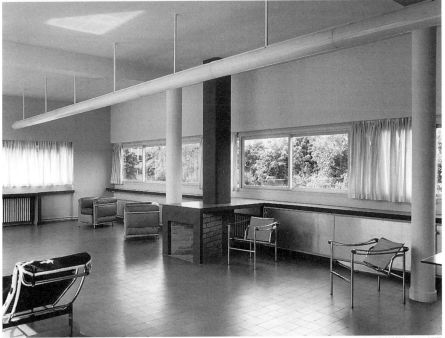

上:東側外観 下:居間

1929–33
ALVAR AALTO
Paimio Sanatorium
near Turku, Finland

パイミオのサナトリウム

パイミオのサナトリウムは、1929年1月、公開設計競技でアアルトが勝ちとった作品であり、その基本的な考え方は、日光浴療法に基づくものである。この療法は、結核患者の治療に世紀の変わり目前後から普及したもので、1900年頃、初めてサラサンというスイスの医師が、ひとつの治療法として段状テラスを持つサナトリウムを提案して以来、今世紀の最初の10年間、特にスイスとドイツで急増したタイプだった。ドイツの建築家リヒャルト・デッカーは、この分野における先駆者であり、1925年、彼はヴァイブリーゲン病院で、「頭と尾」型の典型的なサナトリウムのプランをはじめて作っていた。「頭」は公共的な機能、医局、「尾」は患者の病室にあてられていた。そうして、アアルトのサナトリウムも、この「頭と尾」型の図式を踏襲し、それをU型平面の玄関前庭を挾むかたちで斜めに開いたものである。彼のその後の作品にも、この方法はしばしば見出すことができる。

しかし、パイミオのサナトリウム——これは、1928年末に設計された

メイン・アプローチから見る

ものでこれによって公共建築の設計者としてのアアルトの地位は確固たるものになった——への影響は、これだけでなく、オランダ、ロシアの構成主義も、また無視できない。というのも、1928年5月、アアルトはオランダを訪れてヨハネス・ダイケルに会い、完成したばかりの彼の作品、ヒルヴァーシャムのゾンネストラール・サナトリウムに連れていってもらっているからである。ゾンネストラールは、すべて鉄筋コンクリート造で、管理と治療室にあてられた建物を中心に、4つの翼部が鷲の羽のように広がっているものだった。太陽に向かって角度を振ったこの配置法は、パイミオの形に直接影響を与えているのである。パイミオは病院というよりは、自足したコミュニティに近いが、ともかく、各々異なった機能を持つ数多くのブロックが、相互に関係づけられている。つまり、7層の病室棟、サン・デッキ、看護婦の宿舎が、4層の共用棟、3層のサーヴィス・ブロック、ボイラーのための建物に結びつけられ、また少し離れたところには、医師用の、あるいは職員用の低層テラス・ハウスが建てられていた。

タイポロジーについて言うなら、パイミオの中で最も独創的なものは、日光浴用のテラスである。アアルトは、これを病室の前に置いて病

棟をセットバックさせるかわりに、それを独立させ、建物の一端に置いた（トニー・ガルニエが1917年に提案した「工業都市」計画のサナトリウムのタイプを参照のこと）。そうして、こうした新しいやり方によって、アアルトは病棟の垂直性を保つことができたというだけでなく、鉄筋コンクリートの造形的な性格を示す機会としえたのである。サン・デッキは、各階とも、板状の骨組から片持梁で突き出された盆状のスラブからなり、その裏側には風を遮る壁が立てられている。また、その組織化の手法について言うなら、例えばエレベーター・シャフトが病棟の中央付近にあると同時に、またその病棟と共用施設の中央にあることからわかるとおり、そのプランニングはよく整理されたものである。

しかし、本当にアアルトらしいのは、彼がこの公共機関の内部組織をまるで大きな住宅のように捉え、アプローチしている点である。例えば、メイン・アプローチを中心にした公共的な諸要素の配置の仕方は、それをはっきり示すものである。正門か

受付室

らは、1階の受付、診療室に繋がるだけでなく、その上の2層分の高さを持つ食堂へのサーヴィス機能を果たすことができる。「住宅」のメインの居間のように、この食堂空間は、両側から採光され、西側にはテラスが開いている。また、この東側には、応接室が独立してある。そうして、この食堂と応接室の間の厨房出入口の周りに、各種設備やその関連施設が巧みに取り扱われ、まとめられている。しかも、両側に開口をもつこの食堂についてみると、その幅の北側半分だけ中3階に図書室を設け、食堂の内部空間に変化抑揚がつけられている。この図書室は、映画の上映にも用いられるものである。

また、アアルトは、サーヴィスに関しても、大きな才能を持って設計している。車のアクセスをそれぞれに独立させたこと、病室に自動通気調節装置を設置したこと、そのどれもがそうしたことを示すものであり、こうした細かな環境に対する配慮が、その後の彼の作品の特徴になったのである。パイミオについては、

断面を工夫して、ほとんど音をたてないで水が出る洗面台も、そうした例に含めておくべきだろう。パイミオは、また今では古典的な家具――つまり、木をすべて曲げ加工で処理したパイミオ・チェアー――を設計する機会でもあった。アアルトが、この家具をどうやって作ったのか、彼の記述を繰り返すことは無駄ではあるまい。「こうした試みの目的は、軽く、洗浄可能な衛生的な椅子を作ることである。こうした椅子は、その素材に弾力性があるために、また座り心地もよいものである。最初は、鉄パイプの色々な家具が用いられたが、それでは、決して人間の体にしっくりしなかった。次には、木製の椅子が作られるべきなのだ。木に弾力性を持たすために、私が最初に試みたことのひとつは、荷重がかかると、各曲線の半径が小さくなり、様々な接着剤の被膜が圧縮されるようにすることだった。蒸気をあてて曲げるとか、……そういう伝統的な技法は使わず、木が自然に持っている水分だけを使ってみた」。

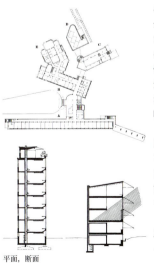

平面、断面

> 1929–30
> ROBERT MAILLART
> Salginatobel Bridge
> near Schiers, Switzerland

サルジナ渓谷橋

マイヤールは、鉄筋コンクリート造の橋梁の開拓者として、多くの業績をあげたが、その中でも、シアー近郊のサルジナ渓谷にかかる、この約90メートル（295フィート）・スパンの橋は、多くの点で、彼の最高の作品に属する。この橋の原型は、1901年の、エンガディネのツォツ川に彼が築いた、約40メートル（128フィート）・スパンの橋にある。これは、以後30年間、彼が何度となく試した三鉸アーチ——道路面のスラブとその荷重を支持する部分との合体による——の最初の例だった。このツォツ川橋梁の断面は、すでに2つの中空部分を持った3つのコンクリートの"ウェブ"を見せているが、この中空部分は、もちろん、構造体に無駄な自重を与えないためである。しかし、それでもツォツ川橋の完成の約2年後、圧縮力、引っ張り力のために、橋の腹にいくつものクラックが入り、このことは、マイヤールに、そうした欠陥を改善し、より完全なものにするようにしむけ、その結果、1905年、約50メートル（170フィート）・スパンのタヴァナッサ橋が生まれた。この橋は、3点ヒンジで支持され、またそれまで2つのエレメントに別れていたアーチの部分は、単一体のコンクリートとして結びつけられた。つまり、ここにおいて、マイヤールは、原型となっていた形態を、道路面のスラブと、ひとつのアーチに省略化したのである。

マイヤールは、19の参加者を見た設計競技に勝って、このサルジナ渓谷の橋を設計する仕事を得たのだが、この設計競技に鉄骨造が7案しか応募されなかったことから見ても、もうこの時期には、コンクリートで橋を作ることが一般に認められるようになっていた、と言えるだろう。コンクリート造の利点の第一は、メンテナンスの必要がないということだが、このことにマイヤール自身の経験が加わって、彼の勝利がもたらされたのである。デヴィッド・ビリングトンはこう書いている。「サルジナ渓谷の両岸は切りたった崖であり、その岩盤もかなり弱いという2点を考慮すれば、マイヤールとルーシャーのデザインだけが、適切な答を出したということになるだろう。もし、彼の案がもっと深いアーチであれば、それより長い橋脚が必要になっただろうし、またそれが嫌なら、アーチと道路面のスラブの接合部を大きくせねばならないが、そうすると、多量のコンクリートが必要になっただろう。そして、コンクリートが増せば、アーチの支持点により大きな力がかかり、もっと岩の奥まで、基礎を掘らねばならなくなっただろう」。

タヴァナッサとサルジナの両川のいずれの場合でも、アーチは浅いが、その秘密はコンクリートのヒンジ——アーチの頂点、橋台の合計3つ——の扱いにある。世紀の変わり目のこと、メルナジエとフレッシネが創案したものでは、コンクリートの荷重をヒンジが受け、ヒンジはそれを基礎に伝えるというものだったが、このサルジナ渓谷でのヒンジは、それとはまるでちがう。橋台のヒンジなどは、深さ80センチメートルしかなく、その奥にはコルクが詰められている。つまり、これは設置、変動、膨脹などの運動に対して、コルクをクッションとして働かせようというもので、組積造の発想では全くないのである。

サルジナ渓谷の橋は、必ずしも彼の作品の中で最も彫刻的だというわけではないが、アルプスの風景に恵まれ、次のようなジークフリート・ギーディオンの評価がはっきり示すように、マイヤールの考えていたことが、最も英雄的に表現されている作品である。「並び立つ岩壁間の裂けた割れ目の幅を巧みに表現して、雄大な感じを造り出しているマイヤールの手法には、何かまるで並はずれたところがある。……その釣合のとれた橋は、ギリシア神殿のような静穏な必然性をもって、不規則な形の巌石から跳躍している。彼の橋が渓谷の割れ目を飛び越えるときの、しなやかで軽快な弾力や、橋の大きさを稀薄化している様子などが、アーチや路盤面やその両者を繋ぐ直立スラブの調和したリズムの中に融けこんでいる」。（『空間・時間・建築』太田實訳による。）

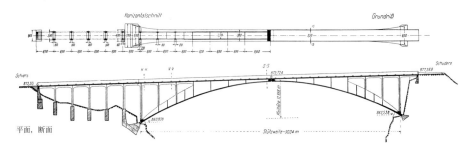

平面，断面

1929–32
GEORGE HOWE
WILLIAM LESCAZE
Philadelphia Saving Fund
Society Building
Philadelphia, Penn., U.S.A.

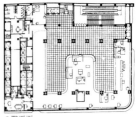
2階平面

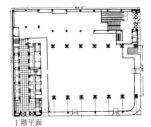
1階平面

PSFSビル

アメリカの摩天楼は、アメリカン・ボザールのモニュメンタルな理想と、ヨーロッパのモダニズムの効率的な機能性を結びつけようとしていたが、1932年8月、フィラデルフィアに竣工した、ハウとレスカーズのフィラデルフィア貯蓄基金協会ビル（PSFSビル）は、その過渡期に属する重要な作品である。例えば、ウィリアム・ジョーディーは、この作品を、そうした歴史的文脈の上にしっかりと位置づけた。彼はこう書いている。「変に装飾しないで、本体を露わにするというのは、現代の摩天楼の美学だが、その発展の中で、PSFSビルは、1880年代のシカゴ派から、1950年頃から始まる金属とガラスの復活までの、すべての摩天楼の中でも、最も重要な建物である」。

PSFSビルは、共同して設計した各人の、空間に対する個性が、そのまま表現された非常に珍しい例である。まず、ハウは、この設計を依頼された当時、すでに伝統主義者だった。レスカーズはスイス移民で、カール・モーザーの弟子だった。彼は、デザインを早急に洗練するために、わざわざハウに招き入れられた。あと2人、この建物に貢献した人物を忘れてはならない。ひとりは、建主のジェームス・ウィルコックスで、彼の知的な批判があって初めて、マリオンのある27層分のファサードが生まれた。もうひとりは、ドイツ移民のヴァルター・ベルマン。彼は、今でもこの建物で使われている優雅な金属性の家具のデザインに、おおいに関与した。

この摩天楼のデザインには、様々なドイツ建築が参照され、そこから影響を受けている。1922年のシカゴ・トリビューン設計競技のグロピウスとマイヤーの案、20年代後半のメンデルゾーンによる一連の百貨店、1927年（アメリカでは、29年に発表された）シュトゥットガルトに計画された、E・オットー・オスヴァルトのタークブラット・タワーのような不可解な作品など、その例は枚挙に違がない。しかし、この建物の基本的な方策に関しては、1929年にハウが描いた、原モダニズムというか、アール・デコのスケッチに大きく負っている。こちらの方は、明らかにレイモンド・フッドに影響されたものである。

最終案の細かなプランニングは、大変な力作で、今日、これに匹敵するすばらしい構成を持った商業ビルを見つけることは、ほとんどできそうもない。ハウとレスカーズは、ダウンタウンの角地に面する隣合った2面を、商店のオフィス部分やマーケット街の隅から入る2階の銀行とは切り離されたかたちにすることに成功した。オフィスのためのものは、12番街に面し、塔の裏側にあるT型のサーヴィス・コアに直接導いている。銀行のためのものは、マーケット街に面し、上の銀行に登るエレベーターおよびエスカレーターのホールに、やはり直接導いている。2階の銀行の平面構成は、スラブを支える柱の列と巧みに関係づけられ、例えば銀行のカウンターは、蛇がくねるように、柱の列の間を巡っている。銀行営業室の上には、69フィート（約21メートル）・スパンの16.5フィート（約5メートル）の背を持つ鉄骨トラスが架かっていて、その空いている部分には、空調装置が備わっている。この長大なスパンは、カウンターなどのうまいデザインのために必要なことであった。もうひとつ、注意しておきたいのは、御影石、石灰石、半光沢の黒煉瓦で仕上げられたこのPSFSビルが、サン・アントニオの21層のマイラム・ビル（1928）に続く、アメリカにおける第2番目の全空調の摩天楼であったことである。ここでは、3階と20階に、その階高分の機械室をとり、屋上には、循環装置とクーリング・タワーを設けているが、こうしたことを含め、高層ビルの全空調に必要な技術は、PSFSビルで、初めて、洗練されたのである。屋上の機械は、本来目に映らない方がよいだろうが、当時のアメリカでは必ずしもそうではなく、それを考えると、ここでそれらを空に鮮明に映えるPSFSと記された深紅のネオンの広告板で隠しているのも、巧みであるのがわかるのである。

屋階平面

基準階平面

全景

街路側コーナー

1930-32
E. OWEN WILLIAMS
in collaboration with Herbert O. Ellis, W.L. Clarke and Robert Atkinson
Daily Express Building
Fleet Street, London, U.K.

デイリー・エクスプレス社屋

オーエン・ウィリアムズが決定的な役割を果たした建物（例えば、不運なことに、カーティス・グリーンと共同した、ロンドン、パーク・レーンのドーチェスター・ホテル）は、たいていそうだが、このデイリー・エクスプレス社屋も、今日到るところに見られるような形のカーテンウォールを、先取りして用いている。細かくいえば、ここでのカーテンウォールは、すべて、バーマブライト・クロム鍍金したスティールをガスケットに用いたガラス（透明なヴィトロライトと黒いヴィトロライト）のそれである。そして、そこには自動的にこの被膜を完全に洗浄する機構が備わっている。面の構成は、古典主義と言っては言い過ぎかもしれないが、ともかく対称形で、パラディオ風の狭いベイと、ヴィトロライト仕上げのスパンドレルが使われている。また、開放可能な採光窓は、光沢ガラス、所によっては紫外線反射ガラスをスティールの枠にはめたものである。

この倉庫と事務所の機能を持つ建物は、フリート街の裏にあった既存の建物を増築したものである。6層、93フィート（約28メートル）の高さを持ち、構造は鉄筋コンクリートである。中央部のスパンは、58フィート（約17.7メートル）、傍のスパンは、13フィート（約4メートル）と、19フィート（約5.8メートル）。建物西側の19フィート・スパンの方は片持梁で張り出し、下がトラックの進入口となっている。耐久性の大きい各階のスラブは、今の架構に、24フィート（約7.3メートル）の奥行で架けられているが、それに対して、ファサードの荷重は、各々9フィート（約2.7メートル）の幅の窓間壁にかかっている。この窓間壁は、また各々3フィート（約90センチメートル）の幅の3枚のヴィトロライトで仕上げられている。要するに、この建物は、エンパイア水泳プールと同じように、ひとつの基準となるモデュール——ここでは3フィート——で設計されているのであって、この事実からして、この建物の設計に最も関与した人は、他の3人のいずれでもなく、どうもウィリアムズその人と思われるのである。ただ、玄関ホールの中央軸線上にある太陽のような螺旋階段は、エリスとクラークの作品と分けに認められる。これは優雅な階段であるが、しかし、サージュ・シャマイエフに言わせれば、「エーリヒ・メンデルゾーンが設計した階段と比べると、壮大な軽快さを欠いている」ということになる。だが、なるほど、それを取り巻く「ポシェ」の鈍重さといったらないかもしれないが、それでもビアンコ・ラ・テラゾー張りしたこの鉄筋コンクリートの階段は、非常にダイナミックなもので、また1階の大きな玄関ホールと上階の事務室の空間を、とてもうまく結びつけてはいないだろうか。

約48フィート（約14.6メートル）×58フィート（約17.7メートル）の平面に、高さ21フィート（約6.4メートル）の玄関ホールは、基本的には、ロバート・アトキンソンの設計した部分で、彼は、そのインテリアを、すばらしいアール・デコのデザインで装飾した。もっとも、もう一度、シャマイエフに言わせれば、これも国民的な大新聞社の本社によりも、田舎の「絵画館」にふさわしい、ということになるわけで、確かにそう言えなくもない。しかし、それでも、この装飾的な部屋が、今日まで残っているイギリスのアール・デコのインテリアの中で、最上のもののひとつであることを忘れてはならない。青、黒、緑の弾性ゴムを「波形」のストライプとして用いた床、黒大理石を貼り、黒檀、トラバーチンでかたどられ、各所にクロム鍍金のス

ティールでアクセントをつけた壁面が然りである。こうして，ここではクロム鍍金のスティールのモダンな豪華さと，大理石などの古風な豪華さが対比されているのだが，同じような対比は，家具のデザインにも見つけることができよう。様々な目的のために，個々にデザインされた机，電話ブース，新聞用ラックは，ベティー・ジョエルが設計した注目すべき「モダンな」——ステンレス鋼のパイプによって支えられた板ガラスというだけの——ライティング・テーブルと対比されている。しかし，アトキンソンのエキゾティックな効果は，これだけでなく，また他にも見られるのである。例えば，エレベーター・ロビー。ここの仕上げは，ただのクロム鍍金のスティールではなく，それをエメラルド・グリーンで「ルスティカ仕上げ」風にするという，手の込んだものであり，あるいはまた，天井に作られた漆喰の龕も，その例に挙げることができよう。これは，「星の爆発」を表現した，銀と白っぽい緑の装飾である。だが，これでも充分でないというのなら，決定的な例を挙げよう。西側の壁にかかっている，大英帝国を守護する詩神を表わし，金と銀で彩色された様々な偉人達の像をともなった，大きな漆喰のレリーフである。

最後に，ウィリアムズがやった，巧妙な印刷工場の組み込み方について，触れておくべきだろう。彼は，印刷工場を，地下40フィート（約12メートル）のところに隠し，紙を2つのコンベアーで，上のトラック・ドックから，この40フィート下の印刷工場まで降ろさせた。しかし，ウィリアムズは，また機械関係を，用心深く避けたのではなかった。例えば，5階の外壁に取り付けられた——これがファサードへの，彼の本当の意味での関与なのだが——窓を洗うための横に長い架台，これは，その好例だろう。

玄関ホール
下：玄関ホールの天井

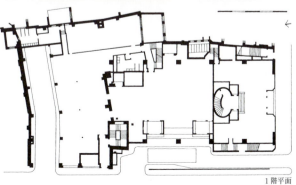

1階平面

1930–32
PIER LUIGI NERVI
Giovanni Berta Stadium
Florence, Italy

ジョヴァンニ・ベルタ・スタジアム 35,000人を収容するこの競技場は，2段階の設計競技で設計者が選ばれたが，その勝者は，ネルヴィだった。そして，これはネルヴィの国家的規模の初めての作品であり，彼が名声を博するようになったのは，間違いなくこれ以降である。ネルヴィは，マイヤールやフレッシネと同様に，静的構造と建築形態の融合を追求していた。彼は言う。「私は信じるのだが，細かいところでも，大局的なところでも，すべての部分で構造の組織を，精根を傾けて考え抜くことが，良い建築にどうしても必要である。過去の傑作を生んだ，静的美的な面での人間活動，技術の知識，施工法の職人的知識の3つの統合に達するのは，構造的建築である」。

この市民競技場のトラックの形は，当然，観客席が設けられる，その周囲の構築物の形に影響を与えているが，それはただ，全体を連続した形にするといった一義的なことだけでなく，二義的な変化，抑揚にまで及んでいる。例えば，200メートルの直線トラックが，ひとつの側に置かれていることは，全体の形を非対称形にする理論的根拠を与えている。そうして，直線トラックがない，つまりU字型をなしている部分では，その周囲が無蓋の，鉄筋コンクリート造の大観客席になっているのに対し，直線トラックの側には，有蓋の正面観客席が設置されている。また，この正面観客席の両側には，それぞれに，無蓋の奥行の短い観客席が，さらにその隣のコーナーには，だいぶ小さな観客席が置かれている。コーナーの観客席は，円弧の形をした片持梁で支持されているが，正面観客席の屋根の構造も，同様に，15度6分ほどの円弧の断面をした片持梁でできていて，根元の方で，それは下側のもう1本の骨組と結ばれている。断面における，こうした分節は，構造的要因と形態的要因の独特な融合の産物だが，これはまたネルヴィの作品の最も大きな特徴である。露出された断面形は，力が集中するところでは厚くなり，逆に力が弱まるところでは薄くなるという具合に，力のダイアグラムを物語っている。しかし，こうしたダイアグラムは，細部になると，それがどういうものなのか曖昧になり，むしろ構造計算した結果というのではなく，ネルヴィの深い直観的な感覚から静力学的に，適切と思われる形を持ってきているといえよう。こう思われるのは，特に競技場の裏側から突き出た観客席への螺旋階段のブレースである。これなどは静力学では決定することのできない構造であり，事実，正確な構造計算は不可能だった。ネルヴィは，単純化した方法で計算し，この形を型どり，補強したのである。このように，ネルヴィは，技術的な熟練に加えて，芸術的な感覚を持ち，この感覚があって初めて，彼の作品は生まれた。例えば，この競技場には，熱血剛勇を祝する，一般によくマラソン塔と呼ばれるもの——この名称は，この運動を栄光化する目的だけの構築物に全くふさわしいと言うべきだろうが——があるが，これはその一例である。

1930
WILLIAM VAN ALLEN
Chrysler Building
New York, N.Y., U.S.A.

頂部

クライスラー・ビル

クライスラー・ビルは，アメリカで作られた20世紀の高層建築の中で，最も眩惑的なもののひとつである。PSFSビルが，構成主義にその根を持つというのなら，クライスラー・ビルは，その源泉に，1925年，パリの国際装飾美術展を持つといえよう。PSFSビルが工業生産品の形を真似たのに対し，クライスラー・ビルは，ちょうど自動車の流線形がそうであったように，近代のひとつの神話——快楽に満ちた絢爛豪華な近代——を祝している。

アール・デコ「ルック」を完全な姿で見せる，このクライスラー・ビルには，アメリカ産業が生産した神話的な構成要素が，ふんだんに用いられている。その典型的な例は，コーナーのアクロテリアのホイール・キャップで，これは，モニュメンタルな大きさに脹れあがっている。57層の鉄骨造のシャフト自体は，すべて明るい灰色と暗い灰色の煉瓦タイルの「工業生産品」で仕上げられ，尖塔に向かって登るにつれ，表現はメタリックになっている。要するに，この建物のイコノグラフィーは，フレスコ壁画から，ロビーの天井まで，パブリックな内部空間のインテリアにも，あてはまることだが，ある意味で表現主義，またある意味でエジプトの形態を取りこんだアール・デコなのである。しかし，大雑把に，この建物が工業生産の技術に捧げられたものだと言うことはできても，インテリアになるとどうか。特にエレベーターのインテリア。これなどは，無比の職人的技巧を見せる，象眼の装飾的な合板で仕上げられ，その精巧な金属細工，磨きこまれたその木工細工は，工業生産の技術を，とうに凌いでいると言わなければならないだろう。

クライスラー・ビルは，結局のところ，子供じみた競争心の産物なのかもしれない。それを象徴する出来事は，ヴァン・アレンが，建物の頂部の内に，秘密に1本の鉄骨の尖塔を作っていたことだろう。この尖塔は，完成の直前に内部のコアから持ち上げられ，これにて，クライスラー・ビルは，319メートルの高さになってニューヨークで一番高いビルになったのである。もっとも，翌年，エンパイア・ステート・ビルが，その記録を更新してしまったわけだが。

1930–32
LE CORBUSIER
& PIERRE JEANNERET
Pavillon Suisse, Cité
Universitaire
Paris, France

スイス学生会館

スイス学生会館は,約45人のスイス学生のために,大学都市に建てられた。これは,ある意味では,彼ル・コルビュジエが「輝く都市」でやろうとしたことの一部を実現したものということもできよう。なるほど,ひとつの立面は,カーテンウォール(彼の有名な「パン・ヴェール」)であって,廊下側の壁は小さな窓が穿たれているだけかもしれない。しかし,ある見方をすれば,これは彼が「輝く都市」で典型的な住区として提案した「歯型の」ブロックの一部と言ってよいものである。だが,こうした共通点があるにしても,スイス学生会館は,本当に独自の意義をもった建物である。例えば,この建物の微妙な構成。居住用の部分は5層の板状の建物であるが,その裏側にはアクセス・コアと1層の共用部分が付け加えられている。

さて,この建物が近代建築運動の歴史に与えた先駆的な役割の中でも重要なのは,3次元の秩序におけるその造形上のダイナミズムである。それは,断頭台のように高く,正面性のある板状のヴォリュームが,背後の巻き貝にも似た彫刻的な形を伴うといった構成に,事実表われていることである。こうして,この構成が生まれたのには,明らかに,彼が共用的な要素を中心に,スイス学生会館を練っていったからであり,実際,ここでの初期スケッチは単なる5層の箱であった。

最終的には,この箱はすばらしく調和した曲線を持つことによってまとめられた。それは,メインの階段がエントランス・ホールの広いヴォリュームを外に押し出している部分だけでなく,食堂の粗石壁とアクセス・コアの塔の側壁にも見ることができる。こうして,ル・コルビュジエは,この外に広がるという不利な形を逆に意図的に利用したわけで,いわばそれを,同じレベルにある食堂,厨房,館長室に繋がるホワイエの見かけの境界を拡張させる装置と化したのである。ル・コルビュジエは,一生涯,機会があるごとに,この公共的な建物を装飾し直した。最初は,自然の造形物の写真で壁が構成された。というのも,彼は当時自然を讃えていたからである。しかし,第二次世界大戦が終わると,今度は彼の「直角の詩」に由来するような塗り壁にされた。最後に触れておくなら,何か閉じた音響室を思わせるようなメタファーが,このホワイエの大きく角ばった平面の生まれる最初から存在していた。といっても,何もこの形態が,国際連盟設計競技で彼が提案したオーディトリアムを焼き直したものであること,そのひとつだけから言えるというのではないのだが。

東側立面

上:全景 下:食堂

1930–32
E. OWEN WILLIAMS
Boots Factory, "Wets" Building
Beeston, Nottingham, England

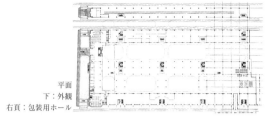

平面
下：外観
右頁：包装用ホール

ブーツ薬品工場

鉄筋コンクリートの可能性を追求した，20世紀前半の注目すべき技師達の例にもれず，オーエン・ウィリアムズもまた，1930年代に入ると，急速に頭角をあらわし，国際的な建築家の仲間入りをした。これは，彼の作品が，ただ異常なほど，彫刻的な力を持っていたからというだけの理由ではなかった。彼は，それまで全く存在していなかった機構のために，やはり未だかつて存在していなかった新しい形態を創出する，という具合に，現代の要請する様々なプログラムにアプローチすることができたが，これもその理由の大きなひとつである。例えば，ノッティンガム近郊のビーストンに建てられたこの工場は，薬品を製造し，包装し，発送するためのものだが，イギリスに限って言って，全く過去になかった大規模な機構であった。その建物は，4層分の高さを持ち，そこでは「水平的な工程」で薬品が生産される。中央上部から採光されているのは，包装工程の空間で，その南の部分は，未加工の薬品と包装の材料に，また北の部分は，製品を仕上げるために，あてがわれている。南と北の長いファサードに沿っては，トラック・ドックと，爪のついたレールが特別に設置されていて，材料，製品の積み入れ，積み出しに使われている。建物の西側は，社員用出入口と工具施設にあてられている。それに対し，東側は，サーキュレーションのベイと，突き出た4つの作業用ベイが互い違いに並んでいる。さて，南北の断面が，そのまま薬品の製造の仕方を見せていることに注意しよう。まず，材料は，積み入れドックの南側に，レールおよび荷物車で運ばれてくる。それから，それらは北に向かって動き出し，最初に倉庫に入れられる。次は製造所で，4層分の，上から採光された包装用ホール――これは，建物の背骨全体の中で，最ものびのびした部分だが――を通過し，最後に，もう一度，別の倉庫に貯蔵され，そこで，工場の北面から積み出され，発送されるのを待つことになる。このように，材料，あるいは製品の動きは，ほぼ全体を通して水平的であるが，それに対し，製造に必要なものは垂直方向から与えられている。もっとも，包装の工程には，軽量の金属でできた滅茶苦茶な形をした投下装置――これは，中央のホールの建築的質一般を豊かにしている――を通るわけで，製品，

材料の動きも、必ずしも水平的ではないわけなのだが。この包装用のホールの屋根は、コンクリートを枠としたガラス・ブロックでできていて、構造は、各々69フィート（約21メートル）・スパンの露出した鉄骨トラスである。しかし、それ以外の部分はすべて、鉄筋コンクリートのマッシュルーム・コラムの構造で、ベイのシステム——均等ではなく、23×29フィート（約7×8.8メートル）から32×36フィート（約9.8×11メートル）までの間で変化している——は、この構造によって、徹底的に決定されている。そして、このマッシュルーム・コラムの笠のような部分が、かなり下の方から始まり、そのため構造がいかにも重々しく感じられることも言い加えておこう。

また建物の形全体は、まさに彫刻的な感じを与えているが、それは、基本的に、ダイアゴナルに面取りされた柱と、やはりダイアゴナルに切り取られた、内部、外部のコーナー、さらに上から被さるようなコンクリートのコーニスの形とから生まれている。この最後に挙げたコーニスには、金属のレールが吊り下げられているが、これはガラスと金属の枠を洗浄し、それら一般的なメンテナン

スを計る——もっとも、外周を巡る露出したコンクリートのスラブには、この限りではないが——ためのものである。ともかく、この連続する金属の「コーニス」は、水平的に引かれた、2重のガードレールのような暖房用パイプについても言えるだろうが、この建物のイメージを、構造、技術、彫刻などの統合物として、人々に感じさせる、大切な要素のひとつだと言ってよいだろう。

この建物の、重々しいコンクリートの上部構造と、軽量の鉄とガラスの被膜との間の、鋭い対比について、アルフレート・ロートはこう書いている。

「立面における様々な形態は、どれも機能の要請から、自然に生まれてきた。表玄関のある西立面では、長さ390フィート（約119メートル）に及ぶ大きなガラス面がファサードを形成し、北と南の立面では、積み出しと積み入れのためのドックの上に架けられた片持梁が、特徴的な姿を見せ、さらにその2階より上では、部分的にセットバックしている。また、採光のために、様々な階を穿って作られた多くの吹抜は、内部空間を特徴的なものにしている。吹抜の形が、大きな半径の円弧を持っているのも、構造的な理由からである。

審美的な見地から言って、最も考慮に値するのは、構造的な理由で鉄筋コンクリートを用いているにもかかわらず、その形態をありのままに表現していることである。ガラスの壁にしたことも、その構造体の視覚的表現をより引き締めることになっている。……鉄筋コンクリートの形態こそが、この建物の建築的表現を豊かにしているのである」。

こうした形態の特徴は、北と東のファサードで、最も劇的に示されている。つまり、そこでは、北側、東側への、将来の増築に備えて、片持梁で歯のようにスラブが突き出ているのである。しかし、この作品についても、彼の他のパイオニアとしての作品同様、彼が、構造体の形態にのみ関心を払っていただけだ、ということはできないだろう。というのも、2階のサーヴィス用のベイに合体された売店に見られるように。彼は、より良い労働環境を作ることを目的とした要素を配したり、あるいは屋上には、保健施設を設置しようとしたのであり、こうした点を含めて、建築家であり、また技師でもあったウィリアムズは、新しい建築のタイプを創案したのである。

1931–33
LE CORBUSIER
Salvation Army Refuge
Paris, France

救世軍施設

ド・ポリニャック公爵夫人が、救世軍にル・コルビュジエはどうかと働きかけてくれたおかげで入ったこの仕事は、救世軍の側から言えば、1920年代末に決定された建築建設のプログラムの一環を成すものだった。建物は、鉄骨とガラスの構造で、彼の、機械時代の建築というコンセプトをよく示している。その点、30年代前半、ル・コルビュジエが実現した他の2つの重要な作品、1932年、ジュネーヴの集合住宅「クラルテ」、1933年、パリの、彼自身住居として住んだポルト・モリトールの集合住宅とよく似ている。また、この救世軍施設は、1934年、彼が「輝く都市」という題で発表した、ユートピア的な都市の提案にあった建物の住居用の断片と見なせるという意味で、大学都市のためのスイス学生会館とも似ている。実際、片面がカーテンウォールで、もう1面が不透明なファサードになっているこの建物は、ル・コルビュジエがプロトタイプとした「歯型のブロック」の一部といってよいだろう。狭く使いにくい敷地に挿入されたこの「輝く都市」の「断片」は、ポルティコ部分と、その後ろの宿泊設備に分割されている。言い換えれば、このポルティコはいくつもの部分に分かれ、ガラスの板のような建物の前に並べられた一群のオブジェのかたちをとっている。

この公共機関は、極貧者のためのものだが、彼らは、このポルティコ部分のヴォリュームを次々に進んでいくにつれ、ある種の思索的体験をすることになる。まず、キャノピーに向かって登る。次は右に曲って、ブリッジを渡り、ガラス・ブロックの大きな円筒形の玄関ホールに到達する。今度は、大きな長方形のホールで、受付事務室はその傍にある。そこで、また曲る。こうして、ここでも軸線は交差していて、シークエンスは変化するが（「建築のプロムナード」）、その先には、宿泊施設のエレベーター・ロビーがある。と同時に、このロビーは、上階の食堂への直接のアクセスにもなっている。宿泊施設そのものは、男性と女性の2つの部分に分かれていて、屋上階でも、左側が子供と女性の「小部屋」、右側が男性のそれになっている。

当初の形では、この建物は約1500人を収容し、全部で900床を持つというものだった。うち125床は小児用で、このように子供の数が多いため、屋上には、保育園が作られた。

入口側外観

食堂

　収容人員の多さ，しかも時には，6列に並んだベッドいっぱいにも脹れあがった悪条件は，ル・コルビュジエが「正確な呼吸作用」と呼んだ空調システムに，大きな負荷を与えた。空調システムは，経済恐慌期にやっとのことで設置されたのに，ちっとも満足に働かなかった。とりわけ，夏のための冷房機能がなかったことは，この「温室の趣」を，使用者にとって，耐え難いまでの状況にした。しかし，考えてみれば，こうした失敗は，戦前のル・コルビュジエによくあったことなのである。彼は，進歩したテクノロジーを駆使することに，情熱を傾けたが，しかし，これはまた，建設産業が実際に何をでき，何をできないか，見極めない余りにナイーヴな決断であって，しばしば，道理に合わないほどのコストをかけなければ，彼が提案したものを，動かせないことになったのだった。

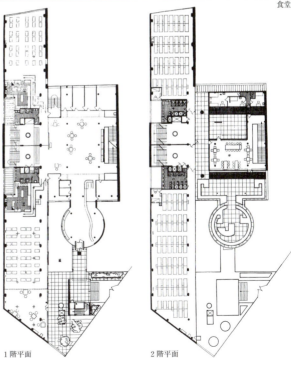

1階平面　　　　　2階平面

1932–33
HANS SCHAROUN
Schmincke House
Löbau, Saxony, Germany

シュミンケ邸

シャロウン，1932年のシュミンケ邸と，その8年前，ヘーリンクのガルカウの農場は，一見したところ，いくつも違ったものを示しているが，そこには，ひとつの共通したイデオロギーがある。というのも，シャロウンは，一生の間，ヘーリンクが言った「有機的なアプローチ」を追求したからである。しかし，シャロウンらしい特色を備えたこのシュミンケ邸には，その鉄骨の構造に，タッチの独特の軽さ，あるいは一種気紛れとも言えるようなものが感じられる。つまり，構造は基本的には，なるほど，直交する厳格なものだが，それは突然，視界の開ける方向に，捻れているのである。この住宅の「頭部」は，ちょうどアアルトのヴィラ・マイレア同様，有機的に強調されているのである。この頭部，あるいは見晴し台は，1階の天井の高い食堂と，その上の主寝室にあてがわれるもので，その形は適当なものだと言えよう。食堂にも，寝室にも，大きなテラスが与えられ，それらの要素は，片持梁で宙に浮いた形として突き出し，ヴィスタの方向に広がっている。

シュミンケ邸は，こうした特有の要素を用いている点で，1934年，ポツダム近郊のボルニムに建てられた，彼シャロウンのマテルン邸と似ている。そして，この両者とも，外皮が光の敏感な調整装置として機能している，と言うことができよう。つまり，シュミンケ邸のワイヤー・メッシュの鉄製のパイプ，うねった手摺が，反射光を活性化しているというのなら，ボルニムの住宅では，居間の正方形グリッドの窓割りが，周囲の光をフィルターにかける機能を果たしているのである。このような「ノイエス・バウエン」に特徴的な窓割りは，事実，どちらの住宅でも，光に敏感に反応し，内部空間に明るい光に満ちた印象を与える，ある「詩的な」要素として，自由に用いられている。特に，シュミンケ邸のソラリアムに設けられた温室，マテルン邸の居間の凹んだ切妻壁にはめこまれた，奇妙にカーヴした寝椅子には，それがはっきりと示されていよう。

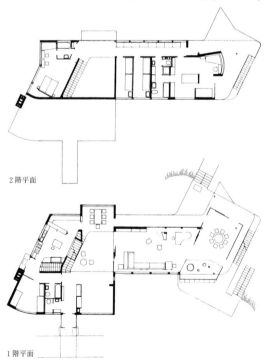

2階平面

1階平面

全景

温室

1932–36
GIUSEPPE TERRAGNI
Casa del Fascio
Como, Italy

カサ・デル・ファッショ
イタリア合理主義は、ひとつのモダニズムの立場であるが、これは、ルイジ・フィジーニ、アダルベルト・リベラ、ジーノ・ポリーニ、ジュゼッペ・テラーニなどの、ミラノ工科大学の若き卒業生達が参加したグルッポ7が、1926年、『ラッセーニャ・イタリアーナ』誌12月号で宣言したことから始まったものであり、地中海の古典的遺産と機械時代の構成的論理を融合しようと試みた運動である。そうして、このカサ・デル・ファッショは、最初、ロンバルディア地方のヴァナキュラーな要素——例えば、伝統的な瓦屋根——を持った、ひとつのパラッツォとして数多くの初期スケッチが描かれた後、最終的に、このイタリア合理主義の規範となった作品である。カサ・デル・ファッショは、縦横高さの比が、1対1対1/2の厳格なマッスだが、そこには2つの流れ、すなわち、1923年、ジョヴァンニ・ムツィオがミラノに建てたカ・ブルッタのアパートに代表される、古典的エレメントを新しい方法で使う運動と、それから、同じ年、ル・コルビュジエが『建築をめざして』で提出した、プラトン的機械主義の両方に影響されていた。

この建物を分類するとすれば、まず、プロポーションの決定の仕方、軸線の重視という2点で、人文主義の影響を見落すわけにはいかない。つまり、ファサードは徹底して$\sqrt{2}$のモデュールでデザインされ、また建物の軸線は、コモ大聖堂のアプスの端部と一致している。他方、機械主義も、内なる内庭を大聖堂の方に

伸びている外部の広場と結びつける、連続した15のドアにはっきりと見て取ることができる。これら鉄製の枠を持ったガラスのドアは、ファシスト団が広場という政治的アリーナに、颯爽と登場する時のために、電気仕掛けで一斉に開くものである。同じような機械仕掛けの工夫は、まだ他にも多くあり、例えば裏の階段に繋がる同種の可動性のドア、到るところで用いられている引き違い窓、天井高一杯のガラスのドアなどは、その例として挙げられよう。しかし、カサ・デル・ファッショの最も驚くべき独創的な工夫は、間違いなく、ファサードの層的な読み取りによって、内部の基本的なヴォリュームが見えてくるようにした、その方法である。広場側の正面ファサードは、まずソリッドな壁と5ベイ4層のフレーム部分の2つに分割され

玄関ホール

ているように読み取れ，次の玄関ドアの面まで後退したレベルでは，3ベイの幅を持つ内部の内庭のヴォリュームが表示されているように見える。建物を一周すれば，この3ベイ幅のヴォリュームが，南東立面——ここでは，主階段に重点が置かれている——を除いて，どのファサードでも，巧妙に示されているのがわかる。しかし，この縦横とも3ベイで高さ2層分の内部ヴォリュームは，北西－南東の軸に関して対称を成して配されているにもかかわらず，広場（当時，帝国広場）に対しては，水門のようなアプローチを設けたため，セットバックする結果になっている。このアプローチは，まず段状の基壇を登り，ドアの前の壁面より奥のポーチに到達した後，内部の最初の列柱の前の部分，つまり前室の控え室を通過し，次に構造の1ベイ分の奥行を持つ前室に入るというもの。この前室の右側には主階段，左側には1922年，ファシストのローマへの進軍の記念碑が置かれている。初期エスキースを見てわかるとおり，このカサ・デル・ファッショの内庭は，例えば1936年のサンテリア幼稚園などのテラーニの他の作品同様，元々外部空間として設計されていた。しかしこのヴォリュームは，設計中に2層分の高さを持ち，「レンズクリート」（ガラス・ブロックをはめこんだコンクリート）の屋根から採光されるホールとなって，そのまわりには，ギャラリー，事務室，会議室が設けられたのである。

これが，単なる近代のモニュメンタルな作品にとどまっていないのは，ここに古典主義が潜伏しているからであるが——イタリア合理主義は，地中海の伝統に関心を払っていた——それは，ホールの周りで展開される，ボルティチノ大理石の化粧，独立した構造，柱梁によく表われている。ミース・ファン・デル・ローエのバルセロナ博ドイツ館（1929）

と同様，言ってみれば，基壇に建つその立面によって，つまり伝統的な作法で，高い水準の表象性が得られているのである。他方，ここには古典主義の敷衍化としては説明できない，抽象的な厳格さ，建築の複合性が存在している。例えば，1936年の『クゥドランテ』誌に書かれたように，この建物は，重力の法則および人間の生活が要求するひとつの方向ではなく，様々な方向性を持つ，ちょうどエッシャーの絵のような世界として，知覚されることを狙ったものであった。ここでは，「上下」とか「左右」の，普通の対称性が，鏡像効果——それは本当の鏡による場合も，そうでない場合もあるのだが——によって，徹底的に蔑ろにされているのである。具体的に言えば，ホワイエの柱が磨かれた大理石張天井や床に反射していること，あるいは，主階段が踏み板だけでなく，その裏も，段々になっていることが挙げられよう。この階段は，ガラス製の手摺を別として，ひっくり返しても，全く同じ形をしている。カサ・デル・ファッショに意図された政治的イデオロギーは，内部，特にホールの「正義，秩序，祖国」と銘された飾り板（これは完成されなかった），総裁室の壁面いっぱいに引き伸ばされた，マリオ・ラディチェによる抽象化したムッソリーニの写真に示されている。

3階平面

1階平面

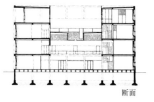

断面

第 9 章
地方都市と共同都市計画：建築とアメリカの運命
1913-1945

The Regional City and Corporate Urbanism: Architecture and American Destiny 1913–1945

第1部　フランク・ロイド・ライトとユーソニア礼賛

「ライトの建築的発展と後の彼の農民的立場への固執を理解するためには、超越主義と隣合うこの開拓者の神秘的世界、そしてシカゴの作品にみられる日常的なリアリティとの間で揺れる2つの方向性、いわば宙吊りの状態を念頭に入れておかねばならない。ライトは、この町の知的生活を主導する主要人物達と直接の交渉をもって暮らしていた。ハル・ハウスで彼が行った講演は、都市生活を"文明化"するための作業が必要だという考えを発展させる上で事実上の貢献を果たした。しかし、こうした知的環境の中での彼の立場はいつも定まってはいなかった。そこに全面的に没入しえたわけでもなく、完全に離れえたわけでもない。家族と暮らしていたオーク・パークの雰囲気と、毎日鉄道で通った町との間を往ったり来たりしていたのだ……。

ライトはみずからが2つの世界の間にいることを知っていた。ハル・ハウスとそれが示唆するもの一切の世界、そして施主を含めた一族郎党、つまり多くの場合隣人であり、うまくつきあっていこうとした人々の世界なのである。両方とも町との繋がりをもっていた。一方はその改革をめざしてそれを批判し、他方はそこから自身の安寧を引き出していた。町を変革しようとした者と、実際に変革しつつある者なのである。文化的な意味合いを含めた都市の生活と、人間的接触の表現としての郊外郷(サバービア)の生活との間にライトはより高次の総合を求めていた。しかし、知的社会と家族生活の同族意識の間にはいかなる関係もなかったし、またありえなかった。」

ジョルジョ・チュッチ
「農民的イデオロギーの都市とフランク・ロイド・ライト」（『アメリカの都市：南北戦争からニュー・ディールまで』1979年より）

フランク・ロイド・ライトの一連の建築作品には、アメリカにおけるメトロポリスの絶ゆまぬ変動、そして同時に過去の偉大な都市文明への憧景がある程度体現されており、彼自身都市を拒んだものの、常にその公共体としての栄光、建築がそこで偉大なものと化す瞬間を望んでいた。この二分法はすでにオーク・パークの時期に明らかである。その頃彼は、上向きに胎動している社会で実践上の最初の実りを手にしながらも、連日（少なくともルイス・サリヴァンの下で働いていた時は）勇ましいシカゴのダウン・タウンに繰り拡げられる苛酷な現実社会へと足を運んでいた。当時、都市計画理論の発展にはさほど興味を抱かなかったが、それでもアメリカの都市が投げかける問題を意識はしていたわけである。20世紀への変り目頃、アメリカの都市はひどい過密状態を示しており、そうでないとすればもう都市はほとんど存在しなかった。このジレンマは、ライトが第一次大戦前に建てた比較的大規模な都市建築に反映されている。バッファローのラーキン・ビル（1904）やシカゴのミッドウェイ・ガーデン（1914）など

で，これらは，外側はほぼそのまま手をつけずにパブリックなファサードを内側に向けることにより，実際「ミニチュアの都市」の範型を生み出している。

　この内景の意味を解釈するのは難しい。果たして，ライトは建物をその内部に位置させている都市の集合体の存在を否定せんとしたのだろうか，それともアメリカの都市は公共の場として頼ることができなかったのだろうか。その答がどうであっても，この時点からライトの公共建築作品の大半は内側を向き，その内側での分節，装飾，銘刻によってユートピア的共同体の神話を示唆するのである。世界の野蛮に対置された一種の内側の公共領域である。

　他方，穏やかなフロンティアに拡がる大自然の緑の真中に浮かんだプレイリー・ハウスは，家庭生活の味わいをいっぱいに感じさせ，上に述べたような内景がなくなっている。この景観は，何世紀にもわたって成長してきた大自然をふんだんに繰り拡げ，相変らずエデンの園の霊気で満たされていた。そこに現われた初期ライトのヴィジョンの牧歌的な奥行は，今日でもオーク・パークやリヴァー・フォーレスト・ハウスの理想化された出来栄えに見てとることができる。むろん，ライトはシカゴの都市社会学派とのつき合いから工業都市の貧者のおぞましい条件を知っていたが，リベラリズムを旗印とした郊外住宅地の閉所恐怖症的夢想から彼を最終的に解き放ったのは，この意識というよりむしろ彼の反抗精神であった。彼をしてオーク・パ

ークを放棄せしめ，国を去らしめるいわば触媒となったのは，中産階級出身の施主の夫人であった。1909年，このボースウィック・チーニー夫人はライトとヨーロッパへ駆け落ちしたのだ。

　この不義事件から生じた地元のスキャンダル騒ぎに憔悴しきったライトとチーニー夫人は，ヨーロッパでの滞在から帰途についてはみたものの，シカゴではなくウィスコンシン州はスプリング・グリーンなるライト家ゆかりの土地へと戻っていった。彼は1911年，この地で最初の自己完結した農業集落を建て，ケルト語でタリアセン（輝く額）と名付け，隔絶してはいるが，ヘンリー・ジョージが自著『進歩と貧困』(1879)で展開した反都市的な経済・文化理論を実践に移したのである。タリアセンはライトによって築かれた3つの明確な自己完結性をもったコミュニティの中で，第一番目に位置するものであった。これらのコミュニティでは，彼の建築助手達は師匠の仕事を手伝うだけでなく，土地を耕やし，くる日も続く農場の建設作業に従事することが期待された。

　ライトはこの人里離れた修練所を築き上げた後，ジェファーソン流の自然観と芽生えつつある工業都市との絶ゆまぬ対立をいかに乗り越えるかに関心を向けた。それもこの場合，オーク・パークのような郊外住宅地を設計するのではなく，1913年のシカゴ・シティ・クラブ設計競技で非公式参加ながら新しい住宅地のパターンを試みたように，仮想上の地方都市の一部分

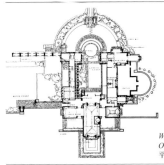

Wright, Hollyhock House for Aline Barnsdall,
Olive Hill, Los Angeles, 1920.
平面

を計画しているのだ。

　ライトのシカゴ・シティ・クラブのプロジェクトは、1920年代後半に初めて着手するより包括的なブロードエーカー・シティの命題を、ほぼ字義通りに予感させるものである。郊外住宅地の理想を超越し、公共施設と戸建ての家族用住宅群とを統合するところまで進んでいる。その全体は、街路樹を並べたモニュメンタルな軸線を取り込んで分節され分割される。基本となる住区（1901年の「プレイリー・タウンの住宅」と題された提案から抽出されている）は、正方形の街区の境界内に4戸のプレイリー・ハウスをまとめ、それらを真中の建物の周りに卍状に配している。全域に一様に配置された公共施設を除いて、この郊外の基本街区――家族内の交渉を意味する――は無限に反復されるものであった。この住宅地のパターンの都市的な特質が公共建築で保証されるのに対して、その地方性は多極性および際限なく拡張しうる能力によって裏付けられていた。ライトに楽園的な理想があったとすれば、それはプレイリーの処女地にこのグリッド状の市街地が無限に滲入していくところにある。

　このモデルを構想する一方で、ライトは相変らず都市的な大きさにも憧憬を抱き続け、東京の帝国ホテル（1916-22）で自在な表現を示すことになった。この建物は、ウィスコンシン州ラシーンのジョンソン・ワックス本社ビル（1936）が出来るまで事実上最後の「ミニチュアの都市」であり続けたが、ライトはここで即興的文化なるエキゾティシズムをほしいままにした。即興とは、大谷石を切って仕上げた反り上がったコーニスや先端装飾をはじめとして内部の大宴会場（孔雀の間）を覆う大トラスやテント状の天井部材に到るまで、あらゆるものが初めから考案されたという意味で、その圧倒的な装飾は日本文化とはあまり関係なくむしろ西洋の伝統に近いプレ・コロンビア文化のもつ抽象デザインを曖昧ながら示していた。

　ライトの場合もアメリカン・ボザールやモダン・ジャズといった先駆者と同じく、歴史を越え、大陸の差を超越した近代性をめざす一種の必然的な傾向が潜んでおり、この傾向はアリーン・バーンズドールのために行った彼の仕事を通して理想的な状態に到った。なかでも彼の設計によりロス・アンジェルス、オリーヴ・ヒルに造られたバーンズドールの壮麗な邸宅、ハリホック・ハウスはそれが顕著である。ハリホックの毅然とした構成はやっと最近になって元の栄光の状態に復原されたが、そこで僅かに傾いた無装飾・横長の壁体、半ば隠れた窓、あるいはその中庭や水盤、浅い窪みで妖しげに囲まれた、居間のモニュメンタルな暖炉などが繰り拡げられる様は、今日でもマヤかアッシリアの皇女のための城砦を示すかのようである。高くとられた広い屋根のテラスはスフィンクス状の端柱で挟まれ、南側に町の拡がり、北側にサンタ・モニカ山脈への眺望をほしいままにしている。バーンズドールはライトともども、これまでのものに代わるもうひとつのアメリカ社会を

創出するという考えに強い興奮を覚えた。その
ことを心に刻んで彼女はハリホックを父親の記
念として献じ、「われわれの先祖は我が国の富
を発掘した。われわれに課せられたのはその美
しさを発掘することである」との言葉を添えた。
彼女が生涯を通じて様々な革新的, 社会主義的
運動を支持したのはまさにこの目的からであ
り、同時に1915年にはすでにみずからの役割を
芸術家のパトロンとなることと考え始め、ハリ
ホックの土地にライトに劇場を設計させ、その
支配人をオルディンスキー, 舞台デザイナーを
ノーマン・ベル・ゲデスとして, 彼女の意のま
まに新しい文化をめざした演劇祭を創り出すつ
もりであった。彼女は, ハリホックが, バイロ
イトが19世紀ヨーロッパ文化に授けたものを,
20世紀の太平洋文明にもたらすことになると心
に描いていたようである。

　アメリカ中西部の郊外が家庭的でひたすら緑
にそよぐ住宅地になりきってしまったことに我
慢できなかったライトは, このハリホックによ
って新しいエルドラド（黄金郷）の約束を開示
した。希薄な荒地の文化の影にすぎないが, そ
の内部にかつて例をみない近代的規模をもった
永遠の文明が現われることが可能であり, まさ
しく, 太平洋沿岸に数多く見出すことのできる,
乾いた砂漠の砂床, さもなくば草木で覆われた
小丘の上に整えたきらめくばかりの城砦の文化
なのである。

　1921年, ライトはシエラ・マドレ山脈に丁度
このような城砦を計画した。一連の小丘や峡谷
が繰り拡げられる中に散在したコンクリート・
ブロックの住宅からなるひとつの集落全体を包
含したドーニー・ランチ計画である。この野心
的なクサナドゥは結局実現には到らなかった
が, 彼はその構成要素たる「テキスタイル・ブ
ロック」の住宅を一軒また一軒と造り出した。
最初のものは1923年, 各々ハリウッドとパサデ
ナのストーラー邸およびミラード邸として完成
した。後者は,「ラ・ミニアトゥーラ」としても
知られている。次いで翌年, ロス・アンジェル
スの険しい峡谷を見渡す絶壁の上にフリーマン
邸とイーニス邸とを建てた。そしていよいよ
1927年には, サン・マーコス・イン・ザ・デザー
トとして知られるアリゾナ州チャンドラーに巨
大な集住体を計画した。尾根に沿って走り, よ
り小さな規模だが, ドーニー・ランチ計画と張
り合うテラス状のホテルである。ライトにとっ
て初めて砂漠に陣取って建物を建て, ほぼ10年
を経てフェニックスに築かれることになるタリ
アセン・ウエストを予感させるのはまさにこの
プロジェクトに他ならない。彼は文字通り砂漠
に住み込み, そこで働くことを通して, いかに
砂漠での建築行為をなしうるかを学ばんと心に
決めていたように思われる。そのため, 彼は
1927年にチャンドラーに近いソルト・レンジに
キャンバスと木組からなるオカティロー砂漠キ
ャンプを設営し, 1930年にこのキャンプが壊さ
れるまでの3年間, この地で断続的に仕事を続
けたのであった。この砂漠での体験がまさしく
頭にあったがゆえに, 彼は1928年2月に以下の

文章を認めたのだ。

「西部の大砂漠の横断を試みようとする際に、きらきらと光る砂の床から簡素かつ威厳をもって建ち上がる建物が眼に入ることとなる。この砂の上では相変らず生き物が必死になって生きながらえようとしている。かつてエジプト人達が知悉したものを眺め、そこから教訓を得たように、それらをなおも眺め続ける。

というのも、大地のごつごつとした殻が、岩石をかたどり今日横たわるような姿に変え、あるいはそれを聳えたたせて風や波によって刻まれるのをじっと待つようにする原理を生み出し、そこに人類のあらゆる時代を通したかたちや様式が宿っているのだ。」

他方、都市におけるエルドラドを実現する機会に巡り会った際、ライトは躊躇せずそれを受けいれた。1923年のナショナル生命保険会社ビルのための高層建築プロジェクトがその例を示すと思われる。しかし、ライトはレイモンド・フッドといった流行建築家と同じくアメリカの中産階級のもつ、こざっぱりとした郊外住宅と都心のモニュメンタルな風景という二重の基準に通じていたにもかかわらず、フッドのように田園ではネオ・クイーン・アン・スタイル、都市ではゴシックないしボザールとモダン・ジャズの合体したものを求めるという舞台装置家的な欲求を認めはしなかった。むしろ、ライトはコンクリート・ブロックのモザイクを発展させる

ことを出発点として、それから様式の源泉として生産的な方法を組み上げたわけである。テキスタイル・ブロックの住宅であれ、シカゴに計画された銅板とガラスの面をもつ摩天楼であれ、20年代の彼の作品にめざましい統一感が備わったのは、まさにこのことゆえにである。実際のところ、普通ならありきたりのコンクリート・ブロックにすぎないものに装飾的モチーフを刻むという類いまれなる考えがライトの頭にひらめいたのである。この荷重支持のコンクリート・ブロック構造体の上に「テキスタイル・パターン」を重ね合わせる点について、彼はこう記した。

「人工の石と見た場合、コンクリートはいささかの重要な価値をも持たないし、実際、個別の美的価値など認められない。可塑的な材料として見た場合、必要に応じて石の如くなる性質もあるわけで、そこには素晴らしい美的価値が潜んでいるが、まだ十分には表現されていない。

型枠にコンクリートの形状をデザインしてこの柔らかい材料にかたちを与えることは可能と思われるが、そうすればその可塑的な性質ゆえに、人為的な工程を経て石とコンクリートが区別されることになる。これまで私はこうしたことが偶然に起こる以外はほとんど眼にしたことがない。

その処理をめぐってもうひとつの可塑性の可能性が潜んでいる。コンクリートを打ってすぐまだ乾かないうちに、印刷機の原版が型を押し

Wright, National Life Insurance Building, Chicago, 1924.
アクソノメトリック

出すようにその塊に印刻を施す，いわば，"襞をつける"ことができる。そして，こうした効果は，浮彫状であれ沈彫状であれ植物や他の生物の化石が残った石に認められるといってもよい。しかもこの処理は美的に考えて，いかなる型枠の効果よりもその性質に近いかもしれない。

それゆえ，このパターン要素は，たとえ機械的に生み出されたとしても，今日の機械時代の機械による工程を通してコンクリートに救いをもたらすものである。今日では，コンクリートをそのまま流し込んだただの量体の上にそれを載せるとともに，それ自体が他のどの材料よりもすぐれた材料としての役割を果たしている。」

この発見がサリヴァンのテラコッタの装飾的用法に端を発しているとしても，ライトは，壁体が構造壁であるないに拘わらず，こうしたモザイクの適用にともなう可能性をただちに意識した。その結果，彼はテキスタイルの原理を応用して，ナショナル生命保険会社プロジェクトで試みた非構造壁たる被膜としての軽量部材に相当する効果を得たわけである。そこで得られた軽やかな効果について彼はこう述べている。

「外壁はそれ自体としては消滅し，逆に規格化された薄い銅のスクリーンが吊るされる。重さをもったもの，厚みをもったものとして，壁体はそれ自体存在を止めてしまう。この建物において，窓は，利用者の意志にもとづいてひとつもしくはまとめて開口し，スクリーン部材の単位を示す事柄となる。垂直の方立（非伝導性の材料を填めた銅の被膜）は，床面から床面へと立ち上がり，ガラス面への影の必要に応じて突出の加減を調節する上で最小限の幅と強度をもてばよい。」

多くの人々が指摘してきたように，ライトのナショナル生命保険会社とラインハード＋ホフマイスター事務所，レイモンド・フッド事務所によって設計されたロックフェラー・センターの間にはきわだった類似点が窺える。このことは，両者とも1922年のシカゴ・トリビューン設計競技，とりわけ当然のことだが，この設計競技で次席に輝いたエリエル・サーリネンの案からインスピレーションを受けているという事実からある程度説明できよう。しかし，両者のデザインとも同じく垂直方向の分節を示している点を除けば，互いに独立して建ち上がる摩天楼という既成のあり方を通り越し，「ミニチュアの都市」なる新しいタイプとしてジグラット（段状ピラミッド）を打ち出したのである。いわばフッドが1929年に「マンハッタン1950」案として考え出すことになる形式である（同じく，ヒュー・フェリスによる同年の著作『明日のメトロポリス』に見られるジグラット都市を参照せよ）。だが，この時点でライトとフッドはともに思い切って近代的となした集住体に対する情熱を分かちあっていたものの，両者は技術面でこれ以上の差を示すことができないほど離れて

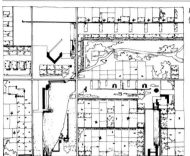
Wright, Broadacre City, 1935–58.
住区計画

いた。すなわち，フッドのロックフェラー・センターは通常の鋼構造，石による化粧仕上げをめざしていたのに対し，ライトのモザイク仕上げの部材は垂直の錐柱(ピロン)と片持梁の床スラブからなる樹木状の構造体に吊るされることとなっていた。

　ライトの作品において鉄筋コンクリートの片持梁は徐々に有機的建築の思想に結びついていくことになり，1920年代半ば以降，彼はこの正統から外れた架構法をほとんどの大規模作品で用いる方向に走る。特に1929年の高層タワー，セント・マークス・タワー（これは1955年のオクラホマ州バートレスヴィルのプライス・タワーに行きつく）が著しいが，それにもましてジョンソン・ワックス社の本社ビルを挙げねばならない。ジョンソン・ワックス本社（1936）は，ナショナル生命保険会社案の構造的卓越性とラーキン・ビルが喚起した内省的な共有領域とが合体したものと考えることができよう。

　あらゆる機会を捉えて新しい都市形態を考案していきながらも，ライトは集合住宅のより適切なパターンを発展させていこうとの考えを捨てなかった。1932年，自著『消えつつある都市』で彼はユーソニア的な解を求める上での理論的思考を定式化するに到った。ユーソニアなる用語は，ライト本人が言うようにサムエル・バトラーから引かれたのではなく，どうみても1910年頃に提案されたユナイテッド・ステイツの頭文字を組み合わせた頭字語に起源があるように思われる。ライトにとって1903年に大量生産が開始されたヘンリー・フォードのT型フォードは，ブロードエーカー・シティに登場する機械仕掛けの神となるのだ。都市論についての彼の後年の論考である『デモクラシーが建設する時』（1965年発行）ではこう述べている。

「自動車の進出とそれに付属する発明の結果，われわれの檻は開きつつある。個々人における現実の物理的地平は測りしれないほど広がっている。そして，重要なのは，空間の価値が新しい測定基準をもって時間の価値へと変化したということだけでなく，新たな空間的拡がりの感覚が実際にモビリティにもとづいているということでもあるのだ。」

　ライトにとって新しい測定体系とは1家族の敷地面積をエーカーで示すことであり，そこには未来の世代が生まれながらの権利にもとづいて確保することになる面積も含まれている。ロバート・フィッシュマンが指摘したように，この比率を適用すれば1930年当時のアメリカの全人口はテキサス州に楽々と収めることができた。

　アメリカでは1929年の証券取引場の大暴落に始まる大恐慌を打開する目的をもってすでにテネシー渓谷公社というかたちで最初の地域計画が進行していたが，1930年，プリンストン大学でのカーン記念講演に際して，ライトはそれに刺激されて今や新たな開始の時期だと訴えることとなった。そこで彼は既存のアメリカの市街地を全面的に分散することを主張して実際それ

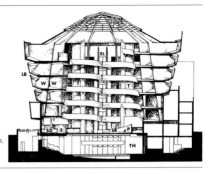

Wright, Guggenheim Museum, New York, 1943–59. 断面

に取りかかったわけである。彼は土地の賃貸，金の賃貸（利子），思想の賃貸（特許）に代表されるあらゆる賃貸行為に反対し，ヘンリー・ジョージの「単一税」論やスイス人経済学者シルヴィオ・ジェゼルが唱えた金融改革，そしてピョートル・クロポトキンが自著『工場，農地，作業場』(1898)で初めて訴えたアナーキズム的社会主義の分散市街地モデルに自身の経済学的基礎を置いたのであった。

ライト自身の考えによれば，ブロードエーカー・シティは特定の中心をもたないグリッド状分割として100平方マイルあまりも連続しうるものだった。この敷地一帯には，学校，体育館，空港，小規模工業センター，競技場，ツーリスト・キャンプ，美術館，教会，大学，動物園，政庁舎，道沿いのマーケット，そしてとりわけ自動車施設つまり余暇活動と一緒になった大衆教育センターなどが散りばめられている。最後のものは，1925年にまずジグラット状プラネタリウムとして計画され，1959年つまり彼の死の年に完成したニューヨークのグッゲンハイム美術館で螺旋状のアート・ギャラリーとして練り直した，独特の建築タイプに他ならない。しばしばライトは特別に高層建築（セント・マークス・タワー）を建ててみることになるが，これは彼が言うように「田園の美しさを望みながらもその創造や扱いに関わることができない未訓練の都市住民」に供されるものだった。彼にとって理想的なアメリカ文明の出現を保証する根源的な作因は3つあった。普遍的な光と電力そしてコミュニケーション（エジソン），普遍的なモビリティ（フォード），そして第三に規格化された工場での機械生産である。彼が指摘するように「ブロードエーカー・シティを建設するにあたってアメリカは何の手助けも必要としない。それはみずから自然に出来上っていくものだ」。

この多分に一般論のかたちをとった預言にみられる広い視野は，過去35年におけるアメリカの都市化の動きの中でブロードエーカー・シティが大きく実現されたという点で歴史の認証を受けたが，ライトの経済観には反資本主義の流れがあり，また，その建築には独特の詩情が秘められているという点がそこから大きく脱け落ちてしまった。ライトが後年の作品にとりかかる動機となったのは，彼の考えに誤った解釈が加えられる可能性を感じたためである。じじつ，彼は最初のユーソニア建築たるミネアポリスのマルコルム・ウィリー邸（1932，完成1934）以降，ブロードエーカー・シティの構成部分を一軒また一軒と建て始めたのである。

この時点から後に登場するものはすべて農民的な都市分散なる一般的な方向性の一部分として実際に構想されたものである。ペンシルヴァニア州ベア・ランにエドガー・J・カウフマンのために建てられたあの名高い傑作たる落水荘（1936）に始まって，1930年代，40年代，50年代に実施された比較的コストのかからない一連のユーソニア住宅群（全部で70軒あまり）であり，その中でもミシガン州オケモスに建てられ

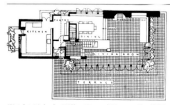
Wright, Malcolm Willey House, Minneapolis, 1932.
ユーソニア住宅のプロトタイプ

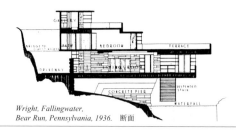
Wright, Fallingwater,
Bear Run, Pennsylvania, 1936. 断面

たゲッチュ=ウィンクラー邸がおそらく最も典型的といえるだろう。

　ライトの示したユーソニア的家庭生活の重要性は今日になってやっと評価され始めたところである。なぜなら、これは小住宅をして文明化された環境の分かつことのできない要素ならしめる最後の申し合わせた努力を表わしているからである。ひとつひとつのユーソニア住宅あるいはオケモスやニューヨーク州プレザントヴィルといった計画ないし部分的に実現されたユーソニア的共同体を通して、ライトは景観の中に水平に住宅を組み入れる試みを見せている。大地の上というよりは大地とともに建物を建てることで見えない都市を実現しようとするわけだ。古い世代にはいかに矛盾したものと映ろうとも、ライトのユーソニア住宅は別のレベルで新たな方向を含んだものと見なしうる。つまり、厨房－作業スペースは区分して仕上げられているが、空間的には全体の量体を補完する部分となっている点である。

　ユーソニア住宅は方位や配置によって光、通気、外観を調節するよう意匠されただけではなく、経済性にもとづいて生み出され、成長や変化の要求を満たしうるものである。普通は煉瓦や木材を主としたそれ自体で仕上材となる材料が最大限用いられ、プラスター仕上げをその上に施す必要をなくしている。加えて、典型的なユーソニア住宅は機械工場での生産を可能となし、反復回数を最適となすよう簡単なモジュールを基本として組み上げられている。そしてこの目標に到るために僅か3種類の基本タイプの窓しか用いられていない。すなわち、背後からの採光と通気のための高窓、庭へのアクセスのための階高いっぱいとなったフランス扉、そして必要に応じて1枚ガラスのピクチャー・ウィンドウを用いるのである。将来予期せぬ変更も、主として建物を可能な限り1層に押さえ、また増築を容易に施せる横長のL型ないしT型平面を用いたおかげで簡単にできるわけである。ライトによって用いられた最も特徴的なユーソニア的仕掛けは、床スラブの梁に沿って暖房管を配管するとともに、床面をチェロキー・レッド色のセメントで固めることである。そこで生み出された床面は、磨き上げワックスをかけて色彩の効果を高め統一感を出しうるものだが、同時に冬期には熱気をたくわえ夏期にはひんやりと冷たい表面となることから気候に合わせた調整装置として機能する。

　ライトが生涯を通して建て続けたつつましやかなユーソニア住宅、あるいは場合によっては、大恐慌の最中でも発注を受けるという幸運に恵まれた例外的なユーソニア的豪邸——とりわけかの有名な落水荘——を別にすると、ブロードエーカー・シティを表わすライトの最も本質的な作品は、1936年S・C・ジョンソン＆サン社のために設計され、ウィスコンシン州ラシーンに1939年になって完成した新本社ビルに他ならない。ラーキン・ビル（1904）と同様、彼は仕事のスペースを秘跡の場として解釈し、共同体全体の「社会的凝縮器コンデンサー」の一形式として構想す

Wright, Capitol Journal Building, Salem, Oregon, 1931. ジョンソン・ワックス・ビルのプロトタイプ

ることになった。このことから、ラーキン・ビルのエントランス・ホールに配された大きな暖炉についても説明がつくし、またその中央部最上階にオルガンを設けたことも理解できる。

オフィスビルを共同体の中心として用いんとライトが決心していたことは、彼はハーバード・ジョンソンに対して何度も、ラシーンの市街から本社を移し、低密度の労働者の集合住宅で囲むことが可能の広々とした田園地帯に新たに社屋を建てることを提言したことにも窺えよう。ライトが望んでいたのは、この提案からブロードエーカー・シティを実際に示しうる機会が訪れることだったが、現実にはジョンソンの意向を翻すことはできず、仕方なくラシーンの市街地に本社ビルを設計し建設せざるをえなかった。にもかかわらず、ライトはこの複合建築の中央に劇場兼ダイニング・ルームを建てることを認めさせ、それによってジョンソン・ワックス社は中央の劇場空間を中心に求心的な構造をもつことができた。

1920年代半ばから、1908年に初めてライトが考え出した「有機的建築」なる語が、わけても鉄筋コンクリートの片持梁架構を表現的に用いることを意味するようになった。このことは、ライトがシカゴに計画したナショナル生命保険ビル（1924）に初めて現われている。その内部のコンクリート造片持梁の骨格は、かつてのサリヴァンと同じく、ライトが有機的なるもののまさに本質と認めた枝状の「成長する」構造を前提としていた。彼がこうした形態をルイス・サリヴァンの生気論的「発生基」のメタファー（たとえば、サリヴァン著の『人間の力の哲学にもとづく装飾の体系』、1924年を参照）を拡張したものと見なしていたことについては、彼がグッゲンハイム美術館（1943）のホワイエにある水盤を「球形単位を収めた楕円形のさや」の象徴的存在として特徴づけている点からも確認できると思われる。

1930年代の傑作たるウィスコンシン州ラシーンのジョンソン・ワックス本社ビル（1939）を構想する際、おそらくナショナル生命保険ビル案（1924）とオレゴン州セーラムに計画されたキャピトル・ジャーナル新聞社社屋案（1931）との間で何らかの発想を得たのではないかと考えられる。この２つの作品案は1920年代後半のライトの作品の拡がりを間に収めた２つの極といえよう。一方は明らかに、ヨーロッパの近代主義にみられる単純な組織化と形態上の効率なる路線の上に作品を置こうとしているのに対し、他方は、プレイリー・スタイルにはっきりと現われた詩的な統辞的可能性をそこなうことなくその点を達成しようとしている。このような構図の中で、キャピトル・ジャーナル社社屋案は同年の「台地上の家」と同じく、キュビスム的機能主義の価値観へと引き寄せられていく。反対に、ナショナル生命保険プロジェクトにみられるガラスと銅板が溶け合いながら連続していく様、あるいは碁盤の目状になった被膜の様は、いかにもアメリカ的なモダンかつエキゾティックな文化へのさらなる発展を示唆して

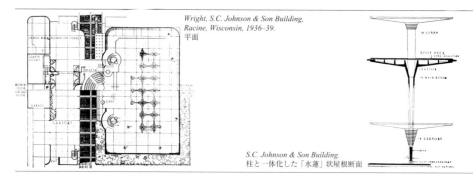

Wright, S.C. Johnson & Son Building, Racine, Wisconsin, 1936–39.
平面

S.C. Johnson & Son Building.
柱と一体化した「水蓮」状屋根断面

いる。表面の切子面がきらきらと輝く様は，プレ・コロンビアの世界が生んだ偉大な文化にも匹敵し，メソポタミア平原の古代文明とも比較されよう。

ジョンソン・ワックス本社ビルは，これらの範型をひとつの新しい全体へと統合していったものと考えられる。一方の上部から光が注ぎ込む多柱式のホールと，他方の連続したクリスタル状の被膜という考え方である。この時点で，こうしたロマン主義的な密度の高い総合がライトの有機的建築の証しとなるに到ったわけである。高度に洗練された鉄筋コンクリート構造と，建物の屋根や側面にはめこまれた細いガラス部材にはっきりと示される，同じく高度のガラス技術とが結び合わされるのである。とりわけ，後者は象眼細工の如く細くしなやかな光を内部に注ぎ込む。建物の内部は60ないし30フィート高のマッシュルーム・コラムが中央事務ホールの「水蓮」状屋根を支え，その柱の下部は直径9インチの柱礎となってピン・ジョイントとなったブロンズ色のヒンジの上に置かれている。ここに「有機的」なるものの本質が具現されているわけである。これらの細身の柱は床レベルでは傾きがないが，屋根のところでメッシュ入り鉄筋コンクリート造の大きな円盤となって拡がり，各々の円盤の間はパイレックス・ガラスのチューブを交差させたいわば繊維状の二重ガラス屋根として処理されている。各々の円盤は短い梁によって隣の円盤と繋がれており，全体は二方向での一種の多柱構造システムとして機能している。屋根の構造はこれらの円盤によって支えられ，柱に開けられた中空部分は上部から浸み込んだ水の排水管としての役割を果たす。

この建物はまさしくユーソニアのサイエンス・フィクション的内容を示すものに他ならない。いわば，新しい材料と方法とによって組み上げられ，伝統的な要素のヒエラルキーを果敢にも逆転したところから生み出された奇跡的な技術のもたらす詩情が潜んでいるのだ。言い換えれば，ソリッドなものを期待する場所（屋根）で透明なものに出くわし，透明なものを期待する場所（壁）に開口のない囲みが配されているのである。この逆転について，ライトはこう記した。

「壁体の煉瓦のように組まれたガラス・チューブが，光の透過するあらゆる面をかたちづくっている。かつてコーニスがあった場所から光が建物内に降り注ぐ。建物内部では箱型の構造体はすっかり姿を消している。ガラスのリブを支える壁体は固い赤煉瓦とカソタ砂岩でできている。建物全体は鉄筋コンクリート造だが，補強のためにメッシュをその中に配してある。」

さて，ジョンソン・ワックス本社ビルが，ラーキン・ビルと同じく，仕事の場所を秘跡の空間として再解釈したとすれば，ペンシルヴァニア州ベア・ランに建てられた落水荘（1936）は，自然に溶け込んだ生活の場所というライトの理

想を具体化したものであった。ここでも鉄筋コンクリートが出発点を刻んでいる。ただこちらでは，ジョンソン・ワックス本社の無情なまでに押し黙ったマッシュルーム・コラム構造に較べて，気がふれんばかりに派手な片持梁の用法が目立っている。この落水荘は，その基礎となっている自然の岩盤から構想され，小さな滝の上にぽっかりと浮んだ基壇としてのかたちをとっている。このドラマティックな光景は1日で設計されたにもかかわらず，ライトのロマン主義的な心情を究極的に表明することになった。もはやプレイリー・スタイルにみられる彼方まで拡がる地平線にもはや拘束されることがなくなり，この住宅のテラスは，深い緑に覆われた峡谷の樹木をかすめ，信じ難いかたちで空中に吊り下がった何層もの面として姿を現わす。

ライトの宣言によれば，ユーソニアはある場合は何処にでもあり，また場合によっては何処にも存在しない。また，「ユーソニアは古代の都市あるいは今日のどの都市ともあまりに異なる都市なので，おそらくわれわれはそれが都市として現われるのが解らない」と彼は語っている。また別の機会に，「ブロードエーカー・シティを建設するにあたってアメリカは何の手助けも必要としない。それはみずから自然に出来上っていくのだ」とも述べている。

ブロードエーカー・シティに計画されたものでこれまで最も論議を呼んだのは，ワルター・デヴィドソン・モデル農場案（1932）であった。この農業改革のためのユニットは，住宅と土地の両方の経営を行うための施設として設計されたものだが，都市理論全般に対して批判を投げかけている。そこでは，各人は，生まれた時からきちんと確保されている自分自身の「小住宅」用敷地が保証される。こうした条件が仮空の政治的特質にもとづいているとしても，ライト自身はヘンリー・フォードと同じく，個人主義的な構造をもつ農業改革が根こそぎにされた人々の生計を保証せず，また，計画経済の利益に与らせずにすましてしまうことを是認しようとはしなかった。その後の50年で決定的なかたちで明らかになるように，食糧生産の工業化は商品の生産と同じく必然的となるのである。ライトは将来を見渡して，メガロポリスの到来をパンドラの箱として，つまり人工の世界が拡がる新しい自然として認めているが，惜しむらくは，こうした無秩序な拡散の必然的な帰結として有機的な建築が生み出されることはほとんどありえないことを敢えて認識しようとしなかったのだ。

第2部　ラッシュ・シティ改革計画：シンドラー，ノイトラ，そしてインターナショナル・スタイル
「ロス・アンジェルスのアンバランスな住区の拡散は，そのコミュニティが反都市的なエトスをもっていることを示しているにすぎない。その前に例をみないビジネス区の分散は，1920年になってやっと全貌が明らかとなったにもかかわらず，別のものであった。その頃までに郊外化が進んで，このメトロポリスの広域にわたっ

Schindler, Kings Road House, Hollywood, Los Angeles, 1922.
1階平面

て完全かつ永久とも思われる土地利用上の隔離現象を生じせしめていた。ロス・アンジェルス中心部やサン・ペドロの小ゲットーで商工業に携わって生活していた何千人ものメキシコ人、日本人、黒人達に対して、北側ではハリウッド、東側ではパサデナ、南側ではロング・ビーチ、西側ではサンタ・モニカへとスプロールを続ける郊外住宅地に住む何百万人もの白人アメリカ市民がいたのである。さらに、大ロス・アンジェルスは田園部へと延びていき、その住居と商店、工場を結ぶには電車や自動車しかない状態となった。大衆が好み、ディベロッパーが強いだけでなく、市当局、周りの町村によって認可されたパターンでもあるのだ。」

　　　　　　　　　　　ロバート・M・フォージェルソン
　　　　　　　『砕かれたメトロポリス：ロス・アンジェルス
　　　　　　　　　　　　　　　　　1850-1930』

オーストリアから移住した建築家ルドルフ・シンドラーは1919年ロス・アンジェルスに到着してハリホック・ハウスの現場監理の建築家として働き出すが、彼はその時までに、ライトの下での2年間の修業を経て師匠の住宅のスタイルを真似ることができるほど彼の構文に精通していた。その意味で、ハリホック・ハウスの土地に建てられた付属建築群はいずれもシンドラーがライトの名を用いて造ったことがほぼ確かと思われる。むろん、オリーヴ・ヒルの斜面に完成した劇場支配人の家（1920）もそれに含まれる。彼は、10年程前にアーヴィング・ジルがそ

うであったように、またライトが1920年代に入ってカリフォルニアでコンクリート・ブロックの住宅を築いてそうなるように、カリフォルニア建築の発展に大きく関わっていた。シンドラーがジルやライトと分かちあっているものは、既存の材料や技術で前に例を見ない建築表現を創り出そうとする決意であった。つまりは気候上の特性とか、その頃はまだ発展途上にあったカリフォルニアの生活様式にもとづく表現である。とりわけ後者についてシンドラーは1928年こう記している。「建築を知覚する感覚は眼にあるのではなく、生活にある。生活からそのイメージが生まれるのだ」。

彼は1922年になってハリウッドに自邸を建てるが、その際、ジルの作品と自分のものを同一と見なし、ライトのコンクリート・ブロックの技法を避けた。わけてもラ・ホーヤの婦人クラブ（1913）の建物で開拓されたジルの「リフト・スラブ」システムを応用した点にそれが顕著である。ある面では、キングス・ロードのこの自邸はシンドラーが1915年タオスに計画したアドベ（日乾煉瓦）の住宅と同じく内景的なものと思われる。しかし、この自邸では周壁をかたちづくるのは、4フィート幅の多少傾いたスラブで、これはグラウンド・レベルで水平に流し込んで固めたものを縦に起こして用いている。これらのスラブの間に開けられた狭い縦の隙間にはガラスやセメントが挿入されている。この全体は、2つの平屋、L字形平面のコートハウスが、両方から離れたゲスト・ルームを中

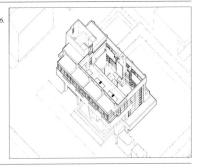
Schindler, Lovell Beach House, Newport Beach, California, 1926.
アクソノメトリック

心として回転したかたちで収まり，各リビング・ユニットが独自の中庭を設けられるようになっている。全体の中心部分に共同の厨房が配される一方，3つのリビング・ユニットには各々の家族が自分のものと意識できる独自の領域が確保されており，その点でこうした配置は生活に対する実験を明確に意味しているといえよう。シンドラーおよび彼の妻ソフィー・ポーリーヌ・ギブリングは，かつてのジルと同じく，きわめてラディカルな美意識の持主であった。シンドラーがアナーキスト的かつボヘミアン的伝統にのっとった芸術家であるとすれば，ギブリングは明らかに社会主義者としての改革的姿勢をもつエヴァンストンを仰ぐ音楽教師であった。シンドラーの初期の作品歴を飾る最も重要な仕事が発注されたのは，ギブリングがリア・ロヴェルと親交を結んでいたためである。かくて，1925年から1926年にかけてニューポート・ビーチにいわゆるロヴェル邸が建てられる。

デヴィッド・ゲバードが指摘したように，医師のフィリップ・ロヴェルは体操，ストレスのない生活様式，薬を用いない医療を公けに支持し，彼自身の内に改革的な近代性の理念を育むことができた。ゲバードはこう記す。

「ロヴェル博士は南カリフォルニアから産み出された典型であったといえよう。他の地域で彼のような経歴を繰り返すことができたかは疑問である。ロス・アンジェルス・タイムズ紙に載せた彼自身のコラム『健康法』とか『ロヴェル博士の体育センター』を通して，彼は単に肉体の物理的治療にとどまらない影響を与えた。体育，自由教育，あるいは建築においても，彼は改革的であり，またそう見なされることを願った。」

ロヴェル，シンドラー，そしてその頃新たにシンドラーに加わった仲間のリチャード・ノイトラが南カリフォルニアの地で果たさんとしたのは，ロス・アンジェルス・タイムズ紙上でシンドラーがロヴェル博士のコラム『健康法』のために寄稿した記事におそらく最もはっきりと示されていると思われる。1926年4月に彼は以下のように記した。

「現代の高度の機械文明の発展によってわれわれの生活条件が制御される。自分自身の身体についての知識のおかげで奴隷状態から解放され，自然こそが友となる。未来の住宅と衣服は，われわれが精神的かつ物理的に裸であることに干渉することなく，われわれに環境の制御をなさしめる。

われわれの部屋は地面すれすれにまで降り，庭は住宅を補完する部分となる。室内と屋外の区別はなくなる。壁は僅かに限られ，薄く移動可能となる。どの部屋ものぞき穴のついた個別の小さな箱になる替りに，有機的な単位の一部となる。各々を異なった材料で建て，別々に異なった"様式"で装飾しようとする試みとは何とちっぽけなものか。どの住宅も，幾つかの主題のヴァリエーションにもとづく交響楽として

作曲されねばならない。

　接待という些細な一時のために"印象的"な装いをなすために、大半の時間を舞台裏でこそこそと過すという現在の社会生活のあり方はもはや時代遅れだ。国王を追放した際、われわれは当時流行した社交マナーという軽率な煽動者など忘れたのだ。われわれ自身の日常行動にこそかつての式典に具わっていた威厳を達成しなければならない。誰もが自分自身のファッションを創造せねばならない。むろん自分自身のために。

　われわれの住宅は表と裏という装いの差を失くすことになる。それも、一群のむさくるしい部屋、つまり、社交のための多少大きな部屋とか家族を住まわせるための幾つかの小部屋（寝室）であることを止めるのだ。個々人が自分の生活の素地をかたちづくるための個室を必要とするだろう。何の隠し立てもなくめいめいが寝ることになる。作業と遊戯の部屋、そして庭とが皆のグループとしての要求をかなえることになる。バス・ルームは体育館へと発展し社交の中心となるのだ。

　簡略化された料理がグループとしての遊戯の一部となり、孤独な奴隷としておそろしく退屈な繰り返しに明けくれることを避ける。

　建築家は施主がどこまで成長しうるかを見抜こうと努力し、施主とともに育つ建物のデザインを行わねばならない。住宅はすでに死語になった形態の方言を載せた辞書から描かれた的外れのページではなく、歌があふれた形態の本と

なるのだ。」

　この最後の文章はライト風の響きをもっているが、シンドラーはライト以上に後期ブルジョワ文化とその建築を全面的に批判し、その見せかけの抑圧的な文化的指標に対して明快でよりオープンなアンチテーゼを示しえた。彼はかつての師ライトとは異なり、ライトの作品に潜む重苦しい耽美主義から自身を解き放ち建築を自由にしたのである。

　ロヴェルのビーチ・ハウスはシンドラーの建築家としての経歴の中で転回点を示す建物である。ここには彼が教育を受けたワグナー派や多くの努力を払って修業したライトから自分自身を解き放つ出発点がはっきりと刻まれている。むろん、構造をプライマリーな表現要素として明快に用い、とりわけ住宅全体を支えそこにリズムを生み出す5本の鉄筋コンクリートの横断フレームを使用した点で、この建物は相変らずワグナーとライトに負うところが大きい。街路から近づくと、まずこのフレームがあたかも列柱廊の残影であるかの如く拡がるのにぶつかるが、外に露出したサーキュレーションが左右非対称に分かれるにともなってこの形式性の装いは消滅する。その際、最初に厨房に通じるサーヴィス用の階段が現われ、次いで海に向かった斜路が現われる。窓割の詳細部にも一部まだライトを偲ばせるものがあるが、それ以外は差の方が歴然としており、空間と光のコンセプトは全く異なっている。中央2層分のリビング空間

は光あふれるランタンともいうべき巨大な光の調整装置の如く, 海岸の上に吊り出されており, 他方, 最上階のスリーピング・ポーチは伝統的にみてよりプライヴェートな住宅の機能に対しても, オープンで戸外のアプローチをはっきりと前提にしているわけである。さらに加えて, 予期せぬことであったが, このサマー・ハウスはシンドラーの最も初期の「プレイ・コート」のひとつによって彩りが添えられている。このコートを造ることで彼はすぐれた造園家であることを示したのである。

このニューポート・ビーチの住宅や, その頃のシンドラーの別のプロジェクトには, はっきりと日本的な空間やテクスチュアの感覚が窺える。たとえば, あの輝かしいマノーラ・コート, シルヴァー・レイク・アパート (1926-40), あるいはアリーン・バーンズドールのために計画されたパロス・ヴェルデスの「半透明住宅」案 (1927) などがそうである。そこには, 光と運動の双方を調整しうる半透明グリッド状のスクリーンが用いられ, モニュメンタルな志向に対抗する意識が強く現われている。

新しい南カリフォルニアの生活様式や住居集合パターンの展開についてみると, 労働者の居住のためにシエラ・マードレに建てられたジルのルイス・コート (1910) からJ・コーセンのために設計されながらも実施に到らなかったバンガロー・コート案 (1921) やラ・ホーヤに建設された12戸を収めたあの素晴らしいプエブロ・リベラ・コミュニティ (1923) に到るまで一貫し

Schindler, El Pueblo Ribera Court, La Jolla, California, 1923.
アクソノメトリック

た展開の流れがあることがわかる。じじつ, リチャード・ノイトラがロス・アンジェルスのウエストウッド地区に建てたストラスモア・アパート (1938) がシンドラーによってプエブロ・リベラ・コミュニティに初めて実現された敷地計画の考え方を延長したものと見なしうることからして, 以上の展開の流れはさらにここにまで続くわけである。

一方, プエブロ・リベラの計画原理は, それより2年前のやはりシンドラーによるキングス・ロードの自邸に用いられた方法に連なっている。むろん, 共同の厨房や自律したアパートというよりラディカルな考え方は踏襲されていないが, 同種の組織化原理がその底に流れている。とりわけ, 各住宅が各々個別の中庭に向かって「回り込む」点が然りである。加えて, ジルとライトの両者が開拓したコンクリートの構造体がここでは建築生産に対するシンドラー独

Neutra, Strathmore Apartments, Westwood, California, 1938.
1階平面

自のコラージュ的アプローチによって補完されている。というのも、プエブロ・リベラの鉄筋コンクリート造の主構造壁は縦方向のガイド・レールで支えられた木製の型枠にコンクリートを一層ずつ打って仕上げられたものである。その結果、建物全体の表面は全面にわたって水平線で刻まれることになるが、これは第一に型枠によって残された水平な溝であり、同時にスティール・サッシュのスライディング・ウィンドウに取り付けられた横材ゆえにでもある。おそらくこの建物の外観がもつ最も変った点といえば、屋根に設けられた、サン・スクリーンを上に架けたスリーピング・ポーチであろう。このおかげで各家族は実際に3つの居住スペース、つまり居室自体の他に中庭と屋根テラスを選りわけることができる。

ロヴェルのニューポート・ビーチ・ハウスおよびマノーラ・コートの後、少なくともカリフォルニアの「近代主義」に関する限り、その主導権はシンドラーから彼と同国人にしてパートナーたるノイトラの手に移っていった。この移行についてデヴィッド・ゲバードが解説を加えているが、これにまさる説明はそうないと思われる。

「1925年、ノイトラがロス・アンジェルスに到着してまもなく、彼とシンドラーは共同で数多くのプロジェクトに取りかかることになった。彼らの共同作業は、大なり小なり1930年まで続く。両者の関係(後には都市計画家のキャロル・アロノヴィチが加わった)はプロジェクトに応じて異なった。1926年以降、彼らの合同の仕事は『アーキテクチュラル・グループ・フォー・インダストリー・アンド・コマース』のサインがなされている。1920年代の後半に両者によって実現されたプロジェクトの数が全般的に少ないことを考えると、そこでの相互交換を通して双方の個別の作品に互いに何らかの影響を与えあったに違いない。ノイトラの出現はシンドラーをして1920年代の初期の個人作品に持ち越されたライト風の風変りな詳細部を払拭せしめるひとつの要因となったと考えてもあながち的外れではないだろう。1930年代のシンドラーの建築にみられる澄みきった特質、彼の固く機械的で触覚を感じさせない材料に信頼を寄せる態度、1930年代の彼のデ・スティル期を通してほぼ流れる"暖かい"材料とりわけ木に対する拒否反応は、ノイトラの存在なしには決して起こりえなかったと思われる。」

ノイトラ独自の作品歴は、フィリップ・ロヴェルのために設計され、1927年から1929年にかけてロス・アンジェルスのグリフィス・パークを見降ろす崖の上に建設された健康住宅から始まる。「吹き付け」セメントとスティール窓をまとったこの鋼構造による軽量建築物は、鉄筋コンクリートの地下室部分および擁壁の上に建てられた。さらにこの擁壁部分には住宅の躯体の真下から外へと拡がるプール、遊び場、屋外運動場が載せられている。ここでも再び、ロヴェ

ルのビーチ・ハウスと同じく建物の主要部が斜面に沿って下に降りるに従って、戸外のスリーピング・ポーチが様々な寝室や付属の居室を導いている。住宅へのアクセスは尾根を走るサーヴィス路からなされ、そのため訪問者は最もプライヴァシーの高い階（書斎，寝室，等々）に入った後，居間を中心とした下の階に降りていくことになる。下階の配置はすこぶる巧みに解決され，そのおかげで夜がふけるとこの住人は開放的な暖炉を囲み，海に向かって開いたパノラマ的な眺望を堪能することができる。この居間と読書室との連続空間に配した家具を説明するにあたってノイトラのとった遠慮がなく切れ味のよい態度は，改革的な性格をもったきわめて新鮮で明快な思想とともにスタイルの上で当時の人々の心を捉えていたものをよく示している。

「1000冊の本を収めた読書室。書架は伸縮自在。芝生の中庭(パティオ)への出口をそなえたこぢんまりとしたコーナー。直接採光および間接採光による通過光（クロム鍍金のスティール）。長さは52フィート，30個のデイライト電球，各々30ワット。高さが調節可能の棚に置かれた造りつけの電話器。これは居間およびホールから利用することができる。色彩および材料：窓カーテンは自然色，カーペットは鼠色，椅子掛け布は濃い青，木製家具，椅子，テーブルは黒いラッカー仕上げ。モダンに仕上げられたインテリアとしてアメリカにおける先駆となる。」

シンドラーとノイトラの共同設計体制が解消された後，一連のきわめて斬新な提案がなされることになる。その大半は実施にまで到らなかったが，いずれも初期のノイトラの作品群にみられる精力的かつ廉潔な性格を特徴的に表わすものであった。その点からいえば，ノイトラは，機械時代にふさわしい工場生産された軽量かつフレキシブルな建築を試みる上で，ヨーロッパの開拓者達に較べてひときわプラグマティックな取り組みを示していたということができよう。1923年から1926年にかけ作成した部分的にプレハブ方式を用いた一連の実験住宅案は，まさしく彼が1940年代のワルター・グロピウスとコンラッド・ワックスマンとが実施したジェネラル・パネル・コーポレーションの仕事の先触れとなっている。しかも，それ以上に，その後の1950年代にジャン・プルーヴェが開発した，より意義深い1層の「圧縮被膜」の住宅プロトタイプをも予感させるのである。プルーヴェの近年の作品と同じく，ノイトラの「1＋2」プレハブ集合住宅（1926）は，鋳鉄，ポイント・サポート，移動可能の基礎，ケーブルで引張った片持梁による軽量屋根といった新しい技術に裏付けられていた。これよりもプラグマティックな水準で考えても，興味深いことに，たとえばローレンス・コーチャーとアルバート・フレーの設計で建てられたロング・アイランドの小住宅（1934）も同様の関心が滲み出ているのだ。

シンドラーとノイトラの気質と作品とにおける相違はこの頃著しく強く現われている。とり

Neutra, Nesbitt House, Brentwood, California, 1942. 1階平面

わけ，シンドラーはボヘミアン的気質をもった芸術家にして建築家そして建築業者であり，いかにプラグラマティックかつ器用に仕事をこなしても，それを一般的でどこでも通用可能としたり，完全に工場生産的な方法へと向けたりすることにはこれほどの関心も示さなかった。他方，ノイトラは，このシンドラーの引きこもったやり方とは正反対の態度を見せた。じじつ1920年代から30年代にかけての彼の作品を動機づけていたのは，社会経済的な関心に加えて，人類の根源的な文化と生存の問題についての生物学的，いうなれば予防学的な関心であった。かなり後にはなるが，彼は『デザインを通した生存』と題された自著でこう記すことになる。

「われわれの物理的環境をデザインするにあたって，生存という基本的問題とその最も広い意味で意識的に取り上げることは，もはや要求事項となっている。人間に自然にそなわった器官をそこねたり，そこに無理な力をかけるデザインは，われわれの神経系統の要求，そして徐々にではあるが，全面的な生理機能にもとづいて斥けたり修正したりすることが必要だ。」

ノイトラの環状平面学校案（1926）や，それに続く様々な学校建築の作品を貫くのは，まさしくこの種の感覚であった。そこには，アクティビティ・クラスルーム計画（1928），グレゴリー・エーンとの共同設計になるロス・アンジェルス，ベルのコロナ校（1935），ウエストウッ

ドのエマーソン中学校（1938）などが数えられ，また1940年代半ばにはプエルトリコの農村部・都市部をともに対象とした様々な学校計画を行い，数多くのプロトタイプ・デザインを作成することになった。

ある意味では，ノイトラが流行建築家となったのは，啓蒙的ブルジョワ層および新興金持層（ヌーヴォー・リッシュ）が人里を離れて快楽主義的ともいえる住処へと身を移していくのに比例しているともいえよう。ハリウッドの丘陵地帯や沖合離れた島々が彼らの格好の住処となったわけである。こうした住宅を造る際にノイトラが採った表現方法も様々で，たとえば，1936年フィッシャーズ・アイランドに彼の設計で建てられた広大なブラウン邸（バックミンスター・フラー設計の捩込み式のプレハブ浴室エレメントが収まっている）では，むしろ単純性を重んじた機械志向を示しており，一方，ブレント・ウッドに建てられたこの上なく詩的なニスビット邸（1942）といった作品では明らかに触覚的で場所を強く意識した感性が躍動している。また，1940年代後半にはより壮大で，時として粗野と隣合ったともいえそうな住宅が設計されている。アリゾナ砂漠のカウフマン邸（1946）とカリフォルニア州サンタ・バーバラのウォレン・トレメイン邸（1947）である。これらの億万長者の住宅は，いうなれば一種の「殆ど無」という状態を特徴としている。これは，景観そのもの，つまりまずもって砂漠，次いで積み重なった岩が住居の真中にまで侵入しているのに対し，サン・スク

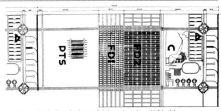

Neutra, "Rush City Reformed," Los Angeles, 1923–35.
A＝軽工業，C＝教育，FD2＆FD1＝家族用住区，PTS＝単身者用住区

リーン，引き違い戸，合板化粧張のパネル，造りつけの椅子でそれを何とか押さえ込んでいる様をいう。この表現方法は他に例をみない独特なものと思われるが，じじつ室内のデザインと造園とが溶け合っていわば共通項目たる建築を排除してしまった。その意味でノイトラは，ライトが行った自然と文化の合体を思いもつかない水準にまで高め，今日でもこれらの「夢の家」は，もうひとつの西洋文化への入口を想起せしめるものと考えられるのである。つまりは，イスラム的な楽園願望に近く，同時により慈悲深い自然観にもとづくひとつの反デカルト的，触覚的表現なのだ。

ところで別の面から見ると，ニュー・ディール政策は間違いなく，必然的な福祉国家というノイトラの信念を力づけ，そこから一種の社会民主主義的な関心が一貫して彼の作品に現われることになる。この関心は1930年代から40年代にかけて彼の仕事の基調となるのである。このことは，1923年から1935年にかけてなされた様々なラッシュ・シティ改革計画の断片的提案にはっきりと現われており，そこで彼は，やや一般化の傾向が強いブロードエーカー・シティに対抗して，より個別性を打ち出した方針を貫いている。すなわち，全体的なグリッドを示すよりは特定の地域センターを強調し，各センターはその土地の地形と使用目的に沿った独自の性格と発展法則をもつものとされた。たとえば，市営の余暇海水浴場に一定の形態的特徴が現われたとすれば，分散化したビジネス地区は別の特徴をもち，また港湾地区では，そのいずれとも異なったものとなる，といった具合である。むろん，ノイトラはロス・アンジェルスを碁盤の目状にゾーニングするべきだと提案しており，それによって既存の地区割りと土地利用システムを同調させることを狙っていた。つまり，1）鉄道アクセスをもつ軽工業地区，2）高速道路，および教育・レクリエーション施設をともなったグリーン・ベルト，3）二様の密度をもつ住居地区，ならびに工業地区その他，と変化していくわけである。ルートヴィヒ・ヒルベルザイマーが1940年代に行った提案と異なるのは，ヒルベルザイマーが地域全体に中庭式の集合住宅を配していくのに対して，ノイトラの住宅地の考え方が様々な家族グループに各々異なった住居類型を対応させていこうとする点である。おそらくこの考えは都市計画家たるキャロル・アロノヴィチとの共同作業から得られたところが大きいと思われるが，たとえば，独身者用住宅としては10階建の板状高層棟，大規模家族には2階建の中庭型住宅，子供のいない夫婦用としては平屋の中庭型住宅といった具合である。このどの例をとっても，ライトのブロードエーカー・シティの構想と同じく，モデルになったのはモートピア（自動車郷）の考え方である。各家族とも自動車2台を収めるガレージがあてがわれ，搬出入といった主要な作業を自動車にまかせている。ただ，このラッシュ・シティ改革計画ではメガロポリスの発展にともない矛盾はほとんど考慮されていない。彼は，1925

年，ラッシュ・シティのために未来派的な鉄道と飛行機の乗り換えターミナルを計画しているが、その大胆なパースペクティヴにもかかわらず自動車への依存を楽観視した時におこる結果については認識が浅かった。なかでも，ロス・アンジェルス郊外の鉄道輸送が全面的に撤廃され，その用地に沿って連邦の補助金によって高速道路が建設されることを予測していない点が指摘できよう。

他面，ニュー・ディール政策のおかげでノイトラは福祉国家の思想をもつこととなり，その社会プログラムの計画書を実現に導くことを目的とした政府基金による集合住宅計画を手がけることとなった。1939年，彼はフォージェルソンの著作『砕かれたメトロポリス』で示されたまさに疎外された少数民族，つまりメキシコ人や黒人のために集合住宅の計画を開始した。まず，実現には到らなかったが，フロリダ州ジャクソンヴィルの計画，次いで，ロス・アンジェルス東部のマラヴィラの計画，そしてその同じ地区で「ハシエンダ・ヴィレッジ」と小気味よく名付けられた集合住宅団地の実施に到達した。同年，テキサス州に「アヴィヨン・ヴィレッジ」なる，いうなれば〈フィンガー・パーク〉コミュニティを計画している。その翌年にはロー・コスト集合住宅の傑作とでもいうべきカリフォルニア州サン・ペドロのチャネル・ハイツ・コミュニティが建設される。これは600戸を収め，保育園，コミュニティ・センター，スーパー・マーケット，園芸用の建物が付属施設として設けられている。

こうしたノイトラの田園都市的集合住宅はいずれも，歩行者と自動車を分離するというラドバーンの原理にもとづいて計画された。この原理はニュージャージー州ラドバーンのため，1929年，都市計画家クラレンス・ステインとヘンリー・ライトによって初めて試みられている。ところで，ノイトラは一連のグリーンベルト・ニュータウンを計画しているが，その中でもメリーランド州に完成したグリーンベルト（1938）が最も成功をおさめている。実際，こうしたグリーンベルトと同じく彼の提案した「フィンガー・パーク」配置システムとの間には共通項が多く，レイモンド・アンウィンの著書『実際の都市計画』（1909）が先駆けとなった機械志向の強い田園都市の原理を微妙に再解釈したアプローチが基本になっている。このように全国で集合住宅に対する一貫した政策を推し進めたという点でニュー・ディール政策の成功を認めねばなるまい。

チャネル・ハイツは地形の変化に合わせて見事に計画されており，全体が規則的に配された一連の「山形」のかたちへと分かれている。こうした形状が起伏の多い土地に並んだ様はしばしばピクチャレスクな印象を与える。これらの建物は典型的なセミ・デタッチト形式の1階建ないし2階建集合住宅であり，デザインが安価で簡素なものを狙ったものではあるが，白いプラスター仕上げを施した構造壁とむき出しになった赤い木造構造，壁板，屋根との間に心地よ

い対比効果が現われている。だが，この誰もが認める優雅なたたずまいあるいは太陽・海の両方に合わせた配置にもかかわらず，プエブロ・リベラやストラスモア・アパートで試みられた高密度の都市パターン，つまり南カリフォルニアのきわめて都市的な形態をもつバンガロー・コートのタイプ，は明らかに姿を消してしまった。こうした高密度の都市集住パターンならば，自動車と住宅を一体化する上でも確かに効果的と思われるし，ジル，シンドラー，ツウィーベル，さらにはノイトラのラッシュ・シティのデザインにもみられるすこぶる洗練された伝統をかたちづくる上で中心的な意味合いをもっていた。しかし，チャネル・ハイツでは，いかにも郊外志向のイデオロギーが支配的となり，不可解にも都市性がそのために犠牲となってしまったのである。その後の連邦住宅局による抵当権規定，戦後の復員者援護法，あるいは連邦補助金による州間および州内高速道路システムは，第二次大戦後になってこの郊外のモデルを日常的な規範たりうるひとつの現実へとなってしまった。

1920年代後半にノイトラが生み出したラッシュ・シティのイメージの中で最も影響力をもったのは，おそらく彼の著書『如何にアメリカの建設をなすか』（1927）で世に問われたオフィスビルのプロトタイプ・デザインであった。ウィリアム・ジョーディーが指摘するように，外側に突き出した柱をともなったトレイ・スラブ架構は最終的にハウとレスカーズの設計によって

Howe & Lescaze, PSFS Building, Philadelphia, Pennsylvania, 1931.
断面

フィラデルフィアに建てられたフィラデルフィア貯蓄基金協会（PSFS）ビル（1931-32）で現実のかたちとなる。実際，この34階建のPSFSビルは，そのかたちを決めるにあたって近代の摩天楼にふさわしい形態をめぐる専門家同士の論争を総括している。つまり，ライトがナショナル生命保険ビル案（1922）で用いた半透明の被膜と，フッドがニューヨークのマグローヒル・ビル（1930）およびデイリー・ニューズ・ビル（1930）の両方で導入した水平・垂直方向の窓割の組み合わせとのちょうど中間にあたる（いわば発展的に両者を採り入れた）わけである。

PSFSビルの設計は3段階にわたっている。第1段階は，ジョージ・ハウがフッドのマグローヒル・ビルのデザインにみられる無装飾の近代ボザール様式を総合的な角度から焼き直した案であった。1929年，ハウは垂直方向のアクセントに統一を与えてスパンドレルがもつどうしても避け難い繰り返しの印象を相殺し，水平・垂直方向の分裂を解消しようとした。だが，この操作にもかかわらず，各階が基本的に水平の帯となって現われることは如何ともし難く，その結果，若手のスイス人建築家ウィリアム・レスカーズがハウの共同設計者となったのに機を合わせて，1930年，第2次案が提出された。これは各階の水平方向に反復的に連続する点を強調したものである。このあまりにも条溝が強調された解法は賢明にも施主のチェックを受け，このデザインに統一原理が欠けているとの指摘

を受けた。そのため，1931年になって第3次案がまとめられ，これが最終案となった。この案では柱を突出させ（ノイトラのラッシュ・シティにみられるオフィスビルの構造と同じである），それをスパンドレルの反復で釣り合いをとり，全体を垂直のタワーとして統一していくこととなった。

　こうした作品を眺めてみると，勃興しつつあるアメリカがその工業化の勝利にともなう文化的所産と向かいあい，その一方で，全く同程度にライトの19世紀の超越主義的美意識を斥け，時代に逆行する石貼りのボザール的なモダン・ジャズ様式がもっていたファンタジーの世界を拒んでいることがわかる。それゆえ，1932年にニューヨークの近代美術館でヒッチコックとジョンソンの企画で開かれた「インターナショナル・スタイル」展に先立って，一部のアメリカ人建築家はすでにモニュメンタリティを払拭した工業的な表現形態に到達していたといえよう。この表現は，様々な点で，当時ヨーロッパ大陸で実践されていた新即物主義(ノイエ・ザッハリヒカイト)のスタイルにまさっていた。

1933
COLIN LUCAS (CONNELL, WARD & LUCAS)
"The Hopfield"
St. Mary's Platt, Kent, England

ロッサムの住宅「ザ・ホップフィールド」

第1次世界大戦の余波から立ち直った伝統的なヨーロッパの社会はどこでもそうだが、イギリスにおいても、現代建築が導入されたのには、移民の功績が大きかった。その初期段階には、1926年、ノーサンプトンに「ニュー・ウェイズ」という住宅（玩具の汽車製造でも知られるW・J・バセット＝ロウクのための住宅）を設計依頼されたペーター・ベーレンスや、バッキンガムシャーのアマーシャムに3部から成る鉄筋コンクリートのヴィラ「ハイ・アンド・オーヴァー」を設計した、ニュージーランドの建築家アマイアス・コネルがいた。「ハイ・アンド・オーヴァー」の建築主は、有名な考古学者バーナード・アシュモルで、コネルは、ローマの英国アカデミーで彼の知己を得た。

1929年に完成した、「ハイ・アンド・オーヴァー」は、コネル、ワード、ルーカスの共同で設計され、実現された最初の注目すべき実り豊かな、かつ、ブリリアントな出来映えの現代建築であった（ベージル・ワードはニュージーランド人、コリン・ルーカスはイギリス人）。しかし、この出発点から、この事務所は、いわゆる「インターナショナル・スタイル」の2つの、何かしら異なった面を持っていたと言えよう、ひとつは、1933年、コネルのグレイスウッド邸に見られるような鷲のように羽を広げたダイナミックな建物に向かう傾向、それから、もうひとつは、同年、ケントのロッサムに実現された、ルーカスの鉄筋コンクリートの住宅に見られるような、より微妙に立体派的な流儀でまとめようとする傾向である。

この後者の小さな住宅は、元からあった果樹園の角、ギリギリに建てられたもので、その南と東には、庭園を見晴らかす好ましい眺めが広がっている。構造は、すべて現場打ちコンクリートによるもので、その構成は巧みである。居間は、1階にあるだけでなく、寝室兼居間のような空間が2階にもあり、そのため、2つの居間が各階にあるような具合である。

しかし、この小さな住宅は、ただすばらしい眺めを持っているというだけではない。敷地の角に置かれたことが、この作品の形態秩序として選ばれたものと、造形的にうまくいっているのである。形態秩序のひとつは、斜めの力線を示す外部の鉄筋コンクリート階段が、建物が暗に表現している立方体的な形態に向かって切り返されているのに対し、それと逆方向の力を見せるかの如く、陸屋根が2階のバルコニーと同じくらい突き出ていることである。水平性は、また居間の張り出し窓の窓割にも見られ、こうしたことが、階段のそれとない貫入と拮抗し、建物全体の立方体に、風車のような対位法を与えている。この対位法は、また、空間的には、この10年前に実現された、リートフェルトのシュローダー邸にはっきりと見られるものであった。

2階平面

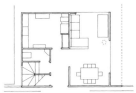

1階平面

1934
BERTHOLD LUBETKIN
& TECTON
Penguin Pool,
Regent's Park Zoo
London, England

ペンギン・プール

今では人口に膾炙し，古典になっているこのペンギン・プールも，完成した当時は，充分に評価されていなかったし，また，これを気違い沙汰か何かのように言い捨てた人さえいたのだった。この作品は，新しく創立されたルベトキン，ドレイク＆テクトン事務所が設計したリージェント・パーク動物園の一連の建築のひとつであるが，これはその中でも，鉄筋コンクリートの進歩的な構造を，すばらしいやり方で示したものである。具体的には，これは4フィート（約1.2メートル）の幅を持つ二重螺旋で，その各々の46フィート（約14メートル）の長さを持つ斜路は，端だけで支持され，そのスラブは内側で6インチ（約15センチメートル），外側で3インチ（約7.5センチメートル）の厚さを持っている。これらの斜路は，実際のところ，ペンギンが自由に遊び興じるための螺旋をなして登る梁である。

この楕円形の平面を持つアリーナは，多くの点で展示用機械に分類されよう。ペンギン達は，周壁が切り抜かれたプールに優雅に飛び込み，またこの斜路をよちよちと降りてゆく。つまり，ここでは居住者達が，自分の本性を余すところなく披露できるのである。1934年7月の完成直後に発表されたある説明文は，この断面形や，様々な表面の仕上が，設計の中でどうして生まれたか，その理論的根拠を明確にしている。「一般的に，動物園の動物達は，退屈な生活をするものだが，ここではペンギン達を退屈から守るための，天才的な試みがなされた。ペンギンは，太陽光から守られねばならず，そのため，周りの木は残され，プールの周囲には覆いが架けられた。彼らは自分の足の下に，様々な面を感じることができる。平らな床は弾性ゴム，階段はスレート，斜路はコンクリートの表面を持ち，それらは，いつも回転する噴水によって濡らされている。またプールの底は，水の中ではっきりそれとわかるように，明るい青で塗られている」。

バーソルド・ルベトキンの建築家としての形成には，ロシア構成主義が大きな役割を果たしたが，このプールは，構成主義の形態上のダイナミズムよりも，レジェ，オザンファン，ル・コルビュジエといったピュリストのヴィジョンに強く影響されている。しかし，このプールは，一種の試作のようなもので，これよりも洗練され，より劇場化されたペンギンのアリーナが，同じ建築家達によって，1937年，ダドレイ動物園に作られている。だが，それは一方向からのパノラマとしての計画で，元々あった二重螺旋の斜路は，一重螺旋として高い遊歩道の両端に各々押しやられてしまった。

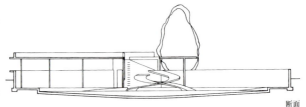

断面

周壁の外側より見る

1934
BERTHOLD LUBETKIN & TECTON
Highpoint 1 Apartment Block
Highgate, London, England

ハイポイントI

イギリスに移住した建築家の中で，1920年代に断然，影響を与えた人物は，ロシア人バーソルド・ルベトキンであるが，彼がイギリス近代建築の発展に与えた衝撃については，今まで充分に評価されてこなかった。このルベトキンは，パリで慎ましく，しかし立派な作家活動をした後，イギリスに渡り，テクトン（彼は，1932年にこの事務所を開設した）に論理的な組織を建物に与える能力をもたらした。この能力は，それまでイギリス建築に，ほとんど見当らなかったものである。彼が1935年に建てたロンドン，ハイゲートのアパート，つまりこのハイポイントIは，今日の基準から鑑みても，あいかわらず，傑作に属している。その内部の配置法，歪な敷地への建物の置き方，それらは，形態の秩序，機能の秩序，その両面で規範になったものである。しかし，その後，彼らのロンドンとウィプスネードの動物園での一連の作品は，成功したことはしたのだが，ハイポイントIの水準まで，ルベトキンと彼のテクトン・チーム——チティ，ドレイク，ダッグデイル，ハーディング，ラスダン——が達することは，もうなかった。ハイポイントIIは，1938年に建てられたものだが，これはすでに，マニエリスト的な反動をはっきりと見せていた。ここで，無政府社会主義を信奉する建築家としてのルベトキンについて考える必要がある。それは，彼はすでにその頃，ソヴィエトの社

会主義リアリズムに思い入れるようになっており，1950年代に彼が著したソヴィエト建築についての小論文には，そうした方向への共感が表われていた。ハイポイントIとハイポイントIIとの間に横たわる，表現上の転向，これはちょうどその当時の出来事で，その際起こった議論が，1950年代のイデオロギー的闘争に向けての基盤をかたちづくったのである。

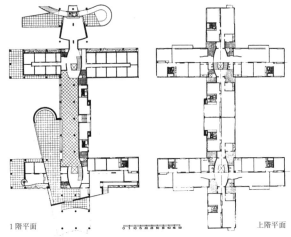

1階平面　　　　　　　　　　　　　　　上階平面

1934
E. OWEN WILLIAMS
The Empire Pool
Wembley, London, England

エンパイア・プール

1924年、ウェンブレーの大英帝国展で、第一技師として働いたオーエン・ウィリアムズは、オリンピックの規模と言ってもよいこの水泳用プールの設計者に、当然のことながら、選ばれた。このプールは、9ヶ月という信じ難い短期間で完成したものである。公式の文書から判断すれば、この建物は、帝国主義の野心を実現するという、漠然とした意図のもとに設計された。当時の趣意書には、こう書かれている。「主たる目的、すなわち新しい企画のひとつは、……大英帝国をして、水泳界の第一人者たる地位に昇格せしめる機会とすることであり、……発起人は、真に、大英帝国の最高のスポーツ・センターとしてウェンブレーを建設することに、いかなる助力も惜しまないものである」。

エンパイア・プールは、一義的には、オリンピック的規模の水泳用施設と言えるものだが、同時に、サーカス、ボクシング、乗馬ショー、産業博覧会、一般の、そしてもちろん国家的行事のためにも用いられる多目的ホールとして設計された。とりわけ、その目標は、一般人の気晴らし、娯楽のための室内アリーナたることだった。この点に関して、趣意書には、こう書かれている。「両側の広いテラスに於いて、ダンス・ホールおよびアルコール販売も含めた第一級のビュッフェが設置されることが望まれる。また、ダンスの楽団によって、毎日、午後と夕方、演奏が行

われ、時には、キャバレーのショーが上演されることが望まれよう。そして、これらのテラスの上の観客席からは、水泳、ダンス、ショーを観覧できるようにすべきである……」。

こうした多方面に渡る要求に対し、オーエン・ウィリアムズは、長さ420フィート（約130メートル）、幅250フィート（約75メートル）の巨大なコンクリートの建物を設計した。屋根を支える三鉸アーチの内部におけるスパンは、正確に236フィート6インチ（約72メートル）で、それは、この建物の細部に到るまで用いられているモジュール単位から出てきた数字であった。モジュール単位自体は、各観客席の幅、つまり33インチ（約72センチメートル）から決まっていて、コンクリートのアーチは8モジュール、つまり22フィート（約6.7メートル）のスパンで与えられている。そして、この9インチ（約22センチメートル）幅の構造体は、下部の断面が、アリーナの両側に配されたコンクリートの傾斜した観客席を支えるようになっている。この観客席と切妻側のスタディアムを合わせると、このプールの全観客収容人数は、10万人にまでなっていた。

スパン中央の水平応力を減らすために、下の方のヒンジは、ナイフの刃のようなピヴォットに、また外側に張り出したコンクリートのひれは、力を平衡させるような形に設計されている。しかし、もし設計当初の半円形のひれが使われていれば、それはもっと効果的であっただろう。では、何故そう変更したのか。私達は、このひとつのことをとっても、反美学的な技師として一般に評価されている、オーエン・ウィリアムズが、最終的に美しいという理由なら、構造の効果が重大な損失を被らない限りにおいて、作品の形を変更することに、反対するわけではなかったことがわかるのである。

1935–40
ERIK GUNNAR ASPLUND
Woodland Crematorium
Emskede, Sweden

森の火葬場

ストックホルム南墓地は、森の墓地という名の方が有名かもしれないが、ともかくこれは、アスプルンドの25年に渡る長い建築家としての経歴にあって、最初の作品であると同時に、最後の作品でもある。そうして、この奇妙な事実は、この作品に様々な点で表われていると言えよう。森の墓地の仕事がアスプルンドに入ったのは、1915年のことで、それは彼が（シーグルド・レヴェレンツと協同で）設計競技で1等を得たからであった。そして墓地の中に、この火葬場がたまたま、1935年から1940年にかけて建設され、それが偶然彼の最後の重要な作品になったのである。完成したのは、アスプルンドが死去した年であり、皮肉なことに、アスプルンドはここで火葬された最初の人達の中に含まれていた。

森の墓地は、建物とその周囲の風景の間に、極めて微妙に共鳴しあう関係を作り出した建物だが、こうしたことは、20世紀の建築の中で全く稀なことである。そして、このことについて言うなら、この火葬場の敷地が、4つの基本的な「道具立て」を持っていることに触れねばならないだろう。その4つとは、ひとつに並外れてうねったこの敷地自体、第2に、地平線を背景に高く持ち上げられたメインのロッジアへの長いモニュメンタルな土手道、第3に、畝の低い部分に抑揚を与えるロッジア横の十字架、第4に、この建物から少し離れた小山のような丘にある、瞑想的な木立である。

この火葬場のコンセプトは、アスプルンド、1926年のストックホルム市立図書館と同じく、基本的には新古典主義的なもので、機能主義的なもの——1933年の国立細菌研究所や、1934年のエーテボリ裁判所の増築には、まだそうしたことが追求されていたのだが——から、かなり隔たっているといえよう。とはいうものの、エムスケーデのこの建物でも、モダニズムの形態は、全く存在していないのではなく、スチュアート・リードが指摘しているように、隠れた参照物として用いられているのである。「アスプルンドが、構成要素として用いる壁は、本質的には抽象的なものだが、それは伝統的なものに由来している。しかし、それを実行に移したことには、モダニストというか、立体派の影響がはっきり示されていると言えよう。小さな礼拝堂の前面の平面的な壁は、その前のいくつかの低い待合室のマッスを結びつける機能を果たしていると同時に、丘の遠く下の方の埋葬場の背景になっている、独立して立つ壁にも呼応してい

全景。ロッジアと石の十字架

る。そして、この小さな礼拝堂の前面の平面的な壁に対照的なものとして、吹き放ちのロッジアがある。このロッジアには、その中央に位置するインプリュヴィウム（吹抜け）に向かって、だんだん低くなるように屋根が架けられている。表側のファサードには磨かれていない白大理石が張られ、複雑な模様を見せているが、その裏側に付加された建物本体は、暖かい黄色のスタッコ仕上で、建物に並外れた軽さと親密さを与えている」。

建物のタイプに関する問題のひとつ、つまり、お互い極めて接近して行われる葬列の絶え間ない流れにどう対処すればよいのか、その問題に対し、アスプルンドは、2つの同じような礼拝堂を設け、その各々に独立して、前庭とサーキュレーション経路を与え、2つの会葬者のグループが出会うという危険を避けるようにした。そして、丘の頂には、この線的な建築群の極まりともいうべき要素が配されており、これは次の2つのものからなっている。ひとつは、聖十字架聖堂として知られる、ほら穴のような300人収容の大礼拝堂、もうひとつは、上に吹抜けたインプリュヴィウムを持つ、新古典主義的なロッジアである。この2つのモニュメンタルな建築群は、当然のことながら、大きな葬式や、より公的な葬儀に使われるものとして意図され、設計されたものである。

アスプルンドは、間違いなく、キリスト教の火葬場という言葉使い自体に、矛盾があることをよく知っていた。火葬という現代社会の制度は、キリストの復活という教義を否応なく完全に否定することになるのだが、現代人たるや、この制度と教義のずれを充分に意識しないわけにはいかないのである。この意識は、建物全体に滲み出ている奇妙に異教的な雰囲気の背後、そのある種異常性として示されていると言えるかもしれない。例えば、リードが指摘したように、大礼拝堂の形態は、基本的には原始的な埋葬用のほら穴のそれであり、もしも、アスプルンドが、当初のデザインどおり、床と壁を連続するカーヴとして作ったなら、その性格はもっと強まったことだろう。同様に、瞑想的な木立ちの下の小山には、アルカイックな古墳であるかのような錯覚を覚えるかもしれない。いや、事実、ここにはいくつも、キリスト教のイコノグラフィーが存在しているにもかかわらず、火葬場全体は、結局のところ、ギリシアかと錯覚させるような新古典主義的なロッジアに支配されているのであり、それ故、異教的な調子が全体にまで及んでいる、という議論さえ可能かもしれないのである。この頂に建つ建物が、全体の中で最も高い完全な技巧を見せていることは、その大理石の化粧、屋根を支える十字の木の垂木から明らかである。

ロッジア。インプリュヴィウムと彫刻

上：森の礼拝堂　下：礼拝堂内部

1935
Engineer
EDUARDO TORROJA
Architects
ARNICHES & DOMINGUES
Madrid Hippodrome
Madrid, Spain

マドリッド競馬場

トロハは，おそらく，2つの大戦に挟まれた戦間期に活躍した唯一のコンクリート技師であり，ネルヴィ，フレッシネ，マイヤールと肩を並べうる。このトロハの最初の重要な建物は，1933年，アルヘシラスの町に建てられた，直径約47メートル(156フィート)のドームを持った市場だった。これは厚さ約8.9センチメートル(3 1/2インチ)の屋根による，彼の最初のシェル構造であり，この偉業は，同じ彼の1935年，マドリッドの競馬場まで凌駕されることはなかった。さてこのマドリッドの競馬場では，片持ちのヴォールトの形状をとった厚さ約5センチメートル(2インチ)のハイパボロイド・コンクリート・シェルが，観客席の屋根の基本的要素になっている。これらのヴォールトは，スタディアムの観客席を覆うように，競馬トラックの方に約12.8メートル(42フィート)，その反対方向に約8.5メートル(28フィート)伸びている。そして，この2つの片持梁の長さを合せると，約21メートル(70フィート)にも及ぶのに，それらは，地面に対し水平に近く，高さ方向では約30センチメートル(10インチ)ほどの変化しかない。大きな方の片持梁は，コンクリートと鉄のタイロッドを平衡に保ち，そのタイロッドは，小さな方の片持梁に繋がれることで，観客席の下の馬券売場のリブによる構造と平衡している。構造はすべて鉄筋コンクリート造で，もちろん，地下のホワイエ，ギャラリーの入口に，スタンドの上のこれらのヴォールトと直交する方向に架かっている円筒ヴォールトも，コンクリート造である。

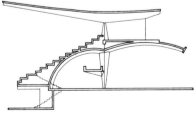

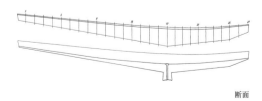

断面

> 1935–39
> ALVAR AALTO
> Cellulose Factory
> & Workers' Housing
> Sunila, Finland

スニラのセルローズ工場と労働者住宅

アールストローム企業合同のために，フィンランド湾の島に建てられたこのスニラ・セルローズ＆パルプ工場は，建築的にも，構成的にも，1935年，ヴァイノ・ヴァハカリオが，エンソ・グートツァイトのために設計したカウコパー製作所に由来する。例えば，ダヴィッド・パーソンは，これについてこう書いている。「（カウコパー製作所は）煉瓦張りのマッスが，海岸線に対峙して厳然と独立して建つものである。マッス相互を結びつけるのは，屋根付きのコンベアーやホッパーであり，これらの表面は明るい色調の金属やコンクリートで仕上げられ，マッス自体の暗い色の煉瓦と対比している。そして，これは，その意味で，その後建てられた工場，例えばこの2年後スニラにアアルトが建てた工場と酷似している」。

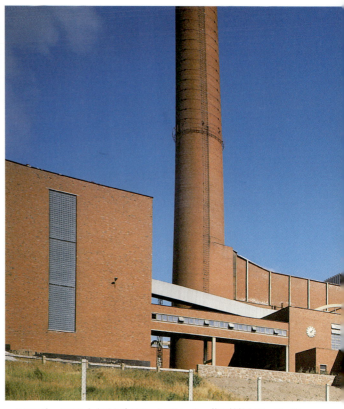

スニラは，アアルトがそれまでに自分のものとしていた方法で設計したものだが，彼は設計中に次第に，ある造形的な可能性を強く意識していった。他の材料を用いず，煉瓦だけで巨大なマッスを作ることで生まれる可能性である。この新たに発見された感受性は，アアルトが後

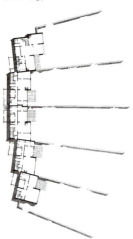

集合住宅平面（管理職員用）

集合住宅（労働者用）

架かり，工場建築らしいグリッド・パターンを示した滑り出し窓による巨大な方形の開口によって安定感が得られている。この象徴的ともいえる正面は，さらに向かって左側に偏って時計が据え付けられ，強いアクセントとなっている。このやり方は，ここの到るところに見られる対比とバランスの方法をよく代表していると言えよう。ここでは，様々な直方体を不規則に配置しながらも，それを特徴づけることが狙われているのである。コンクリート打放しの壁柱がここにあったかと思えば，あそこには垂直的な溝のような窓割があり，また広く開いた四角い開口がここにあったかと思えば，あそこには水平的な帯のような窓割がある。

工場が完成するやいなや，アアルトは近くに建てられるべき集合住宅の仕事にかかり，それは1938年になってやっと完成した。こうして，スニラは結局，ひとつのミクロコスモスを形成するに到ったのである。スニラの労働者住宅は，アアルトにとって初めての地形を考慮した建物だった。南斜面だけが住居に用いられ，谷は道路と庭，北斜面の松林は手を触れずに残された。アアルトは，スニラのために住居のプロトタイプを設計したが，これは近代のハウジングに対して重要な貢献を果たした。その意味で，これは，1929年，トゥルクに建てられた彼のタパニ・アパートに引き続く作品だといえよう。スニラでは，周囲の環境があって，低層住宅を平行に並べるということは行われていない。管理職員用アパートなどは，外側に向かって，扇形に放射した形を成している。同じような自由なずらしは，断面においても見られ，例えばセットバックさせることで，奥行が深く，住戸の全面を占めるバルコニーを持った住宅の装いを整えることになった。

にこの建物を回顧して書いた文章にもはっきり示されている。その社会的な，あるいは詩的な意味合いが，そこには書かれている。

「この岩だらけの島の地形は，自然そのものだった。そのおかげで，生産工程を頂から始め，港の高さまで，様々な段階に従って降ろしていくことができた。工場の中心は，高台に建てられ，そこからは，すべての生産の状態が観察できた。この中心には，管理事務室，研究所などがある。また，高台はこうした眺望を与えると同時に，管理センターに，静かな雰囲気を生みだす底となる。建物相互は，『オープン・エアー・コリドー』によって連結されているので，その周りの松林には手をつけずにすんだ。こうして，各部分に所属するすべての労働者は，自然の中に直接出て行くことができるようになった。ここでは，全体をひとつの枠にはめるのではなく，自然なやり方，つまり各部門が持っているその性格をそのまま建築化することが試みられた。その結果が，豊かな対比を見せる，ピラミッドのようなマッスだった」。

建物の構造は，すべて鉄筋コンクリート造である。工場の外壁の仕上げを赤煉瓦張りにしたのに対し，輸送設備，発電所，倉庫の外壁の仕上げを端正な白いコンクリートにした，その元々の理由は，その両者を区別するためだった。また，スニラの全体は非対称に構成されていて，その最も高いところには煙突が，その下の片側には，最も目につくファサードがある。このファサードを持つ建物は，屋根には放物線アーチが

1935–36
ALFRED & EMIL ROTH
MARCEL BREUER
Doldertal Flats
Zurich, Switzerland

ドルダータル・アパート

ジークフリート・ギーディオンが大いに宣伝した，この4層，鉄骨鉄筋コンクリート造のドルダータル・アパートは，多くの点で，スイス新即物主義(ノイエ・ザッハリヒカイト)の極致と言うことができるものである。スイスでは，いわゆる機能主義的アプローチは，唯一の正当的な様式として突然出現し，すぐさま建築の一般的な形式として世間に認められるに到った。何故か。その理由のひとつとして，機能主義様式が，ある微妙な変質を受けたことが挙げられよう。例えば，アルフレート・ロートとエミール・ロートの一連の合作，とりわけ，このアパートの数年前に（他の建築家も参加して）設計した，ノイビュール・ジートルンク。そこに見られるように，スイスでは，機能主義のディテールの非人間性が，特に内部空間を外部空間に変えるというようなやり方で，効果的に弱められたのである。

この設計についてはっきり言えることは，この建物の彫刻的な傾向が，当時ロンドンでF・R・S・ヨークに参加していたマルセル・ブロイヤーに多くを負っていること，そして，ドイツ機能主義にある種の暖かみを与えたのが，ブロイヤーとアルフレート・ロートの2人だったことである。この後者のことは，ある程度彼らが北ヨーロッパで経験したことの結果であったとも言えよう。ブロイヤーがイギリスで働いたのに対し，ロートはスウェーデンで働いた経験を持っていた。アパートのサンルーム的な入口がスウェーデンに特有なものを感じさせる（アスプルンド的とさえ言いたいのだが）のに対し，ペントハウスの木製の垂直方向のサイディングがイギリス的な実用主義を思わせるのは，そのためであろう。しかし，全体構成の彫塑的な取り扱いは，ブロイヤーにだけ係わることであったようだ。斜面上，レベルのちがうところに連続して建てられた同じ形をした双子のブロック，建物の下の方に押し込まれた，ユニットごとの玄関とガレージ，南に向かって斜めに広がる形をした豊かなテラス（玄関，ガレージ，テラスは，外皮の直交性に対比している），これらは，すべてまず間違いなくブロイヤーの彫塑的な発想から生まれたものであろう。この敷地はおよそ建て混んでいるとはいえないが，この6戸の住戸はそれでも周囲の19世紀の郊外住宅に比べれば，まだしも高密度なわけで，その意味で，ギーディオンは，このドルダータルを中産階級の理想的郊外住宅の新しい模範と呼んだのである。さて，内部のプランニングには，一定の住機能が実現されている。これは，この後しばらくの間，スイスの標準タイプになった——もっとも，最近のタイプとは似ても似つかないが——ほどのものである。その中でも，まず言っておくべきことは，用いられた空間の基準，寸法体系についてであり，これはこの4寝室を持つ適度な規模（140平方メートル）のユニットに，雰囲気として並外れたゆとりを与えている。もちろん，ここは，こうした内部の洗練された構成要素についていちいち説明するには適当な場所ではないだろうが，しかし，それらの実用性を備えた要素すべてに触れないのも，また問題だろう。それらが，機能主義的——といっても，還元的なものではないが——でありながら，全体にはっきりと，詩的で快楽主義的な雰囲気を行き渡らせていること，ひとつをとってもである。だから，いくつかのそうした単純であり，しかし効果的な工夫を列挙しよう。ひとつは，L型の居間の空間からテラスに向かって広がる，ダイアゴナルなヴィスタを与えた工夫，第2には，内部および外部の食事用空間に，楽に食べ物を運べるようにした工夫，第3には，玄関，寝室，倉庫を広くとる工夫，第4には家具を置くことを考慮して作られた寝室の基準，最後には，——もちろん，これだけで終わらせるのは不可能だが——窓割，ブラインドを簡単に変えられるようにした工夫である。

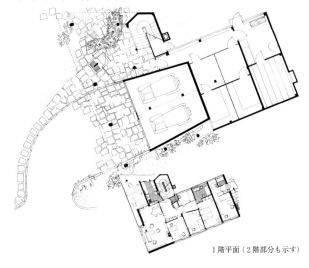

1階平面（2階部分も示す）

 これらは，すべて以後の規範たるべく実施されたわけだが，アルフレート・ロートは，その点をよく知っていた。1940年，彼はこう書いている。「美的な面からして，間仕切が斜めに置かれるのは，構造体の直交性に対比し，喜びを与える。……アパートの壁は様々な明度の様々な色——ベージュ，灰色，青——で塗られている。プラスターの面と書斎の柱は白である。樺材を3枚張りした壁仕上げには，最後にワックスがかけられている。建具類——扉，戸棚，窓の内枠——は，一般的には白に近い灰色である。鮮かな色で特にアクセントをつけることは，居住者が変わることを考慮して，行われていない」。

上：外観　下：玄関

1936
FRANK LLOYD WRIGHT
Fallingwater
Bear Run, Pennsylvania,
U.S.A.

落水荘

朝の空間の中で最初にスケッチされたこの落水荘は、ライトの生涯の住宅の理想――本当に自然にしっかり根ざした家庭――を具体化したものである。この住宅の構造体の形、そしてまた空間秩序は、1929年のエリザベス・ノーブル・アパートや、1931年、オレゴン州セーラムに計画したキャピタル・ジャーナル社社屋と同様、鉄筋コンクリートの片持梁を修辞的に用いたことと不可分である。ライトにとって、構造を装置化するということは、彼の有機的建築という概念と、実際上は同義だった。そうして、ここでは構造が、馬鹿げたほど大きな片持梁として与えられ、それは、1936年、ウィスコンシン州ラシーヌで工事の始まっていた、ジョンソン・ワックス本社ビルで使われたマッシュルーム・コラムの無情な静謐さと対照的なものであった。落水荘は、自然の岩盤から突き出され、その姿は、まるで小さな滝の上に、楽々釣り合いを取って浮かぶ1枚の板か何かのようであった。

ここでは、プレイリー・スタイル時代の水平線の強調は、もう見当らない。テラスは、面の集塊のように目に映り、それらは、空中に奇跡的に宙吊りされ、生い茂った渓谷の上、様々な高さで平衡を取っているかのようである。コンクリートの板が、層となって絶壁に掛かっている様は、とても写真では表現しきれない。風景との融和は完全で、チェロキー・レッドに塗られた水平にひろがるガラス窓が多用されているにもかかわらず、自然はこの建物の到ると

居間

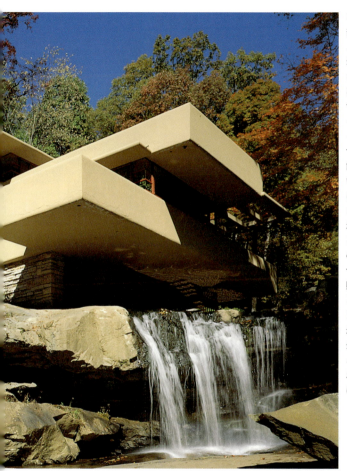

ころに染みわたっている。また，内部は，伝統的な意味での住宅というよりは，むしろ水平方向に石積みされ，腰掛けなどが散在するグロッタを思わせる。粗石積の壁，床の敷石は，この敷地へのある種原始的なオマージュとして意図されたのであろう。居間の階から，その下の滝に導く階段が，水面との深い交歓をかわす，という目的以外には，さして機能もないことが，それを証拠だてているようだ。ライトは，生涯，技術に対し，二面的態度を取り続けたが，この住宅は，それが最も単純な形で示された例といえる。というのも，ここでは，コンクリートによってこのデザインが生まれたにもかかわらず，彼はそれでもコンクリートを変則的な材料——それ自体にはほとんど長所のない「寄せ集めの塊」——として，用いているからである。彼は，最初，この落水荘のコンクリートに，金箔を施そうとしたが，そのキッチュな身振りは，建築主の思慮分別のおかげで，放棄された。しかし，彼はそれでも結局，それをアプリコット色（！）に塗ったのである。

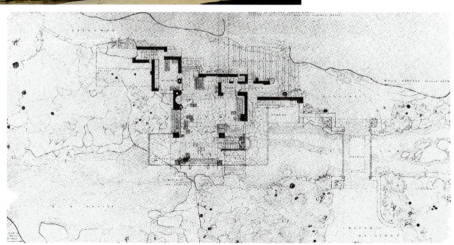

1階平面

第10章
インターナショナル・モダニズムと国民的自覚：
1919-1939
International Modernism and National Identity: 1919–1939

1. 社会主義文化と工業化規準：
ワイマール共和国　1923-31

　第1次大戦，第2次大戦に挟まれた20年はいうなれば不安におののきながらも多産が約束された空白期間であるが，その間近代建築は社会の近代化の過程でめざましい役割を果たした。誰もが予想する通り，フランスやイギリスといった，すでに力を蓄え，植民地や工業化に裏づけられた勢力よりは，近代化を積極的に追求する浮上中の社会の方がこうした建築の役割は大きい。第1次大戦の終結を迎えて，ドイツ，オランダ，チェコスロヴァキア，スウェーデンでは近代運動のプログラムと内容は政策担当者によって熱心に導入され，これらの国々が様々なかたちで発展させようと試みていた国レベルの厚生政策を促進するための手段となった。かくして，グスタフ・シュトレーゼマンのワイマール共和国——実質的には1923年11月のレンテンマルク安定によって成立した——では，新生ドイツの未来を指し示す比類なき徴かつ希望として近代建築が自治体，共同組合，労働組合などで広範囲に採り入れられたのだ。オットー・ヘースラーのイタリエーニッシャー・ガルテン（ツェレ，ハノーファー，1923）からエルンスト・マイのブルーフフェルト街の集合住宅（フランクフルト，1925）に到るまで，白く仕上げられた陸屋根の住宅群が，戦後の集合住宅の適正型式として採用されたわけである。同じ頃，伝統的な街区いっぱいに建てられる形式も，当時ツァイレンバウ（低層住宅システム）として知られた一段と規則的なタイプの集合住宅に道を譲った。ワイマール時代のドイツに建設された低層のジートルンクないしコロニーは都市内開発の適正形態として今日の評価にも十分耐えるものである。じじつ，ベルリンでは現在でも，戦間期のヨーロッパに建てられたどの郊外住宅地にもましてすぐれた住宅が何ヶ所も垣間見られる。

　ツァイレンバウは反復という経済性の原則の上に構想され，とりわけ全居室への日照と通風に最適値を与えることを基本にしている。経済性は各単位を直交グリッドの上に載せることによって保証され，太陽と空気を得るためには建物をある標準距離をもって平行に配置し，またそれらを南北方向に並べて東西の日光を採り入れるとともに通風方向をそれに交差させる。ツェレで活躍したオットー・ヘースラーは1924年になってゲオルクスガルテンの住宅団地でワイマール共和国のツァイレンバウ・システムの基本パターンを完成させることになる。この集合住宅は，3-4寝室型住戸を対にしてアクセス階段に面して配した4階建の建物からなっている。この住宅は一般に新たな衛生および設備の基準に沿って建てられたが，各戸に専用の浴室を設けることは，当時の社会の一般水準を大きく越えていると見なされていた。こうした節約にもかかわらず，ラジエターによる集中暖房は最低基準と考えられ，全住戸に設けられた。同時にスティールの窓サッシュが採用され，あらゆる生産形態をテイラー方式化しようとするそ

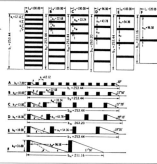

Gropius, CIAM Diagram, 1930.
低層から高層まで選択可能な
ツァイレンバウの居住パターンレイアウト

の当時の意識と絡み合って、人間工学的に計画された厨房が設けられた。家族生活の最も伝統的な儀式にあらかじめ割り当てられた領域——いわゆる毎日の食卓の用意——に対してさえ以上のことが採り入れられたのだ。バーバラ・ミラー＝レーンが1968年に世に問うた研究『ドイツにおける建築と政治1918-1945』で指摘しているように、ドイツの一般家庭の行動パターンは労働を軽減する厨房の登場によって影響を受けている。最小限厨房の発明まで、伝統的な住宅では居間と厨房が合体して（ヴォーンキュッヘ）家族の集合場所となっていたのだ。全く明らかなことだが、当時、エリートとしてのテクノクラート層によって労働力の都市化は過去の農民社会から効率的な産業プロレタリアートへの転換を成功させるための基本的な手続き、あらかじめ必要な条件として構想されたのである。有名なマイの「フランクフルト式厨房」は1928年にM・シュッテ＝リホツキーによってデザインされたが、以上の点から見て、ラーテノウはフリードリヒ・エバート・リンクに建てられたヘースラーの集合住宅（1929）のデザインに組み入れられた規格型浴室と同じく、有効な発明であった。ゲオルクスガルテンとフリードリヒ・エバート・リンクを比較してみると、低層集合住宅モデルを典型として応用し、発展させていく上での2つの異なった段階が見てとれる。後者の住戸は規格設計の浴室と厨房を備えているが、それだけでなく後者の途切れることのない低層住宅の敷地計画こそが重要な出発点

を表わしているのである。

ゲオルクスガルテンはまさに文字通りの「危機の集合住宅」であった。というのも、敷地の3分の2は、戦争直後の大都市一帯にみられた食糧不足を補うため家庭内での食糧生産を直接行うための畑に割り当てられていたからである。他方、フリードリヒ・エバート・リンクは別なかたちの配慮を表わしている。究極的にコミュニティの象徴的表現に関わる配慮である。なぜなら、ヘースラーが心がけたのは物理的な構成の脆さを補強することだったのは明らかである。もはやヒエラルキーがなくなり、平行な4階建の住棟が果てしなく繰り返される。おそらく彼はこのオープン・エンドの系を連続した一列のテラス・ハウス群で閉じることで釣り合いをとろうとしたようだ。これによって境界部はジグザグ状となり、南側の保育園と遊び場が北側に位置する公園に結びつけられる。

この境界部の手法は他の機会にも別な建築家によってしばしば用いられた。たとえばフレッド・フォルバットが手がけたハーゼルホルスト集合住宅（1928）、あるいはハンス・シャロウンもベルリン・ジーメンスシュタット（1929）の計画でこれを用いている。しかし、このような最終段階での操作ではコミュニティの物理的アイデンティティを十分なかたちで実現するのは不可能だと考えた人々もいた。なかでもブルーノ・タウトとマルティン・ヴァークナーの両者は、ベルリン-ブリッツ集合住宅（1925）で、共同組合店舗や他の社会施設をも組み込んだ馬

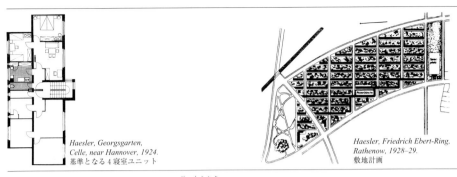

Haesler, Georgsgarten, Celle, near Hannover, 1924.
基準となる4寝室ユニット

Haesler, Friedrich Ebert-Ring, Rathenow, 1928–29.
敷地計画

蹄形平面の住棟を中央に置いて全体の集合住宅（ジートルンク）を構造づけることになる。

　1925年にエルンスト・マイはフランクフルト市の建築監に任命された。それにともなって，市の労働者団地の建設は前例のない規模で開始される。マイは若い頃，ミュンヘンのテオドール・フィッシャーとイギリスのレイモンド・アンウィンの両者に師事しており，そのため彼の合理主義精神は伝統への感覚によって和らげられた。ヘースラーがゲオルクスガルテンやラーテノウで大なり小なりオープン・エンドの配置を生み出したのに対し，タウトやヴァークナーに近いマイはむしろ境界の明確な都市空間の創出を心がけていた。それゆえ，マイのフランクフルトでの最初の仕事，ブルーフフェルト街の集合住宅（1925，C・H・ルートロフと協同設計）は，コミュニティ・センターと手入れの行き届いた庭を収めた大がかりな中庭を設け，その周りにジグザグ状の住棟を配した。マイのフランクフルト市マスター・プラン（1926）では，こうした境界型の配置をより一般化した集合形式へと拡張して用いている。そうした例としては，1926年から1930年にかけてのニダ峡谷住宅地計画の一部として建設されたレーマーシュタット，プラウンハイム，ヴェストハウゼン，ホーエンブリックの各集合住宅が挙げられる。しかし，レーマーシュタットにおいてすらも，その合理的な建築部材の使用にもかかわらず，近隣単位を明確に境界づけられた領域として保っていた。

　マイの下で完成した15,000戸の住宅は，ワイマール期のフランクフルトで建設された集合住宅の90％を上回っている。マイのデザインおよび構法の両面における効率重視がなければ，この驚くべき数字はとても達成できなかったに違いない。こうした客観的なアプローチは，建築費なる現実問題によって勢いを得て，必然的に1929年のフランクフルト第2回CIAM（近代建築国際会議）大会で議論を呼んだテーマ，「最小限住宅」の規格をかたちづくっていくのである。ル・コルビュジエの「最大住居」への理想主義的な訴えに対して，マイの最小限規格は，造りつけの収納や家具を広範囲に用い，またフランクフルト式厨房を発展させることによって可能となる。世界恐慌が広まり始めるとともに，高騰する費用の問題を重視したマイは，プレハブ・コンクリートの構法を導入した。これはマイ・システムと一般に呼ばれ，1927年以降プラウンハイムとホーエンブリックの両集合住宅の建設に採用された。フランクフルトでの仕事も終盤を迎えた頃，マイは構法上あるいは空間的により一層限定された規格を用いて建設を行うが，それはたとえば1928年に開始されたいとも厳粛なゴルトシュタイン・ジートルンクに典型されよう。

　ワルター・グロピウスによるテルテンの住宅団地（1926–28）もほぼ同様の還元的な手法を用いているが，これはグロピウス自身が唯物論的ともいえる計画標準へと移行していく最終的な段階を示している。というのも，このテルテ

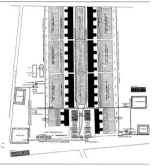

Gropius, Törten Housing, Dessau, 1926.
敷地計画。タワー・クレーンの軌道の周りに螺旋状に配置される

ンの集合住宅は，その部分部分の規格化だけではなく，プレハブによる一列の組立行程によっても規定されているからである。この場合，現場の中央部を軸とした移動式のタワー・クレーンによって施工を速める。1920年代後半のある時期からグロピウスは，たとえば1926年完成のデッサウ・バウハウス校舎にはなお明らかに残っていた建築形態の組織化に対する初期の形態論的アプローチを放棄することになる。これと同じ頃，——1928年2月のバウハウス校長辞任に僅かに先立って——社会の立法的基盤，あるいは社会的構造の変革をめざしたグロピウスの考え方は，はっきりと社会民主党左派の路線へと移っていった。おそらく，彼のエッセー『最小限住宅の社会学的前提』(1929)に見られるラディカルな語調はこのことによって説明できよう。この著作で集合家族なるラディカルな意図が発展させられることになった。本質的にソ連のドーム・コムーナの概念にきわめて近い提案といえる。以下の文章で彼は集合家族のあり方をまとめている。

「核家族の欠陥を認識することによって，集中化された集合家族なる新たな形式への考え方が意識されよう。これは，個々の女性が最大限の努力をなして家事を行う以上に質が高く経済的な性能をもつ改善された集中組織を通して，これらの女性達を部分的に家事から解き放つものである。家事手伝いがますます足りなくなってきたため，この要求が一層煽り立てられている。

生計を立てるために家族全員が闘わねばならない状況の下で，女性は収入のある仕事に就いて男性への依存からみずからを解放する一方，自身と子供のための自由時間を得る手段を求めている。従って，このプロセスは単に都市住民の経済状態に帰因するのではなく，男性との同等の協力関係を結ぼうとする女性の知的・経済的解放に関わる内的な衝動を表わしたものでもあるのだ。……社会の中でより顕著な個性をもった生活がますます発展し，必要に応じて個人がその周囲から身を潜めるという正当な要求を抱くことを考慮すれば，さらに以下の理想的だが最低限の条件を打ち出すことが必要である。すなわち，大人は全員，たとえ小さくとも自分の部屋をもつ，ということである。」

この試論は，その当時独占資本主義的体制の下に発生した広範な都市の混乱の現象に対する明らかな解答となっていた。グロピウスの議論によれば，政府は，まず過度の規模をもった集合住宅に対する公共基金の浪費を止めて最小限住宅への財政投資を行うとともに，道路や共用施設の建設コストを縮少することによって，集合家族の基盤を用意する義務があった。さらに彼は続けて，建設用地も投機者の手から離し，ゾーニング条例や建築法規を緩和する必要があると主張した。

グロピウスはこの集合家族のプロトタイプを実現するには到らなかったが（それに最も近かったのは，1931年ヴァンゼーに計画された中産

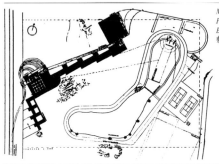
Meyer, Federal School of the GGTUF, Bernau, Germany, 1929. 敷地計画

Gropius, Total Theatre for Erwin Piscator, 1927.

層の集合住宅だった)，少なくともこの著作は，彼が当時，バウハウスで彼を継いだスイス人建築家ハンネス・マイヤーが展開した唯物論的な見解にいかに近かったかを示している。というのも，マイヤーの試論『建設』(1928)に遡ると，ただちに両者の議論の内容と様式がある程度似通ったものであることを知って驚くだろう。

「新しい住宅は社会的な事業である。建設産業でのシーズン・オフ期の失業を部分的に解決し，また失業対策事業につきものの不評をも押しやってしまう。家事を合理的なベースに載せれば主婦を家庭内での奴隷的地位から救い出し，庭仕事を合理的なベースに載せれば，主人が煩わしい庭師の仕事に身を染める必要もなくなる。このことは，あらゆるDIN(ドイツ工業規格)にも似た，無名の発明者グループによる規格化製品であるがゆえに，何よりもまず社会的な事業に他ならない。」

マイヤーは建設活動とは組織化──「社会的，技術的，経済的，心理的な組織化」──であると唱えるわけで，マイヤーとグロピウスの態度の違いは，両者が各々20年代末に設計した構成主義的作品に反映される。たとえば，ベルリン・ベルナウに建てられたマイヤーのドイツ労働総同盟学校(1930)とエルヴィン・ピスカトールのために計画されたグロピウスのトータル・シアター(1927)を対比してみれば明らかな事実である。

トータル・シアターは，ヴセヴォロド・マイヤーホルトの生物－機械的な舞台の概念を行為の劇場として満足させようとグロピウスが設計したという点で，彼の最も明快な構成主義的作品といえる。俳優－曲芸師こそがこの劇場の理想型で，そこではサーカスの如き身振りによる演技が前にエプロン・ステージで常に演ぜられる。メイエルホルドによる生物－機械的な制作活動の指示──1920年の10月劇場宣言──には多少の義務を感じてか，政治がらみの内容がある程度見られる。このアジテーション的綱領を満たすため，グロピウスは，伝統的な3つの舞台形式つまりプロセニアム舞台，エプロン・ステージ，円形舞台のいずれにも即座に変換可能なオーディトリアムをピスカトールに提供するべく試みたのだ。この施設がいかに整えられたかは，グロピウス自身の言葉に最も解りやすく説明されている，

「建物の全面的な変換は，舞台のプラットフォームとオーケストラの一部を180度回転させることによってもたらされる。そうすれば，それまでプロセニアム舞台だったものが何重もの観客の座席によって全面を囲まれた円形舞台となる。上演中であってもこの操作を行うことが可能だ……上演中に観客を動かし，舞台の位置を思いがけず移動させるという，この観客への攻撃は，観客に新たな空間意識を示し，行為に参加せしめることになる。」

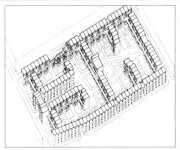
Brinkman, Spangen Perimeter Block, Rotterdam, 1920.

Oud, Tusschendijken Housing, Rotterdam, 1920–23. 内部ブロック

2．街区内集合住宅から開放型都市へ：
オランダ　1915-1939

第1次大戦で中立を守ったため，オランダは1901年の住宅法可決から第2次大戦勃発に到るまで一貫して革新的な住宅政策を維持することができた。当然のことながら，この立法が最も強い影響を及ぼしたのはこの国の二大都市つまり，アムステルダムとロッテルダムに対してである。言い換えれば，ヘンドリク・ペトルス・ベルラーへのアムステルダム南部地区計画（1915）にもとづいて幾多の建築家がなした建築上の貢献に対してであり，同時にミヘル・ブリンクマンとJ・J・P・アウトとによってロッテルダム郊外に実現された様々の街区内住宅群や田園都市開発に対してであった。類型学的な観点からすれば，オランダにおける初期の都市集合住宅のモデルは，1920年代末になってアウト，スタム，ファン・ティイェンらが新たなプロトタイプ形式としてワイマール型の低層住宅パターンを計画し始めるまで人気があり，ずっと建設され続けてきた街区内集合住宅であった。

1917年アムステルダムに建設されたミケル・デ・クラーク設計のきわめて表現的なアイヘン・ハール地区集合住宅を別にすれば，大戦直後の最も進んだ街区内集合住宅は，ミヘル・ブリンクマンによるロッテルダム・スパンヘンの歩行者路を一段と高くとって4階建の住棟を並べた計画（1920）であった。スパンヘンの集合住宅は様々な意味で，戦間期に建てられた最も注目すべきモデルのひとつである。なぜなら，

この住宅群は，そこに隣接する建物が示す街路パターンの輪郭線に沿うとともに，それ自体が「ミニチュア都市」，つまり中庭式庭園が内部で連なるとともに中央の洗濯場および共用施設に収斂する一段高い歩行者路システムが保たれた一種の小宇宙となっているためである。このすぐれた実験に引き続いてロッテルダムでは街区方式の都市計画にもとづく住宅群が建てられる。すなわち，アウトのトゥッシェンダイケンとして知られる8街区にわたる住宅地開発（1920-23）である。既存の都市空間を踏襲した計画の他にも，オランダではアングロ・サクソンの田園都市をより高密度かつ都市的となした計画が練られた。ひときわ興味深いのが，ハーグ近郊ダール＝エン＝ベルヒに建てられたヤン・ウィルスの2階建パパフェルホフ住宅団地（1920）やディック・グレイナーのベトンドルプ住宅団地（1922-28）であり，その最後となるのが同じく重要なアウト設計ロッテルダム・キーフホーク住宅団地（1925-29）である。これは都市内の村とでもいうべき構造をもっている。

しかし，1920年代も後半になってくると，独立型の住棟や板状の住棟が優勢となって既存の都市に連続する建築群の試みは次第に放棄されるようになってくる。この開放型の都市パターンを初めて理論的に公式化したのは，1926年のマルト・スタムによるアムステルダム・ロキン地区の提案であった。ここでスタムが行わんとしたのは，伝統的な大通りの真中に連続して建

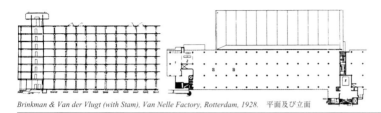
Brinkman & Van der Vlugt (with Stam), Van Nelle Factory, Rotterdam, 1928. 平面及び立面

つオフィス建築を導き入れることであり、既存の都市の文脈を覆すことであった。彼はこの超大型建造物を懸垂式のモノレール軌道となるように計画した。他方、地上レベルはショー・ウィンドウ、駐車場、そして歩行者の移動に供されるわけである。スタムのロキン計画はいわば構成主義的な作品である。つまり、建築の形態を機械たる状態へと還元することを意図していたのだ。その点は別にしても、この計画はスタムの「開放型都市(オープン・シティ)」の構想を明らかにしている。それについて彼はこう記した。

「経済的な闘争が拡大することに帰因する交通量の以前にもまして激しい増加は、交通網の組織化を建築的な都市計画の決定因子となす。建築上の思考は、かつての世代の残滓たる審美的な態度から自由にならねばならない。囲われた空間としての都市の構想はそのひとつに他ならず、それを開いた都市に置き換えねばならない。」

1920年代を通してオランダの革新的な建築家達——アウト、L・C・ファン・デル・フルーフト、そしてとりわけスタムといった人物達——は明らかにロシアの構成主義運動の影響を受けた機能的な表現形式を追い求めた。このことは特にスタムについて顕著だが、彼はドイツにてロシアの前衛芸術家エル・リシツキーと接触した後、1925年にオランダに戻り、鉄筋コンクリート造、マッシュルーム・コラムをもったロッテルダムのファン・ネレ工場（1929）の現場主任を務めた。露出した構造、ガラスによる移動式コンベアーは見るからに、この茶・コーヒー・煙草工場を特色づける構成主義的な美意識の主要な要素となっている。今日でもこの工場は50年前と全く同じかたちで用いられている。

スタムがこの設計に加わっていたことは明らかなのだが、ファン・デル・フルーフトについても、後に彼がスタムの手助けなしに同種の即物性をもった機能主義的作品を設計するに到ることを考えれば、彼の果たした役割を割引いて考えることはできない。なかでも、1930年代初頭にロッテルダムに建てられた鉄鋼ラーメン構造のフェイエノールド・スタジアムとベルヘポルダー集合住宅の2作品が挙げられよう。一方、スタムの機能主義的傾向は極端で、それゆえロッテルダムのオプボウ・グループの一部メンバーからは剥離していたようだが、それでもファ

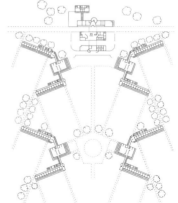
Duiker, Zonnestraal Sanatorium, Hilversum, 1927. 敷地計画。メディカル・センター及び病棟

Duiker, Open-air School, Amsterdam, Holland, 1930.
断面

ン・デル・フルーフトと同様の意味で機能主義の基礎をつき固めた者としてまず彼の名を挙げねばならない。オプボウ・グループは1920年に結成され、後にCIAMのオランダ支部の一部となった。ブリンクマン、ファン・デル・フルーフト、あるいは彼らの重要な施主たるツェース・ファン・デル・レーウといった一部のオプボウ・メンバーは、神秘的とはいわないまでも少なくとも宇宙の普遍的な価値に関心を抱き、そこから機能主義を超越しようとした。この3人ともオランダ神智学協会の会員であり、ファン・デル・レーウがオメンの地にクリシュナムルティとその弟子達のために機能主義的な集会所を建設することになるのは、何かちぐはぐな印象を受ける。

神智学からは離れているが、ヨハネス・ダイケルやベルナール・ベイフットの機能主義にも同種の精神主義的関心が潜んでいたと思われる。彼らは当初ライト風のスタイルから出発し、1924年アールスメールに建てた非対称形の住宅（デ・クラークの影響を受ける）を建てている。外部に円筒状の階段室が突き出した片流れの住宅は、ダイケルの経歴に新即物主義（ニューウエ・ザアケリーカイド）の始まりを画すこととなる。この新即物主義的作風のピークとなるのが、明らかに構成主義的性格を有した鉄筋コンクリートとガラスの構造をもつ2つの作品である。ヒルヴァーシャムのゾンネストラール・サナトリウム（1927）およびアムステルダムの外気学校（1930）である。後者では、対称形となった学校の量体から非対称な体育室ウィングを張り出させるという扱い方に示されるように、計画プログラムをそのまま表現することを心掛けたようだが、彼の理想としたものは、彼が好んで用いたバタフライ状平面にすぐれて表現されている。晩年になって彼は初めてこの好んだ平面形態を放棄し、たとえばアムステルダムのシネアック映画館（1934）といったより経験主義的なアプローチを採るに到った。

3. 近代化と機械の形態：
チェコスロヴァキア 1918-1935

トマーシュ・マサリクやエドワルド・ベネシュといったチェコ国民主義者達が20年近くにわたって繰り拡げた不屈の政治的情宣活動の結果生み出されたチェコスロヴァキア共和国は、明らかに第1次大戦後の東ヨーロッパ再編の一翼をかたちづくった。時を得たマサリクの指導（1918年から1935年まで大統領）の下に、独立チェコスロヴァキアの基礎固めと発展が求められ、政府による社会的近代化の政策が必要となった。これは、この国の産業資産のさらなる開発を是とするだけでなく、多人種の産業社会の経営に向けて革新的な国の福祉政策のアプローチをも継続させることになった。建築における自立したチェコ人アヴァンギャルド達の作風はすでに第1次大戦以前にプラハで表明されていた。とりわけ、相互に別々の仕事を行いながらも何らかの関係が認められるヨーゼフ・ゴチャールとヨーゼフ・ココルの作品が指摘できよ

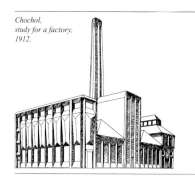

Chochol, study for a factory, 1912.

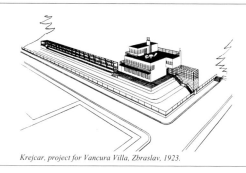

Krejcar, project for Vancura Villa, Zbraslav, 1923.

う。ゴチャールの作品歴の始まりとなるのが、ヤロメールに建てられたワグナー風ヴェンケ商店（1910）、ならびに一風変った名だがプラハのいわゆる黒の聖母の家（1912）である。一方、ココルは初めからより前衛的傾向が強く、わけても、1913年プラハのヴィセフラード丘陵の麓に建設された有名な立体派のヴィラ群である。これは、1912年パリで展示されたレイモン・デュシャン゠ヴィヨンの「立体派のヴィラ」と一定の相似関係が認められる。ゴチャールとココルは、彫刻の領域においてはフランスとチェコの実験から生み出され、他方でこの地のバロック的伝統から派生することになる立体派以降の統辞論を開拓したのだ。

チェコ建築における立体派は、角柱状の固体を好むとともに、またコンクリートや石膏を用いた型枠ないし塗りで仕上げられた結晶状の面を多用し、好んで表面を造形的躍動感で満たしたのである。この抽象的かつ国民主義的、その一方で反合理主義的でもある表現は数多くの追随者を生み出した。その中には、新たな運動の理論家の筆頭に挙げられるパヴェル・ヤナクや、若手のイリ・クロハなどが含まれる。後者が1921年のオロモンクの地方劇場設計競技に応募した案などは、チェコ・ゴシックやバロックの伝統に伝わる要素を下敷きとしたグロテスクな立体派的形態を寄せ集めたもので、国民主義的傾向ということができよう。

1980年にドスタル、ペハール、プロハズカの3人が『チェコスロヴァキアの近代建築』を出版しているが、そこでこの立体派的表現のコンセプチュアルな基盤をその根本から展開したのは、ヤナクおよびヴラスティスラフ・ホフマンが1911年から1913年にかけて発行した『ウメレッキー・メシツニク』（月刊芸術）の記事だというのが指摘されている。この雑誌は、1911年に発足した「創造的芸術家グループ」として知られる画家、彫刻家、建築家のグループの合同機関誌であった。こうした点についてフォルマリストとしてのヤナクの見解は、彼の試論『角柱と角錐』（1912）と『ファサード・リヴァイバル』（1913）に現われており、近年になってイワン・マルゴリウスが以下のように敷衍している。

「ギリシア、ゴシック、バロックの様式は各々角柱ないし角錐の形態にもとづく要素を用いた。立体派の建築はこの角柱と角錐の両方に関わり、芸術の材料としての側面と量体との積極的な関係に基礎を置いている。新しい潮流は、とりわけ形態に関心を向け、材料は重要とは見なされていない。われわれが眼にするのは形態だけなのである。」

マルゴリウスの説明にもある通り、第1次大戦後、立体派の基盤を発展させた唯一の人間はクロハであり、チェコ立体派に内在していた感傷的なエトスがこの時点でヨーゼフ・プレチュニクがプラハ・ヴィノハルディに建てた聖心教会（1932）に示される装飾的なアプローチか、さ

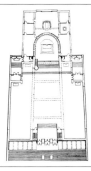

Gočár, St. Wenceslas Church,
Prague-Vrsovice, 1928.
1 階平面

Chochol, Liberated Theatre project, Prague, 1927.

　もなければゴチャールのレギオ銀行（1923）に代表される円形立体派なる奇妙なスタイルへと分解していったと思われる。
　チェコスロヴァキアの合理主義建築の発展にとって，1923年から1925年にかけての時期はすこぶる重要な意味をもつ。というのも，1923年になって，弱冠28歳のヤロミール・クレイカルが初めて自分自身の作品を生み出したからである。ズブラスラフに計画されたヴァンクラ・ヴィラ（1923）である。クロハもこれと実質的に同じ時点でムラダ・ボレスラフの工科学校の設計を開始している。この完成は1935年まで待たねばならなかった。
　これに続いて1924年，チェコ近代建築運動の中でも最も早い部類に属する，有名なプラハ見本市ビルが着工された。その設計はオルトリヒ・ティルとヨーゼフ・フックスであり，この工事は1928年になってようやく完了する。街区の中に卍状に折り重なった量体が落ち着き，その張り出した部分はカーテンウォール構法で全面にわたってネオン・サインが取り付けられている。そうしたところからも，この建物はいわば校正中の「構成主義」の作品のように見受けられる。
　1927年，ゴチャールはフラデック・クラロヴェに鉄筋コンクリートの幼稚園を建て，合理主義者の仲間入りをする。このデザインは様々な点でオーギュスト・ペレの合理主義的古典主義を想い起こさせる。その意味で，1920年代後半にゴチャールとココルが各々の作品で用いた

様々な合理主義的形態を取り上げてみるのもまた興味深い。じじつ，ゴチャールはプラハ・ブルソヴィツェの聖ヴェンツェスラス教会（1928）で「合理主義的古典主義者」としての立場を固めており，一方のココルはプラハの解放劇場案（1927）で構成主義の修辞法を全面的に用いることとなる。それと同時に，1920年代に構成主義に転じた戦前のチェコ立体派の建築家達の中でも，パヴェル・ヤナクについても決して認識を欠いてはならないことを付け加えておこう。彼はプラハ郊外に建設されたナ・バベ住宅団地（1928‐32）の配置を決めるにあたって，はっきりと機能主義を意識していたのである。
　チェコ建築のアヴァンギャルド達が職業的な意味でも高い質を持つようになるのは，1928年から1937年にかけての9年間である。この頃になって，チェコの繁栄も持続し，政治的にも新しい情勢を迎え，また近代化も一般的に受け入れられるようになり，建築家も大規模の建物を建てる機会が多くなった。その意味では，クレイカルの仕事がすぐれた例を示すだろう。1931年クレイカルは彼の作品歴の中でも最大の仕事を依頼された。トレンチャスケ・テプリツェに建設されたマクナツ温泉の建物である。50室を有したこのサナトリウムは，前年ボフスラフ・フックスがブルノに建てたヴェスナ校に見られる平面計画上の「生物的」アプローチとはいえないにしても，十分クレイカルの構成主義的態度を示している。両者ともグロピウスがデッサウのバウハウスの設計で初めて示した，複合施

Krejcar, Sanatorium Machnac, Trenčianske Teplice, 1931–32.
1階平面

Gahura, Bata skyscraper project, Brno, 1928.

設の組織化に対する多重のアプローチを例証するものである。

クレイカルの自立した建築家としての経歴を紐解くと、その最初から政治的な意味においても文化的な意味においてもきわめて論争的だったことが解る。たとえば、1922年に彼がチェコ・マルクス主義芸術家連盟の機関誌『ジヴォート』(生活)の編集者となっていることからもその点が理解できよう。ロシア構成主義やル・コルビュジエの作品が初めてチェコスロヴァキアの建築家の眼にふれたのは、この『ジヴォート』の頁を通してであった。論客としてのクレイカルは、1923年『スタフバ』(建築)誌の編集を引き継いで初めて建築畑に転じたシュールレアリスムの作家にして批評家カレル・ティエゲに匹敵した。その4年後、ティエゲはデヴェンスティル・グループ(国際革命的前衛芸術家連盟)なる公けの機関の編集責任者となって『レッド』(RED)誌を発行し、みずからの文化的視野を拡大してみせた。さらに2年後の1929年、すでに幾つもの多彩な活動を行っていた彼は、新たに別の建築雑誌の編集をも行うようになった。MSAの題名で知られる一連のシリーズである。1932年になって彼は、「ザ・ソツィアリスティッコン・アルキテクトゥーラ』(社会主義建築について)なる左翼系出版物の編集を始めた。このような密度が高く、論争的な活動に対して、ドスタル、ペハール、プロハズカは以下の如く記している。

「30年代初頭、カレル・ティエゲを筆頭とする機能主義建築の理論家達が行った率先的な仕事は、チェコスロヴァキアの戦間期世代に対して、建築の新たな刺激とその社会的基盤を模索する全く独創的で独立した理論的・芸術的プログラムを出現させたのだ。建築家達は建築の社会的立場や使命に目覚め始めた。20年代のチェコスロヴァキア文化の中で機能主義思想を最も明確に代表する近代文化協会(デヴェンスティル)から左翼の建築集団が生み出され、ヤン・ギラールとヨーゼフ・キトリヒが御膳立をした1932年の左翼建築家大会の席上、社会主義建築家協会が設立されることになった……革新的な社会変化の要求に結びつけられた建築の社会的価値なるきわだった意味こそが、30年代チェコスロヴァキア建築を特質づける側面である。しかも、他のヨーロッパ諸国のアヴァンギャルドの間では、この試みが中断され、その思想的統一も大半が解体されてしまっていただけに、その点が一層強調されよう。バウハウスは閉鎖され、ソヴィエト構成主義のダイナミックな運動も消滅し、機能主義のすぐれた人物達は次第次第にヨーロッパを離れ、大西洋の彼方へと移住していった。」

実業家トマーシュ・バータの経歴は、そのまま戦間期のチェコスロヴァキア国家が見せていた革新的だが不確かな面をも合わせもつエトスを代表している。バータの財産そして産業界、政界での立場は、直接には1908年モラヴィアのツ

Le Corbusier, Bata Pavilion project, Paris World Exhibition, 1937.　断面（壁画を含む）

リンに異母兄弟のアントニンとともに設立した靴工場に端を発していた。1918年の共和国発布の時にはすでに日産1万足の生産量を誇り、4000人の従業員をかかえていたが、まだ完全なテイラー方式にもとづく靴生産を行っていたわけではない。1922年、この方式を採用すると、あまりにも突然で厳しい組織替えが行われたため、従業員1800人、日産8000足に落ち込んでしまった。だが、この落ち込みから6年の間に一挙に生産量が拡大するのだ、バータは生産拡大を進め、一躍、1万2000人の従業員をかかえ日産7万5000足を誇る世界最大の靴産業へと成長するのである。この加速的成長と企業の成功の鍵となったのは、労働力を幾つかの自律的な職場へと分配するいわゆるバータ生産方式である。これらの職場はただ各々が個々の規律をもつだけでなく、各成員が自動的に利潤の分配・貯蓄機構に加わり、労働者みずからが日々の歩合を直接のベースとなし工場の生産性に最大効率をあげてそこから利益を得ていくものである。バータが好んで「編成替えされた資本と先進的な産業福祉との結合」と説明したこの家族主義的かつ革新的な方式のおかげで、彼自身、産業界だけでなく他の領域でも革新的となったように思われる。そしてこの目的ゆえに彼は1911年頃に始まった近代建築のパトロンとなったのだ。そのため、オーストリアのワグナー派第一のチェコ人弟子ヤン・コツェラを登用し、バータ家の住宅室内を新たにデザインし直すよう依頼した。コツェラはさらに1918年にバータ社の労働者用田園都市を設計することになるが、この企業自体が建築とデザインに関する全面的な文化育成方針を打ち出すのは1925年になってからである。その中心となる建築家としてコツェラの弟子たるフランティシェク・ガフラに白羽の矢が当たった。ガフラは早速ツリンの新工場群を鉄筋コンクリートで設計し、建設に取りかかる。そして1926年、ツリン近郊トルスタの村に800戸からなる労働者用田園都市の設計を手がけることになった。

バータは皮革や食料品部門のために農場を取得し、あるいはエネルギー部門に向けて炭鉱を手に入れ、またブラシ、ゴム製玩具、リノリウムの生産を始めるようになる。彼が様々の企業のオーナーとなり、生産部門の範囲を拡げ始めるとともに、その建築活動の範囲も膨らみだし、ガフラの他にもヴラディミール・カルイクやアントニン・ヴィテクらの建築家が加わった。この時期、ガフラの事務所で生み出された建築デザインの大半は、バータ靴店の社風を維持していくことを主眼としていた。そのモデルになったのは、1929年、ルートヴィク・キセラがプラハのヴェンツェスラス広場に建てたカーテンウォール方式のバータ靴店店舗である。このバータ社の流通機構の範囲は巨大で、1935年トマーシュ・バータがツリンにて飛行機事故で世を去った時には、バータ社はチェコスロヴァキア国内に2000店の販路をもち、国外にさらに2000店というほどの進出ぶりだった。

この時期はまた、ル・コルビュジエがバータ

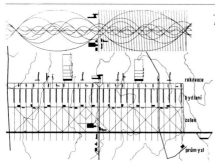
Janu, Stursa & Vozenilek, linear city project, Prague, 1932.

社の組織と関わりをもつに到った時期でもあった。バータ社の市場が将来的に拡がることを予測して、店舗の標準システムを設計するよう委託されたのである。おそらくこの時期の最も注目すべきプロジェクトは、バータ社のあらゆる側面を表わそうとした広告パヴィリオンのスケッチである。今なお理由は不明だが、これらの仕事はどれも実施に至らなかった。ル・コルビュジエの手になるフランスの工場および労働者都市の計画も同じく実現されなかった。これは、結局1932年になってフランスのエロクールに建設され、バータヴィルの名で知られることになる。その設計を手がけた建築家は、相変らずガフラであった。1934年になってガフラは、ツリンの地方産業都市への拡張計画最終案を練り、この町に10万人の集合住宅供給を可能ならしめようとした。ここでもル・コルビュジエが、みずから線状のツリン発展計画（1935）を描き、夢あふれた後書きを加えることになる。

以上のような経緯があって、計画上の観点からはさほど洗練されたものとはならなかったにしても、ツリンの町はともかく行き暮れた左翼系近代建築家にとって建築上、社会上のメッカとなったわけである。これらの建築家達は、東側においてはソ連の社会主義リアリズムの押しつける様式主義的な制約によって全面的に封じ込められるか、さもなくば西側においては経済不況の影響で職を失うか、といったまさに四面楚歌の状況に陥っていたのだ。ツリンのカーテンウォール方式の工場はファン・ネレ工場と同じだが、より規模が大きくなり、──周囲には規模こそ小さいがほどよく配置された労働者住宅を配し、手入れの行き届いた芝生とポプラ並木の真中に位置し──建築的および社会的観点のいずれからも理想的な「緑の工場」と呼ぶにふさわしい内容を示している。メーデーは一種の社会民主主義的成功として、管理職を含め工場中で祝われたのである。これは、家族主義そして半ば軍隊調の含みがあるにせよ、空想的社会主義の勝利と十分認められていたのだ。ツリンが後になって左翼チェコ人による新たな都市拡張形態の提案に確信を与えたことは疑う余地がない。ソ運の先駆例を下敷きしつつも、同時に現実のツリンをイメージの源泉としていたわけである。この点はPASとして知られる建築家グループ（カレル・ヤヌ、イリ・ストゥルサ、イリ・ヴォゼニレク）の都市計画プロジェクトがよく示している。彼らは、1932年、プラハの拡張計画として他に例を見ないほど入念に仕上げられた線状の衛星都市プロジェクトを作成している。

4．修正近代主義およびインターナショナルな段階：パリとニューヨーク、1937および1939

1932年、フィリップ・ジョンソンとヘンリー＝ラッセル・ヒッチコックがインターナショナル・スタイルの登場を告げたその年に、1929年のウォール街大暴落に端を発する大恐慌がフランスに押し寄せ、フランスの工業生産を3年前の絶頂期に対して3分の2の水準に落としてし

Kreskar, Czechoslovak Pavilion, Paris World Exhibition, 1937.

まった。当初失業者は30万人に留まり、その社会的影響は、当時すでに600万人の失業者をかかえていたドイツと比較すれば軽微なものにすぎないと思われた。それにもかかわらずこの恐慌は、史上最大の対立をもたらし、最も暴力的で経済的負担のきびしかった戦争から14年前にかろうじて脱け出した19世紀後半の社会を根底から揺り動かした。このことは、1932年以降フランス政府をとりまく一連の政治的スキャンダルが驚くほどの速さで取り沙汰されるようになったという事実に反映されている。この一連のスキャンダルは、1933年、フランスの反ユダヤ感情の焔に明らかに油を注ぐ役割を果たすことになるスタヴィスキー事件による財政的、社会的崩壊を頂点としている。1934年まで労働者搾取の度合は急速に進み、炭鉱労働者は同じ生産量に対して1929年度の収入に較べて半分以下しか支払われなかった。ムッソリーニとヒトラーは、各々1928年、1933年に相次いで最終的な政治的勝利をおさめ、右派のデマゴギー的アピールを強める役目を果たす。フランスの右派を最も代表するのはシャルル・モラのアクション・フランセーズ運動である。右翼とりわけアクション・フランセーズが大衆的に勝利をおさめるのにともない、対抗する左翼各派は最終的に統一戦線を結成するに到る。1935年7月14日になって社会党、共産党、急進派諸党派が形式的に統合された。いわゆる人民戦線である。国際的な左翼知識人を含めた社会の広範な層に支持され、1936年6月にレオン・ブルムが人民戦線政府の長として政権を握った。フランス最初の社会主義首相としてのブルムの権威は、論議を呼んだ週40時間労働制を含めて重要な社会改革を導入することができたにもかかわらず、僅か1年しか続かなかった。しかし、1936年3月のヒトラーによるラインラント再軍備、それに続く7月のスペイン市民戦争の勃発とあいまって、単なる人民戦線の葬送だけではなく、終局での第2次世界大戦勃発を控えた舞台の幕が切って落とされたのだ。

1937年に開催されたパリ万国博覧会には、世界恐慌によって社会の近代化が如何ともし難く崩れていく過程から生み出されてきた国際的・国内的政治状況が反映されていた。その前の10年間ではそれなりの国際性をもつものと考えられていた近代主義が広く進歩性と楽観性に裏付けられて受け入れられていたが、それに引き続くこの時期は文化上の修正主義政策が広範な政治的支持層によって推し進められたことも付け加えておかねばならない。1937年のパリ万国博は、こうしたイデオロギー的転換が建築の領域でもたらすことになる多様な影響力を様々なかたちで潜めていたのである。そこで明らかになったのは、多くの国々において初期の近代主義がもっていた機能主義的戒律が改革されるか、さもなければ放棄されていたということであったが、これはまさに驚くべきことだった。

この1937年万国博で最も近代的と思われたのはクレスカルのチェコスロヴァキア館である。この建物は鉄骨の柱梁構造を露出させ、ガスケ

ットのついた金属膜で被覆してある。たとえ今日の進んだ技術の可能性からみても、この構造は賞讃に値する。とりわけ、リベット打ちの片持梁、ガラス・ブロックを収めた吊りデッキ、ネオンで照明された展示パネル、高い中心の柱と展望台を支えるためのケーブルによるブレース・システムといった高度の技術を要する部位をコラージュした点が見事である。技術上の構文法に照らしてみるなら、この建物は明らかに前衛的な構成主義の統辞法をさらに進めたものである。ちなみに、ロシア構成主義はヴェスニン兄弟のプラウダ社屋案（1924）で定式化されていた。

　この構成主義のエトスから最も離れているのは、1937年万国博のソヴィエト館で、これは新しい社会主義リアリズムの手法を確立しようとの試みに他ならない。そこで意図されたものは、伝統的という意味合いだけではなく、流線型を用いて近代的形態という点でも読み取りが可能な様式を築くことであった。ヨーファンの設計になるこの館はまさしくモニュメンタルな力作であり、ロシア革命の勝利を祝う象徴として造り出された。その上には一対の男女の労働者像が巨大な姿で載り、一方が槌、他方が鎌を振り上げ、未来の社会主義の理想に向けて駆け出した格好になっている。この上部に構えたシンボリックな巨像は「モダン・ジャズ的」基壇の上に据えられているわけだが、これと形態的にも政治的にも対極にあるのがドイツ館なのである。ソヴィエト館とドイツ館こそはこの万国博でいわば公けに政治的な意味合いをもつ唯ふたつの館であり、後者は第三帝国の国威発揚の建物としてアルバート・シュペーアーが設計し、新古典主義的な角柱(ピロン)のかたちをとっていた。様々な議論を経た末にこのドイツ館に慎重に与えられた敷地は、ちょうどソヴィエト館の真前に位置するものだった。会場用地の中心道路はエッフェル塔の真下を貫いてセーヌ河に延びているが、こうした経緯からその中央でこのシンボリックな対立軸に交差することとなった。むろんこの対立関係は当時の地政学的な条件に端を発している。ドイツ館では主要展示物としてシュペーアー自身のニュールンベルク・ナチス党党大会会場プロジェクトが展示されていたが、これが万国博で認定された受賞作のひとつになったことは、1930年代の宥和政策を特徴的に示している。

　当時のドイツの建築文化における複雑な状況は、国際館のドイツ・セクションにも反映されていた。そこでは、アメリカ移住の直前のミース・ファン・デル・ローエが、合成プラスチックやメタル製品、科学用装置などを展示した一連の展示スタンドを用いてみずからのネオ・シュプレマティスム的感覚を今一度示していた。しかし、ここに現われた国家の新古典主義や工業社会の近代主義は、第三帝国の庇護の下で制度化された建築表現あるいはそこで許容された建築表現だからといってその拡がりをみずから縮めてしまうものでは決してなかった。これらに加えて、考え方としては、労働者の集合住宅

Hood, Harrison, and Foulhoux,
Rockefeller Center, New York, 1932.
マッスのダイアグラム

の領域に入るいわゆる郷土様式(ハイマートシュティル)の手法も見逃せない。これは、見かけ上、傾斜屋根を用いた一種の風土建築(ヴァナキュラー)で、シュペアーのオーバーザルツブルクの別荘（1937）もこのスタイルで造られた。こうしたものですら、ナチスの神話が求めた全面的なイデオロギー装置にはとても見合わなかった。そのため、党の訓練本部の設計にあたって建築家は中世の城塞を模す必要に迫られたり、あるいはロバート・ライの「歓喜力行」文化をめざしたレクリエーション施設にロココ風装飾が要求されたりした。

ニュールンベルクの党大会会場の一部としてシュペアーの設計で建設されたツェッペリンフェルトのスタジアム（1938）は、それがモニュメンタルな建築であるという意味合いと同程度にカメラ・アングルを意識して構想された。いうなれば、メディアつまりラジオや映画が権力の最高の説得装置として建築にまさったこの時点で、ツェッペリンフェルトは20世紀文化の分水嶺を刻んだのであった。同時に、第三帝国全体としてはミース・ファン・デル・ローエを好ましからざる人物になさしめてしまったにもかかわらず、彼の努力でもたらされた機能主義的な工業化デザインはナチスの庇護で相変わらず用いることができた。ナチスといえども、工業製品を用いて建設を行うことこそ最も経済的であり、また工業に特定のイデオロギー表現をもった形態はほとんど必要ないことを十分に承知していた。

アメリカのアール・デコや大恐慌期のモダン・ジャズ風の摩天楼には、これほどには全体主義的イデオロギーのおぞましい迫力など全くないが、それでもシュペアーのツェッペリンフェルトとレイモンド・フッドのニューヨークはロックフェラー・センター（第一期工事は1930年に完成）の間に何らかの共通点があると考えるのもまた可能である。要するに、これらのたとえ異なった建築表現であれ次第次第に影響力を増しつつあるメディアに対して一目をおかなければならなかったという点である。その点でフッド自身には罪がなかったかもしれないが、ロックフェラー家には大いに罪がある。しかも、ロックフェラー・センターに入った最大のテナントがアメリカ放送協会（RCA）であったこと、そしてロキシー（S・L・ローザフェル）のラジオ・シティ・ミュージック・ホールの構想には伝統的かつ具体的な建築と劇場の形態にメディアの本質的な勝利を示す映画が結びつけられていたことなどは、どうみても偶然とはいえない。1943年になってジークフリート・ギーディオン、フェルナン・レジェ、ホセ・ルイ・セルトが「モニュメンタリティについての9原則」を起草した背景には、近代建築運動の能力をはっきりと乗り越えるような表象を求めるこの見るからに大衆的な――大衆主義的とはいえないが――要求が横たわっていたのである。この宣言文の最初の2点は以下の通りである。

（1）モニュメントとは人間的なものであり、理想、目的、行動のための象徴として人間が創

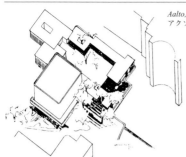 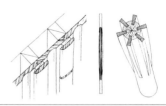

Aalto, Finnish Pavilion, Paris World Exhibition, 1937.
アクソノメトリック及び構造詳細

り出したしるしである。それが造られた時代を越えて生き長らえ，未来の世代の遺産をかたちづくる。このようにモニュメントは過去と未来の絆となるのだ。

（２）モニュメントは人間の最も高度な文化的必要性の表現である。集団の勢力を象徴へと翻訳しようとする民族の永遠の要求を満足させねばならない。最も力強いモニュメントは，この集団の勢力つまり民族の感情と思考を表現するものに他ならない。

フィンランド人建築家アルヴァ・アアルトが敢えてインターナショナルな近代主義に改変の手を加える道をとったのも，自国のエトスに同じような関心を抱いていたためであった。アアルト自身，パイミオのサナトリウム（1929）の設計競技案では大幅に近代主義の路線に寄りかかっていたが，それでもこの建物にもインターナショナル・スタイルの主流から外れる一種の変調が早くも見てとれる。彼が考え方の上でもインターナショナルな機能主義から離れるのは，互いに深く関係した２つの作品に初めて看取できる。ヘルシンキ郊外ムンキニエミに建てられた自邸兼スタジオ（1936）と，1937年パリ万国博のためのフィンランド館の設計競技案としてまとめられた，「動く森」と題する受賞実施作品である。この両作品ともアーツ・アンド・クラフツの住宅のもつ不規則で絡み合った平面形式への回帰と見なされうるが，なかでもフィンランド館の方は，「頭と尾」の定式を特徴的に示すものだった。すなわち，「尾」とは細長い建築であるのに対し，「頭」とは上部から採光した３層中空のキュービックな建物である。それとは別に，このフィンランド館は近代的な木造建築技術を駆使しており，それによってフィンランド経済の重要資源を強調し，同時にフィンランドの国民文化を表現しうる唯一の材料として木造の建物を唱えたわけである。

アアルトは自国の工芸の伝統に関わっただけでなく，地理および地形という意味での自然をも意識していた。彼の頭にあったのは，あたかも敷地から浮かび上がったかのように見せる近代建築，手仕事によって徐々に組み上げられた建造物群として姿を現わしたかのような建築を創り出すことであった。このことから彼は，フィンランドのナショナル・ロマンティシズムの戒律を再解釈し，東部フィンランドの農家の建物をとりわけ強調することとなった。このような関心は，1939年のヴィラ・マイレアから1949年のサイナトサロ町役場までの10年に到ってますます明確になってきた。アアルトにとってカレリア地方の典型的な農家は，ひとつの作品の中で田野的な形態と壮大さを求める古典主義的感情とがアルカイックな土地を介して結び合わされる可能性を意味しており，そのことは彼の試論『カレリアの建築』（1941）に指摘されている。

「わけても意味をもつ本質的な側面とは，カレリア地方の建築にみられる形態の一様性であ

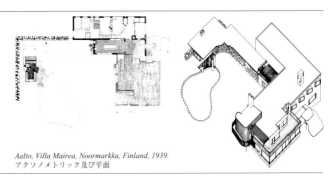

Aalto, Villa Mairea, Noormarkku, Finland, 1939.
アクソノメトリック及び平面

る。ヨーロッパでこれに比較できるのはごく僅かしかない。この建築は純粋に森の集落をかたちづくる建築であり、そこで木が材料としても接合部の仕口としてもほぼ100%の役割を占めている。屋根から、がっちりとした梁の組み方、あちこちに動かせる内部のしつらえに到るまですべてを木が支配しており、大抵は素木のままで塗料を塗って材料の良さを損うことはない。さらに、通常、木を用いる際は、その材料を表わすスケールでなるべく自然のままのプロポーションに従う。荒れ果てたカレリアの村は、外観上、多少ともギリシアの廃墟に似ており、そこでも、大理石が木に置き換わったにしろ材料の一様性がその特徴を支配する。……もうひとつ重要な特質というと、カレリアの住宅がどのような過程を通して出現するに到ったかという点である。むろん歴史的な発展という意味でも建設方法という意味でも考えねばならない。民俗学的に立ち入らなくとも、その構造に内在するシステムは、周囲の環境に対して規則的に適合することから導かれたと考えても構わない。ある意味でカレリアの住宅は、つつましい唯ひとつの細胞から起こった、あるいは不完全な胚から始まった建物なのである。つまり、人間と動物にとっての覆い家（シェルター）であり、その後、形の上で、年々成長していった建物なのだ。カレリアの住宅が拡大していく様は、ある意味で、生物学的な細胞の形成と比較できよう。より大きくより完璧な住宅の可能性は常に開かれているのだ。」

国民的なアイデンティティを有した近代建築の手法は、1937年パリ万国博に建てられた他のパヴィリオンについても共通の意識となって現われていた。坂倉準三設計の日本館も近代性と伝統性の両方の側面を同時にもち、そのことが明確に浮かび上がっていた。近代の問題と同時に扱われた伝統への参照は、規格化された鋼構造の柱梁とアスベスト・セメントのシートを結び合わせ、伝統的な日本建築の架構に対応するものとしてこの軽量システムがあるかのようであった。いうなれば、坂倉の日本館は数寄屋をテクノクラート的に解釈したものと考えることができよう。この数寄屋は後に吉田五十八によって多少大袈裟な国民様式へと発展させられる。坂倉の日本館にみられる最も伝統的な側面は、間違いなく外部に露出した斜路に設けられた水平な手摺であろう。これは第２次大戦後の日本の近代建築にとって欠くべからざるものとなるのである。坂倉は全く異なる文化的源泉から抽出された材料と技術をキュビスムにも似た自在なやり方で結び合わせた。おそらく彼は、1931年から1936年にかけてル・コルビュジエの事務所で修業していた時にこのコラージュ的アプローチに慣れ親しんだと思われる。機械志向の建築の先駆たるル・コルビュジエ（「住宅は住むための機械である」）は、パリ郊外に建てた週末住宅（1935）にみられる如く、この頃、教条的なピュリスムから伝統建築と近代建築の要素を微妙に結び合わせる方向に変化しつつあり、ちょうどその時に坂倉が彼の下で働いていたと

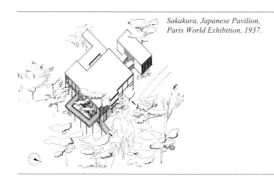

Sakakura, Japanese Pavilion, Paris World Exhibition, 1937.

いうのは意味するところが大きい。この小ぢんまりとした住宅は、コンクリートの半円筒ヴォールト、粗石による壁面仕上げ、煉瓦の棚、合板による内装、大量生産の磁器タイルなどを主だった特徴とするが、これらを結び合わせてひとつの明瞭な統一体としている。坂倉はこれと同じやり方で、2階の喫茶テラスにいかにも東洋的でアドホックな印象を与える菱目格子壁を設けており、これがパヴィリオン横の小さな日本風庭園を見降ろすかたちとなっている。むろん、この格子壁のパターンはどうみても日本の伝統的モチーフに端を発しているわけではない。

ある面からみると、坂倉の日本館は戦間期の日本の近代建築運動が最終局面に達したことを告げている。1920年に日本分離派が山田守や堀口捨己らの主導で結成されて以来の運動である。日本の近代運動は、1932年東京駅に隣合って建てられた吉田鉄郎の中央郵便局でピークを迎える。ちなみに、この建物は、ブルーノ・タウトが来日した折、きわめて高い評価を受けている。

1929年の金融危機、1930年の絹産業の凋落、1932年の軍部右派による5・15事件、さらには満州侵略といった状況の下で、日本の公けの文化政策はつまるところ国粋主義的となってきた。高梨勝重による日本万国博覧会建国記念館案（1937）などは、こうした右旋回を建築の上で体現した初期の作品である。この高梨案は、きわめてモニュメンタルないわゆる帝冠様式にもとづいているが、この様式は、渡辺仁の東京帝室博物館（1937）や第一生命保険相互ビル（1938）にも用いられている、これらの作品ではいずれもモニュメンタリティが耐震構造の効果的手段としてある程度まで用いられている。

しかし、日本では機能主義建築が一晩で姿を消したかというと、実はそうではなく、第三帝国のドイツと同じく、実利的なプログラムに適した組織原理、表現様態として底流ではその流れが保持されていた。日本では労働者用集合住宅の建設は工業生産に際して当然なさねばならない課題として考えられており、それゆえ機能主義的な手法で完遂すべき事業だったのである。

ル・コルビュジエ自身も、1937年のパリ万国博で新時代館を建設している（むろん敷地は異なるが）が、これは当時の人民戦線のエトスをすぐれて体現していた。もっとも、このパヴィリオン特有の展示プログラムは、普通の意味での社会民主主義というよりは、むしろサンディカリズム的でありサン・シモン的であった。この小さなパヴィリオンが、新しい社会的・都市的秩序を示す図像や布告を収めていたという点で、いうなれば明らかに宗教建築に替るものだった。この秩序は彼自身の「輝く都市」の提案（1933）ですでに定式化されていた。テント構造となったこのパヴィリオンの内部は半ば宗教的な構成を見せ、軸線に沿って入口から入ると航空機の模型が「機械主義の十字架」となって構えており、一定の典礼的な意味を内包させ

Le Corbusier, Pavillon des Temps Nouveaux,
Paris World Exhibition, 1937.
断面及び平面

Le Corbusier, Maison at Mathes, 1935.

ている。この軸線が奥に達したところにはいささか不自然なかたちで1933年のアテネ憲章が掲げられており、一種の祭壇のような印象を得ることでこの館の典礼的雰囲気をさらに盛り上げている。左手側面には演壇ないし説教壇が天蓋——あるいは音響シェルといった方がよいかもしれない——に覆われているが、この覆いには信仰箇条が記されているのだ。しかも、このスローガンは人民戦線から直接に借用されている。すなわち「新しい時代が始まった、連帯の時代が」と。

むろん、これだけがこの仮設のテント状建築の唯一宗教的側面というわけではない。というのも、この実際の構造形式、つまり支柱とそこに張られたキャンバスとがワイヤ・ケーブルによって引張られるシステムは、明らかに荒野に造られたヘブライ人の神殿を再現したものと思われる。じじつ、ル・コルビュジエはこの神殿の特徴を『建築をめざして』の中で論じているのだ。そのことからも、この新時代館が、後の1950年、ロンシャンの礼拝堂で再度試みられることになるル・コルビュジエの宗教的形態のプロトタイプをかたちづくったことは間違いない。

それでも、1937年に造られたこのパヴィリオンは政治的ないし国家主義的なメタファーが色濃く、それに加えて機械のメタファーも強く混じり合い、上記の典礼的意味合いはあまり鮮明には映らなかった。実際、このテント建築の正面に張られたキャンバス・パネルは赤・白・青の三色旗を模して塗り分けられ、また中央の回転扉は左翼のシンボルたる赤色で塗装され、そのことを裏付けている。さらに、この扉は飛行機の翼の断面をもち、機械のメタファーがそこに浮かび上がってくる。にもかかわらず、この作品で最も肝要な側面は、（2年前の同じル・コルビュジエによる週末住宅の場合と同じく）アルカイックな材料で建物を組み上げ、さらにこの材料をスティール・ワイヤの支持構造による近代技術と結び合わせて、様々な議論を呼んだことである。まさにここには、やはり彼自身のマートの住宅（1935）と同様、未来への段階的な進歩は、工業技術の効率を無邪気に上げれば達成されるということではなく、近代技術と伝統的、場合によってはプリミティヴな構造方法とを慎重に合体させることで初めて達成可能となるということが示されているのだ。ル・コルビュジエは1937年までに、未来は技術の最大効率を求めることではなく、必要性にもとづいた媒介技術、強いていえば実存的技術によって築かれることを、はっきりと意識していた。同じ1937年万国博のスペイン館はホセ・ルイス・セルトの手になるが、この屋外オーディトリアムを覆うキャンバスも同水準の媒介技術を喚起している。このパヴィリオンは、当時スペイン市民戦争で苦戦を強いられていたスペイン人民戦線軍を代表しており、1936年8月にバスク地方の町ゲルニカを爆撃し大殺戮を行ったドイツ軍の行為を弾劾したピカソによる同名の画布が衆目を集めていた。

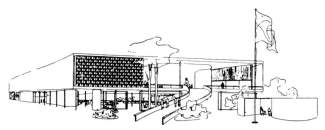

Niemeyer, Costa, Wiener, Brazilian Pavilion, New York World's Fair, 1939. アクソノメトリック

　第2次世界大戦を目前に控えたインターナショナルな近代運動の状況を描くにあたって欠かすことのできないのは、あるいは1939年のニューヨーク世界博で建設されたアルヴァ・アアルトのフィンランド館およびオスカー・ニーマイヤーのブラジル館と考えることができるかもしれない。というのも、この両館とも機能主義からのはっきりとした離脱を表わしているのである。アアルトとニーマイヤーは全く異なった地点から歩み始めたが、両者とも有機的形態とはいわないまでもいわば流れるような表現形態へと到達することになった。むろん、両作品に固有の構築的かつ感情的特質は各々これ以上違いようのないほど離れている。アアルトは、すこぶる洗練されたグロット状木造建築を創り上げ、戦後手がけることになるオーディトリアムの内部をすでに予感させている。他方、ニーマイヤーは、近代バロックとでもいうべき手法の統辞法にもとづいて建物を分節させる。この奇妙なほどにブラジル的なスタイルは、アアルトの国民主義的な表現形式に較べてより直截にブラジル独特の地形、色彩、気候を連想せしめた。彼がニューヨークで示したのは、ネオ・ル・コルビュジエ風とでもいうべきブラジル風近代建築運動を示す典型的な統辞法で、これはル・コルビュジエがルシオ・コスタとオスカー・ニーマイヤーと協同して、リオ・デ・ジャネイロの教育保健省（1936年設計開始、1943年に完成）の設計にとりかかって以来、勃興してきたものである。このニューヨークのブラジル館に際して、ニーマイヤーはル・コルビュジエの自由平面のコンセプトを発展させることになった。いわばこのコンセプトをひとつの枠組として、そこに好き勝手に変形されたあらゆる種類のネオ・ピュリスム的要素をぶち込むわけで、波うった壁面、不規則なカーヴを描くアクセス用斜路、オーディトリアムの存在を告げる特徴的な双曲線スクリーン、ダンス室を収めるとともにそれを示唆する円形の使用が続々と登場してくるのである。それに加えて、側面いっぱいにブリーズ・ソレイユが設けられ、パヴィリオンの表面に躍動感を与えていることも忘れてはならない。こうした統辞法にもとづく建物の外周は、画家ロベルト・ビュルル゠マルクスの構想になる庭園が配され同じくエキゾチックな風景を醸しだしている、1939年の時点でニーマイヤーとビュルル゠マルクスはブラジル近代様式の核心を築き上げたわけだが、ニーマイヤー自身よくわきまえていたように、国民国家としての近代の目標は様式だけによって達成することは不可能で、社会の全面的再編を通して初めてそれが実現するのである。彼が1950年になって自著で以下のように述べるに到ったのは、まさにそのような前提があったためである。

　「建築は、その与えられた時代に支配的である技術的・社会的な力に潜む精神を表現せねばならない。しかし、そうした力に均衡がとれていないと、そこから生ずる紛争が作品の内容、そして作品全体を大きくし損うことになる。その

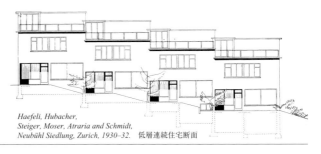

Haefeli, Hubacher,
Steiger, Moser, Atraria and Schmidt,
Neubühl Siedlung, Zurich, 1930–32.　低層連続住宅断面

点を念頭に入れて初めて、本書に載せられた計画図やドローイングの性質を理解できよう。私としては、よりリアリズム的な成果を示す立場を心底とりたかったのだ。いわば、洗練された形とか居住性のよさを映し出した作品だけでなく、建築家と社会全体との前向きの協同作業を反映した作品を示す立場である。」

5. 近代運動の離散：
ソ連、スイス、イギリス　1930-1939

1930年前後になってドイツにおける政治的風土はますます反動的となり、ワイマール共和国の建築家達は、世界政治の拡がりの中で彼らの信念に従って左か右へと脱出せざるをえなくなってきた。勿論、左へとまず移り住んだのは、共産主義者としての政治的信条をもった人物であった。彼らは、ドイツでの立場がきわめて不利になるにともない、早急に脱出せねばならなかった。かなり早い時期にソ連に渡った人物の中には、1930年ドイツ人の建築家・都市計画家チームを率いてソ連に移ったエルンスト・マイがいる。このチームはソ連の新しい産業都市マグニトゴルスクの設計作業に従事した。その中には、フレッド・フォーバット、グスタフ・ハッセンプフルーク、ハンス・シュミット、ヴァルター・シュヴァーゲンシャイト、マルト・スタムらの名が散見できる。一方、ハンネス・マイヤーも、1930年8月にバウハウスの学長を辞め、同じくソ連に移住した。当初、彼はВАСИ（建築工学高等研究所）で教鞭をとっていたが、後にバウハウス卒業生7名を加えてハンネス・マイヤー旅団を結成した。また、ブルーノ・タウトやアーサー・コーンもすみやかに彼らの後を追っている。タウトは1932年にソ連へ、コーンは1934年にユーゴスラヴィアに移った。

1933年、ナチスが権力を奪取するとともに、中道派の建築家達もまたドイツを離れ始める。とりわけ、デッサウのバウハウスの建築家達にその傾向が顕著だった。たとえば、ワルター・グロピウスは1934年にイギリスに渡り、その後1937年になって最終的にアメリカに落ち着いて、ハーヴァード大学建築学科長となった。だが、ドイツにおける建築家の離散を最も特徴的に示す人物としてマルセル・ブロイヤーを加えることを忘れてはならない。彼は1928年以来ベルリン郊外で仕事をしながら、その後の7年間、ベルリン、ブダペスト、チューリヒの間を絶えず動き回っていた。スイスではジークフリート・ギーディオンと交友を結び、1931年には彼からチューリヒのヴォーンベダルフ店舗の設計を依頼されている。ヴォーンベダルフは、ギーディオン、ヴェルナー・モーザー、ルドルフ・グラーファーらによって近代家具の販売店として設立されたものだが、この結果、ブロイヤーはル・コルビュジエ、アアルト、ビル、モーザーといった当時著名なデザイナー達と同じく、ヴォーンベダルフのためにアルミニウム製の家具を数多くデザインしている。その中には、彼による初めてのリクライニング・チェアーの試みも含まれている。他方1934年、チューリヒ郊

外ドルダータールに一連のデモンストレーション用集合住宅を設計するにあたって，彼はスイス人建築家アルフレート・ロートおよびエミール・ロートの兄弟と協同作業を行った。しかし，そのうち実現に漕ぎつけたものは2棟のみで，その工事は1936年に完成した。この2棟は（ギーディオンの資金援助の下で建てられたが），経済性という点でも優美さという点でも，戦間期のスイス工作連盟の建築の中で最高のレベルに属し，それに匹敵するのは同じく有名なチューリヒのノイビュール・ジートルンクのみと思われる。後者は，1932年，エミール・ロート，ヴェルナー・モーザー，ハンス・シュミットを含めたスイス人建築家グループによって設計されている。しかし，その時でもブロイヤーは以前と変らぬ流浪の旅を続けていた。じじつ，ドルダータールの仕事を依頼された時，彼はイギリスに居を定めてF・R・S・ヨークとともに事務所を構えていたが，1937年になってアメリカに移住し，ここを最後の目的地としたのである。

こうしたドイツ人建築家がまずソ連に行ったか，もしくはイギリスに向かったかは関係なく，彼らはその両国に長くは留まらなかった。その後，彼らはソ連を離れてアフリカ，日本，メキシコに新天地を求めるか，あるいはロンドンに短期間逗留した後，アメリカに向かうかであった。唯一例外となったのがコーンで，彼は1937年ユーゴスラヴィアからイギリスに渡り，AAスクールのスタッフとしてその後死ぬまでロンドンで過した。結果的にみてソ連でワイマール共和国の建築家達が成功しなかった本当の理由は，数え上げればきりがなくまた込み入っているが，それでも，社会主義リアリズムの唱道者達にとって低層集合住宅パターン（マイやスタムが発展させた）で住区の建設を進めることは多少とも受け入れ難い面があったことは明記しておかねばなるまい。こうした還元的な環境では若いソヴィエト国家の勝利をとても表現することができないのである。

アメリカでインターナショナル・スタイルを最初に実践に移したのはオーストリアとスイスから移住した建築家であったが，イギリスも状況は同じで，その発端はやはり外国人の仕事にあった。その最初の例となるのが，ノーサンプトンにて玩具工場主バセット＝ロウクのために建てられたペーター・ベーレンス設計の住宅「ニュー・ウェイズ」（1926）である。次いで，ニュージーランド人建築家アマイアス・コネルの設計でアマーシャムに考古学者バーナード・アシュモルのために住宅「ハイ・アンド・オーヴァー」（1929）が建てられた。この住宅は曖昧ながらもアール・デコの統辞法，そして「ハイ・アンド・オーヴァー」で試みた平面の三分割法に従い，より近代主義の色彩の強い住宅を生み出すに到る。ヘイルミア近郊グレイスウッドに建てられた鉄筋コンクリート造住宅「ニュー・ファーム」（1932）である。当時近代建築に必要と思われた特徴をほとんど備えたキュビスム的作品で，たとえば，ガラスの階段室，横長の窓，玄関上部に片持梁で架かった鉄筋コンク

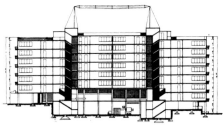
Lubetkin & Tecton, Highpoint 1, Highgate, London, 1935. 断面

リートのポルティコなどが目立っている。コネルが『建築をめざして』を読んでいたのは間違いないと思われる。ちなみに、このル・コルビュジエの著作は1927年、フレデリック・エッチェルズの英訳が出版されている。しかし、コネルはピュリスムの構成原理をさほど理解していなかったようで、1933年になってコネル・ワード・ルーカス事務所を設立して初めて、彼の作品——さもなくばこの事務所の作品というべきだろうか——は、構造的・空間的にみてより厳格な秩序を得るようになってくるのである。コネルの同国人ベージル・ワード、あるいはイングランド人コリン・ルーカスのデザイン能力はその点からみて決定的と思われる。たとえばワードがアマーシャムに建てた「ハイ・アンド・オーヴァー」集合住宅（1934）や、ルーカスがロッサム・ケントのセント・メアリーズ・プラットに建てた自邸「ザ・ホップフィールド」（1933）から判断してもそのことは明らかである。

　その頃イギリスに渡ってきた建築家で誰の眼からみても最も洗練され影響力をもったのは、ロシア人のバーソルド・ルベトキンであった。イギリスの近代建築の発展に及ぼした彼の影響はこれまで十分に評価されてこなかった。ルベトキン以上にコスモポリタン的背景をもった人物を想定するのは難しい。1901年にグルジアのトビリシに生まれ、モスクワのBYXTEMAC、ペトログラードのCBOMACで学び（1920-22）、そこでロドチェンコ、タトリン、アレキサンドル・ヴェスニンらと接触することになった。1922年、ロシア芸術展がベルリンで開催されるのを機会にベルリンを訪れ、そこに1年留まり、シャルロッテンベルクの建築学校で鉄筋コンクリート構造を学んだ。1923年、彼はワルシャワに移り、ワルシャワ工科大学で正式に学ぶこととなる。さらに1925年までに再び居を移し、今度はパリに赴いて国際装飾美術展にてコンスタンティン・メルニコフのソ連館の仕事を行う。この展覧会が終わった後も彼はパリに残り、エコール・デ・ボザールのオーギュスト・ペレのアトリエで勉学を積んだ。1927年からパリのジャン・ジャンスベルグの事務所で働き始め、そこでパリ・ヴェルサイユ街の街区に挿入された小規模ながらもエレガントな8階建集合住宅（1932）を担当した。この間、彼はソ連貿易代表部のためにも仕事をこなしているが、そこで行ったデザインの中で最も重要と思われるのは大がかりな分解可能の展示用パヴィリオンである。これは1926年から1929年にかけ、パリ、ボルドー、ストラスブール、マルセイユなど、フランス各地を巡回した。そして、ゴドフレー・サミュエルおよびマーガレット・ガーデナーに会ったことで、ルベトキンは1931年イギリスに渡り、ここに腰を落ち着けるのである。

　ルベトキンは1932年、ロンドンにテクトンなる設計事務所を設立する。僅か30才にして近代建築の領域での途方もない体験をこの事務所の財産としてもたらした。このことに彼自身の鉄筋コンクリート構造の経験が加わり、テクトン

をしてイギリスの建築界で独特の切れ味をもった事務所たらしめた。さらにこれ以外にも、ルベトキンは、戦間期のイギリスには稀だった論理的な組織化能力あるいは形態秩序の能力を有していた。1935年に彼が設計したロンドン、ハイゲートの集合住宅はハイポイントⅠとして知られているが、これはまさしく傑作で、今日でも形態的・機能的秩序を考える上でモデルとして有効である。

ルベトキンとテクトン事務所はロンドンおよびウィップスネードの動物園でそのための施設を設計し想像力あふれる装置を構想するが、それとてこのハイポイントⅠのもつ高い水準の精度には到らなかった。1938年になって造られたハイポイントⅡ集合住宅は、彼らが早くもマニエリスム的な傾向に陥ってしまったことを告げているが、そのことから当時ルベトキンが、社会主義の信念をもつ建築家としてどの程度までソ連の社会主義リアリズムを意識していたかを考えざるをえない。じじつ、1950年代半ばになって彼が著したソヴィエト建築についてのエッセーには確かにこうした方向への共感が看てとれる。ハイポイントⅠからハイポイントⅡにかけての表現上の変化、そしてそれにともなう議論は1950年代に入ってイギリスで起こるイデオロギー闘争の舞台をこしらえたわけである。

1938年以降、テクトンは、一般人が近づくことのできる近代建築を創り出す必要性を強く念頭に置いており、そのため彼らの作品を規定していたのは、バロックのもっていた修辞学的伝統を厳格なキュビスムの統辞法に重ね合わせようとの意識的な試みであった。テクトンが批判的にマニエリスム的なネオ・ル・コルビュジエ風様式を受け入れたことは、たとえばロンドンのフィンスベリー保健センター（1938）に示されるが、これによって戦争直後のイギリスの建築活動にルベトキンの影響が強く現われることになった。実際、1945年から10年間にわたってテクトンが開発した建築語彙が実質的な勢力をもっていたのだ。その目立った例をひとつ挙げると、レスリー・マーティン、ロバート・マシュー、ピーター・モロの設計したロイヤル・フェスティヴァル・ホール（1950）は明らかにルベトキンに負うところが大きく、それもこの場合にはモロが1930年代後半にテクトンの仕事をこなしていたことから両者の関係を見出すのはさほど難しいことではない。じじつ、モロは1948年になってテクトンが解散するまで、絶えずその仕事をこなしていた。この年、英国政府はテクトンのピーターリー・ニュータウン計画の実施に対して認可を降ろさず、そのためにルベトキンの事務所継続の意志までも実質的に砕いてしまうのである。

イギリスの近代建築運動を発展させる上できわだった役割を果たした外国からの移住者はこの他にも3人を挙げることができる。第一に若手のロシア人建築家サージュ・シャマイエフ。彼は実際イギリスで教育を受けている。さらに、オーストラリア人のレイモンド・マグレース、カナダ人のウェルズ・コーテスである。この3

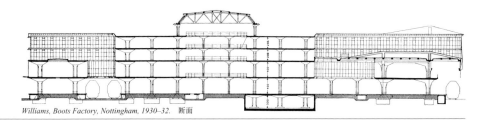

Williams, Boots Factory, Nottingham, 1930-32. 断面

人は，たまたま英国放送協会（BBC）新社屋に設けられる幾つもの大がかりなスタジオで共通の仕事をすることとなった。その後，彼らは各々後世に残る作品を少なくともひとつずつ生み出した。すなわち，サセックス県ハランドのシャマイエフ自邸（1938），サリー県チャーツィーのマグレースの半円形の住宅（1937），そしてコーテスのハムステッドに建ったローン・ロード・フラッツ（1934）の3点である。最後のコーテスの集合住宅は，その後ドイツからアメリカに移住する人々が一時的に宿泊した中継ホテルとなる運命にあった。この一般にアイソコン・フラッツと呼ばれる集合住宅の施主たるジャック・プリッチャードは，1934年，家具会社アイソコンを設立し，イギリスの近代運動で重要な役割を果たした。そして，この会社のために1935年，マルセル・ブロイヤーはアイソコン曲げ木椅子「長い椅子(シェーズロング)」をデザインした。

CIAMのイギリス部会はMARS（近代建築研究グループ）として知られ，1932年，ウェルズ・コーテスの主導で創立された。コーテスは1933年，エーゲ海をクルーズするパトラス号上で催されたCIAMアテネ会議にMARSを代表して出席した。少なくとも結成当初は，MARSグループもすこぶる意気盛んで，イギリスの建築界でより前衛的なメンバーを獲得することができた。その中には，コネル・ワード・ルーカス事務所，ルベトキン，E・マックスウェル・フライ，それに批評家のP・モートン・シャンドなどの顔ぶれが窺える。1938年，バーリント

ン・ギャラリーで開催された「新建築」展を別にすると，その唯一の功績は，1940年代初頭に描かれたきわめてユートピア的な色彩に裏付けられた輝かしいロンドン計画であろう。その作成にあたって指導的立場にあったのは，アーサー・コーンとウィーンの技術者フェリックス・サムエリーであった。MARSグループの描く未来ははなはだ無邪気で，コーテスの言葉によれば「つぎを当てねばならない過去よりも，計画が必要な」未来ということになるが，それでも，テクトンの場合とは異なり，こうした未来を組織化する上で真に改革的な方法論を組み上げるのはどうみても不可能であった。おそらくまずもってルベトキンが，そこに方針が欠けていることに気付いたようで，彼は1936年末にMARSを脱退し，左派のATO（建築家技術者組織）に加わった。このATOは1950年代初頭に到るまで，もっぱら労働者階級の住宅供給の問題に関心を絞ることとなる。

戦間期のイギリス建築について論ずる場合，その近代運動を発展させる上で技術者が果たした決定的な役割に触れずにすませることはできない。ここでもその主導的な実践者達の多くは大陸の出身で，たとえばデンマーク人の技術者オーヴ・アラップやドイツで教育を受けたサムエリーなどが挙げられよう。サムエリーはベクシルに建てられたデ・ラ・ワー・パヴィリオン（1937）の設計にあたってエーリヒ・メンデルゾーンやサージュ・シャマイエフと一緒に仕事をしている。大陸出身の技術者が大手を振って

活躍する中で，唯一人E・オーエン・ウィリアムズ卿だけが目立っている。彼自身は技術者であるとともに建築家であり，その役割を評価するのもなかなか難しかったが，少なくとも彼の素晴らしい作品，とりわけ彼の設計でビーストンに完成した鉄筋コンクリート造の並み外れたブーツ製薬工場（1932）がなかったとしたら，戦間期のイギリス建築の視界はきわめて閉ざされたものとなってしまっていたであろう。彼の建築が他を抜きんでて不変の権威をもつ背景には，彼の仕事に常に変わらずメガストラクチャー的な規模が備わっていたことに加えて，別に2つの面が挙げられる。まず，建物全体の形態特性（ゲシュタルト）に直接影響を及ぼすためにプログラムをいかに発展させていくか，という点である。次いで，カウンターバランスを設けた片持梁，マッシュルーム・コラム，大スパン・トラス，入念に吊り下げられた被膜といった構造上の表現要素がいつも用いられているという事実に着目せねばならない。1930年代のウィリアムズの主要作品は何にもまして構造に重きが置かれている。1934年のウェンブレーのエンパイア・プールに始まって1939年のマンチェスターはデイリー・エクスプレス社屋に到るまでそのことが顕著である。そしてその後もウィリアムズはその傾向を続け，作品歴の上で最後の主要作品たるロンドンのヒースロー空港に建てられた英国海外航空（BOAC）の大スパン・ハンガーをその決算となしている。

1936–37
GIUSEPPE TERRAGNI
Asilo Infantile Antonio Sant'Elia
Como, Italy

サンテリア幼稚園

「ファシズムの家」、カサ・デル・ファッショの設計とほぼ同時期、テラーニはカリタス修道会からこの幼稚園の依頼を受ける。修道会が1934年に獲得した敷地は、コモ市旧市街の城壁のすぐ外側にある新興住宅地で、第一次大戦で戦死した未来派建築家、アントニオ・サンテリアの名前を付けられたサンテリア地区である。1937年に開園した。

カサ・デル・ファッショと同様、サンテリア幼稚園は基本的に中央にヴォイド空間を持つ「コートヤード・ビル」である。しかしこの建物の場合、コートは三方のみをボリュームに囲まれ、正面から背面の庭に貫通する内と外との連続性がより強調されている。

正方形プランを構成するストラクチャー・システムである柱列は5.71×7.71mのグリッドを形成している。そのグリッド上に、ル・コルビュジエが初期の住宅等で用いた「フリー・プラン」の手法に基づく自立した透明、不透明の壁やその断片を自由に配置することで様々な空間の連続性、重層性、透明性を操作、実現している。ストラクチャー・グリッドとボリュームを規定する壁面との関係は、ずらされることで明確に分離されて様々な機能と効果を各空間に提供する。こうした「ずらし」はまた、それらのエレメント同士の対話、衝突において、様々なディテールを生みだし、モダニズム初期から継承される抽象的形態言語を展開、確立し、のちの建築理論に大きな影響を与える。　　　（編集部）

上：正面玄関　中：中庭　下：食堂

**1936–39
FRANK LLOYD WRIGHT
S.C. Johnson & Son
Administration Building
Racine, Wisconsin, U.S.A.**

ジョンソン・ワックス・ビル
 S・C・ジョンソン&サン本社ビルの原型は、1931年、オレゴン州セーラムに計画されたキャピトル・ジャーナル新聞社社屋にあった。大事務室の一枚屋根を支える、マッシュルーム・コラムの「森」という考えは、その時思いついたものであり、これが、1936年のジョンソン・ワックス・ビルで、再び用いられたのである。この作品の設計過程、実現については、ほとんどヘンリー゠ラッセル・ヒッチコックの評価に如くものはない。

「建設工事は、……1936年の初秋に着手された。その頃、カウフマン邸は完成間近であった。しかし、ジョンソン株式会社への建築認可は翌年の春まで下されなかった。なぜかと言えば、この建物の中空で、先端に行くほど太くなっている柱が、コンクリート補強用の金属製網状ラスで補強され、水蓮の葉のような屋根を支えていて、当時としては非常に目新しかったからであった。ライトが設計し、特注した家具備品を含め、建物は1939年春まで、遂に完成しなかった。……これだけの建築面積なら金属製トラスで楽に屋根を架けられたし、柱などにまったく邪魔されなくてもすんだのにと、これまでも度々指摘されてきた。こうした言い分から言えることは、想像力に乏しい者達がこの建物に使われている柱の本質を理解していないということだ――もっとも、この人達には、建築が完成した後ここを訪れた一般の人々を含めることはできないけれど。……柱は何も支えていない。それは、かくも沢山な樹木のように立ち、頭部の幾重にもある円形の環が屋根の実質となっているのであり、ロベール・マイヤールのスイス式マッシュルーム・コラムとやや似た格好をしているが、アメリカのコンクリート構造のほとんどが柱梁構造の原理に基づいていることに真向から対峙しているのである。柱は、その台座が驚くほど小さく、9インチ（約23センチメートル）のブロンズ製固定金具に据えられており、機能的意味では執務空間の妨げになっていない。一方、美的意味では、内部が中空になっている木のように、幾本となく立っている柱身は有機的で、しなやかで、内部空間を文字通りつくり出しているのである。

なぜならば、この建物では内部空間は外部からまったく遮断されているからである。光は、ある時は水蓮の葉を思わせる柱頭の、その各々の間にある開口部から落ちてくるし、ある時は周囲をめぐるバルコニーの下、壁体の上から入ってくるが、異様なほどに均一である。あるいは光の発光源のためかもしれないし、あるいは開口部にはめこまれたパイレックス・ガラスのチューブのためかもしれないのだが、ここでの光はまったく特殊な性質を帯びている。柱が特殊な形をしていることもあるが、ここには水族館の底から見上げた大空とでもいうべき錯覚効果がある」。

ライトにおける技術上の想像力の極致を示すものを、いくつか挙げよう。ひとつは、パイレックス・チューブ――ライトはこれを「デンドリフォーム」と呼んだ――が柱によって優美に支えられていること、第2は、柱の中空の心が排水管として使われていること、もうひとつは、この柱の土台のヒンジに、全く曲げ応力が働かないようにしたこと、である。ライトは、マンフォードの言う「先史技術」あるいは世界恐慌から立ち直る、新しいアメリカ――彼はこれをユーソニアと呼んだ――を思い描いていたが、この神話は今のような技術上の想像力に具体化されたと言えよう。つまり、伝統的な構成要素の意味を大胆に転置し、奇跡的な技術の詩を生み出すことは、この神話から当然出てくることだったのである。堅固であるべきと思われている部分（屋根）に光を導き、光のあるべきところと思われている部分（壁）に堅固さを与えること、それらはここに見出される転置の一例であり、またそれが彼の意識したものであったことは、次のような彼の文章からわかるところである。「すべての照明を与える面は、壁の煉瓦のように並べられたガラスのチューブによって構成されている。光は、普通ならコーニスになっている場所から入ってくる。内部では、箱形の構成が全く消えている。ガラスのリブを支える壁は、固い赤煉瓦と赤いカソタ砂岩である」。

波うった帯を成す工学的に処理された煉瓦の壁は、傾斜したジョイント、カーヴしたコーナー、あるいはその間に挟み込まれたガラスのチューブと相俟って、後にヒッチコックが指摘することになるように、建物の外観を流線型となしている。これによって建物は一種巨大な機械を思わせることになったのである。こうしたことは、機械主義的な建築を長い間賞讃し続けた建築家達にも、よくできないことだった。

設備技術の面でも、ジョンソン・ワックス・ビルは、これと同じくらい進歩的だった、1904年のラーキン・ビル同様、数々の新機軸を生み出している。ひとつは288×288×30フィート（約88×88×9メートル）のヴォリュームの暖房が、すべて1階と中2階のスラブに隠された放射状チューブのパネルで賄われていること、もうひとつは、空調がひとつにまとめられ、中央コアで換気排気

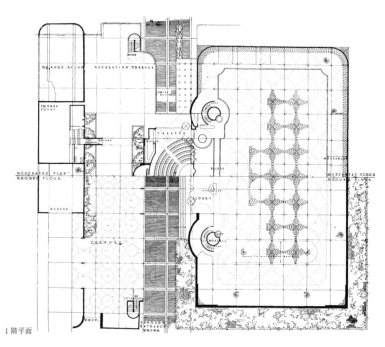

1階平面

されている——そのダクトは，公表された図面では，「鼻孔」と呼ばれている——こと，である。

　これまたラーキン・ビルと同じことだが，ここでもライトは，仕事場を秘跡の場所として考え，また，根なし草的な自動車社会を新たに統合しなおすことが可能な施設と感じていた。そして，ライトは，この点について，温情的な建築主の同意を求め，従業員用共同施設を作り，ある意味でのコミュニティが仕事場に形成されるようにした。それが，主たる空間の中心軸上に位置する，250座席のオーディトリアムで，それは明らかに，講義，映画，集会，等々の目的を持つものだった。これと同じ意味を持つものを，ラーキン・ビルに探すなら，それは屋階に作られたオルガンである。

　ラシーンにおけるもうひとつの共同施設は，スカッシュ用コートである。これには，ペントハウスの役員室と，玄関に隣接するガレージ棟の屋上とを結びつける，ガラスチューブと金属フレームの連絡通路を通って行くことができる。最後に，この全くユートピアとも言える建築群の周囲の，歴史的環境的コンテクストについて，ライトが深く意識していたことに触れておこう。この内省的な建物は，ラーキン・ビル同様，「平凡な田舎道に3面を阻まれた周囲のつまらない建物」に対抗するよう，明確にデザインされているのである。これは，脱都市化をはかった自動車社会の風景に向けられた，ライトなりの「社会的凝縮器」だった。その指標は，ライトが考えていたことに従うなら，ユーソニアの方向にすでに「走り去った」産業革命だったと，言い換えてもよいのだが。

上：主要事務室　下：全景

上：ロビー吹抜け　下：役員室ロビー

1937–43
OSCAR NIEMEYER
LUCIO COSTA, ET AL.
in collaboration with Le Corbusier
Ministry of Education
Rio de Janeiro, Brazil

教育保健省庁舎

ル・コルビュジエは、1930年代後半を通して、ラテン・アメリカに異常なほどの影響を与えたが、オスカー・ニーマイヤーの初期も、この影響と深い関係にある。彼は、ル・コルビュジエと新しい教育保健省庁舎を、協働して設計する目的で、ブラジル人チームが組織された時、自ら進んでそこに参加し、あっという間に、その中でも最も豊かな才能を持つ人物として、頭角を現わした。そのグループには、ルシオ・コスタ、アルフォンソ・レイディ、カルロス・レアオ、ホルヘ・モレイラ、エルナニ・ヴァスコンセロスといった有能な人達がいたにもかかわらずにである。ル・コルビュジエと3ヶ月間共働した後のニーマイヤーは、そうして、ル・コルビュジエ的なプランニングの戦略を自ら起こす能力を向上させたというだけでなく、このピュリストの統辞法をブラジル・バロックの用語に再解釈する能力さえ身につけてしまっていた。コスタ自身、1950年こう書いている。「ニーマイヤーは、すでにル・コルビュジエが公式化した基本的な原則、プランニングの技術を吸収してしまっていたが、彼はそれだけでなく、自分のものにしたこの経験を、考えられないようなやり方で豊かにすることができた。つまり、基本的な形態に新しい、また驚くべき意味を与えて、地方のパターンを持ったヴァリエーションや、新しい解決法を作り出したのである。しかも、それらは、それまでの近代建築がまだ知らなかった、優雅さと精妙さを兼ね備えてい

た。こうして、全世界の建築家達は、突然、この無名なブラジル人の作品に注目せざるを得なくなってしまった。彼が棒を一振りすれば、どんなに厳格な功利主義のプログラムも、この上なく純粋な洗練を受けた造形表現に変貌してしまうのだった。

ニーマイヤーの優美の感覚は、この17階建の教育保健省庁舎の最終案にも、またはっきりと表われている。これは、同じプログラムに対するル・コルビュジエの初期設計と、明らかに別物だったが、しかしブラジル人チームが用いたこの構成の戦略は、彼らが認めた巨匠のそれと同じものだった。

ともかく、ここでル・コルビュジエが触媒となって、コスタ、ニーマイヤー、レイディ、モレイラ、彼ら全員が現代ブラジル様式を創造したということができよう。そして、それをより確かなものにしたのが、彼らがブラジルの芸術家達を抜擢した結果である。造園家のロベルト・ビュルル＝マルクス、彫刻家のブルーノ・ジョルジョ、アントニオ・セルソ、画家のキャンディド・ポルティナリ。ポルティナリは、磁器タイルすなわち伝統的なブラジルのアズレジョによる、12メートルの長さに及ぶ壁画を作製し、それがこの教育保健省庁舎のピロティの下、高さ10メートルのホワイエを豊かにすることになった。

しかし、真の国民様式を創造することの難しさを痛感したのは、コスタ、あるいはニーマイヤーが一番だった。簡単に、国家とは支配階級の文化であると、昔と同じように主張することができるのか、あるいは、民衆全体の文化を反映させるよう試みるべきなのか。こうした国家の組織なり、それが指し示す文化の問題が、深い意味では全く解決されていないとき、国民様式の創造は本当に難しいものである。このジレンマ。1950年、ニーマイヤーが次のように

書くとき、彼はそれを嗅ぎとっていた。「私は、もっと現実的な問題を解決できる地位に、できればいたかったのです。細かな工夫や設備についてだけでなく、建築家と社会総体との間の積極的な共働関係についても考えられるような仕事に、つきたかったのです」。

同じ年、コスタは、ニーマイヤーが「新しいモニュメンタリティ」として提出した、文化の基盤を次のように要約している。

「私達は、建築の表現に係わっている者だが、それは未だ生成途上にも達していないような状態である。それゆえ、私達は、現在の造形語彙を豊かにすることのできる一握りの、ほんの一握りの建築家達に、惜しみのない援助を与えねばならない。彼らの作品は、地域に固有な状況に厳密に答えていない、あるいはある社会の文化レベルを忠実に表現していないという意味で、個人主義的に見えるかもしれない。しかし、それは包括的で多産とも言えるかもしれないある種の個人主義なのである。というのも、未来の社会にとって、建築がどのような意味を持ちうるのか、そういう建物は予言しているわけで、それゆえ、それらはやがて訪れるであろう前進を表現しているのである。そうした洞察力をしっかり持って、芸術家は民衆の問題、文化の問題に大きな貢献をすることができるのである。現在は確かに知的階級の関心と民衆のそれとが一致していないかもしれない。しかし、エリート化が進み、大衆までがそれに含まれるようになって、個人の価値が回復される日々は、必ずやってくるにちがいない。そして、その時、私達は最終的に、黎明期をくぐり抜けて、文明史の中で未だかつてなかった、文化のルネサンスを迎えることになるのである」。

芸術上での豊かさと言えば、また彫刻家のジャック・リプシッツを挙

げなければならないが、それはともかく、この教育保健省庁舎は、また厳格な合理主義の作品であるとも言えよう。南側の太陽の当たらないファサードは、1層あたり2段になった上げ下げ窓のカーテンウォール、北側は、青く塗られた石綿セメント板の可変の水平ルーヴァーで構成されている。建物の基本的な構成は、2層のポルティコにあたるブロックが南西－北東方向に配され、その上にそれと直交して、15層の板状のブロックが置かれるというものである。1階は、基本的にポルティコ、集会室、大臣と職員のそれぞれ別の入口にあてられている。2階には、その上に板上のブロックが載ることになる。展示ホールと会議室があり、3階、4階には、数多くの委員会室、その事務室、一般の案内所がある。板状のブロックの屋上には、ペントハウスの形をとった、大臣用のスイート・ルームが置かれ、その周りには、ロベルト・ビュルル＝マルクスのデザインによる屋上庭園が造られている。

リオの教育保健省庁舎は、ル・コルビュジエの「新しい建築の5原則」をモニュメンタルなスケールで適用した最初の機会だった。やはりル・コルビュジエの、「パン・ヴェール」と「ブリーズ・ソレイユ」の対も用いられている。そして、これは、1937年、リオ・デ・ジャネイロのガヴェアに、ニーマイヤーが建てた小さな保育園についてもあてはまることだが、可変のサン・スクリーンを外壁に用いた20世紀の最初の建物に属している。これらの作品——そこに、1939年のニューヨーク博覧会のブラジル館を含めることもできるが——は、ブラジルの現代運動を結晶化したものであり、ヴァルガス時代の残留者達全員の、このラテン「ルネサンス」問題を促進させる一要因となったのであった。

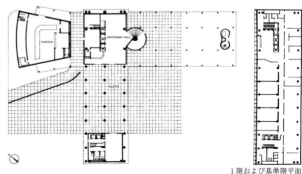

1階および基準階平面

1937–39
ALVAR AALTO
Villa Mairea
Noormarkku, Finland

アトリエ側外観

ヴィラ・マイレア

アアルトは、おそらく1933年頃から、ためらいながらもフィンランド・ナショナル・ロマンティシズムに向かい始めていたが、そこに決定的に回帰したのは、彼が1936年、ヘルシンキのムンキニエミに自邸を設計し、それを実際に建てた時からである。このアアルトは、翌37年から39年にかけて、マイレ・グリクセンのために、このヴィラ・マイレアを設計し建てている。やはり、この作品も、基本的には、4年ほど前から彼が試み始めた「方策」の展開として位置づけられるものだろう。設計を煮詰めていく過程で、様々な源泉からくる、タイポロジーとしての要素が、分解され、また統合されていったことに注意しよう。まず、要素のひとつとして挙げられるのは、典型的なゴシック・リヴァイヴァルの住宅配置に明らかに由来する、断片化したU型の平面だが、これは、ナショナル・ロマンティシズムの運動で、すでに流行していたものであった。他方、最近出版された初期計画集が示すとおり、源泉としては、また他にも、地中海地方のアトリウムや、あるいは、とりわけ、カレリア地方の伝統的な村落に見られる、農家のランダムな集合などが挙げられるとも言えよう。

しかし、このヴァナキュラーなものへの回帰は、極めて微妙なものである。様々な異成分が、ばらばらなままに、ひとつのものに詰め込まれ、その性格は、一種ブリコラージュ的なものと言えるだろうが、そのためにかえって、読み取りが一筋縄では

1階平面   2階平面

正面玄関

いかなくなっているのである。いや、それどころか、この建物の仕上げは、暗号のようなもので、その仕上げの素材から、見る人はそれぞれの構成要素の重みを読み取らなければならない、と言えるかもしれないのである。例えば、木の仕上げは、この住宅における顕要な構成要素、あるいはパブリックな構成要素を意味しているが、それに対し、外部をプラスター仕上げとした組積造部分は、それほど顕要でない構成要素、あるいはプライヴェートな構成要素、すなわち寝室、サーヴィス用翼部を意味していると言えよう。同種の暗号は、また住宅の「頭」にあたる部分、つまりグリクセン夫人のスタジオにも使用され、これがパブリックな空間であることが示されている。しかし、それでもこの読み取り方は、全体構成の中で「尾」にあたる部分に付加されたサウナにおいて、矛盾を生じてしまうのである。つまり、サウナは形としては伝統的な四阿であるけれど、これは顕要なものであるし、またその機能としても、パブリックなものなのである。にもかかわらず、この屋根の上に草を生やした始原の小屋は、形の上でも、礼式の上でも、確かに構成全体の統合法が余りに洗練されないように、一種愛嬌ある欠点としてうまく作用しているのであるが。

しかし、このようなことをしても、アアルトの作品に存在する何枚もの意味の層を、すべて汲み尽すことはできまい。それほど、このヴィラ・マイレアは、豊かなタイポロジーのメタファーを持っているのである。もうひとつだけ例を引くなら、玄関がフィンランドの風景を、次の２つのレベルで明らかに参照していることである。ひとつは、その庇の、湖のような有機的な形において（これは、スタジオとプールの同じような形に呼応している）、もうひとつは、その傍らを固める不規則なリズムの竹のスクリーンにおいて。この不規則な反復の仕方は、もちろん、周囲の林の松の木が、ランダムに植わっていることを、喚起させずにいないだろう。

メタファーは、一旦その意味が掴めるようになると、そのイメージが──次から次へと──オーヴァーラップしていくことになり、連想は尽きることがない。例えば、居間の暖炉の横面に細工された彫刻的な曲線のモールディング。これは、1898年のガレン＝カレラのスタジオにあった暖炉だけでなく、自然の氷の形や、また破損した古典主義建築の横断面を同時に連想させる。同じように、居間の黒ラッカーで塗られた鉄の柱は、その不規則な集合の仕方において自然を喚起すると同時に、その集合している様において始原の建築術を思わせる。

玄関ホールから居間を見る

1937
ALVAR AALTO
Finnish Pavilion
Paris World Exhibition
Paris, France

フィンランド館（1937年パリ万国博覧会）

1936年，ムンキニエミの自邸と，1939年の見事なヴィラ・マイレアとの間に，アアルトは，このパヴィリオンを作ったが，これは，例えば1935年のヴィープリ図書館にはっきり示されていた修正新古典主義と，それからカレリア地方の伝統的な農家に由来する（と今でこそわかったのだが）不規則なアトリウムを結合させたという意味で，重要な作品だった。これは，アイノ・アアルト，アルネ・エルヴィ，ヴィリョ・レヴェルと共に公開設計競技に参加し，設計したものである。設計競技のタイトルが謳っていたように，「木は動いている」ことを狙ったもので，こうした面は，ほとんど木造のその形態を特徴づけるものであっただけでなく，展示物の材料として木が最も多かったことによく表われている。ともかく，これはアアルトにとって，「頭と尾」というテーマを使った最初の作品であり，その意味で，彼は明らかに，ここでヴィープリ図書館の最終案で使われていた，省略という構成法と根本的に手を切ったのである。「頭と尾」を使った形は，その後の一連の作品，例えば1939年のヴィラ・マイレアや，その10年後のサイナトサロ町役場など，多くの作品に使われることになった。

古典主義の参照物とヴァナキュラーの参照物との間に緊張感を与えている，とは，彼の自邸やヴィラ・マイレアについても言えることだが，ここでのアアルトはそれらを完全に凌駕している。庭園側のエントランスから，小割板を張られた窓の少ないメインの建物のマスまで，屋根のある「建築のプロムナード」が曲がりくねりながら続いているが，その中央の句読点とも言うべき，小さなオープン・エアー・アトリウムは，その最たるものだろう。現存する写真からわかるとおり，このアトリウムには，中庭一杯の高さを持つ垂直の柱が規則正しく立っていて，それらは，その各心のパターンに一致した厳密なグリッドを成すワイヤーによって，倒れないようにされている。このアトリウムは，古典主義とヴァナキュラーのメタファーが，凝縮されているそのすばらしい例である。というのも，これらの柱は，斜めから見るなら，やはり樹木が不規則に植わっている自然の森を喚起するのに対し，軸線方向からアプローチした場合には，このパターンが，いうならば多柱式の広間の規則性として，目に映るからである。この場合，柱が支える天井がワイヤーのグリッドとして知覚に刻まれるだけである。同じように新古典主義を連想させるものは，主空間の規則的に配置された丸い照明などがあるが，これはしかし，アアルトが，ヴィープリ図書館ですでに使ったものであった。

ヴァナキュラーなものということになれば，まず不規則な見学順路自体が挙げられようが，木材の組み立て方，その仕上げの様々な技法も忘れられない。木造で，表情豊かな形態を作り出す可能性を示しているからである。また，中に挿入された星形の当て木によって固定され，竹ひごによって結ばれ締められた柱に見られる形態は，まさに，このデザイン全体をフィンランド・ナショナル・ロマンティシズムの運動に連結させるものだったのである。

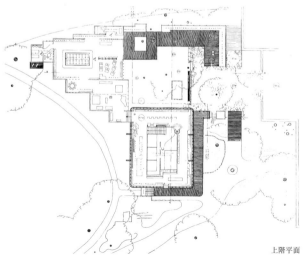

上階平面

メイン・ホールへの入口

竹ひもによって結ばれた柱

1937
LE CORBUSIER
& PIERRE JEANNERET
Pavillon des Temps Nouveaux
Paris World Exhibition
Paris, France

新時代館（1937年パリ万国博覧会）
1937年、パリ万博のために建てられた新時代館は、フランス左翼連合、いわゆる「人民戦線」のエトスをよく反映していた。しかし、その展示に実際あらわれた空間的文化的プログラムは、普通の意味での社会民主主義的というよりも、むしろサンディカリズム、サン・シモン的だった。ともかく、この小さなパヴィリオンには、「輝く都市」といったル・コルビュジエのユートピア的提案にみられる様々な要素がばらまかれているわけだが、こうしたことひとつとっても、これは明らかにある新しい社会の秩序を布告し象徴するいわば教会に替るものとして考えられていたのである。教会を暗示させるように意図していたことは、具体的にはまず、木製の仮設演壇が置かれたことに示されている。この演壇には、「雲のような」音響反射板が取り付けられていて、そこには人民戦線のスローガン「新しい時代が始まった、連帯の時代が」が記されていた。また、CIAM、それも新しい都市計画の要求を取り上げた1933年のアテネ憲章の一節を軸線上に置いたことも、同じような意味があったと言ってよいかもしれない。

しかし、この仮設建築が宗教的であるのは、こうした点だけではない。というのも、大まかに言って、この実際の建物は、それ自体、ル・コルビュジエが1923年の『建築をめざして』で初めて模範として讃えた形、つまり荒地に建つヘブライの神殿の復元案を焼き直したものであるからである。事実、このパヴィリオンが遊牧民の移動神殿復元案を凝縮し、かつ逆転したものだ、と言うことさえ可能なのである。なるほど、その形はヘブライのものとは違い、そのテント状の屋根も伝統的な勾配ではなく懸垂曲線を描いて吊り下げられている。

こうして、この遊牧民の形式は、一方では、上記の如く、神殿を暗示する建物といったいくつもの重要なメタファーを合体させるようなものであったが、また同時に、懸垂線を吊る斜め格子の支柱は、飛行船の建築を参照しているように見える。いや、事実、いくつかの点で、新時代館は飛行船を「逆転」したものなのである。それに対して、飛行機のメタファーも明らかに窺える。たとえば中央にピヴォットを設けたドアが翼のように見えることや、ヴォリュームの中心軸上に、飛行機（近代の十字架）の模型が置かれていることなどがそうである。またついでながら、正面のパネルを青白赤（3色旗の色）に塗ったこと、中央のドアおよび内部奥の壁を「革命」の赤で塗ったことは、国民社会主義を象徴しているのである。ともかく、こういう様々なものが複合し対立しあいながら、新時代館は、それ自体で、（この2年前に、ル・コルビュジエがパリに建設したヴォールトの週末住宅もそうだったが）新しい時代の象徴たりえたのである。そうして、それは古代的であると同時に近代的なものだった。古代と近代、この2つのものの結合。それは、例えば、古代の技術であるテントの屋根と、明らかに近代のものである鉄の斜め格子、吊り構造が同時に用いられたことによく示されているのだが、それ以上に、この結合は、この当時のル・コルビュジエにとって、重要な意味を持っていた。つまり、機械時代になるべきだという時代の宿命を宣言することに、彼は今や忠誠心を失い、かわりに媒介物としての技術という概念に捉われはじめていたからである。伝統と近代の方法を巧みに結合させる概念である。

しかし、それでも、ル・コルビュジエは、この新時代館で、規範となる建築タイプに回帰している。そのタイプとは、1867年に、ル・プレーが万国博のために計画した大きな環状の平面、あるいは特に、ル・コルビュジエ自身が1931年にはじめて、クリスチャン・ゼルヴォスのために計画した「無限に成長する美術館」に表われているものである。もちろん、後者の対数的な平面は、新時代館では明確に表われていない。しかし、その内部ヴォリュームは、それでも「建築のプロムナード」という概念として構成され、この光に満ちたテントのヴォリュームは、相互に関係づけられた一連の斜路、高い基壇によって、いわば教訓を垂れるが如くに巡っているのである。うねった順路に従って、訪問者が歩いていくと、まず軸線上のCIAMの最初の提案から外れ、都市史を扱った部屋部屋に導かれる。そこでは、人々はスラムの改善計画、最近の都市計画、そして最後に新しいタイプのコミュニティ・センターの要求を見ていくことになる。そして、この部門が終わると、次はCIAMの理論を扱った部屋部屋で、その最後には、様々な寒村開発計画、特にル・コルビュジエの「輝く」農場と村落の提案が展示されていた。

入口側外観

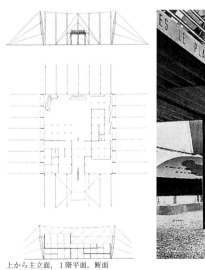

上から主立面,1階平面,断面

メイン・ホール

1937
JUNZO SAKAKURA
Japanese Pavilion
Paris World Exhibition
Paris, France

日本館（1937年パリ万国博覧会）

ル・コルビュジエがセーブル街35番地にアトリエを構えていた時代、坂倉は5年間働いた。1937年パリ万博のこの注目すべきパヴィリオンは、そこを出た36歳の彼が設計したものである。この建物は、ある意味では、フランス人民戦線の文化対策と、日本の近代化の両方を象徴するということができよう。日本の茶室建築と近代技術および進歩的な西欧の建築思潮を合致させることが意図されていた。空間的には、ル・コルビュジエというのは言い過ぎかもしれないが、西欧的である。いや、レベル差を用い、斜路を導入したあたり、やはりル・コルビュジエの内部に軸を持たせた建築に極めて似ているといえるかもしれない。例えば、ル・コルビュジエが、同じ博覧会に建てた「新時代館」、やはり同じ年のリエージュのパヴィリオン計画を思い出してみるとよい。ともかく、日本館の動線システムは、疑いの余地なく、「建築のプロムナード」であり、そのコンセプトから導き出された空間のシークエンスの豊かさは、「8の字」を成しながら、ランプによって、4段階のレベルに導かれる、その意図された動線に充分窺えるところである。

技術的な面では、この建物は日本の形態をもう一度見直すために西欧の技術を用いた力作であると言えよう。基本的に、構造は鉄骨の骨組に根太を架けて床を張ったもので、壁には木の筋違いが用いられている。このように、軽量の鉄骨と木を使ったことには、いくつかの意義があるが、そのひとつは、建設および取り壊しが楽にできたことである。コンクリートのような厄介な材料は、土台、1階の床、粗石張りした下の方の壁にしか用いられていない。外壁は、ガラス以外の部分では、石綿セメント仕上げ、内部についても同じである。

しかし、構造を軽量化した理由は、それ以上に、坂倉が東洋的なものと西洋的なものを調停させようとした結果であった。そうして、こうした構造が日本の伝統的な建築の方法を模したのだとすれば、その空間計画には茶室建築を特徴づける次の4つの基本的性格が見られるようである。第1に、開放的な平面計画、第2は、構造の明快性、第3は、自然の素材を建物に調和させること、第4は、室内と庭との統合である。しかし、もっとはっきり、日本の形態が参照されている例を挙げよう。例えば、玄関の上の庇、これはその最たるものだろう。そこでは、確かに、伝統的な鳥居の形が参照されているが、しかし1本の柱で支えられていて、伝統に反抗している風でもある。こうしたこと、あるいはそこに、到るところで用いられている5本の横材でできた手摺も含められようが、それらが、この作品に日本的な感じを決定的に与えているのである。また、色彩計画、材料の選択法に見られる感覚も、それを強めているかもしれない。暗褐色の支柱、褐色のリノリューム、玄関ホールの白いセメント・タイル、これらはある種東洋的なイメージを喚起する。しかし、他方、ル・コルビュジエ的な色彩計画も、内部の展示室には適用されている。淡いバーント・シエナ、コバルト・ブルー、淡い黄緑である。また、北西立面に銘記されているJAPONという文字は、樫材をワニスがけしたものだが、そのエッジは白く塗られていて、ル・コルビュジエを思い出させずにはいない。しかし、このパヴィリオン全体を通して、最も両義的な部分は、到るところで自由に使われている木製の菱目格子であり、これは、その稠密さにおいて日本的でありながら、と同時にフランスに伝統的な壁の格子細工をも思わせるものであった。

下から1階、2階平面

上:正面入口側外観　下:玄関ホール

1938–39
PHILIP S. GOODWIN
EDWARD D. STONE
Museum of Modern Art
New York, N.Y., U.S.A.

ニューヨーク近代美術館

いわゆるインターナショナル・スタイルを代表するものとして，ニューヨーク近代美術館以上のものを想像するのは難しい。この美術館は，フィリップ・S・グッドウィンとエドワード・D・ストーンの設計で，1939年の夏完成したものである。当時流行していたうねる曲線が到るところに見出され，表面的には自由を喚起させる。特に，それは元々あった，歩道に飛び出したモネル・メタル仕上げの庇の形に顕著である。そして，この庇の形は，エントランス・ホールと交歓し，そこのクロークおよびインフォメーション用カウンター——40年前は，今と比べてずっと，カタログ，本の列が少なかった——の連続してうねる曲線に呼応している。また，ペントハウスになっている役員室のガラスの全面窓にも，この唯一の造形的な形態が使われている。もしこれがなければ，建物は完全な四角になっただろう。

近代美術館の元々の構成は，次のようなものだった。1階は，まず大半がエントランス・ホワイエ，2つの展示室，大階段で占められる。この大階段を降りていくと，地下1，2階の470座席の映画ホールに出るが，これらの階には，それ以外にも，美術品の受取所，発送所，準備室など様々な美術館のサーヴィス部分がある。大階段を登ると，2，3階の展示室に出る。ただし，大階段はそこまでで，4から6階は，学芸部と会員のために，効果的に使われることになっていた。

元々の敷地は，西53番街から西54番街にかけてのブロックであり，彫刻の庭は最初から造られていた。しかし，躯体は，鉄筋コンクリートと鉄骨で造られ，53番街に面するファサードの仕上げは白い大理石を用い，とりわけ，2，3階の展示室のファサードは，大きなサーモルクスのカーテンウォールである。その上の学芸部のレベルは，水平方向のスティール・サッシュのガラス窓だが，ペントハウスのテラスには，11の丸い穴をうがたれたコンクリートの庇が片持梁で架けられている。自由に仕上げられたと見える中庭側ファサードもまた白大理石——下部をガラス・ブロックと板ガラスが交互に配されている——で仕上げられている。

中庭

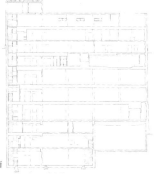

上から3階平面，長手方向断面

1938
ADALBERTO LIBERA
Villa Malaparte
Capri, Italy

マラパルテ邸

1936年, トスカナ出身の文筆家／ジャーナリスト, クルツィオ・マラパルテはカプリ島の険しい自然の残る地区, マッスッロ岬の敷地を購入し, 別荘を建設する。地元民の反対を受けながらも, リベラとマラパルテにより共同設計されたこの別荘は, カプリの文化的コンテクストにおいて全く特異な建築である。当時, ファシストであったマラパルテはこの別荘を「私のような家」と称したように, 島の建築様式とは無関係の「特異な敷地の特異な建築」である。

敷地は大海に突き出た断崖の岬の突端で, その険しい自然に対して姿を溶け込ませることなく, プリミティブで力強い形態によって自然と対位させることで成立している。

岬の地形に沿って配置された線形のプランはその外部形態と同様に内部構成においてもほぼ線対称で, 主階である2階に居間と一対の寝室, 書斎をおく。主玄関は南面, 階段の下の目立たない位置に設けられ, この家の別荘としての用途を物語っている。居間に設けられた南北2枚ずつの大窓は壮大な風景を絵画的に切り取る。屋上テラスに続く, あるいは大海に向かう階段は上るに従って幅の広くなる漏斗型で, 遠近法を混乱させる。屋上のテラスにはただ一枚の帆のような白いカーブ壁が設けられ, プリミティブな建物のボリュームに多義的解釈 (モダニズム言語であったり, 帆船のメタファーであったり), あるいは詩的価値をもたらすとともに, 実際にはテラスでのアクティビティのための風よけであり, また好奇な島民の眼からプライバシーを守る装置であった。

ポンペイ・レッドに塗られたファサードと煉瓦造のテラスは, 明快に周囲の力強い風景からこの建物を浮き立たせ, しかも, 建築と自然の力学的均衡という点で共生を実現している。

後に共産党員となったリベラは遺言によって死後この別荘を中華人民共和国に寄付したが, 後にマラパルテ・ファンデーションが設立された。建築的価値とともに, 施主と建築家両方の歴史的, 文化的数奇性がこの建築を一般にも有名なものとしているのは事実である。 (編集部)

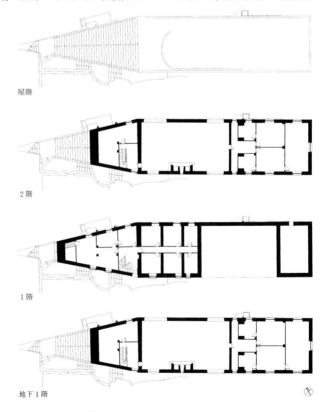

屋階

2階

1階

地下1階

1938
FRANK LLOYD WRIGHT
Taliesin West
near Phoenix, Arizona,
U.S.A.

タリアセン・ウエスト

ライトは，1927年，アリゾナ州ニュー・チャンドラーに，砂漠に建つホテルを計画した。これは，「サン・マーコス・イン・ザ・デザート」として知られるホテルだが，結局実現されなかった。しかし，この時このホテルに隣接するアトリエとして設計されたオカティロー・キャンプの方は，実現され，この1927年，アリゾナ州，チャンドラー近郊のソルト・レンジに建つオカティローが，彼の砂漠との宿命的な出会いになったのである。これは，元々は，砂漠に建つ仮設施設で，曖昧ながらも，一応八角形グリッドにのる保護シェルターとして，設計されていた。そして，ここでライトは，苛酷な気候の中で，どのようにしたら生き残れるか，その本質となることを，実感に即して追求する。オカティロー・キャンプを，木造に，軽量なキャンバス地を用い，テント状の建物としたのは，その結果だった。建物は各々，仕事場，製図室，ガレージ，居住施設の機能を持ち，それらは，集合して群落を成していた。そして，その10年後，ライトはタリアセン・ウエストの基礎を打ちたてることになるのだが，その時も，この八角形の，45度のグリッドという手法は，再び使用されたのである。タリアセンへのアプローチは，まず，決して到達できない蜃気楼のように，地平線はるか彼方に浮かぶそれを見つけることから始まる。そして，訪問者は，迂回しながら，実際の入口に向かってゆくのだが，しかし，そこについても，本当にそれが入口かどうかよくわからないように作られている。この砂漠の施設に入ったと思われるのは，長いパーゴラの下を通った後，中央のテラスとロッジアのある所に出た時である。片側には，長い製図室が，もう片側には，師の居住施設がある。この中央のアトリウムからは，両側が低層の建物で囲まれた中庭と，付属施設が続いている。つまり，徒弟のための1層の寄宿舎とその中庭，外に置かれたチェス盤，ライトの寝室と，そこから見える緑の中庭，砂のサンクン・ガーデン，プール，砂礫のテラス，等々である。

この施設の造形的詩的な意図が，90歳のライトの峻厳な言葉によって説明されている。彼は，『あるアメリカの建築(邦訳：ライトの建築論)』で，こう書いている。

「直線と平面は，ここアリゾナの砂漠に——アリゾナのあらゆる場所に——こそ訪れるべきだ。しかし，直線は点線にならねばならず，平面は広く低く延びていかねばならない。きめ細かく。というのも，この驚くべき砂漠には，きつい直線などひとつもないからである。この偉大なる地平に，偉大なる自然の石工が築いたもの，……それは，建築そのものでは全くない。それは，建築を想起させるものである。例えば，アリゾナの建築がどうあればよいか，その模範解は，サボテンに隠されているのであり，サボテンこそが，補強建築構造の完全な一例であるのだ。その内部の垂直棒は，サボテンをしっかりと，まっすぐ上に支え，その偉大なる円柱形のマッスを600年，あるいはそれ以上の長きに渡って維持している。……この砂漠は岩に囲まれ，太陽にひれ伏した土地である。ここに生きとし生けるものは，すべて太陽によってその生命を絶つ。その証拠は到る所に見られ，時にはぞっとするほどである。しかし，周囲を見渡すと，喜ばしいことに，私達がいかにこの場所，ここでの生長の法則に合っているかわかってくる。無形の土地にはうようにかぶさる奇妙で，荒涼として，そしてしっかりと武装されたこの地表と，ほとんど無形といってもよいような，その独特の生長の法則に，私達は適合しているのである。しかし，ということは，植物の生長が，逆に無情にも地表それ自体を支配しているのであり，それが私には恐ろしい。死というものの原理より恐ろしい，この生の原理。……ここには，死による脱出はない。そう，死によっても，この無情な——それは太陽の原理なのだが——生長から逃れられないのである。これは，偉大なる太陽が創造する創造力といったら，よいのだろうか」。

タリアセンは，間違いなく，次の2つの点で，砂漠の太陽の建物として設計されている。ひとつは，その巨大な紫の火山岩ブロックが，傾斜した壁を作り，地面に突きささっていること。第2は，軽く覆われた木造屋根に，ある種すばらしいルーヴァーとキャンバス地のスクリーンが設置されていて，太陽光を防ぎながらも，空気を取り入れていること，である。

1938年のスコッツデールで，ライトは神話的なアメリカ文化，つまり原インディアン文化を，岩石彫刻，ナヴァホ織を用いてまでも，創り上げようと試みた。彼の信念は，「今から2000年後，インディアン達が土地を請求しに帰ってきた時，彼らは我々が彼らの態度を尊重していたことに気づいてくれるだろう」というもので，半分おどけ，半分罪に苦しんでという風だった。この作品が作られた時，ここの気候が，心理的物理的にいかに酷なものであったかは，エドガー・タフェルが書いているとおりである。

「ライト氏は，すぐにキャンプのマスタープランを作製し，建物の構法を決定した。それらは，アリゾナ

航空写真,後方はマクダウェル山脈

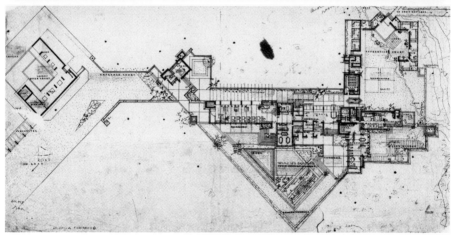

に固有な新しい設計コンセプトから出てきたものだった。砂漠の岩は,砂を多めにしたモルタルで積み上げられた。アメリカ杉——荒っぽく切削され,乾く前に暗褐色に着色された——は安価であったし,また屋根の白いキャンバス地や空に堂々と対峙した。しかし,アメリカ杉は,見かけは強そうだったが,ここの気候のために,あらゆる方向に縮み上がり,ねじれ,釘が抜けさえした。こうして,何年かたって,ついに,木は,彼が好んだインディアンの色——チェロキー・レッド——で塗られた鉄に取り換えられてしまった。……ライト氏は,キャンプを実際に現地で設計した。徒弟達は測量をし,建物のために線を引いた。製図板は,炎天下に,焼けつくような光の下に置かれた——アリゾナの太陽の下,白い紙に製図をしたわけだ!……壁の端の彫刻のために,(彼は)山のふもとから大きな岩(岩石彫刻のある)を持ってこさせ,それらを自然に見える方向に向けて置いた」。

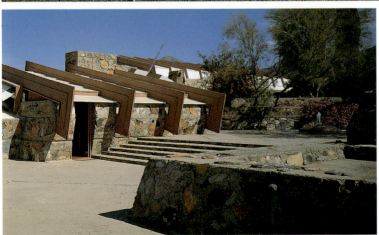

事務所棟,奥に音楽棟が見える

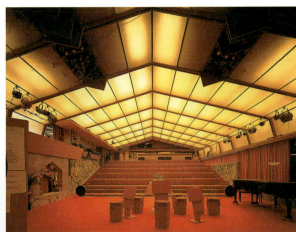

三角形のプール越しに見る

上：音楽棟内部　中：シアター　下：事務所内部

1939
CARLOS RAÚL VILLANUEVA
Gran Colombia School
Caracas, Venezuela

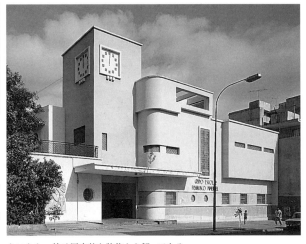

グラン・コロンビア小学校

ビリャヌエバは、これ以前にも、マラカイの闘牛場（1931）、カラカスのロス・カオボス美術館（1935）の重要な作品を実現しているが、彼がモダニストとして、新境地を開いたのは、この女子小学校である。彼がバックグランドとして、フランスと深く係わっていたこと（彼の母はフランス人、彼自身パリのエコール・デ・ボザールを1938年に卒業した）は、この建物にもはっきりと表われている。特に、明らかに、ロブ・マレ＝ステヴァンは、大きなよりどころになっている（1927年、パリのマレ＝ステヴァン街参照のこと）。また、1931年、パリのヴィルジュイフに建てられた、アンドレ・リュルサのカール・マルクス校との影響関係も、かなりあるだろう。シビル・モホイ＝ナジはこう書いている。「カラカスのグラン・コロンビア小学校は、ベネズエラにおける、最初の近代的な小学校だった。建てられた年、1939年は、ビリャヌエバの折衷的合理主義の過渡期にあたる。この年くらいから、彼は歴史的な装飾から解放されたデザイン語彙を創出しようと試みているからである。構造は、マラカイと同じく、鉄筋コンクリートのラーメン構造で、その間に煉瓦を積んでいる。1939年という年は、かなり遅いが、南アメリカではまだ、鉄筋コンクリートは『実験的』に思われていた。建設業者は、コンクリートに信用を置かず、厚い石造の架構に変えることを主張した」。

平面を見よう。この小学校は、長方形の敷地に、L型に配置されたものと言えるだろう。横断する中央の軸は教室群で、それによって中庭は2つの大きさの異なったものに分割されている。大きい方は高学年の子供達の遊び場で、小さい方は幼児用である。

この小学校の主な立面は、敷地の大きな入口側に開かれ、また重々しい鉄筋コンクリートの架構は、2層のアーケードとなって、遊び場を取り巻いている。このファサードの柱の配置は、未だ伝統的な古典主義の原則に従って秩序づけられている。とりわけ体育館のような特別授業のための空間への入口では左右対称の軸線、イン・アンティス形式の柱梁に古典主義が感じられる。ビリャヌエバが、水平コーニスや横断面を、壁の仕上やアクセントを生むものとして、伝統的な方法で用いるだけでなく、太陽光からファサードを守る造形として使うようになるのは、この後のことなのである。

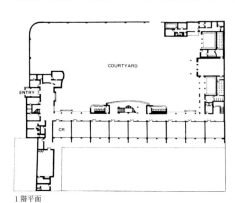

1階平面

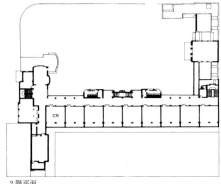

2階平面

1940
RICHARD NEUTRA
Sydney Kahn House
Telegraph Hill, San Francisco, California, U.S.A.

シドニー・カーン邸

30年代後半のノイトラの抽象的な様式を代表するこの4層の建物は、個人住宅というよりも、むしろ小さな集合住宅を思わせる。2階より上の階からは、テラスが東に向かって突き出ていて、そこからは海、ベイ・ブリッジが見渡せる。4つの階は、それぞれ別々に入口が設けられていて、それらへはエレベーターによってアプローチする。テレグラフ・ヒルの頂を切り崩して作られている1階は、サーヴィスと仕事場、2階は、書斎、厨房、朝食と夕食のための食堂など、日常の生活空間になっている。その上の階、3階は大半が寝室とそれに付属する諸施設に、最上階の4階は、公的な応接にあてられている。

さて、ロヴェル邸でもそうだったが、ここでも、ノイトラが住宅の新しいプロトタイプを作ろうと試みている、という感が濃厚にある。例えば、入口のある階には、住み手の仕事場が置かれ、そこに使用人室が隣接する。これは、この住宅の大きな特徴を成すことである。また、これよりは些細なことだが、その上の階の大きな食堂にも工夫が施されていて、正式の食事をする時には、テーブルが天井から降ろされるようになっていて、簡単な応接室としての機能も果たしている。また、最上階は、明らかにくつろいで湾を眺める一種の見晴し台として使われるものだが、そこでもまた、スクリーンを引き出して、個人的に映画を見ることもできるようになっている。

構造は経済的である。架構は軽量

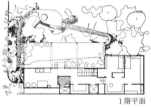

1階平面

2階平面

鉄骨で、断熱質のブロックが積まれ、窓割は規格化された水平的なものを用い、モルタル仕上げを施している。しかし、内部の仕上げは、かなり贅沢な感じを与え、当時のノイトラの作品の典型的な例になっている。例えば、居間の空間には、プランターが最大限に配置され、カジュアルな椅子の大部分は、小さなクッションが置かれたL型に連続するコーナーユニットで構成されている。この居間の空間は、基本的にはベージュの仕上げで、壁はオイスター・グレー、カーテンとカーペットはベージュ、家具は赤茶のラッカー塗り、椅子の布、テーブルのプラスティックの天

板は白である。メインの階段も赤茶である。最上階のバーは、明るい色のフィリピン産マホガニーで仕上げられ、壁はそれに合う色、家具の布は緑である。また、これは彼特有のやり方だが、この階では、広間と外部のテラスを分けるところに大きな引き違いのガラス戸が使われている。

この建物の形態について言えば、カーン邸は、インターナショナル・スタイル期におけるネオ・キュビスト的な構成ということになるだろう。各階は直方体ブロックを積み上げたようで、それらは、鉄枠の水平連続窓で分節されている。

1943–46
OSCAR NIEMEYER
Church of St. Francis of Assisi
Pampulha, Belo Horizonte, Brazil

"アッシジの聖フランチェスコ"教会
ジュセリーノ・クビチェックは，1941年，ベロ・オリゾンテの市長として，パンプラの人造湖の沿岸に新しい近隣住区を建設する援助をした。彼が現代建築のパトロンになったのは，この時が最初である。この急速に拡大する郊外に，コミュニティのサーヴィス機関を与えるため，彼は，ニーマイヤーに湖の南側の不規則な沿岸に一連の建物を設計させた。カジノ，レストラン，ヨット・クラブ，そしてこの教会である。

教会の構成は，ひとつのコンクリートの放物線シェルが，4つの同じような形をしたシェル・ヴォールトにはめこまれるもので，それによって「交差部」ができあがっており，鉄筋コンクリート・シェル構造のみごとな成果といえよう。従って，この作品は多くの点で建築作品としてだけでなく技術の勝利品ともいえるものであり，それゆえ，技術者ジョアキム・カルドーゾの構造面での功績も大きかったにちがいない。いや，話をもっと広げて，フレッシネ，マイヤールといった技術者のパイオニア達にも多くを依存していたといってもよいだろう。特に，1937年，チューリヒで開かれたスイス国民展で，マイヤールがコンクリートのシェル構造の能力を純理論的に論証したことは，無視しえないだろう。ニーマイヤーがこうした形態を採用したことについては，スタモ・パパダキによる評価以上に立派なものを見つけるのは困難だろう。彼はこう書いている。「身廊は，横断面が放物線に設計されているが，長軸方向は，先のない円錐を半分に切った形に近い。祭壇の空間を作っているのは，身廊のよりは小さい放物線の形態で，同じ形がだんだん小さくなりながら，3回反復されている。これらの小さな放物線の形態は，聖具室と祭服室にあてられている。光は，正面のナルテックスから，垂直のルーヴァーで調整された後，採られる。これより奥の部分では，光は主に祭壇の直前，上から降り落ちてきて，祭壇と会衆席は，この光の結果，分離される」。

この教会の装飾は――これは，ここでの重要な要素のひとつだが――，ブラジル人芸術家キャンディド・ポルティナリの手によるものである。彼は，外部，ヴォールトの下にはめこまれた青い磁器タイルの壁画――アズレジョによる聖フランチェスコの生涯――を作製しただけでなく，祭壇の後ろに，キリストの生涯の幾つかの光景を表わした壁画をも描いている。後者の方は，明らかに表現主義的であり，罪とこの世の悲惨からの救世主としてキリストを描いている。しかし，それ以外の，例えばエキゾティックな庭園など，芸術を総合しているのは，この時期のニーマイヤーの作品すべてと同様，ロベルト・ビュルル=マルクスである。

北側立面にはめ込まれたポルティナリによる壁画

鉄のパイプで支持されたコンクリートのキャノピー、合唱壇への螺旋階段、斜格子のある鐘楼などを見てみよう。これらはすべて、当時のニーマイヤーに典型的に表われる「奇想」であり、この作品全体に、明らかに、何かしら異様な雰囲気を与えるものである。また、彼の社会主義者としての深遠な確信は、宗教のもつ伝統的な価値から一歩退いて構えるという彼の姿勢として、おそらく表われていると言えよう。これは、例えばこの地方に、この作品が一大物議をかもしたことからも察せられることである。事実、余りの反対運動にあったため、この建物は歴史文化財保存課の保護のもとに置かれるようになったのである。

ブラジル・バロックを快楽主義的に解釈するというニーマイヤーの方法は、明らかに、1942年、パンプラの簡素なレストラン「バイル」で極致に達してしまっている。そこでは、直径約18メートルのカフェ゠ダンス・ホールのテラスが置かれ、蛇がうねるような湖岸の曲線に沿って、柱廊が伸びていた。彼はこのあたりで、ル・コルビュジエの立体幾何学の原則から、やっと抜け出し、形態の有機的な戯れにふけりだしていた。そうして、ある時は抒情的に、しかしまたある時は生彩を欠いたマニエリスムに陥っていた。そういう意味で、パンプラは、ニーマイヤーの生涯の中で、転換点に位置しているのである。

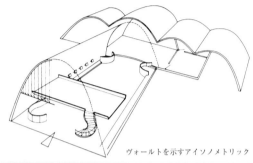

ヴォールトを示すアイソノメトリック

祭壇の背後に描かれた聖フランチェスコの壁画

1942
OSCAR NIEMEYER
Casino Pampulha (now Pampulha Museum of Arts)
Minas Gerais, Brazil

パンプラのカジノ

ニーマイヤーは，1939年，ニューヨーク万国博のために設計したブラジル館で，ル・コルビュジエの自由なプランというコンセプトを，新しいレベルの流動性に解釈し直した。このパヴィリオンは，最初から，エキゾティックな中庭の庭園を取り囲む形で，その庭園は，ロベルト・ビュルル＝マルクスの設計に任されていた。パヴィリオンと熱帯風の庭園。これらは，部分的には「縁の結合」として知られるピュリストのコンセプトから来るもので，そこでは有機的なカーヴが自由に配され，次にどんな形がくるか，予想もつかなかった。建物から庭園に向かった場合でも，その逆の場合でもある。

同じ精神は，このパンプラのカジノにも感じられる。ここでは，ニーマイヤーは，ル・コルビュジエの「建築のプロムナード」という概念を，すばらしいバランスと活気に満ちた空間の構成に解釈し直している。その意味で，この建物は，すべての点で，物語的である。例えば，人を招き入れるような，2層分の高さを持つホワイエから，きらきら輝いている斜路を登り，ルーレット室に到る物語，主玄関から，楕円の廊下を通り，レストランへの，あるいはステージの裏を抜けて（独創的なサーキュレーション），ダンス・ホールに到る物語。トポロジカルな迷路として考えられたもの。つまり，この建物の空間は，手の込んだゲーム——その複雑さは，まるでここで遊ぶ階級社会の習慣のようである——として，構成されているのである。レストランへのアクセスは複雑であるが，それらは単なる通路というだけでなく，階級に従った役割，つまりこの物語に登場する様々な人物——客，芸人，従業員——に分け与えられた空間として機能しているのである。建物の全体の雰囲気は，強くもあり，快楽主義的でもあり，つまり，厳しさと演劇性の両面を兼ね備えている。こうした雰囲気の対比は，第1に，ファサードでその仕上げがトラバーチンとユパラナ岩であること，第2に，内部のエキゾティシズムが，ピンクのガラス，サテン，ポルトガル・タイルの明るい色彩のパネルと結びついていることに，認められよう。国のギャンブル禁止令によって，このカジノは閉鎖され，今では美術館として使われている。

上：メイン・アプローチより見る
下：エントランス・ホール

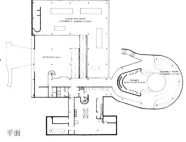

平面

1944–47, 1952–57
CARLOS RAÚL
VILLANUEVA
Ciudad Universitaria
Caracus, Venezuela

ベネズエラ中央大学（第1期，第2期）
ベネズエラのモダニズムを切り開いたビリャヌエバによるこの大学は，不規則に広がり続け，永久に完結することがない。しかも，ここにはビリャヌエバの感受性の様々な面が多く結びついていて，そのため——これが理由の大半なのだが——，これについては，今日になっても全く評価を下しがたいのである。とはいえ，ひとつはっきり言えることは，中でも独特の形をしたところ——つまり，屋根つきのコンクリート造片持梁の通路——が，「場を形成する」注目すべきアイデアであり，当時の他の誰の作品にも見当らないことである。これはベネズエラの植民地様式に伝統的なアーケード——パティオの回廊——を解釈し直したもので，大学中に広がり，特にアウラ・マーニャの前の，屋根のあるプラザとそれに隣接する中庭において，典型の域に達している。この場所について，シビル・モホイ＝ナジは，1964年こう書いている。「屋根のあるプラザは，大学組織体の心臓，中央のエネルギー供給源であり，大学のすべての部分に活力を与えている。つまり，ここにはアウラ・マーニャがあり，各学科に分かれては行えない祝祭行事の際には，大学の各集団をここに集めるのである。また，ここはその場限りの知識を広い理知に変換する場所でもある。学生，あるいは訪問者は，ここに入ってくる3つの方向のいずれからアプローチしても，3つのパティオ——これはプラザのコンクリートの屋根に開口している——に満ちた光の筒に導かれるのだ」。

回廊は，アウラ・マーニャの前で，いくつもの不規則な形をしたパティオに広がり，分かれている。こういうことは，例えばブラジルの建築家オスカー・ニーマイヤーのような人に見られるネオ・バロックの感受性を思わせるのだが，しかし20世紀半ばのアヴァンギャルド達が，ここに芸術作品を製作し，設置したために，ここは空間的に確立され，また独自のかたちをまとうようになった。しかも，それらの作品は，時には互いに結びつけられているのである。例えば，フェルナン・レジェの背景画とヘンリー・ローレンスの「アンフィオン」，あるいは，同じような組み合わせをもうひとつ挙げるなら，ジャン・アルプの「雲の羊飼い」と，そのダイナミックな空間的「場」を与えているマテオ・マナウレのタイルの壁画である。

その上，このどちらの場合でも，対になった2つの作品は，それらを見ながら歩く人の動きにつれて，互いに干渉しあって変化し続けている。そして，そこに建築と繁茂した熱帯植物が混ざりあって，それらの深い背景になって，これらのことが展開されている。ビリャヌエバが，1950年代のいわゆるパリ・スクールと独特な関係を持っていたことは，レジェが彼に宛てた1954年の手紙を見ても，わかることである。「私は，壁の要素の間に，手直しできる余地を開けておきました。あなたが最良の効果を与えるような構成を展開し，あるいはより確かなものにできるようにです。光と壁画を見る距離を考慮して決定するのは，すべてあなたの役割なのですから」。

芸術を統合しようという，この大きな試みについて独特なことは，そこに用いられた美的範囲が広がったことである。後期立体派の形態から，アントワーヌ・ペヴスナーの構成主義の厳格さ，あるいは，ヴィクトール・ヴァザレリのおそらくは最高のレリーフ作品から，当時流行していたフランスおよび南アメリカの視覚芸術の運動まで，ここでは統合されているのである。

表情に富む構造は，もちろん，ビリャヌエバの建築の主要な要素である。アウラ・マーニャの脇にあるコンクリートのリブを見せた壁から，小さなコンサート・ホールの，打ち放しの，やはりリブのあるシェルの屋根に到るまで，あるいは，オリンピック・スタジアムの様々な建物にある，コンクリート造片持梁の，またリブのあるシェルから，ビリャヌエバに特徴的な背の高い柱梁構造に到るまで，その典型的な例である。また，この架構には，様々なやり方で，窓やパネルがはめこまれたり，時にはコンクリート・ブロックが積まれ，それと対比したパターンを形成している。

ホセ・ルイス・セルトのアメリカにおける作品もそうだが，このベネズエラ中央大学も，多くの点で，後期CIAMの感覚を凝集させたものである。もっともビリャヌエバ自身CIAMのメンバーになったことはなかったのだが。というのも，1951年，イギリス，ホッデスドンで開催された第8回CIAM会議では，こうした戦後のアヴァンギャルド運動が

大学全景

CIAM内部に組織され、都市におけるモニュメンタルなコア——いわゆる「都市の核」——の必要性が忘れさられていることが弾劾されたのだが、それがこのアウラ・マーニャを頂点とした連続するアーケードに捉え直されていると言ってもよいのである。大学のこの2600席の中央オーディトリアムは、芸術と技術を結合しようとした独特な試みである。そして、そのシェル屋根から吊り下げられたアレクサンダー・カルダーの雲の彫刻は、音響効果のためであると同時に、ランダムに配されたスポット・ライトの下に浮かぶその姿が、宇宙的創造の複雑なメタファーになっているのである。

歯学科棟のプラザ

アウラ・マーニャ内部

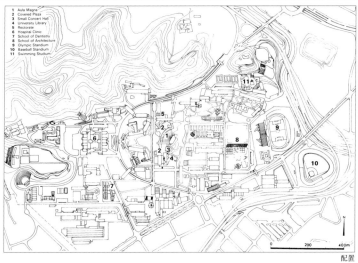

1 Aula Magna
2 Covered Plaza
3 Small Concert Hall
4 University Library
5 Rectorate
6 Hospital Clinic
7 School of Dentistry
8 School of Architecture
9 Olympic Stadium
10 Baseball Stadium
11 Swimming Stadium

配置

Acknowledgments
出典

The publisher greatly appreciates the cooperation received from authorities and parties who have charge of any illustrations and photographs used in the issue.

Text illustrations
Architectural Design, London: pp. 107, 109, 111
Architectural Record, New York : p. 179
The Architectural Review, London: p. 219
Courtesy of Professor Hans Asplund: p. 67
@ FLC/ADA GP, Paris & SPDA, Tokyo, 1998: pp. 58, 59 bottom, 61, 62, 207, 215
Courtesy of Göteborgs Stadsarkiv: p. 71 left
Courtesy of Guggenheim Museum, New York: p. 165
Courtesy of Novosti Press Agency, Publishing House, Moscow: pp. 26, 102 (axonometric), 104 (axonometric), 110
Courtesy of Rockefeller Center: p. 211
R.M. Schindler Architecture Collection, University Art Galleries, University of California, Santa Barbara, California. Reproduced by permission: p. 170
The Swedish Museum of Architecture, Stockholm: pp. 68, 70, 71 right
Courtesy of Professor Bruno Zevi. Reproduced from his book Poetica dell'architettura neoplastica, Giulio Einaudi Editore, Torino, 1974: pp. 63, 119, 121

illustrations have been reproduced from the following publications by permission.

Alvar Aalto Band 1, edited by Karl Fleig, Verlag für Architektur Artemis, Zürich, 1963: p. 213 (plan)
Die Architektur des Expressionismus by Wolfgang Pehnt, Verlag Gerd Hatje, Stuttgart, 1973: pp. 9, 10 left, 11, 12, 65

Contemporary Town Planning by Waclaw Ostrowski, IFHP-The Hague and CRU-Paris: p. 56
The Mathematics of the Ideal Villa and Other Essays by Colin Rowe, The MIT Press, Cambridge, 1977: p. 60
Modern Housing Prototypes by Roger Sherwood, Harvard University Press. © 1978 by the President and Fellows of Harvard College: pp. 53 right, 173, 201 left
Die Neue Architektur 1930-40 by Alfred Roth, Verlag für Architektur Artemis, Zürich, 1975 : pp. 214, 217, 221
Olanda 1870-1940 by M. Casciato, F. Panzini, S. Polano, Gruppo Editoriale Electa, Milano, 1980: p. 201 right
Oppositions 18, Fall 1979. Reproduced by permission of Stefanos Polyzoides: p. 171
Richard Neutra 1923-50: Buildings and Projects, edited by W. Boesiger, Verlag für Architektur Artemis, Zürich, 1964: pp. 174, 176, 177
Transparenz Le Corbusier Studien I by Rowe, Slutzky & Hoesli, Birkhauser Verlag, Basel, 1968: p. 59 above
URSS architettura 1917-1936 by Vittorio De Feo, Editori Riuniti, Roma, 1963: pp. 99, 100, 102, 104, 106
The Work of Oscar Niemeyer by Stamo Papadaki, © 1950 by Reinhold Publishing Company. Reproduced by permission of Van Nostrand Reinhold: p. 216

Illustrations have been reproduced from the following publications.

L'architecture contemporaine en Tchécoslovaquie, Editions Orbis, Prague, 1928: p. 206
L'Architecture Vivante, Editions Albert Morancé: pp. 13, 15, 51, 52, 54, 55, 57, 64, 115, 116, 117, 119, 200 left
Architettura moderna in Olanda by G. Fanelli, Marchi & Bertolli, Florence,

1968: p. 14
Die Baukunst der Neuesten Zeit by G.A. Platz, Propylaen Verlag, 1927: p. 10 right
Encyclopédia de L'Architecture: Constructions Modernes: Tome XI, Editions Albert Morancé, Paris: p. 209
Das Englische Haus by H. Muthesius, Berlin, 1904: Figs. 70, 70a
Histoire de l'architecture by Auguste Choisy, 1899: p. 53 left
Modern Architecture in Czechoslovakia by Dostàl, Pechar, Procházka, Obelisk, Prague, 1970: pp. 204, 205, 206 left, 208
Wendingen (Special Issue), Oct. 1930: p. 17

Other illustrations
Akademie der Künste Berlin, Sammlung Baukunst, Scharoun-Archiv: pp. 132, 154
The Architectural Review, London: pp. 142, 143, 184
Bauhaus-Archiv, Berlin: p. 78
@ FLC/ADA GP, Paris & SPDA, Tokyo, 1998: pp. 153, 235
Haags Gemeentemuseum, The Hague: p. 27
Courtesy of Hoechst Aktiengesellschaft, Frankfurt am Main: p. 31

The Museum of Modern Art, New York. Redrawn from the blue prints provided by the Museum: p. 238
Rijksdienst voor de Monumenteazorg, Amsterdam: pp. 24, 25
The Swedish Museum of Architecture, Stockholm: p. 33

Illustrations have been reproduced from the following publications by permission.

Alvar Aalto Band 1, edited by Karl Fleig, Verlag für Architektur Artemis, Zürich, 1963: pp. 139, 190, 232
Die Architektur des Expressionismus by Wolfgang Pehnt, Verlag Gerd Hatje, Stuttgart, 1973: pp. 22, 44
Chicago Tribune Tower Competition

and Late Entries by Stanley Tigerman, Rizzoli, New York: pp. 34, 35
Designing for Industry: The Architecture of Albert Kahn by Grant Hildebrand, The MIT Press, Cambridge, Massachusetts, 1974: p. 39
GA 13, A.D.A. EDITA Tokyo. Drawings by Richard Meier: p. 136
Geschichte der modernen Architektur by Jürgen Joedicke, Verlag Gerd Hatje, Stuttgart, 1958: pp. 16, 45
Henri Sauvage 1873-1932, Archives d'Architecture Moderne, Bruxelles: p. 47
I mobili di Gerrit Thomas Rietveld by Daniele Baroni, Gruppo Editoriale Electa, Milano: p. 41
Le Corbusier & P. Jeanneret 1910-29, edited by W. Boesiger & O. Stonorov, Verlag für Architektur Artemis, Zürich, 1964: pp. 42, 72, 86
Lotus 10, Lotus International, Milano: p. 94
Die Neue Architektur 1930-40 by Alfred Roth, Verlag für Architektur Artemis, Zürich, 1975: pp. 150, 192
Das Neue Schulhaus by Alfred Roth, Verlag für Architektur Artemis, Zürich, 1966: pp. 124, 203
Nordische Baukunst by Steen Eiler Rasmussen, Verlag Ernst Wasmuth, 1940: p. 18, 19
La Maison de Verre, A.D.A. EDITA Tokyo, Drawings by Bernard Bauchet: p. 127
Richard Neutra 1923-50: Buildings and Projects, edited by W. Boesiger, Verlag für Architektur Artemis, Zürich, 1964: pp. 92, 247
Robert Maillart, Bridges and Constructions by Max Bill, Verlag für Architektur Artemis, Zürich, 1949: p. 140
Rockefeller Center by Carol Herselle Krinsky, Oxford University Press, Inc. Redrawn by Nancy Jane Ruddy: p. 129
Shell Construction by Jürgen Joedicke, Karl Krämer Verlag, Stuttgart, 1963: p. 189 right
Wendingen, vol. 6, no. 8, De Sikkel, Antwerpen, 1924: p. 49
Die Weissenhofsiedlung, Karl Krämer Verlag, Stuttgart, 1968/1977: p. 89

The drawings of Frank Lloyd Wright are Copyright © 1981, 1998 The Frank Lloyd Wright Foundation, Scottsdale, Arizona: pp. 163, 160, 166, 167, 168, 195, 225, 243

Photographic Acknowledgments
Akademie der Künste Berlin, Sammlung Baukunst, Scharoun-Archiv: p. 133, 155
Dienst Verspteide Rijkskollekties, The Hague: p. 123
Albert Kahn Associates: pp. 38, 39
Colin Lucas: p. 181
The Museum of Finnish Architecture, Helsinki: p. 233
Courtesy of the Museum of Modern Art, New York. Collections, Mies van der Rohe Archive, The Museum of Modern Art, N.Y.: pp. 20, 21(Gift of Ludwig Mies van der Rohe)
Courtesy of Novosti Press Agency (MOSCOW & Tokyo) for their cooperation in photographing: pp. 75, 97
Courtesy of Sakakura Associates, Tokyo (Photo: Kollar, Paris): p. 237
Studio Nervi, Roma: p. 146

Photographs have been reproduced from the following publications by permission.

Le Corbusier & P. Jeanneret 1934-38, edited by Max Bill, Verlag für Architektur Artemis, Zürich, 1964: p. 235

The editors have sought as far as possible, the rights of reproduction to the illustrations contained in this publication. Since some of the sources could not be traced, the editors would be grateful to receive information from any copyright owner who is not credited herein. Acknowledgment will be gladly made in future editions if appropriate.

近代建築の歴史
1851-1945

2019年5月25日発行

企画・撮影：二川幸夫
文：ケネス・フランプトン
翻訳(1851-1919)：香山壽夫
　　　越後島研一，小林克弘，團紀彦，福井潔，
　　　岸田省吾，武澤秀一，谷内俊雄
論文翻訳(1920-1945)：三宅理一
解説翻訳(1920-1945)：青木淳／三宅理一（監修）

印刷・製本：大日本印刷株式会社

発行：エーディーエー・エディタ・トーキョー
東京都渋谷区千駄ヶ谷3-12-14
TEL: 03-3403-1581 FAX: 03-3497-0649
E-MAIL: info@ga-ada.co.jp

禁無断転載

ISBN 978-4-87140-752-6 C1052